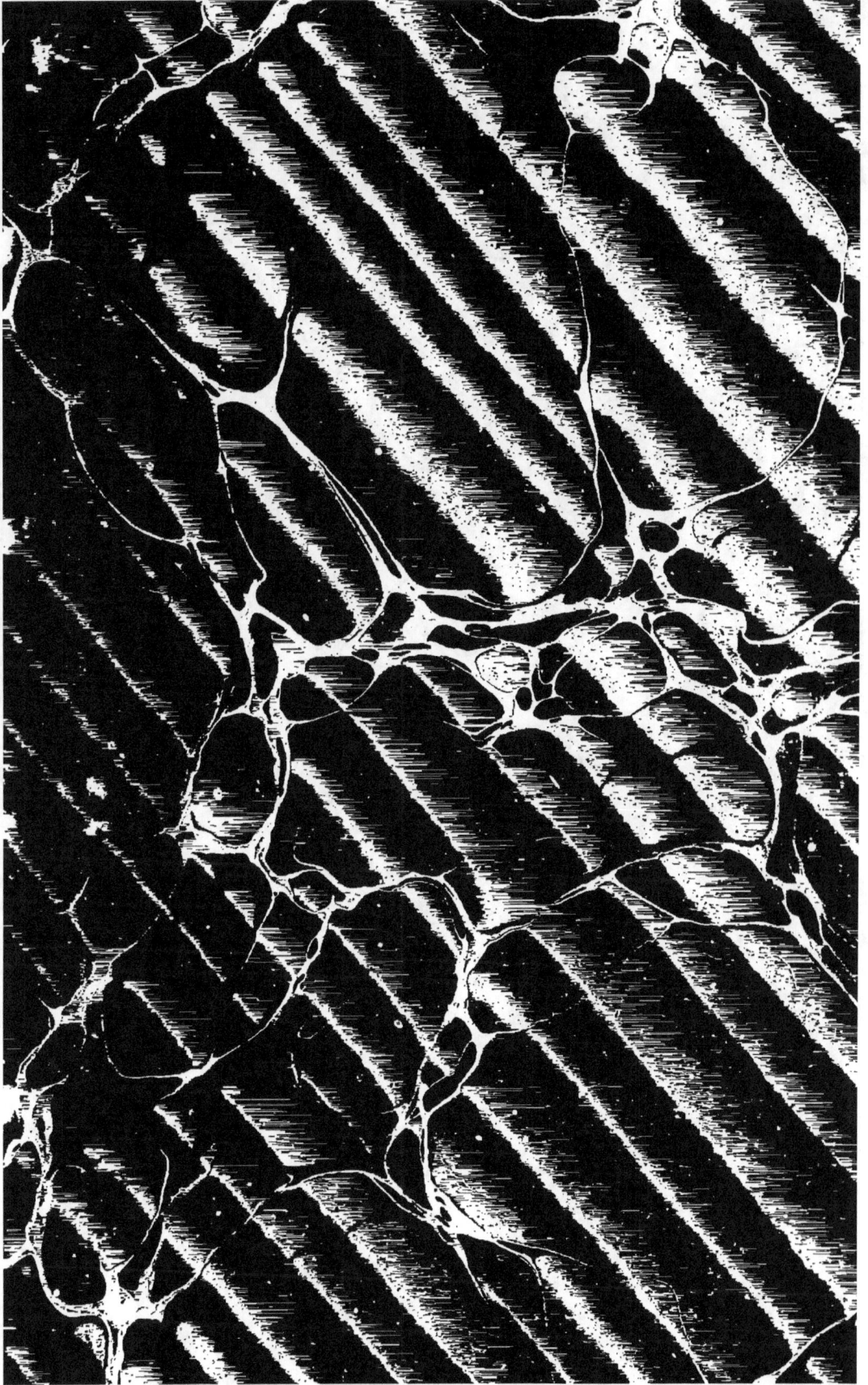

Le chapitre XIX, intitulé *Une Reine compromise*, est copié entièrement dans la partie fictive de mes Mémoires. Il en est de même de la plus grande partie du chapitre XX, et d'autres monnaies fausses que l'*Hermaphrodite* prend pour argent comptant.

Son chapitre XXII est intitulé : Nadèje reparaît! et m'est naturellement emprunté d'un bout à l'autre, avec une histoire d'enfant qu'il adopte comme la mère.

Sophie-Charlotte d'Angleterre reparaît aussi dans le chapitre XXIII avec la même fidélité. Il n'y a pas jusqu'à Mme Dubarry sur le compte de laquelle l'*Hermaphrodite* n'accepte et ne prenne tout ce qu'il m'a plu d'imaginer.

On n'a jamais vu, je crois, dans le monde des lettres, une candeur et un sans-gêne plus merveilleux.

Il va sans dire que mon copiste n'a pas négligé de m'emprunter également certains documents vrais, tels que l'histoire des amours et de la brouille de la *chevalière* d'Éon et de Beaumarchais, leur curieuse et longue correspondance, et la copie du fameux testament de Pierre le Grand transmise aux ministres de Louis XV par le chevalier d'Éon, et que j'ai été le premier à mettre au jour.

Enfin, sur 301 pages dont se compose l'*Hermaphrodite*, j'ai compté qu'il y en avait 222 de copiées textuellement dans mon livre, et le reste est un abrégé de mes introductions historiques. Or, mon nom n'est pas mentionné *une seule fois* dans ces 301 pages, qui me sont empruntées de la première à la dernière ligne.

Il y a là un fait si audacieux, si injustifiable que j'avais dû prendre deux résolutions.

C'était d'abord de demander à la Justice la constatation de cette atteinte portée à la propriété littéraire, et de montrer à cet *annexioniste* d'un nouveau genre que s'il n'y a plus de juges à Berlin, il y en a encore à Paris. Mais on verra dans l'*Épilogue* de ce volume, les circonstances qui m'ont fait renoncer à cette première résolution.

La seconde, ce fut de publier une nouvelle édition de mes Mémoires sur le chevalier d'Éon, ramenés à la stricte vérité historique et expurgés de leur partie romanesque, puisqu'il s'est trouvé deux écrivains assez candides pour croire que *cela était arrivé*, le réimprimer et l'affirmer.

D'ailleurs, en relisant les papiers du chevalier d'Éon de plus près, *et la loupe à la main*, comme dit l'*Hermaphrodite*, et en compulsant des documents mis au jour récemment sur son compte, le mystère de sa vie s'est révélé à moi sous une face nouvelle. Je suis arrivé à cette conclusion que si le chevalier d'Éon n'était pas *femme*, comme il l'a fait croire sur la fin de sa carrière, il était à peu près, sinon tout à fait *vierge*.

Cette nouvelle étrangeté de la vie d'un capitaine de dragons, résulte d'une série de lettres du marquis de l'Hospital, émaillées de plaisanteries gauloises sur la chasteté scandaleuse de son secrétaire d'ambassade, et des aveux répétés du chevalier d'Éon lui-même qui écrit, en 1763, à son ami Sainte-Foix « qu'il a toujours vécu sans chevaux, sans cabriolet, sans chien, sans chat, sans perroquet et sans maîtresse, » et qui, en 1771, écrit au comte de Broglie, son protecteur intime, à propos des premiers doutes répandus en Angleterre sur son sexe :

« Je suis assez mortifié *d'être encore tel que la nature m'a fait*, et que le calme de mon tempérament naturel ne m'ayant JAMAIS porté aux plaisirs, cela a donné lieu à l'innocence de mes amis d'imaginer, tant en France qu'en Russie et en Angleterre, que j'étais du genre féminin ; la malice de mes ennemis a fortifié le tout. »

Le chevalier d'Éon faisait cet aveu à l'âge de quarante-trois ans, quatre ans avant qu'il ne se déclarât femme par contrat authentique.

Dans sa volumineuse correspondance, quelques lettres signées d'une dame de Courcelles portent seules les traces d'une liaison amoureuse, où tout au moins d'une intimité plus grande que ne le soupçonnait le mari de la dame.

L'homme dans lequel j'avais cru trouver le type de Faublas, était donc quelque chose de tout différent, mais de non moins extraordinaire, car c'était l'être le plus bouillant, le plus courageux et le plus batailleur qu'on pût voir. Je ne dois pas moins faire réparation à la mémoire des femmes de tout rang que j'avais crues coupables de faiblesses pour lui, et casser, après plus ample informé, le jugement téméraire que j'avais porté sur elles.

Cette amende honorable, et les remaniements nombreux qu'elle a nécessités dans ce livre, ne suffiront pas « pour qu'une mère puisse en permettre la lecture à sa fille. » Je dois répéter à ce sujet ce que j'ai dit dans la préface des éditions de 1836 : « Nous venons écrire la vie d'un individu dont le sexe a été l'objet d'une longue controverse. Nous devons donc apporter dans le débat tout ce qui doit l'éclairer... Notre mission est non de baisser les voiles, mais de les lever. Il suit de là que tout écrit, même le plus égrillard, a sa justification dans la cause que nous instruisons ; toute pièce, même la plus indiscrète, son mérite, et ce mérite est en raison de son indiscrétion même. »

Les douze lettres inédites de Beaumarchais, qui se trouvent à la fin de ce volume, sont étrangères, pour la plupart, à ses rapports bizarres avec *la chevalière d'Éon*, mais elles offrent un vif intérêt comme preuves historiques du rôle important joué par l'auteur du *Mariage de Figaro* dans l'alliance de la France monarchique avec les colonies anglo-américaines insurgées.

FRÉDÉRIC GAILLARDET.

CHAPITRE PREMIER

La naissance et la jeunesse du chevalier d'Éon. — Ses premiers ouvrages et ses premiers amis. — Sa chasteté exceptionnelle.

Le chevalier d'Éon naquit, le 5 octobre 1728, à Tonnerre, petite ville de la basse Bourgogne, depuis longtemps renommée par ses vins, dont le chevalier parle fréquemment dans ses lettres avec une tendresse toute filiale. Il dit avoir souvent *affriandé* le corps diplomatique avec ces vins, qu'il se faisait envoyer à Saint-Pétersbourg et à Londres, pendant les missions qu'il y remplit.

La délivrance de sa mère ne fut entourée d'aucun mystère; l'enfant fut baptisé, deux jours après sa naissance, à l'église paroissiale de *Notre-Dame*, et inscrit sur les registres baptismaux, qui avaient alors titre et foi d'actes civils, sous le nom et la qualité légalement constatés d'enfant mâle, ainsi qu'il appert de la pièce suivante, copiée dans les archives de la paroisse.

ACTE DE BAPTÊME

Le 7 octobre 1728, a été baptisé Charles-Geneviève-Louis-Auguste-André-Thimothée[1], fils de noble Louis Déon de Beaumont, directeur des domaines du Roy, et de dame Françoise de Charanton, ses père et mère de légitime mariage, nés dès le 5 du présent mois ; le parein, M. Charles Regnard, avocat au parlement, baillif de Cruzy ; la mareine dame Geneviève Déon, épouse de Mr Mouton, marchand de vins de Paris, qui ont signés :

G. Déon. — Mouton. — C. Regnard.
Bordes, doyen de Tonnerre.

Le nouveau-né fut remis à une nourrice de la ville, qui l'éleva, pour ainsi dire, en public. On trouve dans les *Pièces et Mémoires* publiés par le chevalier d'Éon, une lettre qu'il adressa de Londres, le 1er juin 1763, à cette nourrice, appelée la mère Benoît, pour lui annoncer qu'il lui faisait une pension annuelle de 100 livres, « en reconnaissance de ses soins et peines passés. »

L'éducation du jeune d'Éon fut commencée par le curé de l'église de Saint-Pierre, M. Marceney, qui, on le verra[2], fut étrangement surpris en apprenant que le

---

[1]. Ce mot qui d'abord avait été écrit Thim*otée* a été surchargé. C'est la seule surcharge, comme le nom de *Geneviève* est le seul qui soit tout à la fois, masculin et féminin. Son choix s'explique par une déférence naturelle envers la marraine.
[2]. *Pièce justificative*, n° 15.

petit garçon auquel il avait administré certaines corrections avait changé de sexe.

D'Éon fut envoyé plus tard à Paris, pour y achever ses études au collège Mazarin.

Ses études terminées, il devint le secrétaire de M. de Sauvigny, ami de sa famille et intendant de la généralité de Paris.

Quoiqu'il fût d'une complexion très-délicate, en apparence, la passion des armes s'était révélée en lui en même temps que l'amour des lettres, et il fut reçu presque simultanément docteur en droit, avocat au Parlement, et grand prévôt de salle d'armes.

Il publie les panégyriques funèbres de *Marie d'Est*, duchesse de Penthièvre et du comte D'Ons en Bray, président de l'Académie des sciences, ses protecteurs. L'*Année littéraire* et d'autres recueils du temps les répètent. Bientôt un *Essai historique sur les finances* et deux volumes de *Considérations politiques sur l'administration des peuples anciens et modernes* le mettent en rapport avec tout ce que le monde littéraire et politique possède de célébrités et de puissances.

Parmi les personnages les plus marquants qui figurent dès lors dans sa vie, nous devons citer en première ligne l'abbé de Bernis, qui, dans une lettre au marquis de L'Hospital, en date du 13 septembre 1757, l'appelle *son cher petit d'Éon*, et promet d'avoir soin de sa fortune. Le galant abbé était alors devenu cardinal et ministre des affaires étrangères, grâce à la protection successive de Mme de Pompadour et de Marie-Louise, Élisabeth de Bourbon, fille de Louis XV, auxquelles il avait plu tour à tour par les grâces de son esprit et de sa personne. Après avoir été élevé si haut, celui que Voltaire avait surnommé *Babet la Bouquetière*, à cause des fleurs de rhétorique dont ses madrigaux étaient pleins, devait finir dans la misère à l'étranger, comme le chevalier d'Éon, son protégé.

Après l'abbé de Bernis vient le comte de Choiseul qui lui écrit le 13 septembre 1761 : « Vous connaissez mon amitié pour vous, » et qui le recommande vivement à son cousin le duc de Choiseul, alors ministre de la guerre. Le comte n'en devint pas moins plus tard, sous le titre de duc de Praslin, l'ennemi déclaré de d'Éon, tandis que le duc, devenu en Europe le *grand Choiseul*, lui conserva sa sympathie et sa bienveillance.

Puis, le vieux maréchal de Belle-Isle, petit-fils du surintendant Fouquet, qui avait précédé le duc de Choiseul au ministère de la guerre en 1757, et se reposait depuis sur ses lauriers. Il avait beaucoup connu le père du jeune d'Éon et celui-ci dit « qu'il avait l'honneur d'endormir souvent le vieux maréchal et de le faire voyager par toute l'Europe, sans sortir de son lit ou de son cabinet. »

D'Éon vivait dans l'intimité de la famille du duc de Nivernais (Jules Mancini Mazarini), bel esprit qui faisait de la diplomatie littéraire et de la littérature diplomatique, et il était admis chez le prince de Conti qui cherchait partout un trône pour lui et des rimes pour ses vers, deux choses qui lui échappent obstinément chaque fois qu'il croit les tenir. Il se trouvait enfin en contact avec tous les personnages fameux par l'esprit, la bravoure, la luxure, qui forment au front du dix-huitième siècle ce bizarre diadème de vices et de vertus si intimement soudés ensemble, que l'histoire a bien de la peine à séparer l'or du cuivre dans cet alliage impur.

Les condisciples du chevalier d'Éon trouvaient en lui un compagnon de plaisir toujours prêt, quand il s'agissait de rire, de boire et de se battre. Mais la quatrième qualité du roi vert-galant lui faisait totalement défaut, et toutes les provocations sur ce chapitre venaient échouer devant ce qu'il appelle le calme naturel de ses sens. Ce calme formait un contraste piquant avec sa nature irascible et nerveuse; sa virilité était toute au cerveau.

Il ressemblait à une jeune fille par la petitesse de sa taille, restée au-dessous de la moyenne, et par la rareté de sa barbe blondine. Aussi l'appelait-on généralement le *petit d'Éon*. Mais cette délicatesse de formes n'excluait pas en lui la vigueur, et il était admis comme une des lames les plus redoutables du temps.

Sa sagesse exceptionnelle faisait l'étonnement de ses amis. Un vétéran épicurien, le marquis de L'Hospital, qui fut ambassadeur de France à Saint-Pétersbourg, et eut le chevalier d'Éon pour secrétaire, lui reprochait d'être *trop sage*, et prenait un plaisir malin à saupoudrer toutes ses lettres du sel de ses allusions à l'engourdissement de ce qu'il appelle plaisamment la *Terza Gamba* de notre héros ! On trouvera en temps et lieu ces lettres épigrammatiques et d'une liberté un peu gauloise.

Aussi, en présence de ce témoignage et des aveux postérieurs du chevalier d'Éon, ne faut-il voir qu'une tendre, mais innocente sympathie, dans l'attachement montré au *petit d'Éon* par la comtesse de Rochefort, jeune et charmante veuve, dont il était devenu le chérubin. Sa protection et celle du duc de Nivernais ne furent probablement pas étrangères à l'entrée rapide et romanesque du jeune d'Éon dans la carrière diplomatique.

CHAPITRE II

Situation de la France vis-à-vis de l'Europe en 1755. — Hostilités avec l'Angleterre. — Histoire de l'impératrice Élisabeth et du marquis de Lachétardie. — La princesse commerçante et ses associés. — Lestoc, le sceptre et la roue. — Inclination de la tzarine pour Louis XV. — Bestucheff-Riumin et le marquis de Valcroissant. — Mission occulte du chevalier d'Éon et du chevalier Douglass à Saint-Pétersbourg. — Singularités du gouvernement de Louis XV. — Les ministres officiels et les ministres secrets. — Prétentions de Louis XV et du prince de Conti au trône de Pologne et à la main d'Élisabeth. — Le chevalier d'Éon agent politique et matrimonial. — Instructions diplomatiques officielles. — Moyens de correspondance.

Sept années étaient révolues depuis la dernière guerre causée par la mort de l'empereur Charles VI, et dans laquelle on vit l'Europe presque entière marcher contre une femme saluée *roi* par ses sujets, et qui, en effet, fut plus roi qu'aucun des hommes couronnés coalisés contre elle. La France, ou plutôt le cardinal Fleury qui la gouvernait, s'était laissé rattacher à cette croisade par les cajoleries intéressées et la politique captieuse du grand Frédéric. Puis, un beau matin, celui-ci avait fait sa paix particulière avec Marie-Thérèse, moyennant la cession de la Silésie ; et le roi de Prusse, nanti de ce qu'il désirait, avait laissé la France, son alliée, avec l'Europe sur les bras.

Le traité d'Aix-la-Chapelle, cependant, était venu opérer une transaction générale ; au moment dont nous parlons, la paix durait encore, mais c'était une paix grosse de guerre, et l'heure de l'enfantement approchait.

Chacun comptait ses amis au milieu de la tourmente et du bouleversement dont on était menacé.

Plus que tout autre, la France avait besoin d'alliés. L'Anglais avait fait, sans déclaration de guerre préalable, main-basse sur nos vaisseaux de tout rang. Plus de trois cents navires avaient été la proie de ce guet-apens maritime, qui trop souvent déshonora un gouvernement machiavélique et attacha sa foi punique au pilori de l'histoire. Chose presque incroyable! notre marine était réduite à une seule frégate.

Telle était la situation de la France au début de la guerre de *sept ans*, guerre qui allait changer entièrement le système politique de l'Europe et embraser les deux mondes.

La première pensée du cabinet de Versailles se porta vers Frédéric ; mais bientôt, se rappelant la conduite égoïste et déloyale de ce monarque dans la guerre précédente, il changea d'avis. Des mécontentements particuliers, et dont nous dirons un mot plus tard, se joignaient au mécontentement général; des amours-propres blessés par le roi de Prusse, qui ne ménageait ni les femmes ni les poètes, a dit Voltaire, unirent leurs susceptibilités privées aux susceptibilités de l'amour-propre national.

Frédéric fut écarté.

Il ne restait à la France que deux alliés, réputés naturels en Europe, l'Espagne et la Russie. L'Autriche était encore sous le coup de cette prévention générale qui en faisait notre ennemie originelle comme l'Angleterre, et la confondait dans une même défiance, dans une même haine. Deux cents années d'une guerre à peine interrompue et la parole de Richelieu étaient les stigmates de la malédiction nationale inscrits sur son front par la main d'un prêtre, et qu'un prêtre allait bientôt effacer. L'Espagne, de son côté, se déclarait neutre. Nous ne parlons pas de la Pologne; elle expirait sous ses divisions intestines et sous les blessures sacriléges de ses propres enfants.

Restait donc la Russie; mais, par une fatalité qui compliquait encore les embarras d'une situation déjà si difficile, la France était en froideur avec elle; depuis près de quatorze ans, les relations diplomatiques se trouvaient sinon rompues, au moins très-relâchées entre les deux pays. Ce n'était pas une guerre ouverte, mais une guerre sourde, entretenue par la malveillance. On ne se battait pas, mais on se boudait, on se nuisait réciproquement; et, comme il était impossible de préciser les griefs qui séparaient les deux nations, on ne pouvait non plus formuler des conditions de rapprochement.

Élisabeth régnait à Saint-Pétersbourg. Fille de Catherine et de Pierre le Grand, elle avait été déshéritée du trône par sa mère, en vertu de la loi de Pierre Ier qui permet au souverain régnant de désigner son successeur, et avait vu passer de main en main la couronne qu'eussent dû lui assurer ses droits héréditaires. En dernier lieu, cette couronne avait été remise à un enfant, le jeune Iwan, placé sous la régence d'Anne, sa mère, et du prince Antoine-Ulric de Brunswick, son père. Élisabeth crut ce moment favorable aux projets qu'elle nourrissait depuis longtemps, et estima que l'heure d'une revendication par la force ou l'astuce était venue. Le sceptre est toujours tremblant aux mains d'un enfant; et si l'honneur et la fidélité ne le défendent, il ne faut qu'un faible effort à l'ambition pour s'en emparer... Par une politique prudente et défiante de l'avenir, la régente n'accordait à la fille de Pierre qu'une pension modique et calculée sur ses besoins, de telle façon qu'elle ne pût rien en distraire pour se faire des créatures par des largesses. Mais le génie inventif de la femme suppléa à la modicité de sa fortune. Élisabeth était jeune et belle. La nature avait mis dans ses veines le sang enflammé de Catherine et de Pierre. Loin d'opposer une digue à cette effervescence, la famille couronnée, prudemment immorale, lui avait ouvert un passage, et de ses propres mains creusé un lit, afin d'en diriger et d'en éloigner le cours. Les parents de la jeune fille lui jetaient autant d'amants qu'elle en voulait en pâture, afin de détourner ses yeux et sa pensée en occupant son appétit. Le moyen par lequel ils croyaient se sauver devait les perdre.

Demeurée libre dans la gestion de sa personne, Élisabeth exploita cette liberté au profit de ses intérêts. Dépourvue d'argent et d'armes, elle demanda des armes et de l'argent à sa jeunesse et à sa beauté. Son trésor était dans ses yeux, dans ses charmes; elle en fit des objets de récompense, des moyens de séduction pour quiconque voulut s'attacher à elle et servir sa cause. La spéculation fut bonne... Déjà toute la caserne des Préobrajenski était gagnée. La régente eut quelques pressentiments, et voulut marier l'intrépide solliciteuse; mais celle-ci refusa obstinément. Le mariage, en effet, ruinait ses espérances, en lui enlevant la disposition du seul moyen à l'aide duquel elle pouvait les réaliser.

Parmi les principaux associés aux chances de son ambition, Élisabeth comptait deux étrangers, deux Français, gérants, si l'on peut ainsi dire, de cette immense entreprise, dans laquelle Élisabeth leur avait donné un intérêt considérable. L'un était le médecin Lestoc, l'autre le marquis de Lachétardie, ambassadeur de France. Le premier avait été chargé des affaires de l'intérieur, l'autre de celles du dehors.

Il résulta des divers moyens employés par ces deux hommes, que bientôt la Suède, séduite, fit avancer des armées en Finlande... La régente, prévenue, appelle Élisabeth; celle-ci pleure, prend le ciel et la terre à témoin de sa fidélité, et rentre chez elle libre, mais indécise, effrayée. Cependant les Suédois approchent. Il faut prendre un parti. Élisabeth hésite, se trouble. Une carte était par hasard sur la table : Lestoc la saisit, il y esquisse d'un trait une roue et une couronne, la présente à Élisabeth et lui dit : « L'une pour vous ou l'autre pour moi; point de milieu. » Il l'entraîne, les casernes se soulèvent, et le jeune Iwan, la régente et son mari, arrêtés au milieu de la nuit, sont jetés presque nus dans un cachot.

Cela se passait le 6 octobre 1741.

Quelque temps après, Lachétardie et Léstoc étaient remplacés, dans le lit d'Élisabeth, impératrice, par le fameux Bestucheff-Riumin, qui renvoya le premier à la cour de France, et fit mettre le second en prison, où il resta jusqu'à l'avénement de Pierre III. Par suite de la même reconnaissance impériale, la guerre fut déclarée aux Suédois.

— Madame, dit alors l'hetman des Cosaques à Élisabeth, si l'empereur votre père eût suivi mes conseils, nous ne serions pas en guerre avec les Suédois. — Et que fallait-il donc faire? demanda l'impératrice. — Quand les Russes eurent pénétré dans la Suède, il fallait amener ici l'élite de la population et égorger le reste... Et comme on voulait lui faire sentir la barbarie de sacrifier tant de victimes : — Oh! madame, répondit le Cosaque, ils sont bien morts sans cela!... C'était là tout le Russe!... La Suède fut battue, perdit une partie de la Finlande, qu'elle céda à sa protégée, et devint son *alliée* par le traité d'Abo, 1743.

Rentré en France, Lachétardie se vengea de l'ingratitude de sa maîtresse, par des épigrammes et des révélations malignement indiscrètes. L'indiscrétion est la consolation des amants délaissés. Élisabeth et Bestucheff en furent vivement offensés, et lorsque, quelques années après, le marquis fut chargé par la France d'un second message diplomatique près la cour de Russie, Bestucheff fit saisir l'ambassadeur, et, sans égard ni pour le représenté ni pour le représentant, le fit tout brutalement reconduire à la frontière. Versailles fut d'abord scandalisé de ce procédé tant soit peu tartare; mais il fallait s'en fâcher ou en rire, et comme on avait besoin de la Russie, on prit ce dernier parti. Le pauvre ambassadeur revint demander vengeance du coup de pied diplomatique qu'il avait reçu : on lui en administra un second, et il fut envoyé à la citadelle de Montpellier pour réfléchir sur sa double déconvenue.

On attendait un magnifique résultat de cette humble complaisance ; mais la couardise est mauvaise conseillère ; c'est une éponge imprégnée de boue, qui salit et ne lave pas.

La cour de Russie se tint constamment et inexorablement fermée aux cajoleries de la cour de France ! A l'époque dont nous parlons, cette rupture durait depuis quatorze ans.

Ennemi, par caractère, de l'esprit français, Russe par sa naissance, Anglais par éducation, Prussien par sympathie, Bestucheff-Riumin avait profité de la blessure faite à l'amour-propre d'Élisabeth, par l'indiscrétion de Lachétardie, pour fermer à la France les portes de l'empire moscovite. Son habileté envenima adroitement et entretint avec soin la plaie, afin de jeter, à l'abri de toute contradiction, les fondements de sa domination future, et d'inoculer à la nation dont il était le maître, les affections et les antipathies de sa politique. Dès son entrée au pouvoir, il avait passé une espèce de bail avec l'Angleterre, et moyennant les sommes considérables qu'il en recevait pour prix de son dévouement, il lui avait cédé et presque inféodé l'empire qu'il dirigeait. Ce marché occulte va bientôt se dévoiler et s'exécuter au grand jour contre la France, si celle-ci ne parvient à renverser son ennemi et à ruiner son pouvoir dans la confiance de l'impératrice, qui en est la source.

Élisabeth avait conservé, malgré son courroux, des sympathies opposées à celles de ses ministres. Les Anglais lui répugnent ; et la bouche épigrammatique du roi de Prusse l'a blessée : ce Frédéric n'épargnait personne ! — Au contraire, Élisabeth aimait la France. Dès son jeune âge, elle avait conçu pour Louis XV une affection fort tendre, et il avait même été question de les marier... Aussi Bestucheff ne cesse de redouter le réveil de cet ancien amour ; c'est un fantôme toujours présent à sa pensée. Pour la cour de France, au contraire, c'est l'étoile propice qu'elle cherche sans cesse au ciel sombre de la Russie, et qui doit éclairer le chemin de la réconciliation.

Pour hâter cette conclusion, impatiemment attendue et devenue de plus en plus nécessaire, on avait tenté d'envoyer à Saint-Pétersbourg différents négociateurs secrets, munis de lettres autographes du roi pour Élisabeth elle-même, et l'on comptait sur l'infaillibilité de ce talisman. Mais Bestucheff faisait bonne garde ; il avait établi à la frontière une ligne de douanes tout à la fois politique et amoureuse, si bien défendue, si minutieusement observée, que nul contrebandier n'avait pu la franchir. Un seul cependant, le chevalier de Valcroissant, fut un moment plus heureux que les autres, mais dépisté au sein même de l'empire, il fut saisi et jeté, chargé de fers, dans la forteresse de Schlusselbourg, sur le lac Ladoga.

Il s'y morfondait depuis un an, lorsque le cabinet de Versailles, à bout d'expédients, aurait conçu l'idée d'expédier à Saint-Pétersbourg non plus un homme, mais une femme, ou plutôt un homme qui fût assez jeune et d'apparence assez délicate pour pouvoir être déguisé en femme. Ce serait le prince de Conti qui aurait eu cette bizarre pensée, en voyant le petit d'Éon, probablement sous un travestissement féminin, dans quelque bal du grand monde. Il en parla au roi, à Mme de Pompadour et à M. Tercier, premier commis des affaires étrangères, et le plan de cette mascarade diplomatique fut arrêté entre ces quatre personnages et un nommé Monin, ami intime de M. Tercier.

Nous devons dire toutefois qu'on n'a laissé subsister, dans les papiers du chevalier d'Éon, aucune preuve précise que son premier voyage en Russie ait été fait sous un travestissement féminin. Mais ce fait est resté traditionnel, et il est implicitement établi par divers documents.

Dans ses *Mémoires sur la vie privée de Marie-Antoinette*, Mme Campan, dont le père recevait *la chevalière d'Éon*, dit : « Le chevalier d'Éon avait été utile en Russie à l'espionnage particulier de Louis XV. Très-jeune encore, il avait trouvé le moyen de s'introduire à la cour de l'impératrice Élisabeth, et avait servi cette souveraine en qualité de lecteur. » Mme Campan parle ensuite d'un billet autographe adressé plus tard par Louis XV au chevalier d'Éon, et dans lequel il lui disait : « Je sais que vous m'avez servi aussi utilement *sous les habits de femme* que sous ceux que vous portez actuellement. Reprenez-les de suite, etc. »

Dans la fameuse *transaction* rédigée par Beaumarchais le 5 octobre 1775, et par laquelle le chevalier d'Éon s'engageait « à reprendre et porter jusqu'à la mort ses habits de fille, » il avait ajouté de sa propre main : « *que j'ai déjà portés en diverses occasions connues de Sa Majesté*; » ce qui voulait évidemment dire en Russie, car il n'y a que là qu'il eut à remplir une mission de ce genre.

Ce fait est corroboré par une de ses lettres, adressée de Londres au comte de Broglie, le 5 juillet 1771, et dans laquelle il dit au confident de Louis XV : « Ce n'est pas ma faute si la cour de Russie, et notamment la princesse d'Askoff, pendant son séjour ici, a assuré la cour d'Angleterre que j'étais femme. »

Enfin, il n'y a pas jusqu'au petit nom de demoiselle porté par lui en Russie qui ne nous soit révélé par une lettre du marquis de L'Hospital, ambassadeur de France à Saint-Pétersbourg, écrivant au chevalier d'Éon, devenu son secrétaire intime :

« Quelque plaisir que j'eusse de vous voir, je ne veux pas, ma *chère Lia*, avoir à me reprocher une folie de plus. Ainsi restez claquemuré jusqu'à ce que vos yeux soient parfaitement guéris. . . . . . Je vous irai voir peut-être dès demain, sitôt que mon courrier boiteux sera parti. Cela dépendra de la marche du chancelier (Woronzoff) et de ma fantaisie.

« Adieu, *ma belle* de Beaumont, je vous embrasse.

« L'Hospital. »

Au recto du premier feuillet, on lit : *midi*, sans aucune date, et sur l'adresse : A *monsieur* d'Éon, à Saint-Pétersbourg [1].

Le fait du travestissement étant ainsi admis, il fallut chercher à la jeune fille un compagnon de voyage qui, de son côté, n'éveillât pas les soupçons de la police russe.

Il y avait à Paris un gentilhomme écossais, nommé le chevalier *Douglass*, rejeton de cette vieille et noble famille des Douglass et des Mackensie, qu'on retrouve à chaque pas dans les annales de l'Écosse; sorti de la Grande-Bretagne, à la suite de dissensions politiques, il portait à l'Anglais, dominateur de son pays, une de ces haines dont Walter Scott nous a si bien dépeint la vivace énergie, et était venu offrir ses services à la France.

Ce fut sur lui que Louis XV et le prince de Conti jetèrent les yeux pour en faire le compagnon de *mademoiselle de Beaumont*. L'Écossais était fin, instruit; il possédait des connaissances minéralogiques, qui pouvaient lui fournir le prétexte d'une excursion scientifique. D'ailleurs il est fils de la Grande-Bretagne, et ce seul titre sera une explication suffisante de tous ses voyages. Comme deux agents devaient d'ailleurs être plus utiles qu'un seul, et qu'on ne pouvait proposer à l'Écossais un simple rôle de postillon et de cavalier servant, il fut admis dans la confidence du secret, et eut sa part dans la mission.

---

[1]. Bibliothèque de Tonnerre. Le *Dictionnaire universel* de M. N. Bouillet dit aussi que le chevalier d'Éon se présenta en Russie « avec le vêtement féminin, » mais sa publication a été postérieure à nos mémoires.

On le chargea de toutes les observations externes, de l'exploration politique de la ville et du royaume ; le chevalier d'Éon, qui devait pénétrer à la cour et arriver jusqu'à Élisabeth, eut dans ses attributions les observations intimes du palais avec ses mystères, ses intrigues, ses complots, ses espérances.

Louis XV employait ainsi différentes sortes d'agents répandus sur la surface du globe. C'était un vaste réseau sous les mailles duquel il embrassait l'Europe. Au dedans comme au dehors les confidents, les espions, les ministres et les ministères étaient multiples : il en avait de grands et de petits, de connus et de cachés. Il en fut de cela comme de ses favoris et de ses maîtresses. Rien n'était simple, n'était à découvert dans cet étrange gouvernement, dédale compliqué dont l'initié le mieux instruit n'a jamais connu tous les détours ni toutes les issues.

En première ligne venaient les ministres patents désignés d'ordinaire par la Pompadour, ou toute autre femme aimée ; puis les ministres secrets, choisis par Louis XV, selon son cœur, et, ce qui est plus bizarre, souvent pris parmi les ennemis de la favorite : ils étaient pour lui une espèce de compensation. Après avoir obéi, pendant le jour, à l'impulsion qui le dominait, il venait prendre sa revanche le soir parmi eux.

Là, les ministres en titre étaient traduits à la barre des ministres au petit pied, les agents avoués de l'autorité contrôlés par ses agents secrets ; on y discutait leurs actes, on les réformait ; le tout-puissant conciliabule rendait ses décisions souveraines, que Louis XV promettait de faire exécuter. Mais ces résolutions nocturnes se dissipaient avec les ténèbres. Chaque soir on recommençait et chaque jour ramenait le même résultat.

Il en était des ambassadeurs comme des ministres : Louis XV en avait d'avoués et d'anonymes ; chaque ambassadeur officiel correspondait avec le ministère officiel, chaque ambassadeur secret avec le ministère secret. Parfois un ordre donné à l'homme en titre émanait d'un collègue invisible qui l'avait soufflé au roi, lequel tâchait de le faire agréer par la courtisane reine, chargée de le transmettre à son conseil : c'était enfin une action et une réaction continuelle de tous les agents, les uns à l'égard des autres.

A la tête du ministère occulte de Louis XV étaient le *comte de Broglie*, absent à l'époque dont nous parlons, et remplissant les fonctions d'ambassadeur près de la cour de Pologne; *le prince de Conti*, et M. *Tercier*, premier commis des affaires étrangères ; ces deux derniers furent donc les seuls auxquels le roi parla du chevalier d'Éon, et du secours nouveau qu'il espérait tirer de son voyage avec le chevalier Douglass. Cependant une partie de cette négociation romanesque fut révélée au ministre des affaires étrangères, M. Rouillé, dans le but de lui mieux dérober ce que l'on ne voulait pas qu'il sût : on lui montra l'accessoire pour lui cacher le principal. Le ministre approuva et contre-signa la mission du chevalier Douglass. Celle du chevalier d'Éon demeura entre la Pompadour, Louis XV et le prince de Conti. Par suite de cette division, l'Écossais reçut ses instructions du conseil, et le Français du triumvirat ; le premier dut correspondre avec le ministre, et le second avec le roi.

Le prince de Conti annonça au chevalier d'Éon qu'il serait chargé d'intérêts à la fois particuliers et généraux, c'est-à-dire des intérêts du prince en même temps que de ceux du monarque. C'est une indication historique qui nous est révélée par les papiers que nous compulsons, et que nous devons consigner ici, car cette révélation est une particularité, et comme un coin du tableau que nous avons essayé de peindre.

Le prince de Conti était petit-fils du prince du même nom élu roi de Pologne après la mort de Sobieski. En même temps que lui avaient été élus un ou deux autres rois portés par des factions contraires. Les droits de chacun des concurrents étant à peu près égaux, il advint que le plus alerte l'emporta, et que le trône de Pologne fut gagné à la course. Quand le Français arriva, sa nomination à la main, il trouva la place prise. Auguste II, électeur de Saxe l'occupait... Son compétiteur désappointé se vit contraint de revenir en France... Ce souvenir était resté cuisant et alléchant à la fois pour la famille des Conti. Il entretenait en eux d'anciens regrets et de nouvelles velléités ambitieuses.

Ils ne pouvaient renoncer à ce qui avait été l'objet de leur première convoitise; leurs yeux s'attachaient obstinément sur la couronne qu'ils avaient entrevue, et, faute de pouvoir se la transmettre, ils s'en transmettaient la prétention.

Le jeune prince de Conti, celui dont nous parlons, était demeuré fidèle à cette pensée de royauté au sein de laquelle s'étaient éteints ses pères. Avivée en lui de toute l'ardeur d'un caractère enthousiaste, elle embrassait sa jeune âme. Chéri de Louis XV, aimé de la Pompadour, il parvint à les intéresser à ses rêves, à les associer aux espérances qu'il formait dans l'avenir pour se ressaisir de ce qu'il appelait son trône... Tout un plan de restauration royale en faveur des Conti avait même été combiné entre eux.

A vrai dire, il ne s'agissait pas dans ce plan nécessairement et exclusivement du trône de Pologne ; pourvu que le prince de Conti en trouvât un, c'était tout ce qu'on voulait.

Or, c'était sur Élisabeth, impératrice de toutes les Russies, que la trinité conspiratrice avait jeté les yeux et reporté ses espérances pour la réussite de ses projets. Cela peut paraître singulier au premier abord, mais, en approfondissant les vues des conjurés, on y découvre une certaine justesse, une combinaison de roués, dans les proportions de Louis XV et de la politique de *l'OEil de Bœuf*.

On ne pouvait convoiter alors que deux trônes en Europe : celui de Pologne que l'état maladif de Stanislas-Auguste menaçait à chaque instant de rendre vacant, et que mille ambitions, également avides, dévoraient par avance... *Et tanquam apud senem festinantes.*

Le second trône était celui de Russie, auquel il manquait, sinon une impératrice, au moins un empereur. Voici ce que s'était dit Louis XV : « Élisabeth aurait désiré partager son sceptre et sa couche avec moi : cela ne se peut, car je suis époux et monarque. Si elle m'a aimé, elle doit aimer les miens. Je lui dirai : voilà un prince de ma maison, il est jeune, il est beau, il est brave ; prenez mon prince. »

Si l'autocratrice restait insensible aux soupirs du rejeton des Conti, Louis XV espérait bien obtenir d'elle, au moins pour l'amour de lui, un petit commandement en chef dans l'armée russe, ou une légère principauté ; par exemple, la principauté de Courlande, alors vacante. Une fois là, le prince de Conti pourrait se rapprocher des frontières de la Pologne, s'y créer des partisans, y préparer son élection, et, comme dit le chevalier d'Éon, se glisser petit à petit sur le trône de Stanislas, s'il ne parvenait pas à escalader celui de Russie en épousant Élisabeth.

Telles étaient les deux parties du plan dressé par le comité intime de Versailles, et dont l'exécution fut confiée à la prudence et à la dextérité diplomatiques du chevalier d'Éon.

On trouvera aux *Pièces justificatives* n⁰ˢ 1 et 2, la copie des instructions données au chevalier Douglass avec son chiffre de correspondance.

Quant au chevalier d'Éon, il nous apprend les différents modes de sa correspondance secrète, dans la lettre ci-après, qu'il écrivit, vingt ans plus tard, au comte de Vergennes, ministre de Louis XVI [1] :

---

1. Archives des affaires étrangères.

A MONSIEUR LE COMTE DE VERGENNES, MINISTRE DES
AFFAIRES ÉTRANGÈRES.

« Londres, le 28 mai 1776.

« Monseigneur,

« Lors de la signature de la transaction entre M. de Beaumarchais et moi, le 4 novembre dernier, je lui ai confié un volume in-4° du livre de l'*Esprit des Lois*, pour vous être remis en mains propres, afin que la couverture soit décollée devant vous et que vous puissiez prendre les papiers en chiffres et *en clairs* qui y étaient renfermés. J'ai montré à M. de Beaumarchais le secret de cette couverture qui consiste en deux cartons. Entre ces deux cartons on met des papiers secrets, puis quand les bordures de la peau de veau sont repliées et la feuille de papier marbré du livre collée par-dessus, en le mettant un jour sous la presse, la couverture prend une telle consistance qu'il serait impossible même à un relieur de deviner le secret. Ce livre est celui même qui m'a été remis par feu M. Tercier lors de mes premiers voyages en Russie, pour y porter à l'impératrice Élisabeth les lettres secrètes du feu roi, avec un chiffre, pour que cette princesse et son confident, le grand chancelier Woronzow, pussent correspondre avec Sa Majesté et M. Tercier, à l'insu des ministres et des ambassadeurs. Ce livre contenait aussi mon chiffre avec le roi et M. Tercier, et un autre avec monseigneur le prince de Conti, M. Tercier et M. Monin. Mais le prince de Conti étant venu à se brouiller avec Mme de Pompadour et le feu roi, j'eus l'ordre de ne plus suivre que lentement la négociation secrète de ce prince. Je reçus un nouveau chiffre pour correspondre uniquement avec le roi, M. Tercier et M. le comte de Broglie, à Versailles ; et à Saint-Pétersbourg uniquement avec l'impératrice Élisabeth et son chancelier Woronzow, avec l'ordre positif du roi pour que ni les ministres de Versailles, ni même le marquis de l'*Hospital*, qui fut nommé en 1757 ambassadeur en Russie et moi secrétaire d'ambassade, ne puissent soupçonner cette intelligence secrète.

« J'avais de plus l'ordre du roi pour lui envoyer *toutes les dépêches du ministre des affaires étrangères* avec les *réponses de l'ambassadeur* et mon avis particulier sur tout ; ce que j'ai exécuté fidèlement, tant en Russie qu'en Angleterre. Je me servais de ce même livre à mes différents retours en France, pour rapporter les papiers les plus secrets que l'impératrice et son chancelier Woronzow me confiaient pour Sa Majesté, M. le prince de Conti et M. Tercier.

« Jamais personne autre que les parties intéressées n'a été informé de toute cette intrigue politique qui a commencé en 1755, par le prince de Conti et M. Tercier, et qui a été exécutée par le chevalier Douglass et moi seulement ; M. le comte de Broglie lui-même et M. le baron de Breteuil n'ont attrapé cette affaire que par la queue, ils n'en connaissaient pas encore la tête.

« Il serait important pour moi de savoir si la couverture de ce livre a été défaite devant vous ou votre secrétaire de confiance.

« Dans la couverture, à gauche, du côté du commencement du livre, il y avait une copie exacte en chiffres d'un ordre secret du roi, en date du 3 juin 1763, à moi adressé sur un carré de vélin : dans la couverture à droite, qui fait la fin du livre, il y avait un carré de parchemin qui contenait un mémento de l'ordre secret du roi, une note secrète pour ma famille après ma mort, etc. etc.

« Le chevalier d'Éon. »

Bien des événements avaient eu lieu depuis l'époque où fut fait le premier voyage que nous relatons jusqu'à celle où fut écrite cette lettre.

CHAPITRE III

Comment le chevalier d'Éon s'acquitta de sa mission en Russie.
Détails secrets sur la cour.

Cependant nos voyageurs, fidèles à leurs instructions, traversaient la Prusse, la Courlande, la Livonie, etc., et arrivaient sans encombre à Saint-Pétersbourg. Il était temps! Maîtresse absolue du terrain dans cette cour qu'elle labourait de ses intrigues et ensemençait de son or, l'Angleterre avait jugé que l'heure de la moisson était venue, et que la trahison fomentée par ses largesses était mûre et bonne à cueillir. Bestucheff-Riumin avait jeté le masque : de concert avec le chevalier Williams, ambassadeur britannique, il avait fait accepter et signer par Élisabeth un traité d'alliance offensive et défensive en renouvellement du traité d'alliance purement défensive passé entre la Russie et l'Angleterre douze années auparavant. Par le dernier acte, la Russie s'engageait à envoyer dans le Hanovre, ou autre partie de l'Allemagne, 55,000 hommes de troupes, savoir : 45,000 hommes d'infanterie et 10,000 de cavalerie, au service de l'Angleterre.

Celle-ci s'engageait à payer à son alliée un subside de 100,000 livres sterling par an. Ainsi Élisabeth était déjà politiquement liée quand nos deux diplomates pseudonymes arrivèrent à sa cour, n'ayant pour talisman, l'un que son nom d'Anglais et ses échantillons minéralogiques, l'autre que sa fausse jupe, ses faux appas, vingt-quatre ans... et l'espérance !

L'Écossais fut empêché et arrêté dès son début. L'Angleterre avait alors pour représentant en Russie un homme dont nous avons déjà cité le nom, et qui se trouva dès l'abord devant les pas du chevalier Douglass : ce fut sir Williams Hambury. Cet homme possédait une perspicacité d'esprit et une acuité de pénétration redoutables ; rien n'échappait à son regard, rien ne répugnait à son âme ; aucun but n'est au-dessus de lui, aucun moyen au-dessous. Soupçonneux à l'excès, se défiant de tout nouveau venu, même de ceux de son pays, il fit décréter, par une loi de rigoureuse étiquette, que nul Anglais ne serait admis à la cour de Russie que présenté par lui. Ce droit d'examen et de visa préalable fut impitoyablement maintenu. Par cette inquisition, il ferma le temple russe et interdit son sanctuaire à tout suspect d'apostasie ou même d'indifférence à la foi britannique. Le chevalier Douglass se présenta hardiment à l'inspection, sachant qu'il n'était point connu personnellement du censeur britannique. Mais cela seul fut un motif d'exclusion.

L'Écossais fut déclaré indigne et ne put, quoi qu'il

mît en œuvre, franchir le seuil gardé par le léopard de Saint-James. Il n'eut donc d'autre parti à prendre que celui de battre en retraite, et, après avoir informé le gouvernement français de sa mésaventure, il s'en alla comme il était venu.

Tandis qu'il échoue ainsi au port, le chevalier d'Éon est plus heureux, grâce au faux pavillon arboré par lui. Il réussit à se mettre en rapport avec le comte Michel de Woronzow, vice-chancelier de l'empire. Substitut de Bestucheff-Riumin, ce vieillard était en tous points son opposé : c'était l'homme de l'Occident, civilisé, policé, près de l'homme du Nord, agreste, sauvage. Il est un de ceux qui depuis longtemps déplorent la rupture avec la France et qui travaillent de tous leurs efforts à faire renouer la chaîne de l'alliance brisée entre les deux pays. Il est à la tête du parti russo-français, comme le chevalier Williams à la tête du parti anglo-russe. L'un a pour lui le désir faible et caché d'Elisabeth, l'autre la volonté forte et haute de Bestucheff. Woronzow a fait connaître secrètement ses sympathies à Versailles, et c'est sur lui que Louis XV, le prince de Conti, et la marquise de Pompadour ont compté pour l'introduction de leur messagère à la cour de Saint-Pétersbourg et sa présentation directe à Élisabeth.

Tout réussit à souhait, et tandis que sir Williams et Bestucheff avaient l'œil braqué vers la frontière pour y suivre le chevalier Douglass, ils ne s'aperçurent pas que celui-ci avait laissé derrière lui la meilleure partie de sa cargaison, qu'un contrebandier introduisait lestemant au milieu du palais.

Élisabeth trouva l'expédient digne de son bien-aimé frère Louis XV. Elle en rit de très-bon cœur, et s'attatacha le chevalier en qualité de lecteur, après lui avoir fait reprendre l'uniforme masculin. C'était dire que la cause plaidée par l'envoyé de Louis XV était à moitié gagnée.

Avant d'aller plus loin, nous allons mettre sous les yeux de nos lecteurs de curieux détails sur l'intérieur de la cour de Saint-Pétersbourg à cette époque, trouvés par nous dans les archives des affaires étrangères. N'ayant pu copier *in extenso* tous ces rapports, nous les avons condensés sous forme de révélations faites au chevalier d'Éon par un personnage russe ou étranger.

« Vous avez vu l'impératrice, lui aurait dit ce conseiller expérimenté, et vous avez été troublé, séduit. Son regard caressant, sa parole mielleuse vous ont captivé du premier coup. Vos yeux ont été éblouis; je veux écarter le nuage qui nous perdrait en vous aveuglant. Vous avez jugé jusqu'à ce jour avec le cœur, mon ami : le cœur est presque toujours un mauvais conseiller en politique; il faut l'enchaîner en entrant dans les palais. Là l'esprit seul, l'esprit froid, impassible, doit être notre guide; lui seul doit juger des hommes et des choses, car il n'y a pas de sentiment au sein des cours, il n'y a que des intérêts. Ici, sachez-le bien, tout est jeu, et tout joueur est fripon. Aussi importe-t-il d'avoir l'œil au guet, et de mettre incessamment la main sur sa pensée, comme les honnêtes gens la mettent sur leur poche en entrant dans un tripot.

« Je reviens à l'impératrice. Sous un air de bonhomie apparente, elle a l'intelligence déliée, incisive. Dans votre France, par exemple, et dans toute l'Europe, notre souveraine a la réputation et le surnom de *clémente*. A son avénement au trône, en effet, elle jura, sur l'image révérée de saint Nicolas, que personne ne serait mis à mort sous son règne. Elle a tenu parole *à la lettre*, et aucune tête n'a encore été coupée, c'est vrai ; mais deux mille langues, deux mille paires d'oreilles l'ont été ; joignez-y autant d'yeux crevés et de nez fendus, et vous aurez compensation. Vous connaissez sans doute l'histoire de la pauvre et intéressante Eudoxie Lapoukin ?... Elle eut quelques torts peut-être envers Sa Majesté ; mais le plus grave, à coup sûr, fut d'avoir été sa rivale et plus jolie qu'elle. Élisabeth lui a fait percer la langue d'un fer rouge et administrer vingt coups de knout de la main du bourreau, et la malheureuse était enceinte et près d'accoucher ! Ensuite elle fut exilée en Sibérie avec son fils et son mari. Instruits par cet exemple, et habiles à concilier leur vengeance et le serment de leur souveraine, les gouverneurs de nos provinces ont su, comme votre Tartufe avec le ciel, trouver avec *saint Nicolas* des accommodements. Rigoureux observateurs de la parole impériale, l'accomplissant avec une atroce fidélité, ils ne tuent point leurs ennemis... ils les pendent aux arbres par les bras ou les pieds jusqu'à ce qu'ils meurent *d'eux-mêmes*, ou bien ils les clouent en croix sur des planches, et les abandonnent ainsi au courant des fleuves qui traversent les déserts.

« Vous trouverez dans la vie privée d'Élisabeth les mêmes contradictions que dans sa vie politique. Tantôt impie, tantôt fervente, incrédule jusqu'à l'athéisme, bigote jusqu'à la superstition, elle passe des heures entières à genoux devant une image de la Vierge, parlant avec elle, l'interrogeant avec ardeur et lui demandant en grâce... dans quelle compagnie des gardes elle doit prendre l'amant dont elle a besoin pour sa journée : sera-ce dans les Préobajinski, les Ismaëlouski, les Siméonouski, les Kalmoucks ou les Cosaques?... Au reste, Élisabeth n'a pas toujours recours à l'inspiration du ciel pour faire choix de ses amants. Parfois elle est captivée par une tournure plus ou moins martiale, une stature plus ou moins haute ; hier par de larges épaules, aujourd'hui par une main mignonne, demain ce sera par des moustaches blondes ou noires. Tout cela dépend de ses caprices et de sa fantaisie.

« Dernièrement elle est devenue amoureuse folle d'un soldat qui jouait du serpent ; folle pour huit jours, car ces petites passions sont éphémères comme ses désirs et se renouvellent comme eux. C'est le casuel ajouté aux revenus fixes de la royauté. Ceux-ci sont ordinairement gérés par un administrateur en titre, ayant nom de favori avec tous ses droits et priviléges. J'ai dit *un*, il y en a quelquefois deux, quelquefois plus encore... mais il n'y en a qu'un en charge officielle ; en ce moment, c'est le chambellan *Iwan-Iwano-Witz Schwalow*. Jusqu'à ce jour il est demeuré neutre et indécis entre nos ennemis et nous. Tous nos efforts doivent donc tendre à le gagner.

« Restent la grande-duchesse Catherine, le grand-duc Pierre son mari, et Stanislas Poniatowski son amant, tous trois unis à Bestucheff et à sir Williams, tous trois coalisés contre nous.

« La grande-duchesse est romanesque, ardente, passionnée. Elle a l'œil brillant, le regard fascinateur. Son front est haut, et, si je ne me trompe, il y a un long et effrayant avenir écrit sur ce front-là ! Catherine est la pupille favorite de sir Williams, et je crains bien que l'élève ne soit digne du maître.

« Pierre, son mari, est un fou. Il s'est fait le mime, le singe de Frédéric II. Avec une physionomie ingrate et grotesque par elle-même, il s'est coiffé d'un tricorne retroussé, semblable à celui du roi de Prusse son modèle, et lui ressemble à peu près comme un orang-outang peut ressembler à un homme. C'est un maniaque ridicule qu'il nous faut ménager ; il a d'ailleurs les qualités qui d'ordinaire sont celles de ses défauts : c'est une espèce de bourru bienfaisant, une nature informe, à peine ébauchée, âpre et rugueuse au dehors, mais bonne et tendre au dedans. On lui a abandonné corps et âme quelques recrues holsteinoises, pauvres diables taillables et corvéables à merci, sur lesquels il a pouvoir d'exercice et de manœuvres illimités ; il les fait parader impitoyablement du matin au soir, et guerroie de toutes les façons et en tous lieux avec ces *pâtiras* bottés et équipés qu'on a surnommés ses souffre-douleur.

« Stanislas Poniatowski est l'amant de Catherine. C'est sir Williams qui le lui a donné. Oh ! l'Anglais est prévoyant et veille à tous les besoins de ses protégés ! Le dévouement du favori et de sa maîtresse aux intérêts britanniques est donc une affaire de reconnaissance. Ne pouvant attirer et faire pencher de son côté le grand-duc, dont les sympathies inclinaient ailleurs, sir Williams a glissé entre le mari et la femme un jeune et beau Staroste polonais chargé de s'insinuer dans les fissures d'une intimité conjugale déjà disjointe. L'Anglais eut la main heureuse... La grande-duchesse est enceinte, et l'enfant n'est pas du grand-duc, car Pierre est impuissant.

— Qui donc alors, demanda le chevalier d'Éon, est le père du tzarowitz Paul, le premier-né de Catherine ?

— Le grand-duc aux yeux de la loi ; le chambellan Soltikoff aux yeux des hommes ; ni l'un ni l'autre aux yeux d'Élisabeth et de Dieu. Ceci est un mystère profondément caché et que je n'avais point l'intention de vous apprendre ; mais la connaissance en peut être utile à nos intérêts à venir. Je vais vous le révéler.

« Vous savez sans doute que la tzarine, notre souveraine, est mère de huit enfants ? Une de ses favorites, Jouanna, par dévouement pour sa maîtresse et la morale publique, les a successivement adoptés et déclarés siens. Mais si Élisabeth avait consenti à déshériter ses enfants de sa tendresse, elle consentait moins facilement à les déshériter de son trône. Elle devait penser en effet qu'un nom de roi serait plus qu'une mère, à leurs yeux, puisqu'aux siens un nom de reine avait été plus que ses enfants !... Elle venait de s'apercevoir qu'elle était grosse de celui qui est aujourd'hui son dernier-né, et résolut de lui transmettre sa couronne.

« L'héritier présomptif, Pierre, n'avait point eu de postérité depuis huit ans de mariage, et, disait-on, ne devait pas en avoir. Sa femme, la grande-duchesse Catherine, qui depuis... Mais alors elle était vertueuse : le feu couvait sous la cendre peut-être ; mais nul encore n'avait mis à nu le foyer. Élisabeth s'en chargea.

« Un matin, Bestucheff entre chez Catherine, et lui déclare qu'elle ait à être mère, de par la tzarine. D'une main il lui présente le comte de Soltikoff, et lui indique, de l'autre, la Sibérie. Soltikoff était un beau cavalier, jeune, galant, aimable... L'impératrice n'était pas accouchée depuis plus d'un mois et fort secrètement, de son huitième enfant, lorsque la grande-duchesse mit au jour publiquement son premier. L'un et l'autre étaient mâles. Peu de temps après, une substitution mystérieuse fut habilement pratiquée ; le descendant de la tzarine remplaça celui du grand-duc entre les mains d'une nourrice dont un monceau d'or avait d'avance acheté la discrétion.

« Lorsque Catherine convalescente se fit amener son nouveau-né, nul n'eut rien à dire, si ce n'est que l'enfant était plein de force pour son âge. Quant à Soltikoff, trompé dans sa paternité comme Pierre l'était dans la sienne, Élisabeth l'éloigna soudain et l'envoya résider à Stokholm, puis à Hambourg. Il semblait qu'elle craignît son discernement, et qu'elle pensât que c'était trop de l'œil du père uni aux instincts de la mère... Catherine avait vu son enfant avec froideur et répugnance. Elle ne l'aime point [1] !

---

1. Tous les détails contenus dans ce chapitre, et particulièrement ces derniers, ont été extraits par nous des notes particulières du chevalier d'Éon et des communications secrètes et officielles des ambassadeurs de France à la cour de Russie ; entre autres, des dépêches du *marquis de L'Hospital*, qu'on peut trouver aux archives *des affaires étrangères*, notamment aux dates des 27 *juillet* et 1er *novembre* 1757. L'anecdote relative à la naissance et à la filiation de Paul Ier, nous a paru d'un haut intérêt, par la source dont elle émane, par son importance historique et sa nouveauté. Le mystère de la substitution révélée par le marquis de L'Hospital expliquerait la tendresse toute maternelle portée par Élisabeth au tzarowitz dont elle abhorrait la mère, et l'éloignement

« J'oubliais une chose. Sa Majesté, mon ami, est fort épicurienne. Elle a un goût marqué pour les liqueurs fortes. Il lui arrive parfois d'en être incommodée au point de tomber en syncope ou dans les convulsions d'une fureur frénétique. Il faut alors couper sa robe et ses corsets ; elle bat ses serviteurs et ses femmes : ce sont des misères humaines qui doivent être recouvertes du manteau impérial. On dit, quand cela arrive, que Sa Majesté a ses *vapeurs*. Souvenez-vous du mot, afin que si pareil accident survenait à la tzarine en votre présence, vous sachiez le nom consacré de la maladie. Adieu. »

Cependant un grand fait politique venait de s'accomplir.

L'Autriche et la France, ces deux ennemies qui paraissaient à jamais irréconciliables, s'étaient réconciliées; un danger commun avait fait cette commune alliance, qui fut regardée comme monstrueuse et presque sacrilége. Le vieux système politique de l'Europe fut bouleversé par cette anomalie qui renversait toutes les idées reçues. Il sembla aux diplomates de ce temps que les gonds sur lesquels roulait le monde, depuis tant de siècles, venaient d'être arrachés, et que le monde allait crouler.

L'abbé de Bernis, alors ministre, et la marquise de Pompadour furent les auteurs de cette révolution. Il est

---

incompréhensible de celle-ci pour le fils d'un amant qu'elle aima et pleura si longtemps. On sait qu'en effet Élisabeth trembla toujours et pardonna comme par enchantement à Catherine, toutes les fois que celle-ci, maltraitée, menaça de s'enfuir avec son enfant; tandis que la grande duchesse, devenue impératrice, faillit vingt fois sacrifier les droits d'un héritier détesté à l'ambition d'un favori...

curieux de dire en passant quelles furent les causes originelles de ce changement notable dans l'histoire, et le point d'appui du levier qui put soulever et déplacer, en un jour, les montagnes d'antipathie séculaire amoncelées entre la maison d'Autriche et celle de France. Ce levier s'appuya sur un vers, une épigramme et une cajolerie; et de cette base triangulaire il remua le monde.

Le vers et l'épigramme [1] étaient du roi de Prusse, et la cajolerie, de l'impératrice Marie-Thérèse [2]. Frédéric faillit payer les uns par la perte de son royaume; avec l'autre Marie-Thérèse conquit l'alliance, jusque-là réputée impossible, de la France! Vers, compliment et épigramme, firent dépenser à la France et à l'Autriche réunies, pendant une guerre de sept ans, plus d'un milliard en argent et près d'un million d'hommes!

Le prince de Kaunitz avait pensé que l'alliance de la France valait bien un mot flatteur jeté par une impératrice à une courtisane; et cette alliance fut signée à Versailles le 1er mai 1756.

De son côté, le chevalier d'Éon, par sa dextérité et l'influence de plus en plus grande qu'il avait acquise sur l'esprit d'Élisabeth, était parvenu à la rallier à la France. Elle en donna l'assurance et l'engagement écrits de sa main et adressés à son frère Louis XV. La

---

1. *Évitez de Bernis la stérile abondance.* Et *Cotillon II.* On sait que Frédéric divisa plaisamment le règne de Louis XV en trois règnes : Cotillon Ier, ou Mme de Chateauroux; Cotillon II, ou Mme de Pompadour, et Cotillon III, ou la Dubarry.

2. Elle écrivit à Mme de Pompadour, et l'appela *ma chère amie*. Le mot produisit son effet; mais trois fois, dit-on, l'altière Marie-Thérèse avait hésité à le laisser tomber de sa plume royale. Il fallut que le prince de Kaunitz s'emparât presque de sa main et la guidât malgré elle.

tzarine demandait qu'on lui envoyât sur-le-champ un chargé d'affaires officiel avec les bases du traité d'alliance qu'elle était prête à signer.

Le chevalier d'Éon triomphant partit pour Versailles avec cette précieuse dépêche.

CHAPITRE IV

Élisabeth se réunit à la France et à l'Autriche. — Affaire de la note dite *secrétissime*. — Instructions du marquis de L'Hospital. — Lettre de M. Rouillé au chevalier Douglass. — Le chevalier d'Éon apporte à Versailles l'accession d'Élisabeth. — Testament politique laissé par *Pierre I*er à ses successeurs. — Plan de domination universelle.

Le chevalier Douglass fut nommé par la cour de Versailles *son chargé d'affaires* en Russie. C'était un dédommagement de sa précédente promenade. Comme la première fois, le chevalier d'Éon lui fut adjoint, mais en homme, cette fois; et pour donner une explication satisfaisante de sa ressemblance extraordinaire avec Mlle *Lia de Beaumont*, il suffit probablement de dire que le chevalier était le frère de Mlle *Lia*, restée en France. Cet arrangement concerté entre Louis XV, Mme de Pompadour et le prince de Conti, rencontra une difficulté presque insurmontable dans l'opposition du ministre des *affaires étrangères*. M. Rouillé, ignorant l'intrigue, refusa longtemps de contre-signer la nomination du chevalier d'Éon, qu'il ne connaissait pas, et il ne fallut rien moins que l'intervention directe et positive du roi pour vaincre l'obstination du ministre.

Cependant Élisabeth déclara publiquement qu'il lui plaisait de se réunir à la France et à l'Autriche; ordonna que le traité conclu entre son premier ministre et le chevalier Williams fût déchiré, et que les 80,000 Russes rassemblés en Livonie et en Courlande, pour le service de l'Angleterre et de la Prusse, marchassent contre elles, en se joignant aux armées de Louis XV et de Marie-Thérèse!... Ce revirement imprévu de la Russie fut une espèce de changement à vue sur la scène politique du monde; le parterre demeura ébahi devant la péripétie, et ne connut point ceux qui avaient composé la pièce et dirigé l'action.

Bestucheff, surpris, céda; mais n'ayant pu empêcher sa défaite, il voulut neutraliser la victoire en semant la discorde parmi les vainqueurs : trop faible pour résister seul à leur marche, il espéra la retarder, et chercha partout des obstacles à jeter en travers du chemin.

En sollicitant l'accession de la Russie au traité de Versailles, les cours de France et d'Autriche avaient eu le projet de faire stipuler une exception à l'alliance générale, offensive et défensive, qu'elles allaient contracter avec le cabinet de Saint-Pétersbourg. Cette exception était relative à la Porte-Ottomane, que les deux puissances occidentales avaient pour alliée, et qu'elles se sentaient plutôt appelées à défendre contre la Russie, que la Russie contre elle. La conservation de l'empire turc était un des dogmes essentiels de la politique de cette époque. Louis XV et ses ministres avaient épousé cette croyance avec une conviction si grande, qu'elle était devenue une religion pour eux.

Bestucheff profita de l'occasion. Son œil perçant entrevit l'incompatibilité radicale d'avenir et d'intérêts entre les puissances qui allaient signer un contrat d'union. En face de notre amitié pour le Turc, il évoqua la vieille ambition moscovite qui, elle aussi, a son fanatisme et son évangile écrits dans ses intérêts. Bestucheff en déroula les saints préceptes sous les yeux d'Élisabeth, et l'intolérance de la conquête se dressa devant l'intolérance de la protection : toutes deux faillirent même en venir aux mains. Bestucheff triomphait ! Mais l'Autriche, pour qui les secours de la Russie étaient devenus indispensables, car le redoutable Frédéric s'était élancé sur elle, et déjà une partie de ses États se débattait entre les serres impitoyables de ses aigles victorieuses ; l'Autriche se décida à choisir de deux maux le moindre, et à sacrifier l'avenir au présent. Elle engagea son alliance à celle de la Russie, sans exception, et entraîna dans sa faiblesse le chevalier Douglass.

Plus ferme, ou moins exposée que celle de Vienne, la cour de Versailles refusa de ratifier le traité, et envoya le *marquis de L'Hospital* à Saint-Pétersbourg, avec le titre d'ambassadeur et les instructions qui suivent [1].

---

1. Archives des affaires étrangères.

INSTRUCTIONS AU MARQUIS DE L'HOSPITAL
ALLANT A SAINT-PÉTERSBOURG

« Versailles, le 3 janvier 1757.

« Un des principaux objets des négociations du sieur chevalier Douglass, chargé des affaires de Sa Majesté près l'impératrice de Russie, a été l'accession de cette princesse au traité de Versailles, conclu entre Sa Majesté et l'impératrice-reine. Lorsqu'il fut signé, des raisons, qu'il serait inutile d'expliquer ici, ne permirent pas d'y inscrire une clause d'exception en faveur de la Porte-Ottomane. Les Turcs ayant conçu des inquiétudes de ce traité, où ils ne se sont point vus exceptés, comme ils l'ont été dans le dernier que Sa Majesté britannique a conclu avec l'impératrice de Russie, et ces inquiétudes étant augmentées par les apparences de l'accession prochaine de cette princesse, Sa Majesté a cru devoir les rassurer. En conséquence, elle a ordonné au chevalier Douglass de demander formellement cette exception, et elle a fait déclarer au sieur Beckteieff, chargé près d'elle des affaires de l'impératrice de Russie, qu'elle ne ratifierait point l'accession sans l'exception.

« Les ministres russes ont proposé, depuis, au chevalier Douglass d'excepter, à la vérité, les Turcs, mais d'annexer à l'accession un traité séparé et secret, par lequel Sa Majesté déclarerait qu'en cas de guerre de l'impératrice de Russie avec la Porte ou avec la Perse,

Sa Majesté ne fournirait qu'en argent les secours stipulés par le traité de Versailles, l'impératrice de Russie consentant à la même chose dans le cas où la présente guerre s'étendrait dans le continent, sur les frontières des États de Sa Majesté ou en Italie.

« Sa Majesté a fait écrire au chevalier Douglass, qu'elle lui défendait absolument de signer l'accession sans l'exception, et de consentir à aucun acte pareil à celui qu'on lui propose, et qui tendrait le moins du monde à infirmer l'exception.

« Si l'accession n'est point encore faite lorsque le sieur marquis de L'Hospital arrivera à Saint-Pétersbourg, c'est à ces conditions seules que Sa Majesté lui permet de les signer; son intention précise étant que les Turcs soient exceptés nommément et formellement, et que ses ministres près de l'impératrice de Russie n'acceptent aucune stipulation ou réserve, soit publique, soit secrète, qui diminue, infirme ou annule cette exception. »

Malgré la précision des défenses à lui faites, le chevalier Douglass avait consenti au biais inventé par l'Autriche, et accepté le *mezzo termine* qui devait satisfaire l'exigence moscovite et tromper la susceptibilité turque. Il fut convenu que la Porte-Ottomane serait garantie contre l'alliance, sur le traité ostensible, et que cette exception serait annulée par un article à part dit *secrétissime*. On défaisait ainsi en dessous ce qu'on avait fait ouvertement. Il n'y a que la cour de Vienne pour trouver de telles compositions et se contenter de pareils expédients!

A la nouvelle de cet arrangement diplomatique,

M. Rouillé, ministre des affaires étrangères, adressa au chevalier Douglass une réponse que nous allons transcrire ici, avec d'autant plus de plaisir que nous en avons trouvé plus rarement de semblables dans les espèces de trafics continuels et de maquignonnages qui caractérisent d'un bout à l'autre la politique de Louis XV. On est heureux de déterrer quelques perles sous ce fumier.

DÉPÊCHE DE M. ROUILLÉ, MINISTRE DES AFFAIRES ÉTRANGÈRES, AU CHEVALIER DOUGLASS, A SAINT-PÉTERSBOURG [1].

« Versailles, le 16 février 1757.

« Je ne puis vous dire, monsieur, quelle a été ma surprise et ma peine en voyant la déclaration, dite *secrétissime*, que vous avez pris sur vous de signer en même temps que l'acte d'accession.

« Tout ce que vous alléguez ne peut justifier une démarche que vous avez bien prévu devoir être désagréable à Sa Majesté, et je ne puis vous dissimuler qu'elle est extrêmement mécontente de la facilité avec laquelle vous avez été porté à signer cette déclaration qui, loin de lever les embarras, en peut faire naître d'assez considérables pour retarder, peut-être, la réunion que les sentiments personnels de Sa Majesté pour l'impératrice lui font désirer.

« Le roi, invariable dans ses principes, a ratifié l'acte d'accession ; mais Sa Majesté ne peut pas se prêter à

---

1. Archives des affaires étrangères.

ratifier la déclaration secrète que vous avez signée sans ordre et sans pouvoir, et même contrairement à ce que vous saviez de ses intentions. Sa Majesté a désiré vivement l'accession de Sa Majesté l'impératrice de Russie au traité de Versailles, comme un nouveau moyen de contribuer à la réunion. Elle l'a désirée, de concert avec l'impératrice-reine qui, à prendre la chose dans son véritable point de vue, y est la principale intéressée... Mais ce ne pouvait jamais être aux dépens de l'ancienne amitié qu'elle a pour la Porte-Ottomane, encore moins de son honneur qui, aussi bien que celui de l'impératrice de Russie, se trouverait extrêmement compromis si cette déclaration subsistait.

« Que l'acte reste secret ou non, il n'est pas moins contraire à la droiture et à l'honnêteté publique. Ce n'est point parce qu'il peut devenir public que Sa Majesté ne le ratifie point, c'est parce que l'honneur, qui préside à toutes ses résolutions, ne lui permet pas de le faire.

« Les sentiments de Sa Majesté sont sincères; elle veut de bonne foi tout ce qui peut contribuer à la satisfaction de l'impératrice de Russie, et cette princesse en reçoit des preuves dans toutes les occasions... Plus les vertus de cette princesse sont éclatantes, plus elle doit sentir le prix de la probité à laquelle le souverain, ainsi que les particuliers, doit tout sacrifier, lorsqu'on lui propose quelques démarches incompatibles avec ce qu'elle exige. La déclaration dont il s'agit étant constamment opposée à la bonne foi et aux usages établis parmi les nations policées, le Roi a une trop haute opinion des sentiments élevés de l'impératrice de Russie, et rend trop de justice à ceux de ses ministres, pour n'être pas persuadé que cette princesse ne sera pas blessée du refus que fait Sa Majesté de ratifier cette déclaration, et qu'elle en aurait porté le même jugement que Sa Majesté, si vous aviez exposé cette affaire dans son véritable jour.

« Je vous envoie donc, monsieur, la ratification seulement de l'acte d'accession. C'est à vous à réparer la faute qui a été faite dans cette affaire. Si M. le comte d'Esterhazy vous a induit à signer, je suis bien persuadé qu'il vous aidera de tout son pouvoir pour faire accepter cette ratification simple, etc... »

Le chevalier d'Éon raconte que ce fut lui et Iwan Iwanowitz Schwalow, le favori officiel d'Élisabeth, rattaché depuis peu aux intérêts de la France, qui tirèrent le pauvre Douglass et l'alliance de ce mauvais pas. L'article *secrétissime* fut déchiré après un rude assaut livré par le chevalier d'Éon en personne au puissant Bestucheff, trépignant et écumant de rage : *querelle*, dit le chevalier d'Éon, *qui n'amusa pas peu l'impératrice et Iwan Iwanowitz Schwalow.*

Bestucheff était vaincu sans retour.

Fidèle à ses instincts de ruse, le grand-chancelier ne rompit point cependant avec le petit secrétaire d'ambassade par lequel il se voyait battu. Il se réconcilia même avec lui en apparence, car nous lisons dans une dépêche du chevalier Douglass, annonçant l'heureuse issue de la bataille à M. Rouillé :

LA VÉRITÉ

« 24 mai 1757.

« Monseigneur,

« .... Dans le moment que M. d'Éon était sur son départ, le chancelier le manda pour lui dire un dernier adieu, et pour lui remettre une marque de la bienveillance de Sa Majesté l'impératrice, et de la satisfaction qu'elle avait de sa conduite pendant son séjour ici. Je le chargeai de recevoir tout ce qui lui serait offert avec les témoignages de la plus respectueuse reconnaissance et de sensibilité, pour le procédé particulier du ministre dont il a su gagner l'estime et l'amitié, ainsi que des plus distingués de cette cour. Son Excellence le chancelier lui remit en effet 300 ducats de la part de l'impératrice, et il accompagna le présent de termes et d'expressions si énergiques, que je charge M. d'Éon de vous rapporter mot à mot toute la conversation, et une autre qui l'avait précédée...

« Je suis, etc...

« Le chevalier Douglass. »

Choisi spécialement pour porter à Versailles l'accession sans restriction d'Élisabeth, avec un plan de la campagne dressé à Saint-Pétersbourg, le chevalier d'Éon rencontra à *Bialestock*, le marquis de L'Hospital qui allait en Russie remplacer le chevalier Douglass; puis à Vienne, le comte de Broglie qui se rendait à son ambassade de Pologne, et remit en passant à Marie-Thérèse un plan de la même campagne, dressé en France par *le maréchal d'Estrées*. Pendant que le secrétaire d'ambassade conférait avec le chef de la politique occulte de Louis XV, arrive à Vienne la nouvelle de la victoire de Prague, gagnée le 6 mai par les Autrichiens sur le roi de Prusse. Il repart, vole, culbute, se casse la jambe, se fait panser, continue sa route et précède de trente-six heures le courrier expédié par le *prince de Kaunitz*, premier ministre de la reine, au prince de Staremberg, son ambassadeur en France; c'étaient deux victoires qu'il venait annoncer à la fois.

Touché de ce zèle intrépide, Louis XV envoya à son messager éclopé son chirurgien particulier, avec une gratification sur le trésor royal, un brevet de lieutenant de dragons et une tabatière d'or ornée de son portrait garni de perles.

Un vieillard Tonnerrois, plus qu'octogénaire, existant encore en 1836, pour qui les souvenirs du chevalier d'Éon formaient une sorte de poésie rétrospective, nous racontait, il y a quelques années, qu'il avait porté et engagé lui-même, pour le chevalier d'Éon, l'auguste tabatière avec son royal portrait... au Mont-de-Piété ! ! !...

En même temps que l'acte de réunion d'Élisabeth au traité de Versailles, le chevalier d'Éon avait apporté avec lui un document précieux, dont il dut la découverte à ses investigations dans les archives les plus secrètes du palais des tzars.

Ce document, dont tout le monde a parlé depuis, dont l'existence était connue, mais que nul ne possédait et n'a pu reproduire, fut remis confidentiellement par le chevalier d'Éon, avec un travail spécial sur la

Russie, entre les mains de l'abbé de Bernis, ministre des affaires étrangères, et celles de Louis XV lui-même, en 1757. « C'est une copie littérale, dit-il, du testament laissé par Pierre le Grand à ses descendants et successeurs au trône moscovite. » Cette communication nous a paru, nous ne dirons pas seulement de la plus haute curiosité, mais encore de la plus haute gravité historique et politique. Loin de s'être amoindrie avec les années passées, l'importance en a grandi, pour ainsi dire, avec les temps actuels. Cette pièce contient un exposé général des vues du fondateur de l'empire russe, dévoile ses immenses prévisions, ses gigantesques espérances, et révèle le plan de la route tracée par Pierre, qui doit conduire au rêve colossal édifié dans l'avenir par le cerveau qui avait réalisé de si sublimes choses dans le présent. Il n'y avait, comme on le verra, que la tête d'un Pierre Ier qui pût engendrer un pareil rêve. L'homme et la pensée sont à la taille l'un de l'autre.

Voici cette pièce, dont nous regrettons que le chevalier d'Éon ait abrégé les considérations préliminaires :

COPIE DU PLAN DE DOMINATION EUROPÉENNE, LAISSÉ PAR PIERRE LE GRAND A SES SUCCESSEURS AU TRÔNE DE LA RUSSIE, ET DÉPOSÉ DANS LES ARCHIVES DU PALAIS DE PÉTERHOFF, PRÈS SAINT-PÉTERSBOURG.

« Au nom de la très-sainte et indivisible Trinité, Nous, Pierre, empereur et autocrateur de toute la

Russie, etc., à tous nos descendants et successeurs au trône et gouvernement de la nation russienne.

« Le grand Dieu de qui nous tenons notre existence et notre couronne, nous ayant constamment éclairé de ses lumières et soutenu de son divin appui, etc. »

Ici Pierre Ier établit que, d'après ses vues, qu'il croit celles de la Providence, il regarde le peuple russe appelé, dans l'avenir, à la domination générale de l'Europe. Il fonde cette pensée sur ce que, d'après lui, les nations européennes sont arrivées, pour la plupart, à un état de vieillesse voisin de la caducité, ou qu'elles y marchent à grands pas ; d'où il suit qu'elles doivent être facilement et indubitablement conquises par un peuple jeune et neuf, quand ce dernier aura atteint toute sa force et toute sa croissance. Le monarque russe regarde cette invasion future des pays de l'occident et de l'orient par le nord, comme un mouvement périodique arrêté dans les desseins de la Providence qui a ainsi régénéré, dit-il, le peuple romain par l'invasion des barbares. Il compare ces émigrations des hommes polaires au flux du Nil qui, à certaines époques, vient engraisser de son limon les terres amaigries de l'Égypte. Il ajoute que la Russie, qu'il a trouvée *rivière* et qu'il laissera *fleuve*, deviendra, sous ses successeurs, une grande *mer* destinée à fertiliser l'Europe appauvrie, et que ses flots déborderont malgré toutes les digues que des mains affaiblies pourront leur opposer, si ses descendants savent en diriger le cours. C'est pourquoi il leur laisse les enseignements dont la teneur suit, et qu'il recommande à leur attention et à leur observation constante, de même que Moïse avait recommandé les Tables de la loi au peuple juif.

I

« Entretenir la nation russienne dans un état de guerre continuelle, pour tenir le soldat aguerri et toujours en haleine : ne le laisser reposer que pour améliorer les finances de l'État, refaire les armées et choisir les moments opportuns pour l'attaque. Faire ainsi servir la paix à la guerre, et la guerre à la paix, dans l'intérêt de l'agrandissement et de la prospérité croissante de la Russie.

II

« Appeler par tous les moyens possibles, de chez les peuples les plus instruits de l'Europe, des capitaines pendant la guerre et des savants pendant la paix, pour faire profiter la nation russe des avantages des autres pays sans lui faire rien perdre des siens propres.

III

« Prendre part en toute occasion aux affaires et démêlés quelconques de l'Europe, et surtout à ceux de l'Allemagne, qui, plus rapprochée, intéresse plus directement.

IV

« Diviser la Pologne en y entretenant le trouble et des jalousies continuelles; gagner les puissants à prix d'or; influencer les diètes, les corrompre, afin d'avoir action sur les élections des rois ; y faire nommer ses partisans, les protéger, y faire entrer les troupes russiennes, et y séjourner jusqu'à l'occasion d'y demeurer tout à fait. Si les puissances voisines opposent des difficultés, les apaiser momentanément en morcelant le pays, jusqu'à ce qu'on puisse reprendre ce qui aura été donné.

V

« Prendre le plus qu'on pourra à la Suède, et savoir se faire attaquer par elle pour avoir prétexte de la subjuguer. Pour cela, l'isoler du Danemarck et le Danemarck de la Suède, et entretenir avec soin leurs rivalités.

VI

« Prendre toujours les épouses des princes russes parmi les princesses d'Allemagne pour multiplier les alliances de famille, rapprocher les intérêts, et unir d'elle-même l'Allemagne à notre cause en y multipliant notre influence.

VII

« Rechercher de préférence l'alliance de l'Angleterre pour le commerce, comme étant la puissance qui a le plus besoin de nous pour sa marine, et qui peut être le plus utile au développement de la nôtre. Échanger nos bois et autres productions contre son or, et établir entre ses marchands, ses matelots et les nôtres des rapports continuels, qui formeront ceux de ce pays à la navigation et au commerce.

VIII

« S'étendre sans relâche vers le nord, le long de la

Baltique, ainsi que vers le sud, le long de la mer Noire.

IX

« Approcher le plus possible de Constantinople et des Indes. Celui qui y régnera sera le vrai souverain du monde. En conséquence, susciter des guerres continuelles, tantôt au Turc, tantôt à la Perse ; établir des chantiers sur la mer Noire ; s'emparer peu à peu de cette mer, ainsi que de la Baltique, *ce qui est un double point nécessaire à la réussite du projet;* hâter la décadence de la Perse ; pénétrer jusqu'au golfe Persique ; rétablir, si c'est possible, par la Syrie, l'ancien commerce du Levant, et avancer jusqu'aux Indes, qui sont l'entrepôt du monde.

« Une fois là, on pourra se passer de l'or de l'Angleterre.

X

« Rechercher et entretenir avec soin l'alliance de l'Autriche ; appuyer en apparence ses idées de royauté future sur l'Allemagne, et exciter contre elle, par-dessous main, la jalousie des princes.

« Tâcher de faire réclamer des secours de la Russie par les uns ou par les autres, et exercer sur le pays une espèce de protection qui prépare la domination future.

XI

« Intéresser la maison d'Autriche à chasser le Turc de l'Europe, et neutraliser ses jalousies lors de la conquête de Constantinople, soit en lui suscitant une guerre avec les anciens États de l'Europe, soit en lui donnant une portion de la conquête, qu'on lui reprendra plus tard.

XII

« S'attacher et réunir autour de soi tous les Grecs désunis ou schismatiques qui sont répandus, soit dans la Hongrie, soit dans la Turquie, soit dans le midi de la Pologne; se faire leur centre, leur appui, et établir d'avance une prédominance universelle par une sorte de royauté ou de suprématie sacerdotale : ce seront autant d'amis qu'on aura chez chacun de ses ennemis.

XIII

« La Suède démembrée, la Perse vaincue, la Pologne subjuguée, la Turquie conquise, nos armées réunies, la mer Noire et la mer Baltique gardées par nos vaisseaux, il faut alors proposer séparément et très-secrètement, d'abord à la cour de Versailles, puis à celle de Vienne, de partager avec elles l'empire de l'univers.

« Si l'une des deux accepte, ce qui est immanquable, en flattant leur ambition et leur amour-propre, se servir d'elle pour écraser l'autre ; puis écraser à son tour celle qui demeurera, en engageant avec elle une lutte qui ne saurait être douteuse, la Russie possédant déjà en propre tout l'Orient et une grande partie de l'Europe.

XIV

« Si, ce qui n'est point probable, chacune d'elles refusait l'offre de la Russie, il faudrait savoir leur susciter des querelles et les faire s'épuiser l'une par l'autre. Alors, profitant d'un moment décisif, la Russie ferait fondre ses troupes rassemblées d'avance sur l'Allemagne, en même temps que deux flottes considérables partiraient l'une de la mer d'Azof et l'autre du port d'Archangel, chargées de hordes asiatiques, sous le convoi des flottes armées de la mer Noire et de la mer Baltique. S'avançant par la Méditerranée et par l'Océan, elles inonderaient la France d'un côté, tandis que l'Allemagne le serait de l'autre, et ces deux contrées vaincues, le reste de l'Europe passerait facilement et sans coup férir sous le joug.

« Ainsi peut et doit être subjuguée l'Europe ! »

« Cette communication, dit le chevalier d'Éon, fut traitée sans importance par les ministres de Versailles; on en jugea les plans impossibles et les vues chimériques. En vain de mon lit de douleur je rédigeai et j'envoyai des mémoires particuliers au roi, à M. le maréchal de Belle-Isle, à M. l'abbé de Bernis, à M. le marquis de L'Hospital, qui venait d'être nommé ambassadeur à Saint-Pétersbourg, en remplacement du chevalier Douglass, et enfin à M. le comte de Broglie, ambassadeur en Pologne, pour leur déclarer que l'intention secrète de la cour de Russie était, à la mort imminente d'Auguste III, de garnir la Pologne de ses troupes pour s'y rendre maîtresse absolue de l'élection du roi futur, et s'emparer d'une partie de son territoire, conformément au plan de *Pierre le Grand* ; toutes mes ouvertures furent considérées sans attention sérieuse, parce que sans doute elles venaient d'un jeune homme ; mais on éprouve en ce jour (1778) les funestes effets de la prévention que l'on eut alors contre mon âge [1]. »

---

[1]. Ces paroles sont presque textuellement reproduites dans la *Vie politique du chevalier d'Éon*, publiée en 1779, par Lafortelle, sur des notes du chevalier lui-même.

D'Éon avait aussi transmis une copie du testament de Pierre Ier au comte de Choiseul, alors à Vienne, car nous trouvons dans ses *Lettres et Mémoires* imprimés une lettre du comte, qui lui écrit de Vienne, le 26 novembre 1760 : « J'ai reçu en même temps, Monsieur, les différentes lettres que vous m'avez fait l'honneur de m'écrire, le 11 et le 26 du mois passé, *ainsi que l'histoire de Pierre le Grand, dont je vous remercie.* »

CHAPITRE V

Inaction de l'armée russe ; situation difficile des généraux. — Le grand-duc et la grande-duchesse se vendent. — Négociations officielles et texte du marché. — L'union de la France et de la Russie est sur le point d'être rompue pour un baptême. — Le marquis de L'Hospital appelle le chevalier d'Éon à son secours. — Troisième voyage du chevalier d'Éon, boiteux, à Saint-Pétersbourg. — Chute et arrestation de Bestucheff. — Circulaire russe annonçant cet événement à l'Europe.

Cependant les affaires de la coalition française, autrichienne et russe allaient fort mal...

Après être entré en campagne, s'être emparé de *Mémel*, avoir défait les Prussiens près de *Gros-Jaëgersdorf*, le feld-maréchal de l'armée russe, Apraxin, obéissant à Bestucheff, s'était replié vers la Courlande, et y avait tranquillement établi ses quartiers d'hiver... Vainqueur, il avait reculé devant sa victoire. Le généralissime russe, à vrai dire, était fort embarrassé dans cette guerre. Il s'y trouvait placé entre des ordres patents et des ordres secrets, les uns prescrivant constamment le contraire des autres. L'impératrice et Woronzow récla maient à grands cris des batailles ; le grand-duc et Bestucheff n'en voulaient point; ceux-là les disaient indispensables au salut de l'État et à la gloire de la patrie, ceux-ci les proclamaient désastreuses, déshonorantes et sacriléges. Le feld-maréchal ne pouvait donc faire un mouvement sans mécontenter quelqu'un. Devant lui était sa souveraine régnante, derrière lui son souverain futur ; disgrâce dans le présent, ou disgrâce dans l'avenir : se heurter à l'un ou à l'autre de ces deux écueils, c'était risquer de s'y briser. C'est pourquoi Apraxin s'arrêta court, et resta tranquille dans son camp pour ne tomber dans aucun des précipices entr'ouverts sous ses pas.

Cette inaction était fatale à la cause de l'Autriche et de la France, et chacune de ces deux puissances résolut de la faire cesser. Plus intéressé que le cabinet de Versailles dans la question qui se débattait sur les champs de bataille, car elle était pour lui une question de vie ou de mort, le cabinet de Vienne avisa le premier aux moyens de désarmer cette hostilité sourde du grand-duc et de la grande-duchesse, plus nuisible à ses armes que l'hostilité acharnée de Frédéric. Disciples passés maîtres en l'art de Machiavel, découvrant un vice à la piste, le flairant, jusque sous l'habit d'un prince ou le manteau d'un roi, les ministres de Marie-Thérèse, après avoir étudié pied à pied le terrain qu'ils exploraient, trouvèrent enfin le joint qu'ils cherchaient. On ne pouvait attaquer ni Pierre, ni Catherine, ni Bestucheff par le fer, on les attaqua par l'or. Ne pouvant les combattre, on résolut de les acheter. La corruption, cette arme ordinaire des princes, fut employée contre des princes... et la corruption réussit.

Nous avons trouvé dans les archives des affaires étrangères, la copie authentique de ce curieux marché que la France et l'Autriche négocièrent en concurrence et presque à l'envi l'une de l'autre; marché dans lequel une impératrice-reine et un roi se disputèrent la conscience d'un tzar et d'une tzarine à venir, mise par eux aux enchères.

DÉPÊCHE DE L'ABBÉ COMTE DE BERNIS, MINISTRE DES AFFAIRES ÉTRANGÈRES, AU MARQUIS DE L'HOSPITAL, A SAINT-PÉTERSBOURG.

« Compiègne, le 17 juillet 1757.

« Nous avons, monsieur, par plus d'une voie, des avis que le grand-duc et la grande-duchesse de Russie sont dans un grand besoin d'argent, et l'on nous a même fait des insinuations tendant à les aider secrètement de quelques sommes, ce que l'on assurait devoir les attacher à Sa Majesté et favoriser la réunion. Je sais de plus à n'en pouvoir douter que l'impératrice-reine a ordonné à M. le comte Esterhazy de négocier avec ce prince un traité de subsides, *titre duquel elle croit devoir couvrir les secours qu'elle est dans l'intention de lui donner.* Il importe, monsieur, que vous trouviez des moyens pour être informé exactement si ce besoin est tel qu'on le dit. C'est à votre prudence à les chercher, et si les confidents du grand-duc ou de la grande-duchesse vous tenaient quelque discours à ce sujet, loin de leur ôter l'espérance d'obtenir ces secours de Sa Majesté, vous devez leur faire entendre que, comptant sur leurs sentiments pour maintenir l'union si heureusement rétablie et sur leur déférence entière à ce qui peut être agréable à l'impératrice de Russie, le roi saisira avec empressement les occasions de leur donner des marques de son amitié. Vous ne promettrez rien de positif, vous bornant à savoir à quoi pourrait monter la somme que l'on désirerait, et à dire que vous en rendrez compte. Si elle n'était pas excessive, je le représenterais à Sa Majesté et vous ferais passer ses ordres.

« Ceci est un des points dont vous ne parlerez que dans les dépêches *envoyées par des courriers*.

« L'abbé, comte DE BERNIS, ministre. »

En marge est écrit : *lu au conseil*.

Mais il était déjà trop tard. L'Autriche avait devancé la France, et le marché *couvert*, suivant l'expression de l'abbé de Bernis, de l'apparence honorable et diplomatique *d'un traité de subsides*, avait été signé par les parties, deux jours avant la lettre même du ministre au marquis de L'Hospital.

CONVENTION FAITE ENTRE L'IMPÉRATRICE-REINE ET SON ALTESSE IMPÉRIALE M. LE GRAND-DUC DE RUSSIE

Savoir faisons à tous ceux qu'il appartient :

Sa Majesté impératrice-reine de Hongrie et de Bohême ayant jugé à propos, vu la crise des temps présents, d'entrer en négociation avec Son Altesse Impériale le grand-duc de Russie, duc régnant de Schleswig Holstein, pour les troupes holsteinoises, et pour s'assurer en outre de toute son assistance comme prince de l'empire;

Son Altesse Impériale de son côté se trouvant très-disposée, tant en sa qualité de grand-duc de Russie qu'en celle de prince de l'empire, de mettre au jour ses *sentiments d'amitié et patriotiques*, et se prêtant en conséquence avec empressement à l'une et à l'autre de ces dites intentions;

Les ministres plénipotentiaires autorisés à dresser l'acte d'une convention furent nommés, savoir :

De la part de Sa Majesté l'impératrice-reine, le comte Nicolas d'Esterhazy, et de la part de Son Altesse Impériale, Amadé-George-Henri, baron de Stambke; lesquels, après avoir échangé leurs pleins pouvoirs respectifs, et après avoir conféré entre eux, sont convenus de ce qui suit :

1° Son Altesse Impériale le grand-duc s'engage non-seulement de tenir des troupes holsteinoises présentement existantes [1] sur un pied toujours complet, mais en même temps en un tel état que si Sa Majesté Impériale et Royale jugeait convenir aux circonstances de les prendre à sa solde et y convenir là-dessus ultérieurement avec Son Altesse Impériale, lesdites troupes puissent incessamment être employées à son service;

2° Son Altesse Impériale s'engage en outre et s'oblige le plus solennellement de faire, à l'occasion des trou-

---

1. C'est-à-dire une centaine de soldats manquant de tout.

bles survenus dans l'empire, tout ce qui déprendra d'elle pour observer les intérêts de Sa Majesté l'impératrice-reine, en sa qualité de co-État de l'empire, qu'elle regarde déjà sans cela, en sa qualité de grand-duc de Russie, comme communs et le plus étroitement resserrés par plusieurs traités ; d'ordonner à cette fin à ses ministres auprès de l'assemblée de l'empire et du cercle, de vivre dans une parfaite intelligence avec les ministres de Sa Majesté Impériale et Royale, et de leur prescrire comme un devoir essentiel et inaltérable de soutenir en toute occasion par les suffrages à donner les susdits intérêts de Sa Majesté Impériale et Royale.

3° En échange, et pour dédommager Son Altesse Impériale des frais que doit lui causer l'obligation de tenir *ses troupes prêtes à marcher*, Sa Majesté impératrice et reine s'engage et s'oblige par la présente de fournir à Son Altesse Impériale, à partir de la date de cette convention, un subside annuel de cent mille florins, ou cinquante mille écus de banque, en deux termes payables à Hambourg chaque six mois d'avance, de façon que le premier paiement se fera incessamment après l'échange des ratifications.

4° Cette convention restera dans toute sa force pendant le cours de la présente guerre et encore une année après la paix. Le terme expiré, il dépendra du bon plaisir des deux hautes parties contractantes de la rendre nulle ou bien de la prolonger à plusieurs autres années.

5° La présente convention, dont chacun des deux exemplaires a été signé de main propre par les deux ministres plénipotentiaires respectifs, et muni des cachets de leurs armes, sera ratifiée des deux hautes parties contractantes, et les ratifications seront échangées à Saint-Pétersbourg dans l'espace de deux mois au plus tard.

Fait à Saint-Pétersbourg, le 15 juillet 1757.

Ainsi pour de l'or, Pierre, qui depuis fut Pierre III, renia Frédéric de Prusse, dont il avait fait l'objet de son culte!... Pour de l'or, Catherine, qui depuis fut Catherine II, — partie prenante, sinon contractante au traité, — abritée derrière son mari contre la honte, comme plus tard elle s'abrita derrière Orloff contre le sang, vendit sa conscience à Marie-Thérèse dont elle était jalouse, qu'elle abhorait! Il y a dans cette particularité, irrévélée jusqu'ici, quelque chose qui fait mal. Ce nom de Catherine, grand jusque dans sa plus basse célébrité, poétisé jusque dans ses infamies, en reçoit je ne sais quelle souillure qui le décolore et le rapetisse. C'est une tache de boue au front d'une femme que la pensée entoure d'une auréole. L'esprit comprend certains forfaits des organisations exceptionnelles et n'en comprend pas certaines faiblesses. On est grand parfois dans le crime, on est toujours petit dans le vice. Nous nous expliquons mieux Catherine donnant des provinces entières, prodiguant des monceaux d'or et des millions d'esclaves à son favori Potemkin, que Catherine se vendant pour cinquante mille écus, sous le couvert légal de son mari, chef de la communauté, et recevant avec lui la charité d'une impératrice autrichienne.

Bestucheff résista à l'appât qui séduisit le prince; mais il était déjà soudoyé par l'Angleterre, et fut assez noble en son infamie pour ne pas recevoir de deux mains. Il sut ainsi rendre sa vénalité presque honorable en lui donnant l'appui d'une mâle fermeté, et en l'élevant au niveau d'une apparente conviction.

Cette union de la Russie, de ses gouvernants et de ses princes, si longtemps, si laborieusement recherchée par la France, achetée par elle au prix de tant de peines et de tant d'or, faillit être compromise et brisée par un incident curieux qui est un de ces mille petits jours ouverts par la main de l'histoire sur l'époque dont nous parlons; incident imperceptible et dont la frivolité même fit l'importance dans un temps où les petites choses étaient devenues les grandes. Voici le fait :

Le 16 septembre 1757, le marquis de L'Hospital adressa à M. l'abbé de Bernis une dépêche ainsi conçue[1] :

« Monsieur le comte,

«.... M. le chevalier Douglass, qui va partir pour la France, aura l'honneur de vous rendre compte d'une idée que Sa Majesté Impériale la tzarine a eue à l'occasion de la grossesse de madame la grande-duchesse. C'est de proposer au roi de tenir avec elle sur les fonts de baptême l'enfant qui doit naître... M. de Woronzow est seul dans la confidence des intentions de Sa Majesté Impériale pour le baptême de l'enfant du grand-duc. Il m'a dit hier d'avoir l'honneur de vous en prévenir secrètement, afin de savoir d'avance si cette proposition serait agréable au roi. Je dois aussi avoir l'honneur de

1. Archives des affaires étrangères.

vous dire que lorsque l'impératrice confia son dessein au comte de Woronzow sur le baptême, il lui dit qu'elle pourrait choisir l'impératrice-reine pour marraine. « Non, non, répondit-elle; je ne veux que Louis XV et « moi... »

La lettre du marquis de L'Hospital jeta les ministres dans le plus vif embarras; elle fut méditée, commentée, et l'on décida, conseil assemblé, que le roi ne devait pas en avoir connaissance. Aussi en marge de la dépêche originale est-il écrit en encre rouge : *Lue au roi, moins le passage...* Un peu plus tard cependant, l'épître entière, à ce qu'il paraît, fut remise sous les yeux de Louis XV. Quel avait donc été le motif du premier silence de ses ministres? Quelle susceptibilité avaient-ils cru devoir ménager par leur étrange discrétion? La réponse de l'abbé de Bernis au marquis de L'Hospital va nous l'apprendre [1].

Versailles, le 16 octobre 1757

A MONSIEUR LE MARQUIS DE L'HOSPITAL

« Monsieur,

« J'ai rendu compte au roi de la lettre que vous m'avez fait l'honneur de m'écrire le 16 septembre de cette année, et qui contient le désir que l'impératrice de Russie a de nommer au baptême, avec Sa Majesté, l'enfant dont madame la grande-duchesse doit accoucher dans peu. La piété de Sa Majesté l'a toujours portée à

---

1. Archives des affaires étrangères.

ne point regarder comme une simple cérémonie les engagements que l'on prend en qualité de parrain, engagements qui obligent à veiller, autant qu'on le peut, à ce que l'enfant soit élevé dans la religion catholique. L'impératrice de Russie, le grand-duc et la grande-duchesse étant de la religion grecque, dans laquelle, par la loi du pays, l'enfant qui doit naître sera élevé, Sa Majesté se fait scrupule d'être parrain d'un enfant qui ne soit pas baptisé et qui ne doive pas être instruit dans la religion catholique; elle l'a refusé à plusieurs princes qui le lui ont demandé. Par conséquent, quoiqu'elle désire faire connaître à l'Europe qu'elle est toujours dans les mêmes sentiments pour l'impératrice de Russie, et que la conduite du maréchal Apraxin n'y apporte aucun changement, elle ne peut consentir à ce que cette princesse souhaite. Si l'on vous en parle, monsieur, vous devez représenter ces raisons, et faire sentir que des principes de religion sont seuls cause de la peine que Sa Majesté sent à ne point contracter une liaison de plus avec l'impératrice de Russie.

« Je suis, etc.

« Le comte de Bernis. »

« *P. S.* Le plus prudent serait d'éluder cette demande, sans que l'impératrice de Russie pût en être blessée; personne n'est plus capable que vous d'en imaginer le moyen. »

Quel étrange homme que ce Louis XV! Lui qui vingt fois par jour, à toute minute, à toute seconde, viole les plus saintes lois de la morale et de l'Église, qui foule aux pieds remords et pudeur, réprobation divine et humaine; qui souille à la face de l'Europe et du monde son lit d'époux et son sceptre de roi, du contact impur des plus impures courtisanes; qui encourage la prostitution et couronne l'adultère, le voilà *se faisant scrupule d'être parrain d'un enfant qui ne sera pas baptisé et instruit dans la religion catholique!*

Élisabeth fut piquée au vif. Elle avait fait de véritables avances à son frère bien-aimé; en les voyant repoussées, la tzarine fut blessée dans ce que les femmes ont de plus sensible au monde, l'amour-propre. Louis XV et la cause dont il était un des représentants avaient perdu plus de moitié dans son cœur... Bestucheff se frotta les mains. Il croyait triompher!...

Un des premiers, le marquis de L'Hospital avait entrevu le changement de la tzarine. Il en comprit le danger pour les trois puissances alliées, et résolut de porter remède au mal avant qu'il eût fait plus de progrès. La désaffection va vite au cœur des femmes. Le vieux courtisan le sait, et afin d'opposer plus tôt une digue au torrent, il a l'idée d'appeler un auxiliaire.

« Mon cher petit, mande-t-il au chevalier d'Éon, j'ai appris avec peine votre accident, et avec grand plaisir vos entrevues avec *le Vieux et le Nouveau Testament*[1]. Venez pratiquer l'Évangile avec nous, et comptez sur mon amitié et mon estime. »

Le chevalier Douglass se joint à lui et écrit en même temps : « Je vous embrasse aussi, mon cher Éclopé, et je souhaite que vous soyez parti avant la récep-

---

1. Nous ne savons à qui ces termes font allusion.

tion de cette lettre, pour vous rendre auprès de votre digne protecteur, qui aura pour vous des bontés de père, et vous sera un appui plus fort que ne pourraient l'être mille jambes. — Tout à vous. »

Le chevalier d'Éon n'était point encore entièrement rétabli; mais il dut l'être aussitôt l'invitation reçue : sa jambe guérie par ordre supérieur, il reprit le chemin de Saint-Pétersbourg. En apprenant son retour, Bestucheff eut comme un pressentiment de l'avenir. Il déclara au marquis de L'Hospital « *que le jeune d'Éon était un sujet dangereux et qu'il ne reverrait point personnellement avec plaisir, parce qu'il le savait capable de troubler l'empire.* »

L'ambassadeur français ne l'en appela que plus vite.

Quelques mois après l'arrivée du chevalier d'Éon, le 24 février 1758, Bestucheff, que ses succès d'un instant ont aveuglé, et à qui la confiance a fait perdre toute prudence, est arrêté en plein conseil par ordre de la tzarine. Ses papiers sont visités, et l'on y trouve une correspondance secrète avec Frédéric de Prusse, dans laquelle sont compromis les généraux russes Apraxin et Totleben. Ceux-ci sont arrêtés aussitôt à la tête de leur armée, et envoyés, avec le chancelier, au fond de la Sibérie, d'où Bestucheff ne reviendra que sous le règne de Catherine II. Il recouvrera sa liberté, mais non sa toute-puissance!...

Ainsi finit Bestucheff-Riumin, l'un des bras les plus nerveux qui aient tenu et dirigé les rênes de la Russie. Son pouvoir, agrandi et fortifié par le temps, s'était tellement implanté au sol moscovite et s'y enfonçait par tant de racines, qu'il paraissait inattaquable. C'était le chêne séculaire attaché à la terre qu'il domine de son ombrage. Le doigt d'un enfant et le souffle d'une femme renversèrent celui sur qui tant d'orages avaient passé sans lui faire seulement courber la tête !

Le monde retentit de la chute de Bestucheff. La nouvelle en fut rédigée en bulletins officiels et transmise en ces termes à tous les agents diplomatiques :

Note pour Son Excellence M. *le marquis de L'Hospital, ambassadeur de France près la cour de Russie.*

« Il y a déjà quelque temps que l'impératrice a eu des raisons de se défier du chancelier Bestucheff-Riumin ; mais, entraînée par sa grandeur d'âme et son penchant naturel pour la clémence, elle s'est contentée jusqu'à présent d'épier ses démarches.

« Enfin Sa Majesté a vu avec regret que ce n'a pas été sans fondement qu'elle avait soupçonné la fidélité de cet homme[1], vu qu'on a découvert quantité de crimes, d'intrigues, de machinations et d'autres actions noires, qui ne tendaient pas à moins qu'à léser Sa Majesté.

« Plus il a oublié Dieu, son devoir, son serment de fidélité, et les grâces et bontés dont Sa Majesté Impériale l'a comblé, *non qu'il les eût méritées*, mais uniquement par un effet de sa clémence et de sa générosité, plus elle se voit réduite à la nécessité d'étouffer pour un instant les mouvements de sa grandeur d'âme natu-

---

1. *De cet homme!* Ils appelaient ainsi celui devant lequel ils avaient tremblé pendant vingt ans !

relle, et, lassée d'une patience poussée à bout, de recourir enfin à la justice.

« Pour cet effet, l'impératrice a ordonné de faire arrêter ledit Bestucheff-Riumin, ci-devant son chancelier, de le dépouiller de toutes ses charges et dignités, et de faire une perquisition de sa conduite et de celle de ses complices.

« A Saint-Pétersbourg, le 15-26 février 1758. »

Ces diverses notes étaient les billets de faire part annonçant aux rois de la terre le décès d'un géant, et il n'y manquait rien à la grandeur du défunt, pas même le coup de pied de l'envie.

Michel de Woronzow, le vice-chancelier, recueillit l'héritage de cette vaste déchéance. A dater de ce jour, la coalition réunie sous les drapeaux du traité de Versailles n'eut plus à vaincre que les flottes de l'Angleterre et les armées du roi de Prusse.

C'était trop de plus de moitié !

CHAPITRE VI

Négociations des projets de royauté du prince de Conti. — Il se brouille avec Mme de Pompadour. — Abandon des négociations entamées. — Élisabeth veut s'attacher pour toujours le chevalier d'Éon. — Refus de celui-ci. — Ses lettres à M. Tercier et à l'abbé de Bernis. — Le chevalier d'Éon rentre en France. — La petite vérole. — Première lettre du marquis de L'Hospital relative à la *Terza Gamba*. — Entrée du chevalier d'Éon à l'armée du Haut-Rhin. — Son attachement à la famille de Broglie. — Hauts faits du chevalier d'Éon. — Il est blessé. — Hoëxter, Ultropp, Meinloss et Osterwick. — Seconde lettre du marquis de L'Hospital sur la *Terza Gamba*. — Mort de l'impératrice Élisabeth Petrowna.

Au milieu des négociations diplomatiques que sa fortune avait si heureusement conduites à fin, D'Éon n'avait point oublié celle des intérêts politiques et matrimoniaux qu'embrassait la double ambition du prince de Conti. Déjà même il avait obtenu de la tzarine la promesse du commandement en chef de l'armée russe et celle de l'investiture de la Courlande, lorsque la trame habilement ourdie par ses soins fut tout à coup rompue. A son retour en France, le chevalier d'Éon avait apporté avec lui l'exposé des engagements et conditions que la tzarine avait mis à sa munificence ; il en discutait les détails sous les yeux de Louis XV, et indiquait les chances favorables qu'il avait su ménager au prince amoureux et ambitieux. Sa Majesté contemplait avec une satisfaction évidente les combinaisons de son diplomate, et voyait déjà son cousin roi, quand Mme de Pompadour, par une de ses boutades accoutumées, renversa toutes les espérances. La favorite venait de se fâcher avec le prince de Conti : le chevalier d'Éon ne nous dit ni la cause ni l'origine de cette querelle inopinée. Quel qu'en fût le motif, cette mésintelligence était mortelle aux projets du prince. Il le sentit bientôt, et fit tous ses efforts pour opérer un rapprochement entre lui et la sultane offensée. Mais le prince s'humilia inutilement devant la courtisane, le cousin du roi implora en vain la maîtresse du roi, la Pompadour demeura inexorable. Il fut enjoint au chevalier d'Éon de laisser là les négociations entamées et d'abandonner complètement cette affaire, qu'il raconte ainsi lui-même *au comte de Broglie*, dans une lettre écrite un an après la mort de Louis XV [1].

« Londres, le 12 juin 1775.

« Monsieur le comte,

« Vous seul connaissez avec quel zèle, quelle obéissance, quelles peines, et dans quelles circonstances délicates j'ai servi publiquement et secrètement le feu roi,

---

1. Archives des affaires étrangères.

depuis 1757, que vous m'avez fait admettre à l'honneur de votre correspondance secrète, jusqu'à présent. Mais ce que je ne vous ai jamais dit, parce qu'on me l'avait défendu, c'est que, dès 1756, j'avais été admis à une correspondance secrète entre Louis XV, monseigneur le prince de Conti, le chancelier Woronzow, M. Tercier et M. Douglass, pour faire donner au prince, par l'impératrice Élisabeth, le commandement en chef de l'armée russe, et la principauté de Courlande. Le projet secret du prince était, par ces deux moyens, de se glisser petit à petit sur le trône de Pologne, ou sur celui de Russie, en épousant Élisabeth.

« Après mille intrigues, le chevalier Douglass et moi eûmes du succès dans les deux premiers points que nous avions seulement découverts à l'impératrice et à son ministre de confiance le comte de Woronzow. En conséquence, l'objet secret de mon retour en France en 1757 était de porter au prince l'assurance, de la part de l'impératrice et du comte de Woronzow, pour le commandement de l'armée et la principauté de Courlande, *si le Roi voulait...* [1]; ce que j'ai exécuté. Mais après bien des rendez-vous et des écritures secrètes avec le prince, il s'est brouillé avec Mme de Pompadour; et quand il m'a fallu retourner en Russie et y porter une réponse catégorique, le roi n'a rien voulu décider, quoique le prince m'ait fait tenir cinq jours caché à Strasbourg pour y attendre son dernier courrier!... »

Ainsi le caprice d'une courtisane arrêta et fit avorter

---

1. Ces mots ont été rayés par le chevalier d'Éon.

à sa naissance une entreprise qui, conduite à fin, eût pu modifier à jamais la face du monde. Si le prince de Conti était devenu roi de Pologne, la politique de Louis XV, cette politique étroite et toute de famille, qui mettait des intérêts de parenté au-dessus des intérêts nationaux, et sacrifiait au besoin les seconds aux premiers, se fut crue engagée d'honneur à soutenir la cause d'un fils de France, et à défendre le royaume pour la royauté. Au lieu d'une coupable indolence, ou d'une faiblesse plus coupable encore, on eût montré de la résolution et de la fermeté. La Pologne n'eût point été envahie et partagée; les membres aujourd'hui épars de son noble corps seraient encore unis peut-être; peut-être la vieille nation serait debout, puissante et forte, et pèserait de son poids dans la balance de l'Europe... A quoi tiennent donc les destinées du monde et les révolutions des empires? Aux volontés intolérantes d'une Maintenon, répondra le siècle de Louis XIV,... aux caprices d'une Pompadour ou d'une Dubarry, dira le règne de Louis XV.

Rentré pour la troisième fois en Russie, le chevalier d'Éon y demeura jusqu'en 1760.... Élisabeth voulut se l'attacher pour toujours, et en fit faire officiellement la demande à l'abbé de Bernis par le marquis de L'Hospital et le chancelier Michel de Woronzow. Louis XV et l'abbé de Bernis se montrèrent tous deux galants cette fois, et consentirent au désir de la tzarine. Mais le chevalier d'Éon refusa; il écrivit à M. Tercier, premier commis des affaires étrangères :

« Mon cher Monsieur,

« J'ai fait entendre toutes mes raisons à M. le marquis de L'Hospital; je n'ai pas eu de peine. Je puis le dire, par l'amitié qu'il me porte, il me verrait le quitter avec chagrin, et en perdant son amitié je gagnerais intérieurement son mépris. Je lui ai donc déclaré, non par des vues politiques, mais avec toute la franchise et la vérité dont un Bourguignon est capable, que je ne quitterais jamais le service de la France pour celui de tous les empereurs et impératrices de l'univers, et qu'*aucuns motifs* n'étaient capables de me faire changer dans ma façon de penser : ni honneurs, ni richesses.

« Je vous le dis, Monsieur, comme je le pense, j'aime mieux ne posséder que de quoi vivre en France que d'avoir cent mille livres de rente à manger dans la crainte et l'esclavage. *Regnare nolo, dùm liber non sum mihi.*

« Voilà, Monsieur, ma profession de foi. Je me persuade que M. l'abbé de Bernis et vous ne me voudrez pas de mal de ma façon de penser. Si j'avais un frère bâtard, je l'engagerais, je vous assure, à prendre cette place; pour moi, qui suis légitime, je suis bien aise d'aller mourir comme un chien fidèle sur mon fumier natal.

« Je suis avec respect, etc.

« Le chevalier d'Éon. »

Et à l'abbé de Bernis :

« Monseigneur,

« ...... En ayant l'honneur de vous remercier de vos bonnes intentions et des vues que vous aviez sur moi, je vous supplie instamment de me faire la grâce de m'oublier toujours lorsqu'il s'agira d'une fortune qui éloigne et fasse quitter entièrement la France.

« Depuis que je suis à Saint-Pétersbourg, ma maxime est d'avoir toujours le dos tourné à la Sibérie, *trop heureux que je suis de l'avoir échappée.* Tous mes désirs et mes deux yeux sont continuellement fixés sur ma patrie !... »

EXTRAIT DE LA RÉPONSE DE MONSEIGNEUR LE CARDINAL DE BERNIS A M. D'EON

« A Versailles, ce 1er août 1758.

« Vous serez informé, Monsieur, par M. le marquis de L'Hospital, que, loin d'être peiné du refus que vous faites de la place qu'on vous propose à la cour de Russie, on donne une entière approbation aux motifs qui vous portent à ne point l'accepter.

« Continuez, Monsieur, à servir Sa Majesté avec zèle, comme vous avez fait jusqu'à présent. Je me ferai, dans toutes les occasions, un plaisir de faire valoir auprès de Sa Majesté, vos services, votre travail et vos talents. »

Le chevalier d'Éon alla prendre congé de Woronzow. « Je suis fâché, lui dit ce ministre, de vous voir partir, quoique votre premier voyage ici, avec le chevalier

Douglass, ait coûté à ma souveraine plus de deux cent mille hommes et quinze millions de roubles! — J'en conviens, répondit le chevalier, mais Votre Excellence doit aussi avouer que sa souveraine et son ministre ont acquis une réputation et une gloire qui dureront autant que le monde. » Cette conversation sur l'origine et les suites de la guerre de *sept ans* est une preuve, dit le chevalier d'Éon, du désintéressement jusqu'alors inconnu avec lequel Elisabeth s'était alliée à la France.

Arrivé à Versailles, le chevalier d'Éon fut reçu pompeusement par le duc de Choiseul, devenu ministre des affaires étrangères en remplacement de l'abbé de Bernis. Il avait apporté avec lui l'accession officielle d'Élisabeth au nouveau pacte du 30 décembre 1758, et à la convention maritime dans laquelle étaient entrées la Russie, la Suède et le Danemarck. C'était la quatrième et dernière négociation entreprise et terminée par lui. Louis XV lui donna une audience particulière et lui envoya un brevet de pension de 2,000 livres sur le trésor royal (24 décembre 1760). Tandis qu'il est ainsi favorisé des puissances de la terre, la justice du ciel l'atteint dans sa beauté. C'est comme un châtiment précurseur de ceux que lui réserve la Providence!... En apprenant le malheur arrivé à son secrétaire, le marquis de L'Hospital lui écrit la lettre suivante, où l'épigrammé se mêle, dès le début, aux marques les plus empressées de l'intérêt le plus tendre. Cette lettre est la première de celles où il fait allusion à certaines faiblesses de notre héros.

« Saint-Pétersbourg, 30 janvier 1761.

« Je suis délivré, mon cher d'Éon, des plus mortelles
« inquiétudes, et je suis à présent tranquille sur votre
« vie.

« J'espère que l'humeur de la petite vérole vous aura
« débarrassé de toutes celles qui vous accablaient,
« et que la *Terza Gamba* vous fera enfin connaître
« le plaisir et les faiblesses de l'amour, fût-il même
« conjugal !

« Les lettres du *monument si effacées* [1] m'obligent
« de partir pour les faire revivre, et je vole vers vous
« avec plaisir. J'irai cependant sans voyager de nuit;
« aussi mon vol ne finira qu'en mai, ne pouvant partir
« que le 15 ou 20 de février.

« Je pense toujours aussi constamment les mêmes
« choses que lorsque nous raisonnions ensemble à
« Pétersbourg. — Je n'entends pas dire encore que
« vous ayez eu une pension. Cependant M. le duc de
» Choiseul m'a rempli d'espoir par sa lettre. Je pour-
« rais avoir de vos nouvelles à Vienne, et je prie M. de
« Sainte-Foy de vous faire passer celle-ci. — La petite
« vérole exige beaucoup de soins pour la convalescence,
« ménagez-vous jusqu'à mon retour au printemps. Je
« me porte assez bien pour un sexagénaire. Adieu,
« mon cher d'Éon, je vous aimerai toujours.

« L'Hospital. »

Le chevalier d'Éon guerroyait alors. Heureusement

1. Nous ignorons le sens de ces mots.

sorti des mains de la petite vérole et de la politique, ennuyé de son oisiveté, il lui prit envie de visiter les champs de bataille. L'Europe entière se battait. Au bruit du canon qui gronde, au cliquetis des armes qui se heurtent de toutes parts, le chevalier d'Éon a senti se réveiller en lui cet amour de la lutte et du combat, qui fut la vocation de son premier âge et la passion de toute sa vie. Il demande au roi des lettres qui le transfèrent des dragons du colonel général, dans les dragons du marquis d'Autichamp, neveu du maréchal de Broglie; et le voilà devenu aide de camp du maréchal et du comte son frère. Les relations politiques qui déjà l'attachent à la puissante maison de Broglie, vont s'augmenter dès lors de toute la force de ce nouveau lien. L'intimité du champ d'honneur va cimenter l'intimité du cabinet. Je dis intimité, eu égard toutefois aux différences des positions sociales et de la gradation hiérarchique. — Initié aux mêmes secrets d'État que le frère du maréchal, admis par le souverain à la même confiance, exposé par le sort aux mêmes périls, le chevalier d'Éon scellera cette triple fraternité, du sceau d'un dévouement sans bornes; et l'empreinte en sera si durable et si profonde en son cœur, que ni les temps, ni les revers ne pourront l'effacer. Aussi le verrons-nous plus tard suivre dans toutes ses phases et dans toutes ses vicissitudes, la fortune du comte de Broglie; il tournera dans son orbite comme la petite planète qui se meut autour de la grande, et deviendra le satellite, en un mot, de cet astre sur la clarté duquel Louis XV régla si longtemps sa marche errante et incertaine.

Sa carrière militaire s'illustra en peu de temps de différents traits de valeur qui lui acquirent un renom de brave au milieu de tant de braves. En arrivant, il avait un titre acquis à mériter, des épaulettes à se faire pardonner; officier de faveur, il portait au front la tache de la protection. Mais le baptême du feu le lava bientôt de cette tache, et l'homme et l'insigne, éprouvés par le fer et le sang, sortirent sanctifiés de cette double épreuve.

A Hoëxter, il entreprend, avec quelques hommes d'élite, l'évacuation des poudres de toute l'armée, qui sont restées sur la rive droite du Weser; opération périlleuse, dit le rapport du maréchal de Broglie, qu'il exécute en passant et repassant deux fois le fleuve sous les yeux et le canon de l'ennemi.

A la reconnaissance et au combat d'Ultropp, emporté par son ardeur, il est blessé coup sur coup à la main droite et à la tête. Malgré ces deux blessures, il charge les montagnards écossais avec un seul régiment des Suisses et des grenadiers de Champagne dans la gorge des montagnes du camp d'*Eimbeck,* près du village de *Meinloss,* et les culbute sur le camp des Anglais.

A *Osterwick,* le maréchal de Broglie a besoin de communiquer avec le prince Xavier de Saxe occupé au siége de *Wolfembuttell,* et dont il est séparé par les Prussiens qui interceptent la communication entre les deux armées. Le chevalier d'Éon se charge de cette mission hasardeuse et difficile; il prend avec lui quatre-vingts dragons choisis, braves déterminés, se jette sur l'ennemi à l'improviste et fait prisonnier de guerre tout le bataillon franc prussien de *Rhées.* Il arrive jusqu'au prince de Saxe, lui remet l'ordre de donner l'assaut à la ville assiégée, et grâce à cette expédition incroyable d'audace et de succès, *Wolfembuttell* est prise.

Cependant, Élisabeth Petrowna, impératrice de Russie, était morte le 29 décembre 1761, et sa mort avait été suivie d'une trêve momentanée à la guerre qui durait déjà depuis sept ans.

Quelques jours avant d'apprendre cette grande nouvelle, le marquis de L'Hospital écrivait au chevalier d'Éon :

« A Versailles, ce 24 décembre 1761.

« Il vaut mieux tard que jamais, mon cher d'Éon. Votre lettre et mon inclination pour vous ont éteint mes reproches. Je suis charmé que vous ayez connu M. *de Lostanges* et que vous ayez fait la guerre avec lui et *Bertin*; vous étiez là en bonne et brave compagnie.

« Vous m'aviez promis une de vos prouesses contre quelques Anglais, et que les sabres que vous avez achetés auraient été éprouvés sur une de leurs têtes. Ce sera pour la prochaine campagne, car il n'est plus question de paix. Notre alliance avec l'Espagne[1] va ranimer nos forces par terre et par mer, et vraisemblablement je guerroierai aussi. Je rougirais (si ma santé se soutient) d'être oisif, quand tous mes semblables travaillent.

« Je serai fort aise de vous revoir, mon cher d'Éon;

---

1. Le 15 août, il avait été conclu, par le duc de Choiseul, un traité d'alliance perpétuelle, appelé *pacte de famille*, entre les Bourbons de France, d'Espagne et des Deux-Siciles.

laissons le passé et les tracasseries, et partons d'un point invariable entre nous, qui est l'estime et l'amitié.
— Le pauvre *Bonnet*, votre camarade, n'a rien obtenu. *Optimam partem elegisti*. Le voilà redevenu gros Jean comme devant, ainsi que son maître. Je verrai à me retourner pour lui. Le ministre est inflexible, et le comte de Choiseul suit tous les errements de son cousin. Je n'aurai rien non plus, et je m'en console !

« Adieu, mon cher d'Éon, je m'attends à vous revoir le teint basané et l'air d'un grenadier : mais la *Terza Gamba* n'en sera pas meilleure ! !

« Sur ce, je vous embrasse tendrement.

« L'Hospital. »

CHAPITRE VII

La Russie abandonne l'alliance franco-autrichienne. — Mort de Pierre III. — Lettre du marquis de L'Hospital sur l'avénement de Catherine II. Le *pacte de famille*. — Le duc de Nivernais envoyé à Londres avec le chevalier d'Éon. — Portrait du duc de Nivernais. — Moyens secrets par lesquels on obtient la paix. — M. Wood et son portefeuille. — Compliment du marquis de L'Hospital au chevalier d'Éon sur les *préliminaires de la paix*. — Traité de Paris et de Londres. — Insurrection à Londres. — Le docteur *Wilkes* et le docteur *Mulgrave*. — Le chevalier d'Éon appelé en témoignage. — Il apporte à Versailles la ratification du traité. — Étonnement du duc de Praslin, et billet du duc de Nivernais à ce sujet. — La croix de Saint-Louis. — Lettre du duc de Choiseul. — Grand projet de Louis XV sur l'Angleterre. — Ordre secret donné au chevalier d'Éon. — Le duc de Nivernais s'ennuie à Londres. — Le comte de Guerchy est nommé ambassadeur de France en Angleterre. — Craintes du duc de Praslin sur le nouvel ambassadeur. — Le chevalier d'Éon est nommé *résident*, puis ministre plénipotentiaire à Londres. — Lettre du duc de Nivernais. — Le sylphe et l'œuf tondu. — Les seigneurs français dégraissés. — Dernier compliment et dernière épigramme du marquis de L'Hospital.

A peine Élisabeth avait-elle quitté le trône avec la vie, que Pierre III et Catherine, montant avec empressement à la place qu'elle laissait vide, donnèrent une libre carrière, celui-là à l'idolâtrie fanatique qui le portait vers la Prusse, celle-ci à la sympathie intéressée qui la portait vers les Anglais.

Au mépris de l'engagement signé, de l'argent reçu, le couple impérial déchira le traité qui le liait à l'Autriche et à la France. La tzarine et le tzar firent banqueroute à la foi du grand-duc et de la grande-duchesse. Non-seulement ils abandonnèrent la cause qu'ils s'étaient engagés à servir, mais encore ils signèrent avec Frédéric un traité d'union contre ceux-là même dont la veille ils étaient les alliés contre lui. Cette péripétie fut comme la répétition et la contre-partie de la scène déjà jouée au début de la guerre. On avait vu, en 1756, les Russes marcher tout à coup contre les Prussiens, leurs amis, pour lesquels ils avaient été rassemblés ; on vit, en 1762, ces mêmes Russes retourner à ceux qu'ils avaient abandonnés, et attaquer avec eux les Autrichiens et les Français, dont ils étaient les auxiliaires et les compagnons d'armes quelques semaines auparavant.

Un nouvel incident vint déranger cette situation nouvelle, aussi promptement qu'elle avait été formée, et changer encore une fois la face des choses, déjà si changeante et si variable. Pierre fut renversé subitement du trône par Catherine, sa femme, qui l'envoya au château de Robschak, où un frère de son amant, Orloff, se chargea de l'empoisonner et de l'étrangler. Le marquis de L'Hospital annonce en ces termes cet événement et ses suites au chevalier d'Éon :

« A Plombières, ce 15 août 1763.

« J'ai reçu, mon cher d'Éon, votre aimable lettre ; son style enjoué m'assure de votre bonne santé.

« Voilà donc le matamore éteint. Le beau rôle qu'il va jouer dans l'histoire ! Voyons à présent celui de la nouvelle Catherine. Elle a tout le courage et les qualités qu'il faut pour faire une grande impératrice, et je me ressouviens avec plaisir de vous l'avoir toujours entendu dire ; sa fermeté, dans certaines occasions, a toujours été de votre goût. Vous avez aussi eu, il faut l'avouer, le tact du germe des vertus de la princesse d'Askoff ; il est vrai que vous l'avez connue et cultivée dès sa plus tendre jeunesse, et que vous et le chevalier Douglass nourrissiez son esprit de romans. Mais qui aurait cru, cher d'Éon, qu'elle eût été l'héroïne de celui-ci [1] ? M. le baron de Breteuil a rebroussé chemin *pour*

---

1. Singulier *roman* que celui qui commence par un détrônement et finit par un assassinat ! C'est bien une tragédie, et une tragédie horrible. La princesse d'Askoff ne prit part qu'aux préliminaires, Alexis Orloff se chargea seul du dénouement. La princesse d'Askoff était fille du sénateur Woronzow, parent du chancelier. Mme d'Abrantès raconte que le père de cette princesse la destinait à l'*emploi* de maîtresse de Pierre ; pour la préparer à ce rôle, il la conduisit à *Oraniembaum*, palais du grand-duc et le théâtre de ses orgies. La jeune Russe recula de dégoût à l'entrée de ce lupanar, espèce de bouge, au milieu duquel des femmes, et des plus hautes, ivres et débraillées, s'emplissaient de bière anglaise et de fumée de tabac. Moins difficile que sa sœur, *Romanowena*, seconde fille du sénateur Woronzow, accepta l'emploi rejeté par la princesse d'Askoff ; celle-ci devint l'amie intime et dévouée de la grande-duchesse, qu'elle aima de toute l'horreur que lui avait inspirée son mari. Au milieu de la dramatique révolution qui débarrassa Catherine d'un époux dangereux, et la fit seule maîtresse du trône, la princesse d'Askoff se montra l'un des agents les plus actifs et l'un des conspirateurs les plus intrépides. Elle fut un véritable héros d'audace masculine et de hardiesse chevaleresque... Pour récompense, Catherine lui envoya l'ordre de voyager... Mais un peu plus tard, la tzarine eut de nouveau besoin d'elle. La croyant initiée à une conspiration dont elle voulait lui arracher l'important secret, elle lui écrivit une lettre pateline dans laquelle elle lui parla des obligations *qu'elle avait méconnues* et qu'elle brûlait de réparer. La princesse répondit en quatre lignes aux quatre pages de l'autocratrice :

« Madame, je n'ai rien entendu ; mais si je savais quelque chose, je me tairais. Que voulez-vous de moi ? que je meure sur l'échafaud ? Je suis prête à y monter. »

arriver plus tôt selon ses instructions. Son second tome sera plus agréable que le premier, il connaîtra mieux le terrain ; mais vous, mon cher petit dragon, qu'allez-vous devenir à présent? A vous dire le vrai, j'aime mieux que vous alliez ailleurs. Vous savez que l'on dit que les seconds voyages en Russie sont scabreux, et vous qui y avez déjà été deux ou trois fois, vous devez être bien plus sur vos gardes.

« On débite ici que le comte de *Kaunitz* et *Laudon* sont disgraciés ; je n'en crois rien, quoique je sache qu'il y avait de quoi, par le crédit de la maréchale D... Et les préliminaires sont-ils signés? Voilà nos nouvelles de Plombières. — Comptez, cher d'Éon, toujours sur la vérité et la constance de mon amitié. Adieu, je vous embrasse tendrement et je m'intéresse toujours à vos succès.

« Je pense que l'Ethman *Panin* et le chancelier conseilleront à l'impératrice Catherine de rappeler les troupes en Livonie et Ingrie et autour d'elle ; qu'elle doit veiller à se maintenir sur un trône qu'elle a eu par son courage et la folie de son mari ; qu'elle doit n'avoir que des traités de commerce avec toutes les puissances de l'Europe, et veiller à l'intérieur de la Russie. Si elle est bien conseillée, elle associera son fils à son empire, en le mariant, s'il a les qualités qui conviennent à captiver *sa mère* ; mais, en attendant, elle l'élèvera dans cette intention, et elle le dira hautement, le déclarant, dès à présent, grand-duc de Russie et son seul et unique héritier. Si elle est au-dessus de ses passions, elle ne rappellera jamais Poniatowski! Voilà, mon cher d'Éon, ce qu'elle doit faire. Qu'elle fasse la guerre aux Chinois pour avoir de l'argent ; qu'elle aille à Moscow et qu'elle affermisse un trône qu'elle ne doit qu'au hasard et aux pitoyables qualités de son indigne époux ; — qu'elle s'arrange avec le Danemarck, jusqu'à ce que son fils puisse ratifier ce qu'elle aura fait ; — qu'elle nous rapproche des Anglais ; qu'elle soit avec nous, et menace les cours de Vienne et de Berlin, si elles ne veulent pas faire la paix. Voilà vos instructions, en cas que vous alliez en Russie au retour de Breteuil, car je ne crois pas qu'il y reste longtemps.

« J'ai écrit à l'Ethman Rasomowski et à la *Fresle d'Askoff*[1]. — On dit que Bestucheff reviendra végéter et s'enivrer à Pétersbourg ; mais s'il est consulté, adieu Woronzow !

« L'HOSPITAL. »

Cette lettre est remarquable de prévoyance politique. Catherine éloigna son amant Poniatowski ; l'armée russe fut rappelée à Saint-Pétersbourg autour de la tzarine qui laissa l'Autriche et la France se battre avec la Prusse et l'Angleterre, jusqu'au jour où elle intervint pour recommander la paix. A ces prévisions du marquis de L'Hospital, confirmées par les événements, ajoutons-en une autre tirée d'une dépêche adressée par lui au cardinal de Bernis le 1er novembre 1757 [2].

« Le grand-duc, disait-il, se conduit de manière à

---

1. *Fresle*, vieux mot, tiré de l'allemand *frau*, et synonyme de demoiselle.
2. Archives des affaires étrangères.

« s'aliéner le cœur des Moscovites. Il ne cache point
« son éloignement pour les Russes, son amour pour les
« Prussiens ; et ses inclinations ne sont soutenues d'au-
« cun mérite personnel. Quant à la grande-duchesse,
» elle a plus d'esprit et est plus capable de conduite.
« Elle aime la lecture ; elle est romanesque et se pique
« de courage. Elle me disait dernièrement en pleine
« table, et devant tous les ministres, à propos de son
« goût pour monter à cheval : « Il n'y a pas de femme
« plus hardie que moi, je suis d'une témérité effré-
« née. » Poniatowski était vis-à-vis d'elle... L'impéra-
« trice Élisabeth, qui vieillit, veut régner tranquille-
« ment, et si elle venait à mourir, *on verrait alors des
« révolutions subites.* Jamais on ne laisserait le grand-
« duc sur le trône, *et on s'en déferait assurément.* »

Ces paroles n'étaient-elles pas véritablement prophétiques ?

La défection de la Russie fut un coup de mort pour la cause franco-autrichienne, depuis longtemps agonisante. En vain Louis XV avait appelé ses frères d'Espagne et des Deux-Siciles au secours de sa détresse ; en vain ceux-ci, répondant à cette voix du sang, avaient-ils noblement osé se déclarer pour les vaincus ; en vain avait été conclu entre eux ce *pacte de famille*, grande pensée de Louis XIV, exécutée par le maréchal de Belle-Isle, qui reliait entre elles les diverses branches de la maison de Bourbon, et réunissait en faisceau les tiges éparses de ce grand arbre dont le feuillage ombrageait la moitié de l'Europe ; cette sainte et fraternelle association n'avait été que l'occasion de nouveaux désastres pour nous, et pour nos ennemis la matière de nouveaux triomphes ! La France avait perdu tout ce qu'elle possédait de colonies, d'établissements aux Indes, en Afrique, en Amérique ; les Anglais nous avaient tout enlevé, nous n'avions plus rien à leur laisser prendre. L'Espagne se présente ; ils la dépouillent en un instant de l'île de Cuba et des îles Philippines, aussi grandes à elles seules que l'Angleterre et l'Irlande. On a calculé que l'Espagne perdit en deux années plus qu'elle ne produisait en vingt ans !... La France était plus malheureuse encore peut-être. Criblée de plaies, son noble corps saignait par cent blessures. Elle était épuisée. Tous les principaux citoyens et le roi lui-même avaient envoyé leur vaisselle à la monnaie. Les grandes villes et les riches communautés fournissaient des vaisseaux de guerre à leurs frais ; mais ces vaisseaux, à peine en mer, étaient capturés, ou bien les matelots manquaient pour les équiper ; les malheurs passés en faisaient craindre de nouveaux. Plus d'argent, plus de crédit, plus d'hommes, plus de secours ! Sept années d'alliance avec l'Autriche nous avaient été plus funestes que deux cents années de guerre contre elle. De même déjà, sous Louis XIV, les secours prêtés par nous à l'Espagne nous avaient plus coûté que tous nos combats contre elle depuis Louis XII !...

L'Allemagne était devenue un gouffre où s'étaient engloutis le sang et les trésors de la France. Ainsi se vérifiaient les prédictions de ceux qui avaient crié anathème à la cour de Versailles, lorsqu'elle se rapprocha de la cour de Vienne, et avaient proclamé cette union *monstrueuse*.

Chacun désirait la paix. Louis XV résistait seul à ce vœu général par amour-propre blessé ; et le chevalier d'Éon écrit plus tard (le 7 janvier 1771) que, « par l'ordre secret de son maître, à l'insu du grand Choiseul, il avait fait durer trois ans de plus la guerre [1]. » Mais enfin le duc de Choiseul obtint du roi l'autorisation d'entamer des négociations de paix. La tâche était difficile.

Que pouvait-on espérer d'un ennemi victorieux, et auquel la victoire n'était plus même disputée ? Quel accord ou quel partage attendre de celui qui a tout en son pouvoir ? Obtenir une transaction, en de pareilles conjonctures, était un tour de force à réaliser. Aussi choisit-on pour le tenter le diplomate qui avait alors le plus d'esprit, le plus de tact, le plus de finesse subtile et délicate de toute la France.

J'ai nommé le duc de Nivernais. On l'appelait le *Sylphe politique*. Le chevalier d'Éon en a fait le portrait suivant :

« La franchise et la gaieté sont le caractère princi-
« pal de ce ministre qui, dans toutes les places et am-
« bassades qu'il a eues, y a toujours paru comme Ana-
« créon, couronné de roses et chantant les plaisirs au
« sein des plus pénibles travaux. Il aime naturellement
« à se livrer à l'oisiveté, néanmoins il travaille comme
« s'il ne pouvait vivre dans le repos, et il se rend à cette
« vie aisée et désœuvrée aussitôt qu'il se sent libre. Sa
« facilité naturelle et son heureux enjouement, sa saga-
« cité et son activité dans les grandes affaires, ne lui

---

1. *Pièces justificatives*, n° 19.

« permettent pas d'avoir jamais aucune inquiétude dans
« la tête, *ni rides sur le front;* et quoiqu'il faille avoir
« vécu longtemps avec un ministre pour peindre son
« caractère, pour dire quel degré de courage et de fai-
« blesse il a dans l'esprit; à quel point il est prudent
« ou fourbe, je puis dire à présent que M. *** est fin et
« pénétrant, sans ruses et sans astuce. Il est peu sen-
« sible à la haine et à l'amitié, quoiqu'en diverses occa-
« sions, il paraisse entièrement possédé de l'une et de
« l'autre. Car d'un côté, il est séparé de sa femme, il
« la hait et ne lui fait aucun mal; de l'autre, il a une
« maîtresse, il la chérit et ne lui fait pas grand bien.
« En tout, c'est certainement un des plus enjoués et
« des plus aimables ministres de l'Europe. »

Le duc de Nivernais choisit pour aide le chevalier d'Éon; — le succès merveilleux de ses voyages en Russie lui avait acquis une fort grande réputation diplomatique. Tous deux partirent au mois de septembre de l'année 1762. Citons ici, comme pièce curieuse, une lettre écrite par un vieil et noble gentilhomme, au duc de Nivernais, pour le complimenter sur l'insigne et honorable mission dont il était chargé. Cette lettre est du duc de Cossé-Brissac, que le chevalier d'Éon appelle un preux de la vieille roche, et dont le fils avait épousé une des filles de l'ambassadeur.

M. LE DUC DE BRISSAC A M. LE DUC DE NIVERNAIS.

« Brissac, le 1er octobre 1762.

« En vérité, monsieur le duc, ce n'est pas d'aujourd'hui que vous complétez ma joie par la distinction dont vous jouissez en notre nation ; elle est bien satisfaite de voir ses intérêts en vos mains spirituelles. Vous êtes reconnu le bouquet favori de la vertu ; j'en fais grande fête à mon cœur, votre allié. Je prie votre santé d'être rassurante aux travaux de votre gloire si cousue d'embarras; soyez heureux dans les prééminences que vous donne l'opinion générale. Je souhaite à de prompts *préliminaires* la course de mon fils vers son beau-père. La sainte émanation de vous[1], si guirlandée de charmes qui allument ma vétusté, m'a écrit la lettre la mieux pensée. Ma chère petite n'a que faire de douter de l'amour le plus tendre et le mieux ordonné à mes sentiments. Vivez en bonne santé pour la paix de la mienne. On ne peut vous aimer et estimer mieux que je fais.

« J'ai l'honneur d'être, monsieur le duc, votre très-humble et très-obéissant serviteur,

« Le duc DE BRISSAC. »

« *P. S.* Je vous recommande M. d'Éon ; mon fils m'a dit que c'était un véritable dragon à l'armée et au cabinet. »

C'est là, si je ne me trompe, le modèle et la fine fleur du style *gentilhomme*.

La paix fut obtenue à Londres par le duc de Nivernais et le chevalier d'Éon, avec une promptitude qui surprit tout le monde. Quelle fut la cause secrète de ce succès diplomatique ? On l'a généralement attribué à la vénalité du premier ministre lord Bute et de certains

---

1. C'est-à-dire la fille du duc de Nivernais.

membres de la famille royale gagnés à prix d'or par la France.

Une lettre adressée par le chevalier d'Éon à M. Tercier, le 23 mars 1764, et que nous donnerons plus loin en son entier, semble prouver, dans tous les cas, qu'on employa des moyens difficiles à avouer, car l'ex-secrétaire du duc de Nivernais dit au premier commis du ministère des affaires étrangères : « Si je suis abandonné totalement... en me forçant de me laver totalement dans l'esprit du roi d'Angleterre, de son ministère et de la Chambre des communes, il faut vous déterminer à une guerre des plus prochaines dont je ne serai certainement que l'auteur innocent, et cette guerre sera inévitable. »

Nous avons trouvé, en outre, dans les papiers du chevalier d'Éon des billets d'audiences que la reine lui accordait généralement vers minuit, et qui témoignent de certaines négociations secrètes entre la souveraine de la Grande-Bretagne et la légation française. Ces billets signés de M. *Cokrell*, et portant le cachet royal, sont déposés, avec les autres papiers du chevalier d'Éon, dans la bibliothèque de la ville de Tonnerre.

« Cependant, dit le chevalier d'Éon, la négociation,
« si heureusement commencée, avait rencontré un
« obstacle : enrayée dans sa marche, elle se trouvait
« dans une sorte de crise, lorsque le sous-secrétaire
« d'État de Sa Majesté britannique, M. Wood, vint, par
« hasard, conférer sur certains points litigieux chez le
« duc de Nivernais. Le diplomate anglais avait son por-

« tefeuille avec lui, et eut l'indiscrétion de nous dire
« qu'il contenait les dernières instructions et l'ultima-
« tum que lord Egremont, secrétaire d'Etat, le char-
« geait de transmettre au duc de Bedfort, ambassadeur
« de la cour de Saint-James à la cour de Versailles.
« En entendant cela, le duc de Nivernais me regarde,
« et son œil se reporte vers le bienheureux portefeuille.
« J'ai saisi, du premier coup, le sens de cette muette
« pantomime. Il serait d'une haute importance pour
« notre cour de connaître le contenu de ces instruc-
« tions, et les termes de ce fatal ultimatum!... Je sa-
« vais le sous-secrétaire d'État grand amateur de bon
« vin et gros buveur. A mon tour, je fais signe au duc,
« qui invite sur l'heure le secrétaire à se mettre à table
« avec lui, pour mieux causer d'affaires. Il veut, dit-il,
« lui faire savourer quelques flacons de bon vin de
« Tonnerre, avec lequel j'ai, par parenthèse, affriandé
« plus d'un gosier d'outre-mer. M. Wood, alléché,
« mordit à l'hameçon... et, tandis que le duc et lui
« boivent à plein verre, j'enlève le portefeuille, j'en ex-
« trais la dépêche de lord Egremont, dont je prends
« une copie littérale que j'expédie sur-le-champ à Ver-
« sailles. Mon courrier arriva vingt-quatre heures avant
« celui de M. Wood; et quand le duc de Bedfort vint
« entamer la discussion, MM. de Choiseul et Praslin,
« préparés d'avance à toutes les difficultés qui devaient
« être soulevées, et sachant le dernier mot de l'ambas-
« sadeur britannique, l'amenèrent bien vite à compo-
« sition. Les préliminaires de la paix furent signés dès
« le lendemain (octobre 1762). A cette époque, le duc de
« Praslin, qui depuis devint mon mortel ennemi et le

« signataire de ma disgrâce, disait à son ami, le duc
« de Nivernais, que *j'étais un sujet unique, et susceptible*
« *de toutes les grâces du roi !* Paroles qui furent oubliées
« aussitôt qu'on n'eut plus besoin de moi. »

Cette espièglerie diplomatique, racontée plus tard par le duc de Nivernais, fit fortune à Versailles, où tout malin tour portait en lui son absolution, et était proclamé de bonne guerre par les mœurs du temps, surtout quand il était joué à nos bons amis les Anglais; mais ceux-ci furent courroucés outre mesure contre le pauvre M. Wood, et les journaux de Londres firent de cette anecdote un véritable chef d'accusation contre les ministres, lorsqu'en 1770 ils prirent parti dans la grande querelle engagée entre ces derniers et le docteur *Mulgrave*, à propos de la paix dont nous parlons.

Pendant l'intervalle qui sépara la signature des *préliminaires* de celle du *traité définitif*, le chevalier d'Éon reçut à Londres la lettre suivante du marquis de L'Hospital, dont l'épigramme et le compliment habituel ne font défaut à aucune action importante de sa vie.

« A Châteauneuf, le 8 novembre 1762.

« Je me flatte, mon cher d'Éon, que Mme la duchesse de Gisors n'aura pas oublié d'écrire à M. le duc de Nivernais ce que j'eus l'honneur de lui dire chez la reine sur votre compte. D'ailleurs votre ambassadeur est trop bon connaisseur pour n'avoir pas saisi tout ce que vous avez de bon et d'excellent. Je vous charge, mon cher d'Éon, de lui faire tous mes compliments sur *les prélimi-*

naires de la paix signée; j'étais moralement certain de ses succès et des vôtres.

« Je date, avec M. le duc de Nivernais, du château que j'habite en ce moment. Il avait en lui les germes de tous les talents et de toutes les belles qualités qu'il a si heureusement développés depuis. Vous êtes bien heureux, mon cher d'Éon, d'être compagnon d'un tel personnage : vous avez l'esprit et l'étoffe qu'il faut pour en profiter. Je n'ai pas répondu plus tôt à votre lettre, mon cher ami, j'ai toujours été en l'air, et, même ici, à peine ai-je eu le moment d'écrire. Notre pauvre ami, M. Douglass, est ici; sa santé est toujours misérable; il ne marche qu'avec des béquilles. Le docteur Lionnette soutient que c'est une paralysie, et que difficilement pourra-t-il guérir. Sa femme en a de grands soins. *S'il avait été comme vous*, mon cher d'Éon, *il ne serait pas époux*.

« Adieu, cher d'Éon, donnez-moi de vos nouvelles, portez-vous bien; je ne vous recommande pas d'être sage, *vous l'êtes trop*, et comptez sur la vérité de mes sentiments qui ne changeront jamais. Je vous embrasse de tout mon cœur.

« L'Hospital. »

Le traité de paix définitif fut signé le 10 février 1763. L'Angleterre garda le *Canada*, premier théâtre de cette guerre qui s'était étendue de là sur toute l'Europe; les îles de *Saint-Vincent*, les *Grenades*, *Tabago*, la *Dominique*, les rives du *Sénégal* et tout le continent *septentrional de l'Amérique* jusqu'au Mississipi. Pour *arrondir* ses conquêtes, l'Espagne lui céda les *Florides*; mais l'Angleterre rendit à l'Espagne *Minorque* et *Cuba*.

La France fut exclue, dans l'Inde, de ses établissements sur le Gange; mais elle obtint le droit de pêche vers Terre-Neuve et la petite île de Michelon, utile au séchement de la morue. Elle recouvra, en outre, *Belle-Isle*, la *Martinique*, la *Guadeloupe* et *Pondichéry*.

En Allemagne, la paix de Hubertsbourg, signée entre Marie-Thérèse, l'électeur de Saxe et le roi de Prusse, remit les choses à peu près sur le pied où elles étaient avant la guerre. Voilà à quoi avaient servi tant de batailles données, tant de ruines amoncelées! Telle fut la fin de la *guerre de sept ans!*

Mais une chose étrange, c'est que le traité de Paris et de Londres, si onéreux pour la France, et dans lequel l'Angleterre s'était fait une part de lion, fut accueilli avec des actions de grâce par la première, et par la seconde, avec des cris de rage. La raison en fut que, pour l'une, il était encore plus indispensable que déshonorant. Il lui restituait peu, mais plus qu'il ne lui eût été possible de reprendre; il enlevait à l'autre, au contraire, ce qu'elle eût pu conserver, et la frustrait ainsi d'une partie de ses espérances. Aux yeux du peuple anglais, les ministres, qui avaient volontairement relâché ce qu'ils avaient entre les mains, passèrent pour des niais ou des traîtres; et cette opinion ne fit que s'accroître avec le temps. L'esprit public, si perçant dans ses doutes, si clairvoyant dans les ténèbres, accusa la reine Charlotte d'intrigues, le roi Georges de faiblesse, la princesse de Galles et lord Bute de vénalité. Bientôt une main inconnue, trempant sa plume au cœur de la multitude, remue tous les soupçons qui y sont déposés et les agite avec une dialectique précise et vigoureuse.

L'écrivain mystérieux, caché sous le pseudonyme de *Junius*, dont l'histoire n'a encore pu lever le voile, semble être un génie vengeur pour qui l'homme n'a point de secrets ; il lit à travers la poitrine de ceux qu'il accuse, et met leur conscience à nu aux yeux du monde.

En 1769 et 1770, le docteur *Mulgrave*, membre de la Chambre des communes, et le célèbre *Wilkes*, le grand agitateur, formulent en accusation, devant le peuple et le Parlement, les dires de Junius, et mettent par leurs libelles l'Angleterre en feu. Wilkes est arrêté ; une sédition éclate : on promène sous les fenêtres du palais de Saint-James un char funèbre couvert d'emblèmes hideux, et sur lequel se tient debout un homme masqué, portant en main le glaive de l'exécuteur des hautes œuvres, pantomime destinée à rappeler à Georges III le sort de Charles Ier. Wilkes est relâché, nommé lord-maire de Londres et député de Westminster ! Le docteur Mulgrave fut moins heureux : traduit devant le Parlement, accusé de diffamation envers la princesse de Galles, lord Bute et tous les négociateurs de la paix, il ne craignit point d'en appeler au témoignage du chevalier d'Éon. Celui-ci fit ce qu'il devait faire : il défendit les ministres et la princesse accusés. Le docteur Mulgrave, n'ayant pas fourni les preuves juridiques à l'appui de ses allégations, fut exclu de la Chambre des communes, après que le président (speaker) l'eut réprimandé sévèrement. Si lui, et l'opposition qui le soutenait, avaient ainsi requis la déposition du chevalier d'Éon, c'est qu'on savait la part d'influence qu'il avait eue dans la conclusion du traité.

En raison de cette influence, le roi d'Angleterre consentit à ce qu'il portât sa ratification à Versailles, faveur insigne et tellement exceptionnelle dans les us et coutumes de la diplomatie, que le duc de Praslin ne voulait pas y croire.

« Il n'est pas possible, mon cher ami, écrit-il au duc
« de Nivernais, que vous envoyiez M. d'Éon porter la
« ratification du traité de paix. Le ministre anglais ne
« la confierait sûrement pas à un étranger; cela serait
« contre toute règle et contre tout usage, et n'ayant
« pas ce prétexte, il n'y aurait nulle raison pour en-
« voyer ici M. d'Éon.

« Versailles, le 23 février 1763. »

Quelques jours après, le chevalier d'Éon arrivait en France avec les ratifications, et le duc de Nivernais disait à son ami de Praslin : « Je suis bien aise que vous
« ayez été une bête en croyant, mon cher ami, qu'il était
« inexécutable de faire porter les ratifications du roi
« d'Angleterre par le secrétaire de France, mon petit
« d'Éon. C'est que vous ne savez pas à quel point va la
« bonté et l'estime que l'on a ici pour nous, monsei-
« gneur, et il n'y a pas de mal que vous l'ayez touché
« au doigt en cette occasion, car, sans cela, vous
« auriez été homme à nous mépriser toute votre vie,
« au lieu qu'à présent, vous nous considérez sans doute
« un peu.

« Londres, le 3 mars 1763. »

« Il me porte bonheur, dit Louis XV, en embrassant le chevalier d'Éon. » Et le 20 mars, il lui envoya la croix de Saint-Louis. Aussitôt arrive une épître du marquis de L'Hospital.

« Châteauneuf, 10 avril 1763.

« Vous voilà donc chevalier de Saint-Louis, mon cher d'Éon ! Je vous en félicite de tout mon cœur !

« Louis-Jules-Barbon-Mazarini-Mancini, duc de Nivernais et Donjiois, pair de France, grand d'Espagne de la première classe, noble Vénitien, baron romain, prince du Saint-Empire, chevalier des ordres de Sa Majesté, *cousin du roi*, et son ambassadeur extraordinaire et plénipotentiaire auprès du roi de la Grande-Bretagne, académicien, etc., etc..., vous a donné ou vous donnera l'accolade, et vous serez frère des preux paladins du bon vieux temps. Allez et marchez sur leurs traces !... C'étaient de rudes jouteurs et vous êtes bien fait pour leur tenir tête dans les champs de la politique ou sur le champ de bataille ; vous avez l'esprit et le bras fermes. Il n'y a qu'une chose qui m'inquiète, c'est la *terza gamba*.

« En attendant que vous ayez acquis *totam vim et universum robur*, je vous embrasse tendrement,

« L'HOSPITAL. »

« *P. S.* Lorsque vous verrez M. de Woronzow, faites-lui mille compliments. Son oncle est toujours chancelier ; mais le vieux sorcier de Bestucheff a voix au chapitre. Vous savez que je prenais toujours mon masque de verre quand j'allais le voir !

« Adieu, cher ami, portez-vous bien et aimez-moi toujours. »

Cependant cette paix qu'avait acceptée la France malheureuse avec une sorte de reconnaissance, cette paix ignominieuse attristait bien des âmes. Une de ses conditions surtout, celle qui nous obligeait à détruire de nos propres mains les fortifications du port de Dunkerque, sous l'inspection d'un commissaire anglais, consternait les hommes de cœur. Disons-le à l'honneur de Louis XV, qu'assez de taches ont terni et terniront encore dans cette histoire, son front royal ne s'était point courbé sans rougir sous le joug de cette impitoyable nécessité ; aussi chercha-t-il bientôt à se relever. Terrassé dans la lutte, il n'accepta point comme irrévocable sa défaite ; il consacra au contraire les heures de son abaissement à méditer la vengeance, et à chercher le côté faible par lequel il pourrait à son tour atteindre et renverser son vainqueur.

Depuis des siècles que la France luttait contre l'Angleterre, elle ne l'avait jamais combattue que hors de chez elle, sur le continent, soit en Allemagne, soit dans les Pays-Bas. Cette ennemie ne s'était jamais offerte en champ clos que jointe à nos ennemis qu'elle ameutait et soudoyait contre nous. Ainsi n'avait-elle jamais couru qu'une moitié des risques de la lutte. Nous pouvions la toucher, mais non la saisir; nous pouvions la blesser, mais non l'étouffer : c'était donc dans son île qu'il fallait attaquer l'insulaire ; c'était dans son antre qu'il fallait aller trouver et acculer le léopard. Voilà ce que comprit Louis XV, comme Napoléon le comprit plus tard !...

Nous avons trouvé et lu avec curiosité, dans les *Archives des affaires étrangères,* divers plans de descentes et d'invasion qui furent secrètement combinés à cette époque. L'un de ces plans, surtout, œuvre du chevalier d'Éon, qu'il ne nous est point permis de reproduire, nous a frappé par la concordance remarquable des vues et des moyens qu'il développe avec ceux attribués sous l'empire à Napoléon lui-même. Le chevalier d'Éon fut l'un des confidents et des instruments les plus actifs du dessein politique qu'il appelle le *grand projet* de Louis XV. Il eut à ce sujet des conférences particulières avec le roi, le comte de Broglie et M. Tercier, seuls initiés à cette conspiration de la France vaincue et humiliée contre le plus constant et le plus heureux de ses adversaires. Au mois de juin de l'année 1763, Louis XV lui envoya l'ordre suivant, écrit et signé de sa main [1] :

ORDRE SECRET DONNÉ PAR LE ROI AU SIEUR D'ÉON

« Le sieur d'Éon recevra mes ordres par le canal du comte de Broglie ou de M. Tercier sur des reconnaissances à faire en Angleterre, soit sur les côtes, soit dans l'intérieur du pays, et se conformera à tout ce qui lui sera prescrit à cet égard, *comme si je le lui marquais directement*. Mon intention est qu'il garde le plus profond secret sur cette affaire, et qu'il n'en donne connaissance à *personne qui vive, pas même à mes ministres*, nulle part.

« Il recevra un chiffre particulier pour entretenir la correspondance relative à cet objet et sous des adresses qui lui seront indiquées par le comte de Broglie ou le

---

1. Archives des affaires étrangères.

sieur Tercier, et il leur procurera, par ce chiffre, toutes les connaissances qu'il pourra se procurer sur les vues que l'Angleterre suivra, tant par rapport à la Russie et à la Pologne, que dans le nord et dans toute l'Allemagne, qu'il croira intéresser mon service, pour lequel je connais son zèle et son attachement.

« Versailles, le 3 juin 1763.

« *Signé :* Louis. »

Au projet de descente formé par Louis XV se joignaient deux autres plans accessoires : 1° celui d'un soulèvement de l'Irlande ; 2° celui d'une restauration en faveur des Stuart.

Muni des premières instructions relatives à cette grande et mystérieuse entreprise, le chevalier d'Éon retourna à Londres, où le duc de Nivernais l'appelait depuis longtemps à cor et à cri. Le sémillant ambassadeur s'ennuyait sur les bords glacés de la Tamise ; le papillon sentait ses ailes *réfrigérées* dans l'atmosphère humide et brumeuse de Londres. Tout son corps en tremblait. Il avait mal à la fois à son pauvre estomac, à sa pauvre gorge, à sa pauvre tête et à ses pauvres nerfs. Il était malade de Paris et de Versailles absents. Aussi n'attendait-il que l'arrivée de son secrétaire pour retourner à tire-d'aile aux rives de la Seine. Il lui écrit :

« Mon cher petit ami,

« Je reçois votre lettre seulement tout à l'heure par
« *Benoit* courrier ecclésiastique ; je ne puis que vous

« embrasser tendrement, car je suis assommé. Je lis ou
« j'écris depuis sept heures du matin, avec mon mal
« de gorge. Oh! ma foi, assurez le duc de Praslin que
« si je reste encore ici trois mois, j'y resterai par delà
« ma vie ; et n'est-ce pas bien assez d'y rester par delà
« mes forces ?

« Ma femme raffole de vous, m'écrit-elle, ma fille
« aussi, Mme de Rochefort aussi, et rien de tout cela
« ne m'étonne, car j'en fais autant de mon côté. *Reve-*
« *nez vite* et avec un bon traitement : voilà ce qu'il me
« faut, mais il me le faut. Adieu, mon cher ami, je vous
« embrasse de bien bon cœur. N'oubliez pas, je vous
« prie, de voir l'abbé de l'Isle-Dieu dont je viens de re-
« cevoir encore une grande diable de lettre.

« Londres, le 3 mars, à huit heures du soir, 1763.

« *P. S.* — Neuf heures du soir. — Je reçois à l'in-
« stant, mon cher ami, votre dépêche nocturne, et je
« vous remercie bien sincèrement des détails qu'elle
« contient. Je souhaite que l'on vous renvoie bien vite,
« bien vite ! Il semble que le diable s'en mêle depuis
« votre départ. Je suis accablé de besogne ; tous les
« jours de nouveaux embarras. J'ai en outre un mal de
« gorge fort désagréable ; ainsi vous jugez bien que le
« plus tôt que vous reviendrez sera le meilleur. Je ne
« vous en dis pas davantage aujourd'hui, et je me borne
« pour ce soir à vous aimer. »

Le secrétaire se rendit enfin au touchant appel de
l'ambassadeur souffreteux. L'élève alla relever le maître
de ses fatigues.

Ne pouvant retenir à Londres son ami le duc de Nivernais, le duc de Praslin choisit pour le remplacer un autre de ses amis appelé *le comte de Guerchy*, dont nous devons dire deux mots, parce qu'il eut une grande part dans les événements que nous retraçons, et que son nom va se trouver fatalement uni à la suite de cette histoire. Le comte de Guerchy, né presque au même pays que le chevalier d'Éon, Bourguignon comme lui, était un de ces bons gentillâtres de la province, espèce d'hidalgos campagnards, vivant noblement dans une noble oisiveté, charitables jusqu'à la bourse, magnifiques jusqu'à la dépense exclusivement, ambitieux de grandes places pour le titre et du titre pour le traitement, estimant plus une bonne terre qu'une bonne éducation, et croyant qu'on en sait toujours assez quand on est bien né, bien portant et bien renté. Ce brave homme, dont le chevalier d'Éon achèvera le portrait, avait titre *marquis de Nangis* et vicomte de *Fontenay le Marmion*. Tiré des ruines de sa vicomté et des décombres de son marquisat par sa femme qu'alléchait l'odeur de la capitale, il vint à Paris et présenta sa moitié trèsbelle encore aux ducs de Praslin et de Nivernais, ses anciens amis, qui, à ce titre, gardèrent auprès d'eux la femme et envoyèrent le mari guerroyer contre les Prussiens. Il avait pris envie, en effet, au marquis de Nangis, vicomte de Fontenay le Marmion de se faire homme de guerre. Nommé lieutenant général, il batailla donc en Allemagne sous les ordres du maréchal de Broglie, en même temps que le chevalier d'Éon, tandis que la comtesse, son épouse, resta sous la protection spéciale du duc de Praslin. Celui-ci étant devenu ministre, la comtesse de Guerchy voulut que son mari montât en grade avec son ami, et eut l'idée d'en faire un ambassadeur. Il n'y a rien de tel qu'une femme pour faire faire un rapide chemin à un homme!... Le duc de Praslin n'avait rien à refuser à la comtesse, *qui le payait de réciprocité*, suivant la parole médisante du chevalier d'Éon. Cependant la bonne volonté du ministre en faveur du futur diplomate était troublée par quelques inquiétudes révélées dans la pièce suivante, que le chevalier d'Éon intitule :

EXTRAIT D'UNE LETTRE CURIEUSE ET RARE DE M. LE DUC DE PRASLIN A M. LE DUC DE NIVERNAIS.

« A Versailles, le 8 janvier 1763.

« Mon bon ami,

« Je suis toujours fort occupé de Guerchy ; je ne sais cependant si nous lui rendrons un bon office en le faisant ambassadeur à Londres. Il n'est pas aimé dans ce pays-ci ; je crains ses dépêches comme le feu, et vous savez combien les dépêches déparent un homme et sa besogne, quand elles ne sont pas bien faites. On juge souvent moins un ministre sur la manière dont il fait les affaires, que sur le compte qu'il en rend... Je crois que notre cher ami *fera* bien. Je ne crois pas en avoir de meilleur à employer, mais *il ne sait pas du tout écrire* ; nous ne saurions nous abuser là-dessus [1]. D'un

---

[1]. Je supplie le lecteur de bien peser ces paroles : *Il ne sait pas du tout écrire, mais il n'y a personne* (à la cour de France) *de meilleur à employer !* (*Note du chevalier d'Éon.*)

autre côté, je ne voudrais pas qu'il se ruinât, mon pauvre Guerchy. Vous faites monter la dépense à 200,000 livres ; cela ne m'effraie pas. Je puis lui donner 150,000 livres d'appointements et 50,000 livres de gratification ; ainsi il y aurait encore de la marge, en y joignant la dépense qu'il ferait à Paris. Mais je ne saurais lui donner, à ce pauvre cher ami, plus de 200,000 livres de première mise [1]. C'est le traitement le plus fort.

« Adieu, mon bon ami, je vous aime de toute la tendresse de mon cœur. »

Deux cent mille livres de première mise remédiaient passablement aux appréhensions qu'on avait de la dépense ; mais comment remédier à ces dépêches que l'on craignait plus que le feu ? Le duc de Nivernais songea à son secrétaire bien-aimé, et eut l'idée de l'attacher au futur ambassadeur en qualité de truchement ou de *guide-âne*, suivant l'énergique expression du chevalier d'Éon. Afin de décider celui-ci à rester au service de son ami, le duc complaisant sollicita pour lui le titre de *résident*, puis celui plus éminent de *ministre plénipotentiaire* qu'il offrit comme récompense à son mérite, et comme séduction à son ambition légitime. Déjà retenu secrètement à Londres par la mission que lui avait confiée Louis XV, et qui, d'après une lettre du comte de Broglie, *tenant aux affaires les plus secrètes et les plus importantes de l'État, rendait sa présence nécessaire en Angleterre*, le chevalier d'Éon accepta l'offre du duc de Nivernais, moins à cause de la position élevée et hono-

---

1. Le pauvre homme ! (*Note du chevalier d'Éon.*)

rable qu'elle lui assurait dans le présent, que du chemin qu'elle lui ouvrait vers un avenir désiré.

LE DUC DE NIVERNAIS AU DUC DE PRASLIN

« Londres, le 17 janvier 1763.

« Rassurez-vous, mon cher ami ; tout ce que vous désirez s'arrangera ; et il dépend de vous de l'arranger à la satisfaction de tout le monde. Vous devez savoir que le petit d'Éon n'est venu à Londres avec plaisir que dans l'espérance de s'en retourner avec moi en France, pour être ensuite placé par vous quelque part en qualité de résident ou de ministre, étant un peu las d'avoir secrétarisé depuis si longtemps et avec tant de personnages divers. Mais il vous est tendrement attaché ; toutes ses répugnances et tous ses désirs se combineront toujours avec vos intentions, et ce qu'il souhaite, par préférence à tout, est de faire ce qui vous plaît. En revanche, il est juste que vous cherchiez aussi de votre côté à lui faire plaisir ; et voici comme cela se peut arranger très-parfaitement et très-utilement pour son bien, pour celui du service du roi, et pour celui de mon successeur, que je suppose notre ami Guerchy. Donnez-lui la place de résident avec tels appointements que vous voudrez : *il est très-aisé à vivre* ; il en sera plus considéré ici et partant plus utile, et il sera aussi plus content, *parce qu'il aura la certitude de passer, en sortant d'ici, à une autre place, y compris celle de Pétersbourg, pour laquelle il a toujours du faible.*

« D'ailleurs vous devez et vous pouvez compter sur ma parole, que rien n'est mieux que d'avoir ici un résident à demeure ; croyez que le service du roi se trouvera fort bien de cet arrangement, et comptez que le petit d'Éon est le plus propre que vous puissiez trouver pour remplir *cet objet-là*. Je regarde donc cela comme arrangé.

« Il ne m'a pas été possible de vous écrire cela de ma main ; je ne vois en vérité pas clair, et je suis vraiment tué par le travail qui me porte sur les nerfs et sur l'estomac d'une manière insupportable. J'ai outre cela un bon gros rhume bien étoffé, qui, selon l'usage d'Angleterre, ne finit point, et que je promène pourtant tous les jours, soit à pied, soit à cheval : à pied pour faire vos affaires de mon mieux, et à cheval pour ne pas périr tout à fait d'insomnie, de vapeurs, et de non-digestion. Vienne le mois d'avril, tout cela ne sera rien ; en attendant je me résigne. Je vous embrasse, mon très-cher ami, avec toute la tendresse de mon cœur. »

« *P. S.* Je vous envoie les *détails économiques* d'où résultera la décision de notre ami, et je ne doute pas qu'il n'accepte. »

Le chevalier d'Éon fut nommé *résident*, puis, peu de temps après, *ministre plénipotentiaire* de France à la cour de Saint-James. A peine fut-il arrivé à Londres que le duc de Nivernais s'en échappa, comme l'oiseau prisonnier à qui l'on ouvre sa cage. Cependant il ne dirigea pas aussitôt son vol vers Paris ; il avait un caprice à satisfaire auparavant. L'ambassadeur *académicien, noble Vénitien, grand d'Espagne*, etc., etc., avait rêvé un titre à ajouter à ses titres, une décoration à ses décorations. Fantaisie lui était venue de reparaître, aux yeux des dames de Versailles, coiffé du bonnet de docteur de l'université d'Oxford.

Enfin le duc de Nivernais débarqua sur la terre de France, pimpant, chantonnant et s'ébattant comme le cygne en sortant des eaux.

« M. de Nivernais est arrivé, écrit Sainte-Foy au che-
« valier d'Éon, le 2 juin 1763. On l'a trouvé plus maigre
« encore qu'à son départ. Ces diables de Bretons ton-
« draient donc sur un œuf, puisqu'ils ont trouvé le
« moyen de rogner ainsi notre sylphe politique ! »

« Cette plaisanterie de Sainte-Foy, dit le chevalier
« d'Éon, m'a rappelé le discours d'un vieux matelot
« anglais à Calais, lorsqu'au commencement de sep-
« tembre 1762, M. de Nivernais s'embarqua pour Dou-
« vres. Ce matelot disait à son jeune camarade : Re-
« garde ce duc comme il est maigre et exténué ; je l'ai
« connu autrefois, il était gros et gras. Vois comme,
« pendant cette guerre, nous avons dégraissé les sei-
« gneurs français ! »

En apprenant la nouvelle élévation de son ancien secrétaire, le marquis de L'Hospital lui adressa le compliment et l'épigramme obligés que nous avons vu paraître après tous les actes de la vie du chevalier d'Éon. C'est une espèce de sérénade que le vieil ambassadeur prend plaisir à faire entendre aux oreilles de son jeune ami à chacun de ses beaux jours ; un bouquet qu'il apporte aimablement et immanquablement à toutes ses fêtes, et dans lequel la malice se cache toujours derrière la félicitation, comme l'épine derrière la fleur. Mais cette missive fut la dernière du marquis[1]; et, par une sorte de concordance singulière, le dernier vœu du vieillard répondit au dernier bonheur du jeune homme. Avec les lettres de l'un, la fortune de l'autre va finir.

LE MARQUIS DE L'HOSPITAL AU CHEVALIER D'ÉON

« Paris, le 28 juillet 1763.

« Je vous présente, mon cher d'Éon, le fils aîné de M. *Daudé*, premier échevin de la ville de Lyon, et un de nos plus habiles négociants. Il est mon ancien ami, et je m'intéresse sincèrement et vivement à ce jeune homme Je vous demande bonté et amitié pour lui, et de vouloir bien le conduire; il sera aussi docile que reconnaissant de ce que vous voudrez bien faire pour lui, qui sera comme fait à moi-même.

« Quant à moi, mon cher ami, je tiens constamment à ma résolution de chercher de plus en plus le repos et la liberté, après cinquante et un ans de service, qui m'ont mérité les grâces et les bontés du roi et l'estime générale, bien, à mon gré, plus désirable que les richesses et les honneurs. Je vais à Châteauneuf y graver à l'entrée de mon château sur le marbre ces mots : *Otium cum dignitate*. Je m'y confinerai sept ou huit mois de l'année, si je ne trouve pas à vendre cette belle terre pour payer ce que je dois. Il n'est donc pas possible que quelque Anglais enrichi de nos dépouilles veuille nous

---

1. Cependant le vieux diplomate, ami constant de d'Éon, ne mourut qu'en 1776.

restituer 850,000 livres, en les employant à acquérir au centre de la France cette belle terre, en lui procurant la permission du roi d'en faire l'acquisition. A tout hasard, je charge M. *Daudé* de vous en remettre un état succinct. J'ai toujours dans l'esprit que vous pouvez me rendre ce service en badinant. Votre cousin vous aura mandé combien je désire lui rendre service, surtout depuis qu'il m'a fait lire votre lettre. Je vous reconnais bien, mon cher d'Éon, dans tout ce que vous faites pour lui !

« Je vous fais mon compliment sur votre nouveau caractère de *ministre plénipotentiaire*. Vous voilà de toutes manières susceptible des plus grandes places, que vous remplirez bien. Vous avez en vous ce qui distingue les hommes, l'esprit et le courage. Vous y joignez les qualités qui accompagnent toujours les deux premières, vertu et honneur. Ainsi vous êtes à présent connu *pur homme, Vir* ! Ce qui vous manque physiquement assure davantage l'effet de vos qualités et de l'emploi de votre temps !

« On dit qu'il y a bien des tracasseries à Compiègne, bien des intrigues et des semences de haine et de division. Ce sont les graines qui naissent dans les champs de cour. Il faut y marcher, faire route à travers les épines, et les regarder comme blessures légères.

« Ma santé se soutient assez bien, et je serais le plus heureux des hommes si j'étais sans dettes. On me reproche d'avoir trop dépensé dans mon ambassade ; mais l'argent est le grain que j'ai semé pour arriver à la confiance, et c'est ainsi que nous avons mené sur l'Oder cent mille Russes, qui y ont reçu et gagné quatre batailles ; vous le savez, mon cher d'Éon. Cependant on m'a reproché presque durement que j'avais jeté l'argent par les fenêtres ; mais on ne peut m'accuser de l'avoir ramassé ! Je suis riche de mes vertus et de mon courage, et je ne cherche ni ne demande rien. Je dors mes sept ou huit heures tranquillement et sans reproches. J'ai soixante-sept ans ; ainsi j'ai vécu, car à l'avenir je n'ai que misères et infirmités à attendre. Je les esquiverai le plus qu'il me sera possible, et puis je partirai sans regrets pour l'autre monde, enveloppé du manteau de ma philosophie.

« Adieu, mon cher d'Éon, je vous aimerai toujours, et je vous embrasse tendrement et sincèrement,

« L'Hospital. »

CHAPITRE VIII

Disgrâce du maréchal et du comte de Broglie. — Le chevalier d'Éon est l'anneau d'une secrète correspondance entre le comte de Broglie et Louis XV. — Mme de Pompadour met tout en œuvre pour découvrir la correspondance. — Interrogatoire du chevalier d'Éon. — Il est trahi. — Moyen qu'emploie Mme de Pompadour pour arracher le secret du roi. — L'orgie nocturne et la clé d'or. — La perte du chevalier d'Éon est résolue. — Instructions données au chevalier d'Éon contre l'ambassadeur. — Instructions données à l'ambassadeur contre le chevalier d'Éon. — Fermeté inébranlable de ce dernier. — Emportement du duc de Praslin et attaques du comte de Guerchy. — Ripostes du chevalier d'Éon. — Il quitte l'hôtel de l'ambassade et se retire dans une maison particulière.

Le chevalier d'Éon était à l'apogée de sa fortune. Menant de front deux missions, l'une officielle qu'il tenait des ministres, l'autre secrète qu'il tenait du roi, il correspondait pour la première avec les ducs de Choiseul et de Praslin, pour la seconde avec le comte de Broglie et M. Tercier. Cette dernière correspondance, à laquelle se rattachèrent à la fois les plus hauts intérêts de l'État et les plus petites intrigues de la cour, était soigneusement cachée à Mme de Pompadour qui, naguère amie de la famille des de Broglie, était devenue sa plus terrible ennemie. Par suite de cette inimitié, le maréchal de Broglie qui, d'après le jugement du général moderne *Jomini*, fut le plus grand capitaine que possédât la France à cette époque, et le seul qui se soit montré constamment habile dans la malheureuse *guerre de sept ans*, avait été disgracié et exilé. Cette nouvelle preuve de la toute-puissance de la favorite et de la faiblesse, sinon de l'ingratitude du roi, souleva tous les cœurs à Versailles et à Paris. Le jour où on l'apprit, on jouait *Tancrède* au Théâtre-Français. Mlle Clairon appuya avec affectation sur ces vers :

> On dépouille Tancrède, on l'exile, on l'outrage ;
> C'est le sort des héros d'être persécuté !

L'allusion fut accueillie par des applaudissements frénétiques, et l'actrice fut contrainte de répéter les deux vers au milieu des bravos et des acclamations universelles.

Le comte de Broglie ne tarda pas à ressentir le contre-coup de la disgrâce qui venait de frapper son frère ; — la sienne suivit de près celle du maréchal. Mais cette satisfaction accordée par Louis XV au vouloir impitoyable de sa maîtresse fut plutôt apparente que réelle, et, du fond de son exil, le comte de Broglie demeura le conseiller du souverain, son confident intime et son directeur privilégié.

Le chevalier d'Éon et M. Tercier étaient les deux branches de la communication mystérieuse qui subsistait entre Louis XV et le comte de Broglie, malgré la surveillance inquisitoriale de la Pompadour et du duc de Praslin, sa créature dévouée. Cette communication avait lieu entre les parties principales et leurs initiés, sous le voile d'une correspondance allégorique, espèce d'énigme nominale composée de sobriquets burlesques dont voici la clé :

L'*Avocat*, signifiait le roi.

Le *Substitut*, le comte de Broglie.

Le *Procureur*, M. Tercier.

Le *Prudent*, signifiait M. Durand, ex-plénipotentiaire à la cour de Pologne et membre du ministère secret.

Le *Mielleux*, le duc de Nivernais.

L'*Amer*, le duc de Praslin.

Le *Lion rouge*, ou la *Porcelaine*, le duc de Choiseul.

L'*Intrépide*, ou la *tête de dragon*, le chevalier d'Éon.

Le *Novice*, le *Bélier*, ou le *Mouton cornu*, le comte de Guerchy.

On voit par ces dernières désignations que Sa Majesté Louis XV n'observait pas pour son compte, et n'exigeait point des autres, un grand respect à l'égard de son ambassadeur.

Mme de Pompadour soupçonnait cette correspondance épistolaire de la maison de Broglie avec le roi, et ses affidés cherchaient depuis longtemps à en saisir la trace, comme le prouve l'extrait suivant d'une lettre écrite de Londres, le 23 mars 1764, par le chevalier d'Éon à M. Tercier, le *procureur*.

« .... M. le duc de Praslin me fit un soir une espèce d'interrogatoire, vers la fin de mars 1763, sur le minuit. Sainte-Foy était témoin. Le duc me dit : « Vous étiez, monsieur d'Éon, à la bataille de *Philinsausen*? Contez-moi donc tout ce que vous avez vu ou su de cette bataille. » Je le fis avec bonne foi, et dis tout ce que j'ai vu de mes propres yeux. Comme mon récit ne se rapportait pas au goût de M. le duc de Praslin, et à celui du comte de Guerchy, son satellite présent à notre conversation, il m'interrompait souvent en frappant du pied ; et se levant de son siége, il me dit plusieurs fois : « Je sais tout le contraire de ce que vous dites, et cela par un de mes amis intimes qui y était aussi. » — Il entendait par là le comte de Guerchy. — Puis il regardait Sainte-Foy. A mes réponses, le nez du duc s'allongeait et sa mine faisait des rires sardoniques. « Mais vous n'avez pas bien vu tout cela, mon cher d'Éon ? » Et moi de persister à assurer, comme je le ferai toute ma vie, que j'avais bien vu et bien entendu. M. le duc de Praslin a fini par me dire : « C'est votre attachement aux Broglie qui vous fait parler ainsi. — Ma foi, monsieur le duc, ai-je répliqué, c'est mon attachement à la vérité. Vous m'interrogez ; je ne puis vous répondre que ce que je sais par moi-même.

« Sainte-Foy, en sortant de chez le ministre, me gronda bien fort et avec amitié de mon peu de politique, et me dit : « Mon cher d'Éon, je crains que vous ne fassiez pas fortune dans ce pays-ci ; allez-vous-en bien vite retrouver vos Anglais. — Je ne demande pas mieux, lui répondis-je. » Peu de jours après, Mme la duchesse de Nivernais me demanda, en particulier dans son cabinet, si je n'étais pas en correspondance avec M. de Broglie. Je lui dis : « Non, madame, et j'en suis fâché, car j'aime beaucoup M. le maréchal de Broglie, mais je ne veux pas le fatiguer de mes lettres ; et je me contente de lui écrire au jour de l'an.— J'en suis bien aise pour vous, mon cher petit ami, me répondit-elle, parce que je vous confierai qu'une grande liaison avec la maison de Broglie pourrait vous nuire à la cour et dans l'esprit de Guerchy, votre futur ambassadeur. » Aussi ce dernier, depuis sa nomination à l'ambassade, a-t-il employé mille moyens pour découvrir si j'avais quelque correspondance avec M. de Broglie. »

Les investigations de la Pompadour et de ses créatures avaient été infructueuses, lorsque le hasard ou plutôt la délation leur fit trouver ce qu'ils cherchaient en vain depuis longtemps. Le chevalier d'Éon raconte cet incident dans les termes qui suivent :

« A l'époque des négociations relatives aux prétentions du prince de Conti au trône de Pologne et à la main de l'impératrice Elisabeth, une correspondance occulte avait été organisée entre le roi, le prince, M. Tercier, le chevalier Woronzow, le chevalier Douglass et moi. Le sieur *Monin*, secrétaire des commandements du prince de Conti, se trouva non-seulement dans le secret, mais encore il était l'agent le plus actif auprès du chevalier Douglass, de moi et de M. Tercier qui avait en lui une confiance entière. M. Tercier, le plus honnête des hommes, et qui croyait que tout le monde lui ressemblait, n'avait rien de caché pour l'ami Monin. Il lui montrait toutes les relations des ambassadeurs et ministres soit en Pologne, soit en Russie ; ce qu'il fit nombre de fois en ma présence. Malheureusement l'ami Monin avait jadis été le précepteur du comte de Guerchy qui en avait reçu sa belle éducation ; le comte de Guerchy avait fait présent, par reconnaissance, au prince de Conti de cet autre conseiller *Bonneau*. Monin, par un autre retour de reconnaissance, dès qu'il vit son ancien élève ambassadeur, et qu'il sut les recherches que faisait Mme de Pompadour, crut devoir apprendre au comte de Guerchy ce qu'il savait sur mon compte. Il lui déclara que j'étais depuis longtemps en correspondance secrète avec le roi, et qu'il me soupçonnait fort d'être un anneau de la chaîne mystérieuse qui unissait la maison de Broglie au souverain. Le comte de Guerchy ne perdit pas de temps et reporta la supposition toute chaude à son ami de trente ans le duc de Praslin, qui la communiqua de même à Mme de Pompadour. Celle-ci résolut de s'en assurer et de mettre tout en œuvre pour découvrir la vérité; mais ni l'astuce de la femme, ni la séduction de l'amante, ni les artifices des ministres ne purent arracher au roi son secret. La Pompadour se décida à employer d'autres moyens. Elle avait remarqué que Louis XV portait toujours sur lui une petite clé d'or, qui était celle d'un meuble élégant, en forme de secrétaire, placé dans ses appartements particuliers. Jamais la favorite, même aux heures de sa plus grande influence, n'avait pu obtenir que ce meuble lui fût ouvert. C'était une espèce de sanctuaire ou d'arche sainte dans laquelle la volonté du souverain s'était réfugiée, comme en un lieu d'asile. Louis XV ne régnait plus que sur ce secrétaire. Il n'était demeuré roi que de ce meuble; c'était la seule partie de ses États qu'il n'eût point laissé envahir et profaner par la courtisane, le seul joyau de sa couronne qu'il n'eût point mis à ses pieds. — Il renferme des papiers d'État! — telle avait été sa réponse à toutes les demandes, son explication laconique et péremptoire à toutes les instances. Or ces papiers n'étaient autres que la correspondance du comte de Broglie et la mienne.

« La marquise s'en douta. Il suffisait d'ailleurs que le secrétaire lui fût interdit pour qu'elle désirât y pénétrer. A l'intérêt de sa politique et de ses haines se joignaient les tentations de la curiosité : le fruit défendu a pour une femme d'irrésistibles attraits. Cela est vrai depuis le commencement du monde, et le sera jusqu'à la fin.

« Un soir que Mme de Pompadour soupait avec son royal amant, elle fut pour lui plus prévenante, plus aimable, plus agaçante que jamais ; elle eut soin de faire boire son convive, afin d'ajouter l'ivresse du vin à l'ivresse de la concupiscence... Après tous les excès d'une double intempérance, le monarque tomba épuisé, affaissé sur lui-même, et s'abandonna à un sommeil profond. C'était le moment qu'attendait la bacchante traîtresse. Pendant que le roi dort, elle lui enlève la clé tant désirée, ouvre le meuble convoité et y trouve la confirmation entière de ses soupçons. A dater de ce jour, ma perte fut résolue [1].

---

1. *La Fortelle*, qui publia, en 1779, la *Vie politique et militaire du chevalier d'Éon* sur des notes de ce dernier, avait arrangé et gazé cette anecdote en ces termes : « Ni les charmes de la beauté, ni les artifices des ministres, ne pouvaient arracher au roi son secret ; il fallut employer d'autres moyens. Ceux qui possédaient les moments de ce roi faible et bon firent naître de ces instants où la raison anéantie met le plus grand homme à la disposition de la femme la plus timide. Mme de Pompadour en profite, et tire des poches de son souverain de quoi s'instruire suffisamment que le sieur d'Éon était dans la plus intime confidence du roi, son maître. Elle y connaît que, depuis son premier voyage secret en Russie, ce simple officier de dragons tient avec le monarque une correspondance inconnue à elle et aux ministres ; elle soupçonne une maison puissante

« Je fus signalé au duc de Praslin et au comte de Guerchy comme un ennemi ; et sans doute j'aurais été disgracié dès ce moment, si la favorite n'avait tenu, avant toute chose, à posséder la correspondance et les papiers que je devais avoir entre les mains. De là les alternatives de douceur feinte et de tracasseries réelles qui me furent prodiguées, et qui étaient le prélude des horreurs et des bassesses qui devaient suivre. La dissimulation avait été recommandée au comte de Guerchy, jusqu'à ce qu'il fut arrivé près de moi en Angleterre ; mais ce diplomate novice ne put s'empêcher de laisser échapper sa morgue et ses insolences vis-à-vis d'un homme qu'il jugeait perdu sans ressources. Son secret perçait à travers les querelles misérables et les picoteries qu'il me suscitait sur toutes choses ; et je l'aurais deviné, si M. Tercier ne m'en eût épargné la peine par la révélation suivante, contenue dans sa dépêche du 10 juin 1763. « Le roi m'a appelé ce matin auprès de lui ; je l'ai trouvé fort pâle et fort agité. Il m'a dit, d'une voix altérée, qu'il craignait que le secret de notre correspondance n'eût été violé. Il m'a raconté qu'ayant soupé, il y a quelques jours, en tête-à-tête avec Mme de Pompadour, il fut pris de sommeil à la suite d'un léger excès, dont il ne croit pas la marquise tout à fait innocente. Celle-ci aurait profité de ce sommeil pour lui

---

d'en former la chaîne, et la perte du sieur d'Éon est résolue, comme le moyen assuré d'anéantir le maréchal, et spécialement le comte de Broglie, trop dignes l'un et l'autre de l'estime des Français pour n'avoir pas encouru sa haine ! » Mais cette version, si considérablement adoucie à côté de celle du chevalier d'Éon, parut encore dangereuse à l'écrivain, car il la supprima entièrement, et après coup, sur son manuscrit, qui se trouve entre les mains de la famille d'Éon.

enlever la clé d'un meuble particulier, que Sa Majesté tient fermé pour tout le monde, et aurait pris connaissance de vos relations avec M. le comte de Broglie. Sa Majesté le soupçonne, d'après certains indices de désordre remarqués par elle dans ses papiers. En conséquence, elle me charge de vous recommander la plus grande prudence et la plus grande discrétion vis-à-vis de son ambassadeur, qui va partir pour Londres, et qu'elle a lieu de croire tout dévoué à M. le duc de Praslin et à M*me* de Pompadour. Aussi Sa Majesté a-t-elle positivement déclaré qu'*elle ne se serait jamais déterminée à l'envoyer en Angleterre, si elle ne comptait entièrement sur vous!* »

« Déjà j'avais reçu, le 5 juin, une lettre du comte de Broglie, qui m'invitait « *à surveiller les vues du futur ambassadeur; à louer, sous un prétexte quelconque, et avant son arrivée, un logement séparé et à l'abri de sa curiosité; à prendre avec moi le sieur d'Eon de Mouloize ou le sieur Carlet de la Rosière, mes parents, afin que, dans aucun cas, soit de surprise, soit de mort, de feu ou autrement, la correspondance ne tombât en aucunes mains étrangères, et surtout, en celles de l'ambassadeur et ministre du roi.* » Il m'était recommandé, en même temps, d'*indiquer les ordres et instructions particulières que Sa Majesté transmettrait ensuite à ses ministres et à son ambassadeur, et de ne m'ouvrir sur tout cela à âme qui vive!* »

« Conformément à l'avis qui m'en était donné, je louai aussitôt, sous mon nom, un petit appartement, dans une maison séparée, pour moi et mon cousin de *Mouloize*, et j'y transportai d'avance mes papiers les plus précieux, remettant à m'y installer moi-même lors de l'arrivée de l'ambassadeur, sous le motif que son hôtel ne pourrait contenir tout son monde, ce qui, du reste, était matériellement vrai. Mes précautions ainsi prises et ma retraite assurée, j'attendis le comte de Guerchy de pied ferme. Je m'étais trouvé avec lui à l'armée du Haut-Rhin, sous les ordres du maréchal de Broglie, et déjà je le connaissais pour ce qu'il était, timide en guerre, hardi en paix, ignorant à la ville et rusé à la cour, prodigue de l'argent d'autrui, avare du sien propre. La conduite qu'il tint envers moi me prouva bientôt que le jugement que j'en avais porté était encore au-dessous de la vérité. »

La première précaution que crut devoir prendre le duc de Praslin contre le chevalier d'Éon fut de révoquer la nomination de ministre plénipotentiaire qu'il lui avait conférée. Elle l'avait placé presque au niveau du futur ambassadeur; il fallait le faire descendre, pour que celui-ci pût le dépouiller plus facilement. Il était nécessaire qu'un état de subalternité tranchée le soumît d'avance et sans conteste aux ordres et à la toute-puissance d'un supérieur hiérarchique. Il fut donc déclaré au chevalier d'Éon, qu'aussitôt l'arrivée du comte de Guerchy il aurait à déposer son titre et à reprendre celui de secrétaire. Mais il répondit sans hésiter, qu'il ne se soumettrait point à cette dégradation; que plutôt d'en accepter l'humiliation, il était prêt à résigner ses fonctions et à quitter le service du roi. Il consulte M. Tercier, dont le roi lui a dit de suivre les avis comme les siens propres. M. Tercier lui répond qu'*il approuve sa façon de penser*. Fort de cet appui, il s'enveloppe dans son droit et demeure inflexible.

Irrité de cette opiniâtre résistance, le duc de Praslin, homme âpre, irascible, se mit à harceler celui qu'il n'osait attaquer en face. Depuis longtemps le chevalier d'Éon sollicitait le paiement de frais et avances considérables qu'il avait faits de ses deniers dans ses différentes expéditions, et notamment dans ses voyages en Russie ; pauvre, il lui avait fallu emprunter sur mon mince patrimoine pour faire face à ces dépenses, dont tous les ministres, et le duc de Praslin lui-même, lui avaient successivement promis le remboursement. Cette promesse fut brutalement déniée ou retirée. Le chevalier se tut et dévora l'injustice en silence ; il vendit à réméré la maison de ses pères, et rendit avec le prix de son patrimoine l'argent qu'il avait emprunté et dépensé pour le service de l'État.

Une seconde tracasserie, plus misérable encore, se joignit bientôt à la première. En quittant l'Angleterre, le duc de Nivernais l'avait chargé de la direction de l'hôtel et du personnel de l'ambassade, dont l'entretien passait au compte du futur ambassadeur. Le chevalier d'Éon n'avait accepté qu'à son corps défendant ce rôle d'économe dans lequel il était aussi novice que le comte de Guerchy dans celui de diplomate. Afin de ne point s'égarer dans la route nouvelle et tout à fait inconnue où on l'abandonnait malgré lui, il résolut de suivre les errements du maître qui lui remettait les rênes, et de calquer autant que possible sa dépense sur la sienne. Mais il y avait du duc de Nivernais au comte de Guerchy la différence d'un grand seigneur libéral et magnifique à un bourgeois parcimonieux et mesquin. Dès le premier compte rendu, le nouvel ambassadeur jeta les hauts cris et se prétendit ruiné.

L'état de dépenses fourni par le chevalier d'Éon, ministre résident et plénipotentiaire, fut discuté et commenté comme le livre d'un cordon-bleu. Il s'ensuivit une négociation que le chevalier baptisa du nom de *négociation de cuisine*. Mais la discussion s'envenima, et passa de l'épigramme à l'aigreur, et de l'aigreur aux personnalités. Le duc de Praslin avait refusé au secrétaire d'ambassade la restitution des deniers avancés pour l'État; il eut l'idée de rogner l'obole du ministre plénipotentiaire, auquel il accordait 5 ou 6,000 livres, pour indemniser l'ambassadeur auquel il accordait 200,000 livres de traitement et autant de frais de premier établissement. Chose incroyable, il fut proposé au chevalier d'Éon, comme *accommodement*, de laisser solliciter du roi, *en son nom, et en faveur de ses services*, une gratification qui passerait dans la poche du comte de Guerchy, pour combler le petit déficit éprouvé par ce pauvre homme dans ses calculs économiques! Chose plus incroyable encore! le duc de Nivernais eut le courage, ou plutôt la faiblesse, pour ses amis de trente ans, comme il les appelle, de se faire l'organe de cette honteuse proposition! Le chevalier d'Éon a remarqué que trois fois la plume tomba des mains du faible duc. La lettre où il insinue cette singulière transaction fut écrite à trois reprises; elle porte trois dates différentes!... Quoi qu'il en soit, le chevalier d'Éon rejeta avec mépris cet indigne tripotage, et déclara qu'il s'opposerait à cet abus de la confiance du roi, à moins toutefois que le comte de Guerchy ne voulût lui donner du tout une reconnaissance notariée, laquelle reconnaissance il ferait homologuer en plein Parlement et entériner à la Cour des comptes !... Exaspérés, le duc de Praslin et son ami de Guerchy se laissèrent emporter, l'un à la menace, l'autre à l'insolence. C'en était trop pour le chevalier d'Éon : le vase de sa patience était rempli, il déborda. Au duc de Praslin il répondit par une dignité calme et intrépide [1]; au comte de Guerchy, par un sarcasme écrasant, sans pitié, tiré à bout portant, et dont

---

1.   LE CHEVALIER D'ÉON AU DUC DE PRASLIN

« Londres, le 25 septembre 1763.
« Monsieur le Duc,

« J'ai reçu la lettre *ab irato* que vous m'avez fait l'honneur de m'écrire, et dans laquelle vous me dites : « Je n'aurais jamais cru, mon« sieur, que le titre de ministre plénipotentiaire vous fît si prompte« ment oublier le point d'où vous êtes parti, etc., etc. » Monsieur le duc, je suis parti fort jeune du *point* de Tonnerre, ma patrie, où j'ai mon petit bien et une maison au moins six fois grande comme celle qu'occupait M. le duc de Nivernais à Londres. En 1756, je suis parti du *point* de l'hôtel Dons-en-Bray, rue de Bourbon, faubourg Saint-Germain. Je suis l'ami du maître de la maison, et je suis parti, malgré lui, pour faire trois voyages en Russie et autres cours de l'Europe, pour aller à l'armée, pour venir en Angleterre, pour porter quatre ou cinq traités à Versailles, non comme un courrier, mais comme un homme qui y avait travaillé et *contribué*. J'ai souvent fait ces courses quoique malade à la mort, et une fois avec la jambe cassée. Malgré tout cela, je suis, si le destin l'ordonne, prêt à retourner *au point d'où je suis parti.*

« J'y retrouverai mon ancien bonheur; mon nouveau n'est qu'idéal, et je regrette souvent des plaisirs que je ne goûtais pas lorsque j'en jouissais. Enfin, monsieur le duc, tout ce que je puis assurer, comme géomètre, c'est que tous les points aboutissent à un centre commun, comme ils en sont sortis. Je n'ai qu'un mot à ajouter pour achever la justification de mon oubli prétendu.

« Les *points dont je suis parti* sont d'être gentilhomme, militaire et secrétaire d'ambassade, tout autant de *points* qui mènent à devenir ministre dans les cours étrangères. Le premier donne un titre à cette place, le second confirme les sentiments et donne la fermeté qu'elle exige. le troisième en est l'école. J'avais parcouru cette dernière à votre jugement même, monsieur le duc, de façon à mériter des récompenses. Qu'y a-t-il donc d'étonnant qu'un apprentissage long, dur, mais accompli avec éloge, m'ait fait parvenir à la maîtrise?

« Mais quel qu'*ait été le point d'où je suis parti*, le roi mon maître m'ayant choisi pour le représenter, j'ai dû avoir tout oublié, et je dois n'avoir devant les yeux que le *point où je me trouve.* Voilà ma loi, et vous me la rappelleriez, monsieur le duc, si je l'oubliais.

le pauvre comte fut percé d'outre en outre[1]. Puis après cette vigoureuse mais fatale sortie, il se retira dans la maison particulière qu'il avait louée, attendant tranquillement dans ce fort l'orage qui ne pouvait tarder à éclater sur sa tête.

1. LE CHEVALIER D'ÉON A M. LE COMTE DE GUERCHY

« Londres, le 25 septembre 1763.

« Monsieur,

« Je prendrai la liberté de vous faire observer, au sujet du *caractère que le hasard m'a fait donner*, que Salomon a dit, il y a bien longtemps, qu'ici-bas tout était hasard, occasion, cas fortuit, bonheur et malheur; et je suis plus persuadé que jamais que Salomon était un grand clerc. J'ajouterai modestement que le *hasard* qui ferait donner le titre de ministre plénipotentiaire à un homme qui a négocié heureusement depuis dix ans, n'est peut-être pas un des plus aveugles de ce monde. — Ce qui m'arrive par le *hasard* peut arriver à un autre par *bonne fortune!*...

« Un homme quelconque ne peut se mesurer que par un ou plusieurs hommes : il y a plusieurs proverbes qui serviraient à prouver la vérité de ceci. Ainsi l'on dit communément : *il est sot comme mille, il est méchant comme quatre, il est ladre comme dix!* C'est la seule échelle dont on puisse se servir, excepté certains cas où les hommes se mesurent *par les femmes*.

« Or, il s'agirait de trouver la proportion existante entre un ministre plénipotentiaire, capitaine de dragons, qui a fait dix campagnes politiques, sans compter les *campagnes de guerre*, comme dit M. le duc de Praslin, et un ambassadeur lieutenant général qui débute.

« Quant aux gratifications, il faudra bien, malgré vous, monsieur le comte, en distribuer à ceux qui viendront vous donner les violons et des aubades à votre porte; sans quoi ils feront un sabbat abominable et finiront par la danse *des cocus*. Je suis heureusement à marier,... mais ce sera votre affaire quand vous serez à Londres!... etc. »

CHAPITRE IX

Le chevalier cède en partie aux instances du duc de Nivernais. — Lettre de Louis XV. — L'homme et le monarque. — La griffe et la main.— Ordre de rappel du chevalier d'Éon. — Effet que produit sur lui cette disgrâce. — Une comédie. — Première scène. — Le bravache aventurier. — La provocation. — Deuxième scène chez milord Halifax. — Le billet d'honneur. — Le comte de Guerchy cherche à faire passer d'Éon pour fou.

« Cependant, dit le chevalier d'Éon, une lettre touchante que je reçus du duc de Nivernais m'affecta vivement, et mon cœur en fut attendri, quelques raisons valables et nombreuses que j'eusse pour m'endurcir ce même cœur, je résolus de céder en partie. Je ne voulais pas laisser à mes ennemis le prétexte même de mon honorable et légitime résistance. J'étais bien aise, au contraire, en faisant tous les sacrifices, de dégager leur injustice des voiles dont elle s'entourait, et de la mettre tout à fait à découvert. J'écrivis donc au duc de Nivernais une lettre, dont je fis remettre en même temps copie au comte de Guerchy et au duc de Praslin.

« J'attendais avec confiance l'effet de cette soumission

à la volonté tyrannique de mes despotes, et j'espérais quelque modération de leur pudeur, si ce n'était de leur équité, quand un courrier, expédié tout exprès de Versailles, m'apporta le billet suivant écrit en entier de la main du roi.

AU CHEVALIER D'ÉON, MON MINISTRE PLÉNIPOTENTIAIRE
A LONDRES

« Versailles, le 4 octobre 1763.

« Vous m'avez servi aussi utilement sous les habits de femme que sous ceux que vous portez actuellement. Reprenez-les de suite et retirez-vous dans la cité.

« Je vous préviens que le roi a signé aujourd'hui, mais seulement avec la griffe, et non de sa main, l'ordre de vous faire rentrer en France ; mais je vous ordonne de rester en Angleterre, avec tous vos papiers, jusqu'à ce que je vous fasse parvenir mes instructions ultérieures.

« Vous n'êtes point en sûreté dans votre hôtel, et vous trouveriez ici de puissants ennemis.

« Louis. »

« A peine j'en eus achevé la lecture, que cette lettre me tomba des mains. Je venais d'entrevoir et de soupçonner, pour la première fois, l'étendue des malheurs qui me menaçaient. Qu'avais-je à espérer, en effet, de la fermeté d'un roi qui m'abandonnait quand je n'avais fait qu'obéir à ses ordres, et dont le courage n'avait consisté qu'à signer ma disgrâce avec sa griffe, au lieu de le faire avec sa main !... »

Mme Campan eut connaissance de cette lettre bizarre

et curieuse de Louis XV au chevalier d'Éon, qu'elle reproduit à peu près dans ses *Mémoires sur la vie privée de Marie-Antoinette, reine de France et de Navarre*, déjà cités par nous.

« Cependant, continue le chevalier d'Éon, ne pouvant adopter et digérer cette idée, qu'un roi subît une volonté étrangère et sacrifiât une personne qui lui était chère et dont il prenait en secret la défense, je me dis que cette signature avec griffe ne pouvait être qu'un acte de faiblesse momentanée, une concession à des circonstances nécessairement passagères, après lesquelles je serais d'autant plus justifié que j'étais plus injustement condamné. Cette pensée me donna confiance et espoir ; je repris ma gaîté, mon insouciance ordinaires, et je résolus de me conformer à tous les ordres du roi, dans quelque situation d'apparente défaite qu'ils me plaçassent. Je n'acceptai pas cependant cette espèce d'humiliation sans de grands combats et une vive révolte de mon honneur et de mon amour-propre, ces sentiments qui furent toujours si sensibles et si inflammables en moi ; mais je parvins à dompter mon cœur et à l'étreindre sous la chaîne de la nécessité. J'attendis donc mes ennemis avec résignation, me promettant bien pourtant de troubler, sinon d'empêcher leur victoire ; décidé à leur céder le terrain, mais pied à pied, pouce à pouce ; à leur faire payer cher, enfin, un triomphe après lequel je comptais bien avoir un jour ma revanche.

« Enfin le 17 du même mois, l'ambassadeur dit extraordinaire arriva. Je me présentai à lui comme si je n'étais prévenu de rien. Il me reçut avec une politesse cafarde, et me demanda d'un ton patelin si je me repentais de lui avoir écrit la lettre du 25 septembre. Je lui répondis tranquillement : « Non, monsieur, ma lettre n'était qu'une réplique, un peu vive peut-être, mais juste à votre attaque du 4 du même mois; et si vous m'écriviez encore pareille épître, je serais forcé de vous faire pareille réponse. — Allons, allons, je vois que vous êtes un peu mauvaise tête, mon cher monsieur d'Éon. » Et il tira de sa poche mon ordre de rappel à *griffe*, *patte*, ou *grillage*, qu'il me mit entre les mains d'un air contrit, en m'exprimant ses regrets et en m'assurant *encore* de *son amitié* et *de son dévouement*. Je ne lui répondis que par un regard... et le saluant froidement, je me retirai, emportant avec moi le document officiel de ma disgrâce. En voici la teneur :

A M. LE CHEVALIER D'ÉON

« Versailles, le 4 octobre 1763.

« L'arrivée de l'ambassadeur du roi, monsieur, faisant cesser la commission que Sa Majesté vous avait donnée avec la qualité de son ministre plénipotentiaire, je vous envoie votre lettre de rappel que vous remettrez à Sa Majesté britannique, selon l'usage et le plus *promptement* qui vous sera possible; vous trouverez ci-jointe la copie de cette lettre. Vous partirez de Londres aussitôt après votre audience, et vous vous rendrez tout de suite à Paris, d'où vous me donnerez avis de votre arrivée, et où vous attendrez les ordres que je vous adresserai, *sans venir à la cour*.

« Je suis *très-sincèrement*, monsieur, votre très-humble et très-obéissant serviteur.

« Le duc DE PRASLIN. »

« Quelque préparé que j'y fusse, la dureté de cette missive m'affecta malgré moi. Ils me rappelaient et me défendaient de *venir à la cour!* Ils craignaient que je n'y portasse mes plaintes, et que je n'y dévoilasse le mystère d'iniquité dont j'étais la victime; car ils savaient qu'eux et moi nous avions là un juge! Ils me frappaient et me bâillonnaient pour empêcher mes cris. Les lâches! Voilà donc quelle était la récompense de tant de services et de tant de labeurs dont le prix ne m'était pas même encore payé!... »

Quelque temps après, eut lieu un incident que le chevalier d'Éon raconte longuement dans ses *Lettres et Mémoires*. Vers la fin du mois d'août, un sieur de Vergy se présente chez lui comme compatriote arrivant de Paris et très-lié avec le comte de Guerchy. Il parut suspect au chevalier d'Éon, très-ombrageux de sa nature, qui lui demanda s'il avait des lettres d'introduction pour lui, et, sur sa réponse négative, le fit éconduire sans façon. L'ayant retrouvé, un dimanche d'octobre, dans le salon du comte de Guerchy, il raconta tout haut ce qui s'était passé à l'ambassadeur qui lui dit ne pas connaître plus que lui le sieur de Vergy. Cependant celui-ci resta dans le salon, et trois jours après, il fit dire au chevalier d'Éon « qu'il serait le lendemain chez lui à dix heures précises et qu'il espérait qu'il s'y trouverait. »

Le chevalier d'Éon parla, le soir, de ce cartel dans

le salon de milord Halifax, ministre, chez lequel il avait dîné avec le comte de Guerchy et d'autres ambassadeurs. Après avoir conféré quelques minutes avec le comte de Guerchy et deux membres du cabinet anglais, milord Halifax vint prier le chevalier d'Éon de ne pas donner suite à cette affaire, et sur son refus poli, mais énergique, il lui déclara qu'il ne le laisserait pas sortir avant qu'il eût donné *par écrit* sa parole d'honneur de ne pas se battre avec M. de Vergy. Et il fit entrer les gardes armés qui occupaient les antichambres.

Le chevalier se récria contre ce procédé bizarre, en disant « qu'il n'aurait jamais cru que le ministre plénipotentiaire de France se verrait prisonnier en Angleterre chez le secrétaire d'État. » Mais rien n'y fit. « Je ne signai, enfin, dit le chevalier d'Éon, que lorsque tous les soldats s'étant retirés, l'ambassadeur M. le comte de Guerchy me l'ordonna expressément, et qu'il eut lui-même signé le prétendu billet d'honneur, ainsi que les trois ministres d'État de Sa Majesté britannique. »

Le lendemain, de Vergy s'étant présenté, *en habit de combat*, chez le chevalier d'Éon, celui-ci le reçut de telle façon et lui fit une telle peur, en lui montrant son sabre turc et ses pistolets d'ordonnance, que de Vergy consentit à signer, à son tour, un billet dans lequel il promettait, sur sa parole d'honneur, d'apporter, d'ici à quinze jours, de bonnes lettres de recommandation et de ne plus se présenter, d'ici-là, à l'ambassade de France.

Le chevalier d'Éon alla ensuite montrer cette pièce au comte de Guerchy qui lui dit « qu'il s'en était tiré avec honneur; » mais le comte demandait en même temps à M. de la Rozière, parent de d'Éon, s'il ne s'était pas aperçu, comme lui, que son cousin avait, depuis quelque temps, « des accès d'aliénation mentale. »

De Vergy nous apprendra plus tard le secret de cette comédie tombée à plat par la couardise du pauvre diable chargé du principal rôle.

CHAPITRE X

Louis XV venant au secours du chevalier d'Éon. — Lettres du contrôleur général et du duc de Choiseul. — Complot contre le chevalier d'Éon. — De l'opium dans son vin. — Il est gravement incommodé. — Proposition de promenade à Westminster. — Prudence de d'Éon. — Le serrurier et l'empreinte d'une serrure. — Déménagement. — Le chevalier d'Éon à Louis XV. — Le duc de Praslin envoie à Londres une demande d'extradition et des exempts pour s'emparer du chevalier d'Éon. — Double jeu de Louis XV. — Il écrit au comte de Guerchy et prévient le chevalier d'Éon. — Mesures de défense. — On refuse l'extradition. — Découragement du comte de Guerchy. — Il cherche à capituler. — Son parlementaire est pris de terreur panique à la seule vue du chevalier d'Éon. — Lettre de celui-ci au comte de Guerchy. — Il refuse de rendre ses papiers sans un ordre exprès du roi. — Lettre de M. de Guerchy à Louis XV, et note du sieur Monin. — Billet du roi à M. Tercier. — Persécution du ministère français contre le chevalier d'Éon, ses parents et ses amis. — Il est déclaré traître, rebelle à l'État, et privé de ses appointements. — Sa résignation et son dévouement silencieux à la volonté de Louis XV. — Il est abandonné de ses amis. — Lettre à sa mère.

Cependant le but du comte de Guerchy, qui était de livrer à Mme de Pompadour le chevalier d'Éon et ses papiers, n'était point encore atteint. Impatient de remplir cette partie secrète et capitale de sa mission, l'ambassadeur presse le plus qu'il peut le départ du ministre plénipotentiaire, et sollicite de la cour de Saint-James qu'elle veuille bien avancer le jour consacré d'ordinaire aux audiences royales de congé. « Je reçus, dit le chevalier d'Éon, de milord Halifax, un petit billet ainsi conçu :

« Milord Halifax fait bien ses compliments à monsieur
« le chevalier d'Éon, et a l'honneur de lui faire savoir,
« qu'à cause de quelques affaires qui sont survenues,
« il sera plus de la convenance du roi de donner à mon-
« sieur d'Éon son audience demain mercredi que ven-
« dredi prochain.

« A Saint-James, le 25 octobre 1763. »

« Ce billet est une preuve que mon séjour à cette cour était un terrible fardeau sur les épaules et le cœur du comte de Guerchy. Ce poids lui paraissait dès lors si lourd, qu'il n'eut pas la patience d'attendre du *mardi* au *vendredi*. Il fait des vœux et des prières pour que mon audience soit avancée de deux jours et fixée au mercredi! Le ciel n'a pas exaucé ce vœu injuste et téméraire. Nous sommes dans le mois de février 1764, et je n'ai point encore pris mon audience de congé. Dieu seul sait quand je la prendrai ; suivant toute apparence, M. de Guerchy me donnera l'exemple. »

Retenu à Londres, et contraint par l'ordre secret de Louis XV de désobéir à l'ordre patent du roi, le chevalier d'Éon se trouvait dans une situation délicate et difficile. Ne pouvant dévoiler le motif de sa résistance, il chercha à la justifier, à l'aide de prétextes plausibles en apparence. Il s'empara de tous les incidents qu'il trouva sous sa main, et se retrancha dans toutes les chicanes et les fins de non-recevoir que son esprit inventif put déterrer. La première difficulté à laquelle il s'accrocha fut le genre de la signature apposée au bas de son ordre de rappel. « Mais c'est une signature *grillée*, lui dit le comte de Guerchy. — Eh bien, se se laissera *griller* qui voudra, répond le facétieux chevalier estocant, cette fois, du calembourg; mais moi, je ne me laisse pas *rôtir* si facilement! »

Député et institué par acte autographe du souverain, il ne se reconnait valablement rappelé et destitué que par acte de même forme, en vertu de ce principe de droit qui porte : *res eodem modo dissolvi debent quo fuerunt colligatæ*. Il déclare, en conséquence, vouloir attendre des ordres *ultérieurs*. « Il n'y eut que ce mot, ajoute-t-il, qui fut capable de faire reculer mon adversaire acharné; et sans cet adjectif masculin, qui tomba d'aplomb sur son esprit novice, et dont il fut tout étourdi, je courais risque d'être vaincu. »

Louis XV prêta secours à la défense du chevalier d'Éon. Afin de fournir des armes à sa résistance, le monarque lui fit écrire par le contrôleur général des finances, puis par le duc de Choiseul pour lui demander un nouveau travail *au nom du roi*, et le prier de continuer sa correspondance. C'était une autorisation implicite de séjour à Londres, et une façon détournée de contremander d'un côté ce qui était ordonné de l'autre. Enhardi par ce renfort que lui envoyait le roi contre sa propre armée, le chevalier d'Éon refusa de plus en plus de partir.

Désespérant de forcer dans ses retranchements un

ennemi plus habile que lui, le comte de Guerchy résolut de vaincre par la trahison celui qu'il ne pouvait vaincre par la persuasion. Aux menaces succédèrent des propositions de paix. Le chevalier d'Éon reparut dans les salons de l'hôtel de l'ambassade, et le vendredi 27 octobre il reprit sa place à la table de l'ambassadeur. C'était ce qu'attendait celui-ci pour l'exécution de son complot.

Le comte de Guerchy savait que le chevalier d'Éon buvait ordinairement, et de préférence à tous autres vins, du vin de Tonnerre, sa patrie.

Basant ses calculs sur le goût bien connu de son hôte, le comte de Guerchy fit introduire une certaine quantité d'opium dans une bouteille de bourgogne vieux, par son écuyer *Chazal*, lequel avait eu, même avant l'arrivée du comte de Guerchy, une discussion d'intérieur avec le chevalier d'Éon. Celui-ci, qui n'était endurant avec qui que ce fût, et beaucoup moins encore avec la haute ou basse livrée, redressa lestement et vertement le valet, dont l'insolence avait devancé et comme annoncé celle de son maître; le valet lui gardait rancune. Ce fut à cet homme que le comte de Guerchy confia la perpétration de son complot, aussi inhabilement conçu qu'imprudemment exécuté. L'opium fut mêlé au vin en trop forte ou trop faible dose, et l'effet produit se trouva, par cette cause, au delà ou en deçà du but. Averti par les premiers symptômes du mal, surpris soudain à l'épigastre par des douleurs cuisantes qui, suivant son expression, lui mirent le *ventre en feu*; tombé dans une sorte de somnolence, il conserva toutefois assez de présence d'esprit pour entrevoir le piége, et assez de force pour y échapper. Nous disons le *piége*, car sa première pensée n'alla pas plus loin. Il estima qu'on avait tenté de le plonger dans un sommeil profond, léthargique, à la faveur duquel on l'eût enlevé, lui et ses papiers, et porté sur la Tamise, où probablement un bâtiment l'attendait et l'eût conduit hors d'Angleterre, avant même qu'il eût reprit ses sens. Appréciation faite des documents et des choses, nous partageons ce sentiment primitif du chevalier d'Éon; mais quelque temps après, il changea d'opinion. La révélation inattendue d'un homme, que déjà nous avons vu jouer un rôle mystérieux dans cette histoire, vint modifier son jugement, en lui faisant soupçonner un crime. Nous apprécierons en son lieu cette révélation qui dut, en vertu de sa gravité même, agir profondément sur une tête exaspérée par tant d'indignes manœuvres, et obtenir une facile créance d'un cœur aigri par tant de mauvais traitements. Le chevalier d'Éon raconte ainsi lui-même le dîner du comte de Guerchy, et les divers incidents qui l'ont précédé et suivi, dans une dépêche qu'il envoya tout exprès à Paris par son ami *de La Rozière*, et intitulée :

NOTE SECRÈTE ET IMPORTANTE POUR L'AVOCAT (le roi)
ET SON SUBSTITUT (le comte de Broglie)

« Londres, le 18 novembre 1763.

« **M.** *de la Rozière* peut vous rendre compte de tous les tours, détours, prières, menaces, promesses, etc., que le comte de *Guerchy* m'a faits pour tâcher de découvrir le motif secret de ma conduite. Il vous instruira également de la façon dont j'ai éludé toutes ses questions, et le peu de cas que j'ai fait de ses promesses et menaces. Je ne crois pas qu'il soit possible de conduire les choses plus loin que je l'ai fait, ni que jamais ambassadeur, ni même aucun homme dans le monde ait été plus humilié et plus mystifié que le comte de Guerchy. Quant à ses menaces, je m'en suis moqué ; en parlant à sa personne, je lui ai dit que je l'attendais de pied ferme, et que quand il viendrait à la tête d'un second détachement aux gardes, je ne l'attaquerais point dans les rues, mais que s'il voulait entrer chez moi, il verrait comme je le recevrais à ma porte. Je n'ai chez moi que huit sabres turcs, quatre paires de pistolets et deux fusils turcs, le tout pour le peigner à la turque ; ma porte est étroite, et l'on ne peut y entrer qu'un à un. D'ailleurs je suis toujours ministre plénipotentiaire, puisque je n'ai pas pris mes audiences de congé ; et, si je veux, je ferai ici une défense politique pendant une année entière, avant que de les prendre : il ne s'agit que d'avoir un peu d'argent pour mon logement, ma nourriture, etc. La Rozière peut vous dire encore que je me suis fait dix-huit points d'appui ou redoutes politiques, qu'il faut emporter avant de me forcer à prendre congé. Il n'y a que moi et la Rozière, s'il s'en souvient, qui connaissions mes points de défense ; et dès la première attaque que le comte de Guerchy et milord Halifax ont voulu me faire, j'ai démasqué une première redoute, et ils ont eu le nez cassé.

« M. de Guerchy, le S... et le M... étant donc enragés de mon séjour à cette cour, où le roi, la reine et toute la famille royale me traitent toujours aussi bien qu'à l'ordinaire, et ne sachant à quel saint se vouer pour me forcer à la retraite, ont imaginé les ressources les plus noires de l'injustice et de l'iniquité.

« 1° Le *procureur* a dû mettre sous les yeux de l'*avocat* et de son *substitut* toutes les basses tracasseries que l'on m'a faites, pour les dépenses de la maison de Guerchy : je lui ai envoyé copie du tout ; s'il ne l'a pas montrée, ce n'est pas ma faute. 2° Comme on a appris apparemment que je ne donnais pas au général de Rosback, de la campagne de 1762, tous les éloges qu'il mérite, parce que j'aime mieux qu'un prince maréchal, ou maréchal prince, soit humilié que le roi mon maître et toute la nation française, on a envoyé ici (et il n'est pas difficile d'en deviner le principal auteur) plusieurs coquins et espions pour s'introduire chez moi, et pour espionner mes discours qu'on a beaucoup envenimés. A la tête de ces espions était le sieur de Vergy, dont mon mémoire imprimé vous mettra au fait ; et M. de la Rozière vous expliquera clairement les abominables complots dont Guerchy est l'indigne complice. 3° Le duc de Nivernais m'a écrit au mois de septembre dernier, que si je ne me prêtais pas à ce qu'on exigeait de moi, on me ruinerait en France. Il y a déjà très-longtemps qu'on me suscite dans mon pays des affaires auxquelles je n'aurais pas dû m'attendre, comme, par exemple, de me faire mille chicanes et procès pour m'empêcher de rentrer dans les biens de mon père, d'exciter des créanciers contre moi, de vouloir me faire mettre à la taille, tandis que je n'y ai jamais été mis, lors même que je n'étais pas au service du roi.

« 4° Le vendredi 28 octobre, le comte de *Guerchy* fut

dîner chez milord *Sandwich*, et je dînai ce jour-là à l'hôtel de France où il n'y avait que la comtesse de Guerchy, sa fille, M. de *Blosset*, le comte d'*Allonville* et M. Monin. Aussitôt après dîner, la comtesse sortit avec sa fille, pour aller faire des visites. Je restai avec ces messieurs qui se mirent à causer comme des pies borgnes. Peu de temps après, je me sentis incommodé et un grand assoupissement. Lorsque je sortis de l'hôtel, je trouvai une chaise à porteurs *que l'on m'offrit* ; je n'en voulus point. Je fus chez moi à pied, où je me mis à dormir malgré moi auprès du feu, dans un fauteuil. Je fus obligé de me coucher de bonne heure, parce que je me trouvai encore plus incommodé, comme si j'avais le feu dans le ventre ! Je me couchai, et moi qui suis toujours levé à six ou sept heures, j'étais encore endormi le lendemain *à midi*, lorsque M. de la Rozière vint m'éveiller à grands coups de pieds dans ma porte. Les suites m'ont fait découvrir que M. de Guerchy, qui a son chirurgien avec lui, a fait mettre au moins de *l'opium* dans mon vin, comptant qu'après dîner je tomberais dans un profond sommeil, que l'on me mettrait endormi dans une chaise à porteurs, et qu'au lieu de me porter chez moi, on me porterait sur la Tamise où vraisemblablement il y a un bateau ou un bâtiment prêt pour m'enlever. Depuis plus de quinze jours, je suis très-fort incommodé ; j'ai même à présent la tête et une partie du corps en feu, et une espèce de bile répandue. La Rozière peut vous certifier le fait.

« Le lendemain de la prise de mon breuvage, M. Monin vint me voir et dîner avec moi. Je lui parlai de mon incommodité ; il me dit qu'il avait ressenti presque le même mal, mais pas si violent. Quelques jours après, le comte de Guerchy vint me voir avant neuf heures du matin, avec ses deux aides de camp, tous deux en frac et l'embassadeur en redingote. Ils examinèrent beaucoup mon petit logement ; et comme il y avait dans une petite salle quatre gravures représentant le roi avec la la *peinture*, la *sculpture*, la *musique* et l'*architecture*, le tout *dédié à madame de Pompadour*, le chevalier d'Allonville commença par dire : « Ah ! monsieur le comte, voyez donc, des médaillons chez M. d'Éon dédiés à Mme de Pompadour ! » Je répondis : « Pourquoi pas ! Est-ce que vous croyez que Mme de Pompadour me fait peur ? Elle ne m'a jamais fait ni bien, ni mal ; je n'ai pas peur des belles dames. » Ensuite l'ambassadeur me demanda ce que j'avais ; je lui répondis avec une franchise bourguignonne : « Depuis que j'ai dîné le 28 chez Votre Excellence, je me trouve fort incommodé ; apparemment que vos marmitons n'ont pas soin de bien nettoyer leurs marmites et leurs casseroles. Voilà ce que c'est que d'avoir *un grand étalage* de maison : on est souvent empoisonné sans le savoir et le vouloir ! »

« J'ai tenu le même discours à tous ceux qui me sont venus voir, ainsi qu'à mon médecin et à mon chirurgien. Le comte de Guerchy répondit : « J'ai bien recommandé à mon maître d'hôtel d'avoir l'œil sur la cuisine ; ces messieurs se sont trouvés aussi incommodés, et pareillement M. Monin. » L'ambassadeur me dit ensuite : « Nous allons nous promener à Westminster (c'est une abbaye qui est *sur le bord de la Tamise !*) si vous n'aviez pas été incommodé, je vous aurais proposé de venir avec nous. » Quelque temps après, le chevalier d'Allonville me dit : « Monsieur d'Éon, vous n'allez plus à la comédie ? » Je répondis : « Non, puisque je suis malade. »

« La visite de si bon matin de l'ambassadeur en redingote, et de ses deux aides de camp en frac, les propos de ces messieurs, l'examen de mon appartement, les discours de M. de Blosset, qui répondit à mon portier lorsqu'il demanda qui c'était, à la porte : « Ouvrez, c'est le maître de la maison, etc., » tout cela m'annonçait quelque scène à laquelle j'étais bien préparé, parce que je suis toujours prêt. Heureusement une personne de mes amis, qui se trouvait dans ma chambre, déconcerta les projets militaires du grand général Guerchy; et ce qui le déconcerta encore plus, c'est que, sous prétexte de faire apporter des chaises, je montai vite chez mon cousin; je lui dis de se tenir alerte, sous les armes, et d'avertir également M. Boucher, mon secrétaire, et le portier de n'ouvrir la porte que lorsque je le lui dirais. Enfin l'ambassadeur voyant qu'il avait raté son coup, resta peu et partit.

« Deux jours après, mon domestique me dit le matin : « Monsieur, voilà le serrurier qui vient raccommoder la porte de votre chambre à laquelle il manque des vis. » Je sentis ce que cela voulait dire ; mais je ne dis rien. Je fis entrer le serrurier ; je fis semblant de travailler comme si de rien n'était, et ne perdis pas de vue ma porte. Le serrurier, qui travaille pour l'hôtel de Guerchy, fut chercher de l'huile pour huiler la serrure qui n'en avait pas besoin; la clé était en dedans de ma chambre, il la prit pour la mettre en dehors, et je lui vis prendre fort lestement l'empreinte de cette clé sur de la cire.

Je me possédai assez pour lui demander simplement combien il lui fallait pour sa peine.

« Toute cette manœuvre, jointe à toutes celles qu'on a employées pour séduire mes domestiques ; deux chaises à porteurs qui étaient toujours devant ma porte, sans que je les eusse demandées, etc., m'ont déterminé, dès le lendemain au soir, à emporter subito mes valises avec tous mes papiers, et à aller demander un asile à M. de la Rozière, mon parent (il l'est en effet du côté de M. Montbelliard). Le lendemain matin, mon déménagement s'est fait ; et qui est-ce qui a été étonné ? c'est le comte de Guerchy et toute sa clique !

« L'ambassadeur fut si furieux qu'il m'écrivit le lendemain de venir lui rendre mes comptes. Je ne fis aucune réponse à sa lettre. Je fus au lever du roi où il vint, et lorsque Sa Majesté fut retirée, je dis au comte de Guerchy : « Je n'ai pas répondu, monsieur, à la lettre
« que vous m'avez fait l'honneur de m'écrire ce matin,
« parce que je me suis levé tard. A l'égard des comptes
« que vous m'avez demandés, vous les avez tous jus-
« qu'à la fin de septembre, et je n'ai été dans le cas de
« payer que jusqu'à cette époque. » Et j'ai ajouté :
« D'ailleurs, je suis charmé que vous me fournissiez
« cette occasion, monsieur l'ambassadeur, de vous dé-
« clarer que je n'ai jamais été votre intendant, et ne le
« serai jamais. Je ne suis ni fait, ni né pour cela. Au
« surplus, si j'ai des comptes à rendre, je les rendrai à
« ma cour lorsqu'elle me les demandera. Le ministre
« plénipotentiaire de France a vécu aux dépens du roi,
« tout comme l'ambassadeur y vit, etc., etc. »

« Jamais homme n'est resté plus décontenancé et

plus penaud. Il voulut cependant parler un instant après, et commença sa phrase par : « Mais attendez, « monsieur d'Éon... » Je lui fis une profonde révérence et lui dis : « J'ai l'honneur de prendre congé de Votre Excellence. » Je ne l'ai pas revu depuis ce moment.

« Depuis que je loge chez M. de la Rozière, il est venu encore des porteurs de chaises se planter à ma porte; mais à la fin je les ai chassés ainsi que tous mes anciens domestiques. Je me sers de ceux de la maison, et j'ai pris seulement pour moi deux domestiques dont l'un est Suisse et l'autre Français, et je mets leur fidélité à l'épreuve, car on ne connaît les hommes qu'à l'usée ! »

A cette *note* était jointe une lettre spéciale pour Louis XV, reproduisant en duplicata un abrégé des événements ci-dessus, et que le chevalier d'Éon termine en disant au roi qu'il a pour serviteurs de véritables ministres *Cartouchiens* !

Le roi rit beaucoup de l'épithète qui assimilait ses ministres à une bande de voleurs.

Quand il eut ainsi échoué dans son complot, le comte de Guerchy prévit bien que le chevalier d'Éon allait ébruiter l'aventure, et publier partout la coupable tentative faite contre sa personne. Tremblant à la seule pensée de ce scandale, et redoutant la vengeance de son ennemi, qu'il savait impitoyable en ses représailles, le pauvre ambassadeur s'ingénia aussitôt à parer le coup qui le menaçait.

Il écrivit à son ami Praslin pour implorer l'appui de ses conseils, et lui demander de nouvelles instructions. Irrité par tant d'obstacles imprévus, le ministre se décida à aller droit au but et à s'emparer par force de celui qu'il ne pouvait prendre par surprise. En conséquence, il expédia au comte de Guerchy une demi-douzaine d'exempts, choisis parmi les estafiers de M. de Sartines ; le tout accompagné d'une demande formelle d'extradition, adressée au roi d'Angleterre par le roi de France, mais signée comme l'acte de rappel à *griffe*, à *patte* ou à *grille*. Le courrier qui porta la dépêche du ministre fut, cette fois encore, précédé par un autre courrier de Louis XV, chargé de remettre les deux billets ci-dessous au comte de Guerchy et au chevalier d'Éon.

AU COMTE DE GUERCHY [1]

« Monsieur le comte,

« Monsieur le duc de Praslin vous transmet aujourd'hui une demande d'extradition, adressée par nous aux ministres de notre frère Sa Majesté le roi de la Grande-Bretagne, relativement à la personne du sieur d'Éon de Beaumont. Si, comme nous le pensons, Sa Majesté britannique fait droit à cette demande, ce nous sera une chose particulièrement agréable que vous conserviez par devers vous les différents papiers que vous pourrez trouver chez le sieur d'Éon, sans les communiquer à personne. Nous désirons qu'ils soient tenus secrets pour tout le monde, sans aucune exception, et que lesdits papiers, préalablement et soigneusement cachetés, demeurent entre vos mains jusqu'à votre prochain voyage annuel, que vous les remettrez à notre personne directement.

---

1. Archives des affaires étrangères.

« Il nous est revenu que le sieur Monin, votre secrétaire, avait quelque connaissance du lieu où ces papiers pouvaient avoir été déposés par le chevalier d'Éon. S'il est vrai que le sieur Monin possède quelques notions à cet égard, nous vous prions de nous le faire savoir, après lui avoir communiqué cette lettre de notre main. Le faisant, vous nous agréerez spécialement.

« *Signé* : LOUIS. »

AU CHEVALIER D'ÉON

« Fontainebleau, le 4 novembre 1763 [1].

« Je vous préviens qu'une demande d'extradition, concernant votre personne et signée de ma griffe, a été adressée cejourd'hui à Guerchy, pour être transmise par lui aux ministres de Sa Majesté britannique, ladite demande accompagnée d'exempts pour prêter main-forte à son exécution.

« Si vous ne pouvez vous sauver, sauvez du moins vos papiers, et défiez-vous du sieur Monin, secrétaire de Guerchy et votre ami. Il vous trahit.

« *Signé* : LOUIS. »

En même temps et à la même heure, Louis XV écrivit à M. Tercier, son confident :

« Fontainebleau, 4 novembre 1763 [2].

« Je prends le parti d'écrire à Guerchy, et je lui ordonne le secret pour tout le monde, *sans vous excepter*.

---

1. Archives des affaires étrangères.
2. Archives des affaires étrangères.

Je lui mande de garder tous les papiers chez lui, cachetés, jusqu'à ce qu'il revienne à Paris, pour le petit voyage qu'il se propose de faire tous les ans.

« *Signé* : Louis. »

Par cette double manœuvre, Louis XV parait à tous les événements, et se prémunissait d'un côté contre l'attaque et de l'autre contre la défaite.

Aussitôt qu'il fut prévenu de la conspiration formée contre lui, le chevalier d'Éon prit différentes mesures. La première fut de mettre à l'abri d'un coup de main ses papiers, dont une partie, la plus précieuse, fut enfouie, et l'autre confiée à son parent et ami *Carlet de la Rozière*, que, par une idée assez bizarre, il fit partir aussitôt pour la France. De cette façon, il était sûr que les exempts qui allaient arriver à Londres ne le saisiraient pas. Cette espèce de jeu de barres une fois organisée, et toutes précautions prises, il convoqua ses parents, amis et domestiques, et s'en composa une véritable garde, prête à recevoir et à traiter rigoureusement les alguazils de la police parisienne, quand ils se présenteraient.

Mais la cour de Saint-James rejeta la demande d'extradition présentée par M. le comte de Guerchy, et refusa de prêter la main à son expédition. Profondément découragé, le comte se décida à proposer une capitulation à son adversaire. Mais telle est la terreur qu'inspire l'invincible dragon, qu'à son seul aspect le parlementaire, envoyé par l'ambassadeur, est pris d'une véritable panique, et s'enfuit avant d'avoir entendu la réponse à la demande qu'il est venu présenter. Le chevalier d'Éon répondit donc lui-même en ces termes au comte de Guerchy :

LE CHEVALIER D'ÉON AU COMTE DE GUERCHY

« Londres, le 1ᵉʳ décembre 1763, à 4 heures du matin.

« Monsieur,

« M. Prémarets, votre envoyé, s'est enfui hier au soir si vite de chez moi, qu'il ne m'a pas donné le temps d'achever la lecture de la lettre de Votre Excellence, qu'il m'avait apportée, ni celui de parler. Je lui ai cependant proposé de se mettre à table, et de boire avec nous de mon vin de Tonnerre; mais une fausse peur s'est emparée de tous ses membres, et il a voulu s'enfuir absolument. Quoique dragon, je ne suis pourtant pas si diable que l'on veut me faire noir, et si Votre Excellence pouvait lire dans mon cœur, elle verrait que j'ai la conscience très-pure et très-blanche, quelque extraordinaire que puisse lui paraître ma conduite ; elle y lirait tous mes anciens sentiments d'amour et de respect pour votre ami, M. le duc de Praslin, et verrait que je ne suis pas aussi fou que vous voulez bien le faire accroire et le publier.

« Pour ce qui regarde les papiers du roi, que vous me demandez, Monsieur, c'est en vérité, le cœur serré de douleur, que je suis forcé de dire à Votre Excellence, que je ne puis avoir l'honneur de les lui remettre sans un ordre *exprès* du roi, et je vous prie d'en faire part à ma cour. Si vous avez cet ordre en bonne forme, ayez la bonté de me l'envoyer par mon ami, M. *Monin;* il me connaît depuis longtemps, et il doit savoir qu'à l'ordre de mon maître, non-seulement je saurai obéir, mais me faire tuer, s'il le faut. J'estime ma vie quatre sous, et ces quatre sous, je les donne aux pauvres. Si, pendant le peu de temps qu'il faut à Votre Excellence pour avoir l'ordre du roi, elle a besoin, pour son service de quelques papiers, je lui en donnerai des expéditions, et tous les éclaircissements qui pourront dépendre de moi.

« Ne précipitez pas, Monsieur, votre jugement, et ne me condamnez pas encore, *l'avenir pourra mieux vous instruire*. Je vous réitère ma prière d'être bien persuadé que je n'ai jamais eu envie de manquer à M. le duc de Praslin, ni à Votre Excellence ; mais souvenez-vous que je suis très-déterminé à le faire, si vous persistez toujours à vouloir me forcer jusque dans les retranchements de mon devoir, de l'honneur, de l'équité et de la liberté. Souvenez-vous aussi que saint Pierre, dormant sur le mont des Olives, reçut ce reproche de son maître : *Spiritus quidem promptus est, caro verò infirma*. Ainsi donc, je vous prie, Monsieur le comte, de me laisser dormir tranquille dans la plaine de Londres, où j'attendrai de pied ferme les espions que l'on a fait venir contre moi.

« J'ai l'honneur d'être, etc. »

Le pauvre comte de Guerchy, battu sur tous les points, se décida à annoncer au roi ce nouvel échec.

LETTRE DE M. DE GUERCHY A LOUIS XV

« Londres, le 6 décembre 1763 [1].

« Sire,

« J'attendais toujours pour répondre à la lettre dont il a plu à Votre Majesté de m'honorer, datée de Fontainebleau, 4 novembre, que j'eusse pu exécuter ses ordres; mais *quelques moyens différents que j'aie employés pour y parvenir*, cela m'a été absolument impraticable. Votre Majesté aura vu par ma dépêche les obstacles qui s'opposent à ce que je me rende maître des papiers de d'Éon, qui refuse constamment de me les remettre, malgré l'ordre qu'il en a reçu de M. de Praslin, de la part de Votre Majesté.

« C'est là un des points de *sa folie*, qui cependant n'existe pas sur tous les autres généralement. Elle aura été également informée que la cour de Londres m'a refusé main-forte à ce sujet, en me répondant que c'était contre les lois du pays. Le roi d'Angleterre et ses ministres ont cependant la plus grande envie d'être débarrassés de ce personnage-là. Il n'a pas dépendu de moi non plus de *m'en saisir par moi-même, ainsi que de sa personne, par force ou par adresse*, parce qu'il ne loge pas dans ma maison, et qu'il n'y est pas venu depuis qu'il pousse les choses au point où il les a poussées jusqu'à ce moment.

« J'ai communiqué à Monin les ordres de Votre Ma-

---

[1]. Archives des affaires étrangères.

jesté, ainsi qu'elle me l'a prescrit; il m'a dit qu'il avait tout lieu de croire, d'après les différentes questions qu'il a faites à d'Éon, sur cet objet, qu'il n'avait apporté à Londres aucun des papiers qui regardent personnellement Votre Majesté, et qu'il croit plus vraisemblable qu'il les avait laissés à Paris.

« Je joins ici une note de Monin, qu'il a désiré de faire passer à Votre Majesté, où, sans doute, il lui donne les éclaircissements qu'il a pu se procurer à cet égard. Je ne parlerai, ni n'écrirai à personne quelconque, Sire, des ordres que j'ai reçus de Votre Majesté, ainsi qu'elle me l'ordonne. J'ai cru devoir lui faire remettre ma lettre par M. Le Bel.

« Je suis bien peiné, Sire, de n'avoir pu en cette occasion donner à Votre Majesté, comme je l'aurais désiré, des preuves du zèle ardent que j'aurai toute ma vie... »

NOTE DE M. MONIN

« En conséquence des ordres de Sa Majesté, signifiés à Monin, il a redoublé ses soins pour parvenir aux moyens d'avoir les papiers dont Elle désire personnellement le recouvrement. Les lueurs d'espérance qu'il a quelquefois conçues, et que semblait autoriser un air de confiance et d'épanchement de cœur de la part de M. d'Éon, se sont évanouies, et les moyens *de toute espèce* employés par M. l'ambassadeur sont demeurés infructueux. Monin s'est retranché à tâcher de pénétrer en quels lieux les papiers pouvaient être ou déposés ou recelés. M. d'Éon lui a fait l'aveu qu'il en avait mis en dépôt en différents endroits, sans les lui indiquer. Mais

ce que Monin sait avec certitude, c'est qu'avant que
M. de Guerchy se disposât à partir pour l'Angleterre,
M. d'Éon a déposé une caisse de papiers chez M. Tercier, où lui, Monin, l'a vue, et que, dès qu'il a su la
décision du rappel de M. d'Éon, il a cru devoir, en sujet fidèle et zélé, conseiller à M. Tercier de demander à
Sa Majesté ses ordres sur les dispositions et secrets de
cette caisse. Il ne doute pas que M. Tercier, qui a jugé
l'avis convenable et important, n'ait agi en conséquence;
cette partie du secret de Sa Majesté doit par là être dans
ses mains. »

En recevant cette dépêche, Louis XV, qui savait
l'arrivée à Paris de *La Rozière*, l'ami du chevalier d'Éon, écrivit le petit billet ci-dessous à M. Tercier,
qui l'a accolé de sa main aux pièces précédentes, sur le
registre des *archives des affaires étrangères*.

BILLET DU ROI A M. TERCIER

« Ce 12 décembre 1763.

« J'ai enfin reçu des nouvelles du comte de Guerchy!
avec un billet de Monin qui y était joint, que je vous
envoie, ainsi que les lettres du général *Mones*. Prenez
garde au sieur de La Rozière, ou pour mieux dire, à
ses papiers, car l'on sait qu'il est ici, et si l'on faisait
une visite chez lui, l'on pourrait tout découvrir!!...
« Louis. »

Existe-t-il, sur le règne de Louis XV et sur les tripotages de son gouvernement et de sa cour, des documents historiques plus caractéristiques, plus parlants, que les pièces authentiques que nous venons de faire passer sous les yeux du lecteur? La pensée s'arrête en présence de pareils faits; on relit avec stupéfaction cette comédie politique, qu'on pourrait appeler *ruse contre ruse*, espèce de pièce à cache-cache, où roi, ministres et maîtresses ont chacun leur rôle, et s'en vont se dupant et se jouant les uns les autres!

Exaspérée par les obstacles et par la conviction de son impuissance même, l'inimitié de la Pompadour et du duc de Praslin n'eut plus de bornes. La persécution la plus furieuse et la plus brutale fut dirigée contre le chevalier d'Éon et ce qui l'entourait; car elle ne s'arrêta pas à lui : dans son emportement aveugle, elle alla frapper ses parents, ses amis et même de simples serviteurs.

Le chevalier d'Éon fut déclaré traître et rebelle à l'État, coupable de lèse-majesté, déchu de ses grades et privé de ses appointements, dont une grande partie, qui lui était due, fut confisquée. Soumis au rôle de résignation muette, que lui avait imposé Louis XV, il supporta toutes ces persécutions sans que son secret lui échappât. Victime volontaire d'une obéissance occulte, sans éclat, et d'un dévouement sans exemple, peut-être, aux ordres de son roi, il se vit accusé, condamné et abandonné de ses amis mêmes, sans dire tout bas à l'oreille d'aucun d'eux le mot d'ordre dont il s'était fait l'esclave. Nul, en effet, ne comprenait cette résistance opiniâtre, que les plus indulgents taxaient d'entêtement aveugle, et les moins bienveillants de trahison.

Sa mère elle-même douta de lui. Il lui répondit de Londres, le 30 décembre 1763 :

« J'ai reçu, ma chère mère, toutes les lettres lamentables et pitoyables que vous avez pris la peine de m'écrire. Pourquoi pleurez-vous, *femme de peu de foi?* comme il est dit dans l'Écriture. Souvenez-vous que Notre-Seigneur, dans le fameux temple de Jérusalem, dit à sa mère : *Femme, qu'y a-t-il de commun entre vous et moi?* Cependant la mère était plus vieille que le fils. Comme ce mot *femme* a fait rire les scribes et les pharisiens et a choqué tous les docteurs de la nouvelle loi, même ceux de Sorbonne! Je vous dirai plus tendrement : Ma mère, qu'y a-t-il de commun entre vos affaires tonnerroises et mes affaires politiques à Londres? Plantez donc vos choux tranquillement, faites arracher les herbes de votre jardin, mangez les fruits de votre potager, buvez le lait de vos vaches et le vin de vos vignes, et laissez-moi tranquille avec les sots discours de Paris et de Versailles; séchez vos pleurs qui me désolent sans me consoler. Mais je n'ai pas besoin de consolation, puisque je ne suis nullement triste, et que mon cœur *joue du violon* ainsi que de la basse, comme je vous l'ai déjà écrit, attendu que *je fais mon devoir*, et que mes adversaires, qui se disent de grands seigneurs, ne font pas le leur... Qu'ils fassent donc comme ils voudront, je ferai comme je l'entendrai, et je l'entendrai bien. Je ne crains ni de loin ni de près les foudres de ces petits Jupiters. Voilà tout ce que je puis vous dire; restez tranquille comme je le suis, et si vous venez à Londres me voir, j'en serai charmé, parce que je vous garderai avec les dépêches de la cour. M. le comte de Guerchy n'aura celles-ci qu'à bonnes enseignes, étendard déployé, mèche allumée, balle en bouche et tambour battant. Il n'aura pas même les enveloppes des lettres, je vous le jure sur mes grands dieux, à moins qu'il ne m'apporte un ordre du roi mon maître et le sien, en bonne forme; ce *qu'il n'a pu faire jusqu'à présent.*

« Ne croyez pas que je sois fou, parce qu'on l'a écrit à Paris. Je vous promets que les actions de ma prétendue folie seraient des actes de sagesse pour certains ambassadeurs. Je suis et je serai bon *serviteur du roi...*

« Ceux qui vous diront que votre fils est un *animal sauvage élevé dans les forêts de la Bourgogne* ou de la Champagne, ainsi que l'a déjà dit M. de Guerchy, répondez-leur avec moi et mon ami Jean-Jacques, que la nature traite tous les animaux abandonnés à ses soins avec une prédilection qui semble montrer combien elle est jalouse de ce droit. Le cheval, le chat, le taureau et l'âne même, quand ils deviendraient ambassadeurs, ont la plupart une taille plus haute, ont une constitution plus robuste, plus de vigueur, de force, de courage dans les forêts que dans nos maisons; ils perdent la moitié de ces avantages en devenant domestiques, et l'on dirait que tous nos soins à bien traiter et nourrir ces animaux n'aboutissent qu'à les abâtardir. Il en est ainsi de l'homme même : en devenant social et esclave des grands ou des singes de la grandeur, il devient faible, craintif, rampant, et sa manière de vivre, folle et efféminée, achève d'énerver sa force et son courage. . . . .

« Occupez-vous surtout, chère mère, à arranger vos

affaires en Bourgogne. Je serai peu attaché à Tonnerre, si ses habitants s'avisent d'avoir peu d'attachement pour moi, et pour la mémoire de mon père, de mon grand-père, etc... Je ferai encore comme Notre-Seigneur, *je secouerai à leur porte la poussière de mes pieds,* je me choisirai une meilleure patrie, et *ils s'en repentiront un jour !* mais il ne sera plus temps. . . . .

« Je finis, ma bonne mère, en vous disant que si vous voulez faire pour le mieux, vous resterez tranquille dans votre charmante solitude à la porte de Tonnerre, et vous ne retournerez à Paris qu'autant que la cour *vous paiera vos courses mieux qu'à moi,* et songez que, soit que les hommes ou les femmes vous louent ou vous blâment, vous n'en serez ni meilleure ni plus mauvaise. *La gloire des bons est dans leur conscience, et non dans la bouche des hommes.*

« Embrassez pour moi tous mes parents et amis, surtout Mme la comtesse de Candale et toute sa maison, que j'aimerai plus que tout Tonnerre ensemble, si l'esprit de cabale, qui règne de tout temps dans cette petite ville, se fait sentir à mon égard. Un beau jour ils feront vendange, et j'irai *baptiser* leur vin pétulant. Mais c'est en vain qu'on prêcherait cette morale à ses habitants ; ils ressembleront toujours aux pierres à fusil qui se trouvent dans leurs vignes, et qui, plus on les bat, plus elles font feu.

« Je vous embrasse bien tendrement. Attendez l'avenir ; vous devez savoir que je ne suis pas embarrassé de mon existence. Laissez passer la petite tempête ; le vent impétueux qu'il fait en ce moment n'est qu'une pétarade, et si vous continuez à pleurer, je serai obligé de vous envoyer des mouchoirs de la Compagnie des Indes anglaises. Allons, riez comme moi ; vous ne seriez plus ma mère, si vous n'êtes pas la femme forte dont parle Salomon, et que, par parenthèse, je n'ai trouvée nulle part...

« Je me porte si bien que je compte enterrer tous mes ennemis morts ou vifs. Soyez tranquille : ces ennemis-là sont doux comme des moutons, ils sont plus méchants que dangereux. »

Cette assurance rieuse et goguenarde, cette sérénité badine et folle s'évanouiront plus tard, et feront place au découragement et à la plainte. Le chevalier d'Éon était comme ces joueurs qui rient de leur première perte, parce qu'ils comptent sur leur revanche ; il jouait avec le présent, parce qu'il croyait l'avenir de son côté. Mais, comme le présent, l'avenir devait lui faire faute...

CHAPITRE XI

La guerre continue entre le comte de Guerchy et le chevalier d'Éon. — Projet d'assassinat révélé par Treyssac de Vergy. — Le comte de Guerchy est mis en accusation par les grands jurés de Londres. — Il quitte l'Angleterre et meurt de chagrin.

Les événements survenus entre le chevalier d'Éon et le comte de Guerchy avaient eu un tel retentissement au dehors, que l'ambassadeur de France sentit le besoin de publier une sorte de justification, dont il chargea un nommé Gondard, travaillant plutôt *pro fame* que *pro famâ*, dit le chevalier d'Éon, et le sieur Treyssac de Vergy, qui avait déjà joué un si triste rôle. Ces deux écrivains à gages cherchèrent à jeter du ridicule sur leur adversaire, en assurant qu'il était hermaphrodite. Le chevalier d'Éon répondit à leur libelle par une *note* qui provoqua une *contre-note* de M. de Guerchy.

« Brûlant de venger mon honneur indignement attaqué, dit le chevalier d'Éon, j'avais écrit au roi, à ses confidents secrets, et j'espérais en recevoir des ordres que je ne voulais pas rendre inutiles par une conduite trop précipitée. . . . .

« Qu'on me connaisse et que l'on juge quel fut mon embarras, lorsqu'en date du 27 décembre 1763, je reçus de M. Tercier la lettre qui suit :

« Versailles, le 27 décembre 1763.

« Vos ennemis sont devenus tout-puissants ; bien loin de diminuer, leur empire a augmenté sur l'esprit de Sa Majesté, qu'ils dominent entièrement. Vous n'ignorez pas que Mme de Pompadour est la source de tous vos maux. Vous et M. le comte de Broglie êtes perdus, si vous ne vous servez de tout le courage et de toute la prudence que le Ciel vous a donnés, pour ne laisser ni compromettre, ni prendre votre personne, ni enlever vos papiers. Vous et M. le comte de Broglie n'avez qu'à compter, mais en secret, sur le roi qui ne peut vous abandonner, mais dont la politique, malgré tout l'attachement qu'il vous porte, vous sacrifierait entièrement, peut-être, à sa maîtresse et à ses ministres.

« Comptez sur mon dévouement inaltérable,

« TERCIER. »

« Voilà le langage d'un de ceux dans les paroles desquels Sa Majesté veut que je voie des oracles ! Je le pèse avec le respect dû au trône. Le salut de la correspondance du roi, celui de M. le comte de Broglie et le mien propre, sont remis entre mes mains ; on les confie à *ma prudence* et à *mon courage*. En secret mon roi me soutiendra, si j'échappe aux mains de ses ministres qui lui arracheront, quoiqu'à regret, le sacrifice de ma personne ! Quel état plus violent ! N'importe, mon parti est pris. Mes ennemis m'appellent dans l'arène ; je m'élancerai sur eux et les écraserai, si je le puis ; mais je ne combattrai qu'avec mes propres armes et je n'exposerai pas mon souverain.

« On m'a recommandé courage et prudence. Je réponds à la contre-note du comte de Guerchy par la publication de mes *Lettres et Mémoires*. Je m'y venge sur tous les points qu'on m'imputait et j'accable mon adversaire : voilà pour le courage. Mes chefs, mes parents, mes protecteurs, mes amis, y parlent seuls en ma faveur par leurs lettres et les miennes, et si les turpitudes et les ridicules de mon adversaire sont révélés, il n'en doit la découverte qu'à la pure et simple publication des lettres de ses amis et des siennes propres : voilà pour la prudence !...»

Cette publication du chevalier d'Éon causa un scandale inouï dans le monde diplomatique. Le comte de Guerchy y répondit par un procès en *libelle*.

Le chevalier d'Éon fut d'autant moins effrayé de ce procès que le courrier de France venait de lui apporter la nouvelle de la mort de Mme de Pompadour et de la rentrée en faveur du comte de Broglie.

En apprenant cette double révolution, qui faisait, pour lui, disparaître une ennemie et reparaître un ami, le chevalier crut que l'heure de la justice et de la réparation allait enfin sonner.

Vaine espérance !

Par une de ces demi-résolutions dont nous avons déjà vu plus d'un exemple, et qui étaient la mesure exacte de son caractère toujours flottant entre les difficultés, Louis XV, en rappelant le comte de Broglie, adversaire de la défunte marquise, avait maintenu au pouvoir le duc de Praslin et ses confrères, créatures de la Pompadour, ses partisans et ses complices. Tout le courage du monarque avait consisté à remettre les ennemis en présence, sans oser se prononcer ouvertement ni pour les uns ni pour les autres. La lutte recommença donc, plus acharnée que jamais, entre les ministres du cabinet particulier et ceux de la chambre du conseil.

A peine le nom du chevalier d'Éon avait-il été prononcé par le comte de Broglie, qu'un cri de réprobation s'était élevé dans le palais. Le duc de Praslin déclara que la cause du comte de Guerchy était devenue la sienne propre et celle de tout le conseil, qui se regardait comme outragé dans la personne de l'ambassadeur, et se retirerait sans exception, si ce dernier n'obtenait pas pleine et entière raison de son antagoniste. Un seul homme eût été favorable peut-être au chevalier d'Éon, c'était le duc de Choiseul, premier ministre ; mais, plus que tout autre, il redoutait l'occulte influence du comte de Broglie qui, dès l'abord, s'était déclaré contre lui ; et comme le duc vit dans le chevalier d'Éon un lieutenant avoué de son rival, il ne voulut point augmenter les forces de ce dernier, et demeura neutre dans la discussion qui décida du sort du proscrit.

Nouvellement remonté au faîte du pouvoir où ses pieds étaient mal affermis, le comte de Broglie ne crut pas devoir faire tête à l'orage déchaîné contre un absent, et l'abandonna. Cette manœuvre égoïste ne réussit pas au noble comte : il fut une seconde fois sacrifié sur l'autel du puissant duc de Choiseul, comme il l'avait été une première fois sur l'autel de la favorite. *Fais ce que dois, advienne que pourra*, cette devise du probe est souvent celle du sage ; en politique comme en morale, honneur est presque toujours prudence.

Quant à Louis XV, il devait trop au chevalier d'Éon pour qu'il osât s'acquitter envers ce serviteur. La somme des inimitiés que sa fidélité avait bravées à cause de lui était si forte, que sa réhabilitation entraînait la condamnation de trop de personnes. Le souverain recula devant l'étendue de la réparation ; l'abandon d'un innocent parut moins lourd à sa conscience que l'éloignement de dix coupables. Ainsi la grandeur du dévouement fit celle de l'ingratitude ! Les rois sont de mauvais débiteurs, auxquels il faut modérément prêter, afin de leur épargner la tentation de ne pas rendre.

Lorsque le chevalier d'Éon se vit ainsi délaissé de tout le monde, il tomba dans un profond abattement, dont les deux lettres qui suivent furent la conséquence.

LE CHEVALIER D'ÉON AU DUC DE NIVERNAIS

« Londres, le 15 février 1764.

« Monsieur le duc,

« C'est à vous-même que j'ai l'honneur d'adresser la lettre ci-jointe à cachet volant, que j'écris, les larmes aux yeux, à M. le duc de Choiseul. Toute ma confiance est dans votre tendre amitié pour moi, et toute ma crainte dans la faiblesse de votre cœur pour vos amis de trente ans.

« Si la puissance de mes ennemis est si forte qu'il vous soit impossible de rompre la chaine de l'erreur, du mensonge et de l'iniquité, la seule grâce que je vous demande aujourd'hui, ainsi qu'à M. le duc de Choiseul, c'est de m'envoyer une permission du roi, qui me donne la liberté, ainsi qu'à deux de mes cousins, de nous choisir une patrie et de nous attacher au service d'une puissance étrangère. C'est avec un cœur plongé dans l'amertume de la douleur la plus vive, que nous sommes forcés à cette extrémité. Personne ne désirait plus que nous de répandre jusqu'à la dernière goutte de notre sang pour le service du roi, que nous adorons, et d'une patrie que nous chérissons. Nous avons fait nos preuves en plus d'une occasion, et nous serions trop heureux de nous y trouver encore ; mais puisque, dans notre chère patrie, les désordres et les abus sont changés en lois, que les cœurs y sont corrompus par l'avilissement des âmes, et que les ressorts de l'État sont relâchés par la mollesse, la volupté et la satiété des richesses ; puisque, dans ce temps malheureux, l'image auguste de la vertu ne paraît plus qu'un fantôme menaçant, et que celui qui ose la louer et la pratiquer est traité comme l'ennemi de sa patrie ; puisqu'enfin mon zèle, mes services et mon désintéressement sont des crimes pour moi dans mon pays, il faut que je cherche, malgré moi, un pays où j'aurai la liberté d'être impunément un citoyen vertueux. Ce pays est tout trouvé pour moi, monsieur le duc, vous le connaissez et je ne vous le dissimulerai pas : dans la position où des ennemis grands et injustes m'ont réduit, il n'y a plus de milieu possible pour moi. *Aut cæsar, aut nihil.*

« Lorsqu'on apprendra en France à ne pas confondre l'or avec l'honneur, la nation commencera à soupçonner que la pauvreté honnête peut avoir un prix, et que la fortune accorde un nouvel avantage pour devenir grand, à celui qu'elle fait naître pauvre. . . . .

« C'est ainsi, monsieur le duc, qu'en arrosant des larmes de mon amertume votre tête couronnée de tant de lauriers, je vous envoie mon testament politique contre un peuple que j'aime à la rage malgré ses défauts. Aussi est-ce avec douleur que je serai forcé de lui crier : *Ingrata patria, non habebis ossa !* Je finirai par ce passage remarquable du testament de Bacon : *Mes concitoyens ne me connaîtront qu'après ma mort !*

« Je suis avec respect, monsieur le duc,

« Votre très-humble et très-obéissant serviteur,

« Le chevalier D'ÉON. »

LE CHEVALIER D'ÉON A M. LE DUC DE CHOISEUL

« Londres, 15 février 1764.

« Monsieur le duc,

« J'ai eu l'honneur de vous instruire, dès la fin d'octobre dernier, de l'injuste guerre que M. le comte de Guerchy m'a déclarée. Je sais que vous en avez gémi ; la lettre dont vous m'avez honoré le 14 novembre en est une preuve bien authentique. Mais votre cousinage avec M. le duc de Praslin et des raisons particulières vous auront sans doute empêché de me faire rendre la justice qui m'est due et qui est dans votre cœur.

« Je sais, monsieur le duc, les obstacles de cour qui vous retiennent, et qui rendent muette aujourd'hui toute votre ancienne bienveillance pour moi. J'en conserverai néanmoins, toute la vie, la plus parfaite reconnaissance, et c'est cette même reconnaissance qui m'a retenu jusqu'à présent dans les bornes de la modération, de la patience, et de l'espérance d'une décision sur ma position présente… Mon attente a été trompée ; et, forcé par la somme des injustices révoltantes que j'éprouve, par la suppression de ma pension sur le trésor royal, et par la multitude d'ennemis que mon zèle, aveugle sans doute pour la patrie, ou que des envieux et des traîtres à cette même patrie ont soulevés contre moi ; forcé, dis-je, par des circonstances aussi violentes, je me trouve dans l'accablante nécessité de vous supplier de me faire la triste grâce de m'envoyer une permission du roi, pour moi et deux de mes cousins, afin de passer au service d'une puissance étrangère.

« C'est en vérité, monsieur le duc, avec un cœur brisé de douleur que nous quittons le service d'un si bon maître, pour lequel nous déclarons et protestons, devant Dieu et les hommes, que nous désirons, avec la plus grande sincérité de cœur, répandre jusqu'à la dernière goutte de notre sang ; mais il ne nous est plus permis que de former des vœux pour son bonheur et celui de son peuple.

« Je suis, avec le plus profond respect, etc.,

« Le chevalier D'ÉON. »

Il écrivit de même à M. Tercier. Mais point de réponse ; au comte de Broglie, au roi ; point de réponse.

Poussé à bout, exaspéré par cette conspiration du silence, au sein de laquelle il se débattait vainement, il envoya à Paris les dépêches suivantes, espèces d'*ultimatum*, empreintes du désespoir et de l'indignation légitime qui dévoraient son âme.

I

POUR LE PROCUREUR (M. TERCIER)

« Londres, le 23 mars 1764.

« Monsieur,

« Quoique le rappel de M. le maréchal et de M. le comte de Broglie doive être aussi utile et aussi nécessaire au service du roi que favorable à la justice, à la décision de mon affaire, je ne puis cependant vous dissimuler, monsieur, tout mon étonnement sur votre silence absolu, ainsi que sur celui de M. le comte de Broglie, dans la position cruelle où m'a plongé la méchanceté, pour ne rien dire de plus, du comte de Guerchy, et son inimitié particulière contre la maison de Broglie, qui est la véritable origine de mes malheurs.

« Votre silence et ma position sont tels, que je renvoie M. Nardin à Paris, auprès de son ami La Rozière; il lui rapportera de vive voix tout ce qui s'est passé ici depuis son départ; et celui-ci vous remettra cette lettre pour vous prier instamment de me faire une réponse catégorique sur l'espérance ou la non-espérance que je dois avoir, afin qu'en conséquence, je prenne mon parti. Il est bien triste, après m'être sacrifié d'aussi bonne grâce que je l'ai fait pour l'utilité et la dignité du service du roi, d'en venir à de pareilles explications, ou plutôt à de telles extrémités. *Vous sentez toute la force de ce que je veux dire !* Je n'abandonnerai jamais le roi, ni ma patrie le premier ; mais, si, par malheur, le roi et ma patrie jugent à propos de me sacrifier en m'abandonnant, je serai bien forcé, malgré moi, d'abandonner le dernier, et en le faisant, je me disculperai aux yeux de toute l'Europe, *et rien ne me sera plus facile, comme vous devez bien le sentir.* Ce sacrifice sera bien dur pour moi, j'en conviens ; mais il coûtera aussi bien cher à la France, et cette idée seule m'arrache des larmes.

« Voilà cependant les extrémités et les fatales résolutions que peuvent engendrer l'ingratitude et l'intrigue qui soutiennent un ambassadeur aussi indigne de ce titre que le comte de Guerchy.

« Je ne vous le dissimulerai pas, monsieur, les ennemis de la France, croyant pouvoir profiter du cruel de ma position, m'ont fait faire des offres pour passer à leur service. Les avantages qu'ils peuvent m'offrir ne me touchent pas, et l'honneur seul me déterminera en cette occasion. J'ai répondu comme je le devais, et j'ai dit que je ne pouvais prendre aucun engagement, me regardant toujours comme attaché au service du roi… Et mon roi m'abandonne !… Et pourtant, dans l'origine de toute cette affaire, je n'ai agi qu'en conformité de son *grand projet secret* et de ses ordres *par écrit* que l'on ne m'arrachera qu'avec la vie !…

« Vous devez savoir qu'à peine le comte de Guerchy m'eut-il remplacé ici, on l'a entamé sur la seconde démolition de la lunette et des ouvrages de Dunkerque, et que cette seconde démolition, que j'avais éloignée et rejetée pendant cinq mois avec succès, a eu lieu, à la honte et au grand détriment de la France. Je suis, en vérité, confus pour ma patrie !

« Les chefs de l'opposition m'ont offert tout l'argent que je voudrais, pourvu que je dépose chez eux mes papiers et dépêches bien fermés et cachetés, avec promesse de me les rendre dans le même état en rapportant l'argent. Je vous ouvre mon cœur, et vous sentez combien un pareil expédient répugne à mon caractère !... Et pourtant, si l'on m'abandonne, comment voulez-vous que je fasse?... A l'égard des papiers de l'*avocat* et de son *substitut*, je les garde plus précieusement que jamais. Je les ai tous, et ceux de La Rozière. Il n'y a que le chiffre des instructions que j'ai brûlé devant lui ; et le tout est si bien caché dans mon cabinet, que par une mine que j'ai faite moi-même, et plusieurs mèches qui répondent à différents endroits cachés de mon appartement, je puis, en un instant, faire sauter à plus de cinquante pieds de haut le petit cabinet, les enleveurs de papiers, les papiers et moi. Mais si je suis abandonné totalement, et si, d'ici au 22 avril, jour de Pâques, je ne reçois pas la promesse signée du roi ou de M. le comte de Broglie, que tout le mal que m'a fait M. de Guerchy va être réparé..., alors, monsieur, je vous le déclare bien formellement et bien authentiquement, toute espérance est perdue pour moi ; et, en me forçant de me laver totalement dans l'esprit du roi d'Angleterre, de son ministère et de la chambre des pairs et des communes, *il faut vous déterminer à une guerre des plus prochaines dont je ne serai certainement* que l'auteur innocent, et cette guerre sera inévitable. Le roi d'Angleterre y sera contraint par la force et la nature des circonstances, par le cri de la nation et du parti de l'opposition qui augmente au lieu de s'affaiblir.

« Voilà, monsieur, ma confession faite, et tous les maux qu'auront préparés M. le comte de Guerchy et sa séquelle. Voilà votre grand projet si glorieux pour le roi et si avantageux pour la France, qui tournera contre vous. Votre réponse, monsieur, bien authentique et signée par l'*avocat*, ou au moins par son *substitut*, m'apprendront si, à Pâques prochain au plus tard, je dois rester bon Français ou devenir, malgré moi, bon Anglais.

« J'ai l'honneur, etc.,

« D'ÉON. »

II

« Londres, le 27 mars 1764 [1].

« Monsieur,

« J'espère que M. Nardin, que j'ai dépêché le 23 au matin pour rejoindre son ami La Rozière, et pour vous faire remettre, par son canal, une lettre de moi, très-urgente, est actuellement bien près de vous, et en état de dire à La Rozière tout ce qui s'est passé ici depuis

---

1. « *Cette lettre était adressée au Révérend Père Loris, rue du Regard, et m'a été envoyée par Sa Majesté, le 5 avril 1764.* »
Note écrite de la main de M. Tercier sur le registre des archives des affaires étrangères, et de laquelle il résulterait que ce Révérend Père Loris, dont le nom apparaît ici pour la première fois, était un nouvel initié à la correspondance secrète de Louis XV.

quatre mois. Le comte de Guerchy ayant jugé à propos de faire imprimer une apologie mensongère de sa conduite, ou plutôt un libelle contre moi, rempli de méchanceté et de calomnie, après avoir bien attendu et patienté, j'ai été forcé d'y répondre par mémoires et lettres sans réplique. J'ai donc publié mon mémoire et je l'ai fait gros à dessein, *et par là il couvre parfaitement bien le projet de notre grande affaire secrète.*

« Notre pauvre ambassadeur, ne sachant où donner de la tête, n'écoute plus que sa vengeance aveugle; il a couru chez son ami le duc de Bedford, homme encore plus violent que lui; il a couru chez tous les autres ministres pour faire prendre le livre; mais tout cela n'a pu réussir qu'à y avoir mis bon ordre. A présent il remue, avec le duc de Bedford, ciel et terre pour tâcher de me faire arrêter par force ou par subtilité pour me renvoyer en France. J'ai été averti hier au soir, par un ami du duc de Bedford, que le comte de Guerchy avait employé le vert et le sec pour rendre furieux ce duc contre moi... Cette même personne m'a aussi averti hier matin que, dans le conseil de Saint-James, les ministres avaient dû délibérer entre eux pour aviser aux moyens de m'arrêter et de me livrer à la France; mais il n'a pu m'apprendre la décision. Voilà, monsieur, l'intéressant, et il est de la dernière conséquence que Sa Majesté ait la bonté d'ordonner au comte de Guerchy de me laisser tranquille. Je vous préviens bien sérieusement que le premier qui viendra chez moi, ou qui m'attaquera dans la rue, sera tué sur-le-champ, n'importe qui, et je n'envisage pas les suites. Je vous préviens encore que quelques chefs de parti de l'opposition envoient tous les jours chez moi pour voir s'il ne m'est rien arrivé ; et à la première entreprise qui serait faite contre moi, l'hôtel de l'ambassadeur, et tout ce qui sera dedans, sera mis en pièces par ce qu'on appelle ici le *mob*, les matelots et autres canailles de la cité qui sont aux ordres de l'opposition. Vous sentez tous les malheurs qui sont sur le point d'arriver. Le comte de Guerchy ignore tout cela ; il n'est pas assez éclairé pour le prévoir, et quand il le prévoirait, il ne l'écrirait pas et le déguiserait au roi. Vous savez que je ne vous ai jamais trompé ; je ne voudrais pas le faire dans un cas si important et si pressant, et je ne dois pas vous dissimuler que si j'étais une fois pris, après vous avoir averti si bien et depuis si longtemps, sans que le roi ait apporté un remède salutaire, alors je ne me regarderais plus tenu au secret, et je serais, à cette extrémité, forcé de justifier ma conduite ; autre malheur encore plus grand que le feu mis par le peuple à l'hôtel de France !

« Je suis, etc.,

« D'ÉON. »

Réveillé de son indifférence par le langage haut et décidé qu'avait arraché l'excès de la souffrance à sa victime, Louis XV répondit cette fois à ses plaintes. Il fit partir pour Londres un ami du chevalier d'Éon, nommé *de Nort*, chargé de lui porter les secours matériels dont il avait impérieusement besoin — le pauvre chevalier en était réduit là ! — et de négocier, s'il était possible, quelque accommodement entre lui et le comte de Guerchy. Nous allons voir avec quelle bonhomie et quelle candide reconnaissance le martyr reçut l'aumône qu'il appelle un bienfait inattendu du roi ; avec quelle docilité d'enfant, quelle facilité à oublier et à pardonner, il vient, désarmé dès les premiers mots, mettre aux pieds du monarque sa vie et le souvenir des outrages qui lui avaient été faits.

AU ROI

« Londres, le 20 avril 1764.

« Sire,

« Je suis innocent, et j'ai été condamné par vos ministres ; mais dès que Votre Majesté le souhaite, je mets à ses pieds ma vie et le souvenir de tous les outrages que M. le comte de Guerchy m'a faits !...

« Soyez persuadé, Sire, que je mourrai votre fidèle sujet, et que je puis, mieux que jamais, servir Votre Majesté pour son grand projet secret qu'il ne faut jamais perdre de vue, Sire, si vous voulez que votre règne soit l'époque de la grandeur de la France, de l'abaissement et peut-être de la destruction totale de l'Angleterre, qui est la seule puissance véritablement toujours ennemie et toujours redoutable à votre royaume.

« Je suis, Sire, de Votre Majesté le fidèle sujet *à la vie et à la mort!*

« D'ÉON. »

« *P. S.* Tous les avantages dont mes adversaires prétendent jouir, auprès du public et de Votre Majesté, consistent à avoir fait la dernière paix ; mais, grand Dieu ! je les défie bien de faire pis !... »

Le comte de Guerchy et les ministres dont il recevait ses inspirations ne voulurent point entrer dans les voies de conciliation ouvertes par Louis XV. Armé des documents secrets de la dernière paix, qui recélaient de honteuses négociations, le chevalier d'Éon leur était trop redoutable pour qu'ils pussent transiger avec lui. On ne pardonne pas à l'ennemi qui vous tient sous le coup d'une telle menace. Aussi, loin d'arrêter les poursuites contre son antagoniste, le comte de Guerchy les poussa plus activement que jamais, et il essaya, pour la seconde fois, de s'emparer de la personne du chevalier. Celui-ci, averti à temps, écrivit à lord Mansfield, juge en chef, « que Londres fourmillait d'espions de la police de Paris, ayant un capitaine soudoyé à leur tête et entretenant entre le pont de Westminster et celui de Londres un bateau et six rameurs, afin que s'ils parviennent à se saisir de ma personne, ils puissent s'en servir pour me conduire à Gravesend, où un petit vaisseau, monté d'une vingtaine d'hommes armés, est prêt à faire voile pour la France, à leur premier signal. »

Pareille note fut transmise à milord Bute et à William Pitt (lord Chatam). Celui-ci répondit au chevalier : « Vu l'extrême délicatesse des circonstances, vous voudrez bien trouver bon que je me borne à plaindre une situation sur laquelle il ne m'est pas possible d'offrir des avis, que vous me témoignez désirer d'une manière très-flatteuse pour moi. »

Réduit à ses propres ressources, le chevalier d'Éon prit des mesures de défense qu'il raconte au capitaine de Pommard, son ami, dans une lettre datée de Londres le 5 juillet 1764 :

« De mon côté, dit-il, j'ai mis mes espions en campagne ; je sors tous les jours, comme à mon ordinaire, mais avec les sûretés qu'un capitaine de dragons doit prendre en temps de guerre... Nous faisons la nuit des reconnaissances ; je suis alors toujours à la tête pour encourager ma petite troupe qui n'a déjà que trop d'ardeur. »

Quant au procès du comte de Guerchy, ayant besoin pour sa défense de quatre témoins absents que M. de Guerchy a fait retourner en France, il a demandé un ajournement à la session suivante, et cet ajournement lui ayant été refusé, il annonce qu'il a pris le parti de faire défaut. « Mon adversaire accoutumé aux fausses victoires, dit-il, s'en retournera glorieux comme un baudet, d'avoir triomphé à Westminster, sans avoir vu l'ennemi, et à la Saint-Michel prochaine, je recommencerai mon procès tout de nouveau. D'ici à ce temps, j'aurai celui de travailler à une ample et magnifique défense contre la cabale de la cour. »

Le chevalier se laissa, en effet, condamner par défaut.

Tandis qu'il élaborait sa future défense, il lui arriva un auxiliaire inattendu. Treyssac de Vergy se présenta dans son cabinet et lui dit : « Je suis un bien grand misérable, et vous allez bien me mépriser pour tout ce que je vais vous dire, si vous ne tenez pas compte des remords et du courageux repentir qui me font parler. »

Après cet exorde, de Vergy communiqua au chevalier d'Éon ses papiers de famille, établissant qu'il était véritablement homme de bonne maison, et un diplôme d'avocat au Parlement de Bordeaux. Il raconta que, protégé par le comte d'Argental, celui-ci avait parlé en sa faveur au comte de Guerchy, avant son départ pour Londres, et lui avait dit qu'il pourrait obtenir la place du chevalier d'Éon, dont la cour était mécontente, mais en ajoutant « qu'il faudrait la mériter et savoir l'acheter, au besoin, par un dévouement aveugle aux ordres du comte de Guerchy. » De Vergy vint donc se mettre au service secret de M. de Guerchy. « Mais, ajouta-t-il, les exigences de l'ambassadeur s'étaient accrues avec ma complaisance et ses triomphes. Après avoir tout employé inutilement contre vous, tout, jusqu'au poison (car vous avez été empoisonné par l'opium, monsieur, je l'ai su de l'ambassadeur lui-même et je vous l'apprends), on m'a proposé de vous tendre un guet-apens : on m'a proposé de vous assassiner. On a choisi pour me faire cette infâme proposition, le moment où, ayant épuisé toutes mes avances et n'ayant encore rien reçu de l'ambassadeur, j'avais le plus grand besoin d'argent... Le comte de Guerchy le savait, et me tendit une bourse d'une main, mais un poignard de l'autre... J'ai repoussé la bourse et le poignard... Peu de jours après, je fus arrêté et incarcéré pour dettes. Mais mes cris de désespoir furent entendus de mes parents et amis. Grâce à leur secours, ma liberté fut rachetée, et le premier usage que j'en ai voulu faire a été pour vous. »

A dire notre sentiment, cette confession nous paraît une assez misérable invention d'un être qui s'est appelé lui-même, très-justement, un très-grand misérable. Le comte de Guerchy s'est déshonoré en se faisant l'instrument d'indignes manœuvres contre le chevalier d'Éon, mais il n'y avait en lui ni l'étoffe d'un empoisonneur, ni celle d'un assassin. Il faut de la justice vis-à-vis des coupables eux-mêmes.

Le chevalier d'Éon, auquel la passion fit aisément croire tout ce que lui raconta de Vergy, fit écrire et signer par celui-ci sa révélation [1].

Fort de cette déposition, il en envoya des copies authentiques au duc de Choiseul et au comte de Broglie, auquel il dit : « Ne m'abandonnez pas, monsieur le comte, et ne me réduisez pas au désespoir. Envoyez-moi une somme suffisante pour soutenir votre guerre et la mienne, si vous ne voulez pas être écrasé sous le poids de l'injustice [2]... »

Mais le comte de Broglie fit la sourde oreille et répondit à son ancien confident « qu'il ne mettrait, désormais, devant le roi, absolument rien de ce qui pourrait, dans ses lettres, regarder ses démêlés avec le comte de Guerchy, parce qu'il savait que cela serait désagréable à Sa Majesté. »

Cet abandon du comte de Broglie ne fit qu'accroître l'irritation du chevalier d'Éon. La révélation que lui avait faite de Vergy fut bientôt connue du comte de Guerchy qui, comprenant le parti qu'allait en tirer son ardent adversaire, fit aussitôt de nouvelles démarches auprès des ministres pour obtenir qu'ils lui livrassent enfin le proscrit réclamé de son gouvernement. Une lettre anonyme et injurieuse adressée au lord chef de justice, qui avait condamné le chevalier d'Éon

---

1. Voir *Pièce justificative*, n° 3.
2. Voir cette lettre de forme curieuse au n° 7 des *Pièces justificatives*.

par défaut pour libelle, parut au ministère un prétexte suffisant pour faire décerner un mandat d'amener contre celui qu'on pouvait soupçonner d'être l'auteur de la lettre, et des exempts envahirent le logement du chevalier. Mais il leur échappa, et il adressa aussitôt publiquement au lord Mansfield et au lord Bute deux lettres dans lesquelles il renia avec indignation la lâcheté épistolaire qu'on lui attribuait.

Ce coup ainsi paré, il reprit l'offensive, et il se rendit avec ses témoins, au banc du roi, où il porta contre le comte de Guerchy une accusation d'empoisonnement.

Assignation fut donnée au comte de comparaître à la prochaine session des *grands jurés* de Londres, tenue au *Old Bayley*, sous la double prévention de tentative d'empoisonnemet et de meurtre.

L'affaire fut instruite conformément à la loi, et le 1ᵉʳ mars 1765, les grands jurés de Londres, composant une espèce de chambre des mises en accusation, prononcèrent un *indictment* longuement motivé, par lequel ils déclaraient que Claude-Louis-François Regnier comte de Guerchy avait contre lui des témoignages assez graves pour mériter d'être poursuivi comme ayant *méchamment sollicité et tâché de décider* le nommé Pierre-Henri Treyssac de Vergy à *assassiner* et *tuer* Charles-Geneviève-Louis-Auguste-André-Timothée d'Éon de Beaumont.

Ainsi, le chevalier d'Éon avait répondu à un jugement pour libelle par une mise en accusation *pour assassinat*. Il y avait plus que compensation.

L'effet produit sur le public par cette sentence fut prodigieux. L'impression qui en résulta s'accrut encore

de deux fautes impardonnables commises, peu de temps
après, par le comte de Guerchy et les siens, dans le
trouble que leur causa le premier retentissement de ce
foudre judiciaire éclaté sur leur tête. Le nommé Chazal,
écuyer de l'ambassadeur, et spécialement désigné par
le chevalier d'Éon, comme lui ayant servi le vin empoisonné, s'enfuit soudainement de Londres, sans même
attendre la jeune femme à laquelle il venait d'être ma-
rié, et ne reparut plus en Angleterre ! De son côté, le
comte de Guerchy, au lieu d'opposer sa poitrine à l'accusation terrible portée contre lui, ou de s'envelopper
contre elle des plis de son manteau d'ambassadeur, garanti inviolable par *l'alien-bill* et le code international,
invoqua l'intercession de Georges III, et réclama de ses
ministres l'octroi d'un *noli prosequi* ou *prohibition de
poursuivre*.

Le ministère anglais n'avait garde de refuser un
déshonneur à l'ambassadeur de France, et prononça
aussitôt une ordonnance dite *acertiorari*, qui évoquait
devant lui l'affaire du comte de Guerchy et l'enlevait à
la juridiction des *grands jurés* de Old-Bayley. Cette ordonnance ou *writ*, en vertu de laquelle le roi prenait
d'autorité la place de plaignant, et devenait l'accusateur
et le juge du prévenu, fut signifiée, suivant l'usage, au
premier poursuivant et à ses témoins.

Doué du sentiment national dont le respect fit faute
au cœur ou à l'esprit de son adversaire, le chevalier
d'Éon hésita à suivre celui-ci dans la voie où il s'était
réfugié. « Je déclarai, dit-il, ne vouloir comparaître et
m'expliquer par moi et mes témoins qu'après que l'accusé aurait mis avocat en cause, et se reconnaîtrait par

là justiciable du souverain étranger devant lequel il m'appelait. Et ainsi que la mention mise au bas des pièces ci-dessus l'atteste, le comte de Guerchy, ambassadeur du roi de France, crut pouvoir prendre cette détermination sans déshonneur! Son avocat et le mien furent donc entendus, le mien se présentant le dernier; mais soit pudeur des juges à défaut de celle de l'accusé, soit indignation du roi d'Angleterre lui-même, ou intervention des ministres de Versailles accourus pour retirer leur complice de la route infamante dans laquelle il s'était aussi ineptement engagé, l'entérinement du *noli prosequi* ne fut point prononcé; du moins, je n'en ai plus entendu parler!... »

La place n'était plus tenable au comte de Guerchy. La voix publique le lui cria, son cœur le lui dit à lui-même; il demanda son rappel! Ses amis accédèrent à ce désir avec un empressement qui dut lui être douloureux. Mais le duel des deux ennemis survécut à leur séparation même. Le comte de Guerchy montra le premier que l'absence n'avait pas diminué son ardente animosité. N'ayant plus son adversaire à sa portée, il le frappa dans ses proches. La vieille mère du chevalier d'Éon, demeurée seule à Tonnerre, vit ses impôts démesurément accrus. Quelques minces allodialités, dont jouissaient ses champs et sa maison, lui furent retirées; on la réduisit à la misère. Le chevalier d'Éon s'arma du fouet d'une publicité inexorable et en flagella de tous les côtés le persécuteur de sa mère. Il le traduisit au tribunal du monde, et transporta devant l'Europe entière les débats auxquels l'autre avait cru échapper en quittant l'Angleterre. Le comte de Guerchy ne put résister au supplice incessant de ces immenses assises, et il mourut au mois de septembre de l'année 1767.

Quelques jours avant sa mort, le chevalier d'Éon lui avait envoyé un dernier défi, qui ne parvint pas jusqu'à lui. Mais le jeune fils du comte de Guerchy fit, dit-on, le serment de venger un jour son père.

CHAPITRE XII

Louis XV manifeste enfin sa façon de penser. — Reconnaissance autographe et authentique adressée par lui au chevalier d'Éon. — L'âne de Buridan et les picotins d'avoine. — Offres brillantes faites par le gouvernement anglais au chevalier d'Éon. — Il les refuse. — Ses lettres politiques au comte de Broglie. — Révélation sur le fameux agitateur Wilkes. — La guerre d'Amérique. — William Pitt au Parlement. — Le prophète en couverture et en bonnet de nuit. — Le roi d'Angleterre et la bouteille de rhum. — Le lord Bute et les Stuart. — Intérieur de la cour de Saint-James.

Nous avons vu avec quelle cauteleuse réserve Louis XV avait évité de se prononcer entre son ambassadeur et le chevalier d'Éon. « Mais je connaissais « l'homme, dit celui-ci, et ne m'étais point trompé, en « prenant cette taciturnité affectée pour une approba- « tion qu'on ne voulait pas me refuser, mais qu'on « ne voulait pas non plus m'accorder. Louis XV « aimait beaucoup qu'on le devinât. Son silence « était un langage, il fallait savoir le compren- « dre, et je ne tardai pas à m'apercevoir que j'avais « deviné juste. Le 25 juin 1765, c'est-à-dire quelques

« semaines après que je venais de couvrir de confusion
« et d'infamie son ambassadeur public à Londres, Sa
« Majesté rompit tout à coup le mutisme qu'il lui avait
« plu de garder un certain temps, et m'écrivit *qu'elle
« trouvait bon que je reprisse et continuasse avec elle ma
« correspondance secrète.* Le 9 novembre, elle me manda
« qu'elle était *très-satisfaite de moi*, et le 4 décembre
« de la même année, *que j'étais un instrument utile à
« ma patrie.* Ces expressions de contentement mani-
« feste écartaient enfin le rideau si longtemps tiré de-
« vant la pensée royale. Sa Majesté les couronna par le
« plus grand et le plus authentique témoignage de son
« approbation, en m'envoyant bientôt après le certificat
« ci-dessous, qui était entièrement écrit et signé de sa
« main, et qui sera pour moi et ma famille le monu-
« ment le plus éloquent et le plus précieux de mon inno-
« cence et de ma fidélité.

« En récompense *des services* que le sieur d'Éon m'a
rendus, tant en Russie que dans mes armées, *et d'autres
commissions que je lui ai données*, je veux bien lui assurer un traitement annuel de 12,000 livres, que je lui ferai payer exactement tous les six mois, en quelque pays
qu'il soit, — hormis en temps de guerre chez mes ennemis, — et ce, jusqu'à ce que je juge à propos de lui
donner quelque poste dont les appointements seraient
plus considérables que le présent traitement.

« Louis. »

« Versailles, le 1er avril 1766. »

« Je, soussigné, ministre plénipotentiaire du roi en

cette cour, certifie, sur mon honneur et mon serment, que la promesse ci-dessus est véritablement écrite et signée de la propre main du roi mon maître, et qu'il m'a donné l'ordre de la remettre à M. d'Éon.

« Durand.

« Londres, le 11 juillet 1766. »

« En outre, et à propos de cette reconnaissance royale, M. le comte de Broglie m'écrivit : « Votre séjour en Angleterre rendait nécessaire de donner plus d'étendue encore à la générosité de Sa Majesté. Mais vous observerez que la preuve qu'il lui a plu de vous en donner elle-même, et qui restera entre vos mains, sera un titre à jamais glorieux pour vous. Il doit vous combler de reconnaissance et dissiper tous les nuages dont votre esprit est agité depuis longtemps. Quand il aura repris son calme, et que le bruit que vous avez fait et faites encore dans le monde sera assoupi, nous verrons à arranger un plan de conduite suivie pour vous, et à la rendre de plus en plus utile à votre patrie et au meilleur de tous les maîtres [1]. »

La nouvelle pension si libéralement octroyée par la munificence *écrite* de Louis XV ne fut pas mieux payée que l'ancienne. Nous verrons le chevalier d'Éon pousser, plus d'une fois encore, un cri d'anxieuse détresse vers ses protecteurs, et leur diré avec un mélange de reproche et de gaieté qui fait mal : « Je meurs de faim « entre les deux pensions que vous m'avez données, « comme l'âne de Buridan entre les picotins placés à ses

---

[1]. Archives des affaires étrangères.

« côtés, mais que sa bouche ne peut atteindre. » Au milieu de ce jeûne et de ces privations continuelles, les ministres du roi Georges lui proposèrent les mêmes grades politiques et militaires que ceux qu'il avait en France, s'il voulait prendre des lettres de naturalisation, et entrer au service de l'Angleterre. Mais ce mot de *patrie* eut sur lui une puissance contre laquelle vint échouer celle de l'ambition. Parfois il s'indignait de l'ingratitude de son pays, et, pleurant de rage, il jurait abandon à ceux qui le laissaient dans l'indigence ; mais ces bourrasques de son cœur, gros de douleur et d'amertume, tombaient devant le premier rayon de soleil venu des côtes de France, et sa main préférait les rares grains du sol natal aux copieuses moissons de la terre étrangère.

Son commerce épistolaire avec Louis XV et le comte de Broglie avait repris une activité nouvelle. Il était leur ambassadeur véritable à la cour de Londres, celui dont les rapports étaient lus et prisés de préférence.

Ses dépêches, portant ordinairement le titre de *Lettres politiques*, et signées de différents pseudonymes, étaient de précieux et curieux enseignements. Espèces de *Revues* ou de résumés généraux, elle embrassaient tout : administration, guerre, finances, prévisions éloignées ou prochaines, chroniques particulières ou publiques, rumeurs nouvelles, biographies, portraits. Véritable panorama, chaque événement du temps a son tableau dans cette vaste galerie, chaque héros son piédestal, chaque misérable son gibet ; et, disons-le, on y voit plus de potences que de statues. La cour d'Angleterre y est retournée et vue *en dedans*, avec ses intrigues et ses intrigants [1]. Parmi les célébrités exposées dans ce pilori épistolaire, nous citerons le fameux *Wilkes*, ce grand séditieux dont le trouble était l'élément; *Wilkes*, l'idole de la plèbe de Londres, qu'il entraînait sur ses pas, comme *Santerre* entraîna chez nous le faubourg Saint-Antoine; *Wilkes*, le tribun, qu'on découvre là vendu aux intérêts de la France, et instrument acheté du cabinet de Versailles!... La main du chevalier d'Éon était le ressort caché qui faisait jouer cette machine à émeutes, puissant levier des masses populaires. On lit dans les missives confidentielles du chevalier d'Éon au comte de Broglie, des phrases comme celle-ci : « Voulez-vous avoir une sédition à la rentrée du Parlement, aux élections prochaines? etc... il faudra *tant* pour Wilkes, tant pour les autres. » Et il ajoute : « *Wilkes* nous coûte beaucoup à *nourrir*, mais les Anglais ont le corse *Paoli*, qu'ils ont accueilli chez eux, et qu'ils *nourrissent* aussi à notre intention. C'est une bombe qu'ils gardent toute chargée pour la jeter au milieu de nous au premier incendie. Gardons bombe pour bombe! »

Cette correspondance dura jusqu'à la fin du règne de Louis XV. Mais nous touchons à l'époque où la métamorphose du chevalier d'Éon va commencer à se dessiner, et où, petit à petit, comme le ver devient papillon, le dragon va devenir femme, et le chevalier chevalière.

---

1. Voir quelques parties de cette correspondance aux *Pièces justificatives*, nos 8, 9 et 10.

CHAPITRE XIII

Lettre de d'Éon au duc de Choiseul exilé. — Paris qui se font à Londres sur son sexe. — Il cravache les parieurs. — Particularités de son organisation confessées par lui. — Mort de Louis XV. — Louis XVI cherche à retirer des mains de d'Éon les papiers dont il est détenteur. — Conditions du chevalier. — On veut le prendre par la famine. — Il emprunte sur ses papiers et se décide à se faire passer pour femme. — Raisons probables de cette résolution et preuves qu'elle a été spontanée de sa part.

On était au commencement de l'année 1771. La Dubarry avait ramassé le sceptre tombé des mains de la Pompadour, et poursuivait triomphalement le cours de son règne qui, d'après la classification du grand Frédéric, formait celui de *Cotillon III*. D'où et comment s'était élevée la nouvelle reine; nul ne l'ignore. Mais nous ne pouvons mieux le rappeler qu'en citant le mot suivant du duc de Noailles à Louis XV : « Je sais bien, lui dit un jour le monarque, que je succède à Sainte-Foy. — Sire, répondit le duc en s'inclinant, comme Votre Majesté succède à Pharamond! » Cette veuve d'un personnel si nombreux, dont le dernier amour avait devant lui une généalogie si effrayante, était née à *Vaucouleurs*, près du berceau de *Jeanne d'Arc!*... Le chancelier Meaupou l'appelait sa cousine, et pour justifier ses droits à l'honneur de cette parenté, il lui fallait redescendre jusqu'à je ne sais quel rejeton d'Adam ou de Noé. Mais l'infinité du souvenir faisait la sublimité de la flatterie. Les courtisans d'ailleurs sont les parents nés de toutes les prospérités. La fortune et la faveur, voilà leur seule famille !

Moins flatteurs que le chancelier Meaupou, les ducs de Choiseul et de Praslin, qui s'étaient opposés à l'ascension du nouvel astre apparu au ciel de Versailles, venaient d'être renversés sous son char, après une de ces révolutions de cour les plus disputées que retracent les fastes des *Petits appartements* et les chroniques de *l'œil de bœuf*. Triomphante de ces émirs du palais, la sultane avait sauté d'aise en voyant leur chute; et communiquant l'impulsion de sa joie à deux oranges devenues historiques, elle les lança et les recueillit comme un enfant qui joue à la balle, en disant : « Saute, Choiseul! saute, Praslin! saute, saute!... »

Le duc d'Aiguillon avait été nommé premier ministre. On sait qu'il avait été gouverneur de la Bretagne, et qu'à l'époque de l'invasion des Anglais en 1758, il fut accusé de s'être caché dans un moulin, pendant le temps que dura l'action. *Lachalotais*, ce fameux procureur général du Parlement de la même province, avait dit à ce sujet : « Si notre général ne s'est pas couvert de gloire, il s'est du moins couvert de farine!... » Plaisanterie qui devait causer la chute de tous les Parlements de France! Lachalotais et d'Aiguillon devinrent les champions acharnés du duel dans lequel furent entraînés, d'un côté, la Dubarry et Louis XV ; de l'autre, les Parlements et le duc de Choiseul. Ayant combattu ensemble, ces derniers tombèrent ensemble et ne se relevèrent plus.

Nous trouvons à cette occasion, un trait trop beau de la part du chevalier d'Éon, pour ne pas le citer ici. En apprenant l'exil du duc de Choiseul, il lui écrit :

« Londres, le 6 janvier 1771.

« Monsieur le duc,

« Vous m'avez longtemps honoré de votre bienveillance et de votre protection manifeste. Celle-ci ne s'est retirée de moi que par condescendance pour M. le duc de Praslin, mon ennemi, et votre parent, votre collègue.

« Je me suis toujours réjoui de votre bienveillance, et ne me suis jamais plaint de votre abandon.

« A l'heure où les courtisans de votre fortune vont vous renier, monsieur le duc, et s'éloigner de votre disgrâce, je m'en rapproche, et viens mettre à vos pieds l'hommage de mon dévouement et de ma reconnaissance qui ne finiront qu'avec ma vie.

« Daignez les accepter, et me croire votre très-humble, etc.,

« Le chevalier d'Éon. »

Il y a quelque chose de noble dans ces paroles de l'homme qui ne se fait courtisan que du malheur ; qui oublie quand tant d'ennemis allaient commencer à se souvenir, et se souvient quand tant d'amis allaient se hâter d'oublier.

Cependant, les bruits répandus par le comte de Guerchy et ses affidés sur le prétendu hermaphroditisme du chevalier d'Éon, avaient fait place à un autre bruit, à savoir : qu'il était tout simplement une femme, et cette rumeur était devenue un sujet de paris effrénés.

Craignant, non sans quelque raison, qu'on l'accusât de tremper dans ces spéculations, d'Éon résolut de faire une démonstration violente, qu'il raconte au comte de Broglie dans les lettres suivantes [1], où, tout en maintenant sa virilité, il semble admettre qu'il y a en lui un vice de conformation ou de tempérament.

A M. LE COMTE DE BROGLIE, SUBSTITUT SECRET DU ROI

En chiffres. « Londres, le 25 mars 1771.

« Monsieur,

« Je ne puis toujours vous remercier de toutes les bontés que vous avez eues pour moi, et de l'intérêt vif que vous prenez à mon sort qui est à plaindre depuis si longtemps.

« Les nouvelles grâces que le roi vous a accordées, ainsi qu'à M. le maréchal, votre frère, sont seules capables de soutenir mon espoir. Plût à Dieu que tous les seigneurs de la cour de Versailles fussent de la

---

1. Ces lettres portent pour adresse extérieure : A *M. Koppfing*, banquier, rue Quincampoix, à Paris, et se trouvent aux archives des affaires étrangères.

trempe des de Broglie! Le roi serait servi comme il le mérite personnellement.

« Depuis la disgrâce du duc de Praslin, j'ai le chagrin d'entendre et de lire même, jusque dans les papiers anglais, tous les rapports extraordinaires qui viennent de Paris, de Londres et même de Saint-Pétersbourg, sur l'*incertitude* de mon sexe, et qui se confirment dans un pays d'enthousiastes tel que celui-ci, à tel point que l'on a ouvert publiquement à la cour et à la cité des polices d'assurances sur une matière aussi indécente, pour des sommes considérables.

« J'ai été longtemps sans rien dire. Mon silence ne faisant qu'augmenter les soupçons et les assurances, j'ai à la fin été, samedi dernier, à la Bourse et aux différents cafés voisins, où l'on fait les assurances et les agiotages de toutes les couleurs ; et là, en uniforme, avec ma canne, je me suis fait demander pardon par le banquier *Bird*, qui, le premier, a levé une assurance aussi impertinente. J'ai défié le plus incrédule, ou le plus brave, ou le plus insolent de toute l'assemblée, qui allait à plusieurs mille personnes, de combattre contre moi avec telle arme qu'il voudrait choisir. Tout le monde m'a fait de grandes politesses, et dans l'étonnement pas un seul de ces adversaires mâles de cette grande ville n'a osé ni parier contre ma canne, ni combattre contre moi, quoique je sois resté depuis midi jusqu'à deux heures à leur assemblée, pour leur donner tout le temps de se déterminer entre eux. J'ai fini par leur laisser publiquement mon adresse, en cas qu'ils se ravisassent.

« Voilà comment il faut absolument mener ces gens-ci pour les faire taire. Ils se permettent toutes sortes d'insolences envers les plus grands de la cour; à plus forte raison contre moi, simple particulier, qu'ils voient exilé de la France et isolé ici. Le banquier *Bird* m'a déclaré, malgré ses excuses, que lui et ses confrères pouvaient faire des *assurances* ou *paris* les plus extraordinaires, même sur la famille royale, excepté seulement sur la vie du roi, de la reine et de leurs enfants, suivant un acte du Parlement ; et qu'il était autorisé par une *grande dame*, qu'il n'a jamais voulu nommer, à faire une telle *assurance* sur mon sexe.

« D'ÉON. »

AU MÊME

En chiffres. « Londres, le 16 avril 1771. »

« Je vous prie, monsieur, de n'être pas fâché contre votre ancien aide de camp, si vous apprenez par la *Gazette*, ou autrement, que le 7 de ce mois j'ai cassé ma canne sur le corps de deux Anglais insolents à mon égard. J'ai été approuvé par tous les militaires et les gens sensibles à l'honneur.

« Depuis mon expédition de la cité et celle-ci, personne, ni à la ville ni à la cour, n'ose plus faire de paris publics sur *l'incertitude* de mon sexe, que j'ai imprimé d'une façon très-mâle sur la face de mes deux impertinents. »

AU MÊME

En chiffres. « Londres, le 7 mai 1771.

« Monsieur,

« Pour que vous n'ayez pas d'inquiétude à mon sujet, j'ai l'honneur de vous prévenir que des amis prudents m'ont conseillé de quitter, sans rien dire à personne, le séjour de Londres, pour un ou deux mois, et d'aller voyager en Irlande sous un autre nom, et où je ne serais pas connu. Malgré les menaces et les coups que j'ai distribués, et tout ce que j'ai fait dans ma vie, une fureur inconcevable vient de se renouveler dans *la Cité*, pour faire des assurances considérables sur l'incertitude de mon sexe, et je suis averti de toutes parts que bien des gens riches ont conçu le projet de me faire saisir par ruse, force ou adresse, pour *me visiter* malgré moi, ce que je ne veux pas souffrir, et ce qui pourrait me mettre dans la cruelle nécessité de tuer quelqu'un dans un pareil cas.

« Ma disparition de cette capitale remédiera à tout, et fera tomber à rien leurs assurances et leurs projets contre moi. Je puis vous protester, monsieur, sur mon honneur, que je ne suis pas intéressé pour un sou dans ces paris et assurances ; je puis en faire le serment dans tous les tribunaux de l'Europe. *Je suis assez mortifié d'être encore tel que la nature m'a fait, et que le calme de mon tempérament naturel ne m'ayant jamais porté aux plaisirs, cela a donné lieu à l'innocence de mes amis d'imaginer, tant en France qu'en Russie et en Angleterre que j'étais du genre féminin. La malice de mes ennemis a fortifié le tout,* depuis mes malheurs que je n'ai nullement mérités, et dont je devrais être quitte depuis longtemps.

« J'abandonne le tout à la bonté naturelle du cœur du roi, à la vôtre et à la Providence ; et je prie Dieu, tous les jours, de me délivrer de cette vie et des méchants.

« D'ÉON. »

AU MÊME

« Londres, le 5 juillet 1771.

« Je n'ai eu le temps de parcourir que le nord de l'Angleterre et une partie de l'Écosse. Deux raisons principales m'ont empêché de passer en Irlande, comme je me le proposais :

« 1° Parce que je ne me suis pas trouvé assez d'argent ;

« 2° Parce que j'ai vu en voyageant, par les papiers anglais, combien le public, jaloux ici de la liberté, était alarmé, et mes amis particuliers dans une grande affliction sur mon prétendu enlèvement, et qu'ils avaient fait mettre les scellés sur les portes de toutes les chambres de ma maison. Je suis promptement revenu, tant pour rassurer le public et mes amis, qu'afin de pourvoir à mes affaires domestiques. Quant aux chiffres et papiers du roi, j'y avais pourvu avant mon départ, ainsi que vous le saviez d'avance, de façon qu'ils étaient introuvables, à moins de démolir la maison.

« Par la poste de mardi dernier, je vous ai envoyé le *Public Advertiser* qui contient la déclaration sous serment, que j'ai faite devant le lord-maire, comme je ne suis pas intéressé pour un schilling, directement ni indirectement, dans les polices d'assurances qui ont été faites sur ma personne. Ce n'est pas ma faute si la fureur des paris sur toutes sortes d'objets est une maladie nationale parmi les Anglais, qui les porte souvent à risquer plus que leur fortune sur la seule course d'un cheval. Je me moque de toutes leurs polices d'assurances, de leurs discours, gazettes, estampes et d'eux aussi, et ils ne l'ignorent pas. Je leur ai prouvé et prouverai tant qu'ils voudront, que *je suis non-seulement un homme*, mais un capitaine de dragons, et les armes à la main. Ce n'est pas ma faute si la cour de Russie, et notamment la *princesse d'Askoff*, pendant son séjour ici, a assuré la cour d'Angleterre que j'étais femme. Ce n'est pas ma faute si le duc de Praslin a dressé et fait dresser en France des *informations secrètes et presque publiques pour le prouver*, tandis que son ami Guerchy débitait sourdement à cette cour que j'étais hermaphrodite! Enfin ce n'est pas ma faute si *j'existe tel que la nature m'a fait;* bien ou mal conformé, j'ai toujours, et de tout mon cœur et de toute mon âme, fidèlement servi le roi dans sa politique et à l'armée : je suis en état de le faire mieux que jamais, et serai toujours prêt à voler, pour son service, partout où il m'enverra.

« D'Éon. »

Les protestations énergiques de d'Éon et les arguments fort cavaliers dont il les avait accompagnées n'avaient point dissipé les doutes répandus dans le public. Ils semblaient, au contraire, avoir piqué de plus en plus la curiosité. Des femmes, des jeunes filles même mettaient à la découverte de la vérité un naïf empressement. Miss Wilkes, jeune et jolie fille du fameux Wilkes (qui, par parenthèse, de proscrit était devenu député à Westminster et lord-maire de Londres), écrivait sur joli petit papier, avec jolie petite écriture fraîche échappée de pension :

« Mlle Wilkes présente bien ses respects à M. le chevalier d'Éon, et voudrait bien ardemment savoir s'il est véritablement une femme, comme chacun l'assure, ou bien un homme. M. le chevalier d'Éon serait bien aimable d'apprendre la vérité à Mlle Wilkes, qui l'en prie de tout son cœur ; il sera plus aimable encore s'il veut venir dîner avec elle et son papa, aujourd'hui ou demain, enfin le plus tôt qu'il pourra. »

Sur ces entrefaites, le chevalier d'Éon reçut une lettre de Stanislas Poniatowski, l'ancien amant de la grande-duchesse Catherine, devenu roi de Pologne, qui lui offrait un asile et un emploi à sa cour. Il fit aussitôt part de cette offre au comte de Broglie, en lui demandant l'autorisation de l'accepter. Mais Louis XV crut devoir refuser cette autorisation à celui que, pourtant, il délaissait et sacrifiait. Le comte de Broglie lui répondit :

« Vous devez sentir qu'il n'y a nul endroit où vous puissiez servir plus utilement le roi qu'à Londres, surtout dans les circonstances actuelles. De même, il n'y a point de lieu où vous puissiez être plus en sûreté qu'à Londres contre les malices de vos ennemis. Continuez donc votre correspondance avec moi et Sa Majesté, c'est le vœu du roi, qui vous recommande de ne pas quitter l'Angleterre sans ses ordres. » Au bas de cette lettre est écrit de la main de Louis XV : *Approuvé*.

Le chevalier d'Éon obéit, mais on ne tarda pas à l'oublier encore et à le laisser sans ressources, et dix-huit mois après, le 24 septembre 1773, il était obligé d'écrire au comte de Broglie : « Je suis dans le besoin ! » et de manifester de nouveau le désir de quitter l'Angleterre. Il terminait cette requête par ces mots : « J'ose dire que si, de mon naturel, je fusse né aussi faible et timide *que je parais l'être par le sort de la nature*, il en serait résulté de grands maux. Je ne regretterai jamais de m'être sacrifié pour éviter des chagrins à l'*avocat* (le roi), et des malheurs à votre maison[1]. »

Mais celui qu'il appelait l'avocat venait de descendre du haut tribunal de Versailles dans les caveaux de Saint-Denis. Sa mort entraîna la chute du duc d'Aiguillon, qui avait hérité de l'inimitié du duc de Praslin contre d'Éon[2]. Celui-ci espéra donc que justice pourrait lui être enfin rendue, et il adressa au comte de Broglie une lettre, datée de Londres, le 7 juillet 1774, dans laquelle, après avoir rappelé les approbations données par Louis XV à ses diverses missions, il ajoutait :

» Je me contenterai de vous dire qu'il est temps, après la cruelle perte que nous avons faite de notre *avocat général* à Versailles, qui, au milieu de sa propre cour, avait moins de pouvoir qu'un avocat du roi au Châtelet ; qui, par une faiblesse incroyable, a toujours

---

1. Ce que d'Éon dit de la faiblesse et de la timidité qui auraient pu résulter de sa nature, s'explique par ce qu'il a dit précédemment du calme et de la froideur de cette nature.
2. Voir aux *Pièces justificatives*, n° 11, une curieuse lettre du fameux Jean Dubarry, sur l'inaction à laquelle il se trouve condamné par la chute de sa belle-sœur. Nous avons trouvé cette lettre dans les papiers de d'Éon.

laissé ses serviteurs infidèles triompher sur ses fidèles serviteurs secrets, et a toujours fait plus de bien à ses ennemis déclarés qu'à ses véritables amis ; il est temps, dis-je, que vous instruisiez le nouveau roi, qui aime la vérité et qu'on m'a dit avoir autant de fermeté d'esprit que son illustre aïeul en avait peu ; il est temps, et pour vous et pour moi, que vous instruisiez ce jeune monarque que, depuis plus de vingt ans, vous étiez le ministre secret de Louis XV, et moi le sous-ministre sous ses ordres et les vôtres ; que, depuis douze ans, j'ai sacrifié en Angleterre toute ma fortune, mon avancement et mon bonheur, pour avoir voulu obéir strictement à son ordre secret du 3 juin 1763, et aux instructions secrètes y relatives ; que par des raisons particulières, connues uniquement du feu roi, il a cru devoir me sacrifier en public à la fureur de son ambassadeur Guerchy, à celle de ses ministres, et aux vapeurs histériques de la Pompadour ; mais que sa justice et son bon cœur ne lui ont jamais permis de m'abandonner, dans le secret, et qu'il m'a donné, au contraire, par écrit, de sa propre main, sa promesse royale de me récompenser et de me justifier un jour à venir.

« Quant à vous, monsieur le comte, vous saurez mieux peindre que moi par quelle jalousie, quelle perfidie, quelle bassesse et quelle noire vengeance du duc d'Aiguillon, vous vous trouvez encore en exil à *Ruffec*, sans avoir cessé d'être l'ami et le ministre secret du feu roi jusqu'à sa mort. *Jamais la postérité ne pourra croire de tels faits, si vous et moi n'avions pas toutes les pièces nécessaires pour les constater, et de plus incroyables encore !*

« Si ce bon roi n'eût pas chassé les Jésuites de son royaume, et qu'il eût eu quelque *Caramonel-Saa,* ou quelque *Malagrida* pour confesseur, cela ne surprendrait personne ; mais, grâce à Dieu... j'espère que le nouveau roi nous tirera bientôt du cruel embarras où vous et moi sommes encore plongés.

« J'espère qu'il n'aura pour confesseur, ni pour ami, ni pour ministre, aucun jésuite, soit en habit de prêtre, soit en habit de chancelier, soit en habit de duc et pair, soit en habit de courtisan, soit en habit de courtisane.

« Je suis avec respect, etc...,

« Le chevalier D'ÉON. »

RÉPONSE DU COMTE DE BROGLIE

« Paris, le 17 juillet 1774 [1].

« J'ai eu, monsieur, l'honneur de rendre compte à Sa Majesté que vous aviez, depuis longtemps, celui d'être admis à une correspondance secrète que le feu roi avait jugé à propos d'établir, et des circonstances particulières où vous vous trouvez.

« Sa Majesté m'a ordonné de vous mander d'adresser, à l'avenir et jusqu'à nouvel ordre, à M. *le comte de Vergennes* la suite des rapports que vous me faites passer, en vous servant du chiffre que vous aviez avec moi. C'est aussi sous l'enveloppe et l'adresse de ce ministre que vous me ferez réponse à cette lettre. J'espère que vous apprendrez par lui incessamment ce

---

1. Archives des affaires étrangères.

qu'il aura plu au roi de décider sur votre traitement, et sur la conduite ultérieure que vous devez tenir. J'ai cru pouvoir répondre d'avance à Sa Majesté de votre obéissance, et du désir que vous aurez toujours de vous rendre utile à son service, et de lui donner des preuves de la soumission la plus parfaite.

« Vous ne devez pas douter que je ne cherche, en cette occasion comme en toute autre, à vous témoigner les sentiments avec lesquels je suis, etc.,

« Le comte DE BROGLIE. »

Au bas est écrit de la main de Louis XVI : *Approuvé*.

En apprenant que le chevalier d'Éon était détenteur de correspondances particulières du feu roi sur des sujets assez graves pour que leur révélation pût amener une guerre entre la France et l'Angleterre, — selon les paroles comminatoires du chevalier, qui avait intérêt à grossir l'importance de ces papiers, — Louis XVI et le comte de Vergennes crurent prudent de retirer ces documents des mains d'un agent qui, après avoir crié depuis si longtemps à l'ingratitude, pouvait bien finir par céder au désir de la vengeance. D'Éon ayant de nouveau sollicité la permission de rentrer en France, le comte de Vergennes lui envoya le marquis de Prunevaux, premier capitaine au 1er régiment de Bourgogne, chargé de s'entendre avec lui. Mais l'entente ne fut pas aussi facile qu'on l'avait cru.

Comprenant que s'il ne profitait pas de cette occasion, il aurait peu de chose à attendre du nouveau règne, d'Éon avait résolu de mettre à haut prix les papiers d'État dont il était détenteur, et qui étaient devenus sa seule garantie. Il demanda donc :

1° Qu'il fût solennellement justifié des imputations calomnieuses dirigées contre lui par le duc de Praslin et le comte de Guerchy, et réintégré dans ses emplois et titres politiques, comme venait de l'être le fameux Lachalotais ;

2° Qu'on lui payât toutes les sommes, indemnités et avances qui lui étaient dues depuis vingt et un ans, et dont le total ne s'élevait pas à moins de 13,933 livres sterling ou 318,477 livres 16 sous.

Dans sa belle étude sur *Beaumarchais et son temps*, M. de Loménie, qui a pris la peine d'éplucher les détails de ce compte, le compare à un compte d'apothicaire, et pour justifier cette qualification, il en cite les articles suivants :

« En novembre 1757, le roi actuel de Pologne, étant envoyé extraordinaire de la république en Russie, fit remettre à M. d'Éon, secrétaire de l'ambassade de France, un billet renfermant un diamant estimé 6,000 livres, dans l'intention que M. d'Éon l'instruirait d'une affaire fort intéressante qui se tramait alors à Saint-Pétersbourg. Celui-ci se fit un devoir de confier le billet et le diamant à M. le marquis de L'Hospital, ambassadeur, et de reporter ledit diamant au comte Poniatowski qui, de colère, le jeta dans le feu. M. de L'Hospital, touché de l'acte honnête de M. d'Éon, en écrivit au cardinal de Bernis, qui promit de lui faire accorder par le roi une gratification de pareille somme pour récompense de sa fidélité. Mais M. le cardinal de Bernis ayant été déplacé et exilé, le sieur d'Éon n'a jamais reçu cette gratification, qu'il se croit en droit de réclamer, ci...................... 6,000 livres.

« N'est-ce pas, dit M. de Loménie, une bonne plaisanterie que cette histoire d'un diamant refusé en 1757 et qui reparait, à titre de créance, dans un mémoire de 1774? Passons à d'autres articles :

« M. le comte de Guerchy a détourné le roi d'Angleterre de faire à M. d'Éon le présent de mille pièces qu'il accorde aux ministres plénipotentiaires qui résident à sa cour, ci................ 24,000 livres.

« Plus, n'ayant pas été en état, depuis 1763 jusqu'en 1773, d'entretenir ses vignes en Bourgogne, M. d'Éon a non-seulement perdu 1,000 écus de revenu par an, mais encore toutes ses vignes, et croit pouvoir porter cette perte à la moitié de sa réalité, ci... 15,000 livres.

« Plus, M. d'Éon, sans entrer dans l'état qu'il pourrait produire des dépenses immenses que lui a occasionnées son séjour à Londres depuis 1763 jusqu'à la présente année 1773, tant pour l'entretien et la nourriture de feu son cousin et de lui, que pour les frais extraordinaires que les circonstances ont exigés, croit devoir se borner à réclamer ce qu'exige, à Londres, l'entretien d'un ménage simple et décent, dans lequel on se limite aux frais et aux domestiques nécessaires; ce qu'il évalue, en conséquence, à la modique somme de 450 louis, ou 10,000 livres tournois par an, ce qui fait, pour les dites années, ci....... 100,000 livres.

« Il est à noter, dit M. de Loménie, que, depuis 1766, d'Éon touche 12,000 livres de pension par an. Le valet du *Joueur*, dans Regnard, présente un compte de dettes *actives* qui ne vaut certainement pas celui-là. Tout le reste est de même force. »

C'est là un jugement sévère et même un peu injuste. Tout le reste du compte n'était pas de même force. Il y figurait des réclamations dont la justice ne pouvait être méconnue, et la preuve, c'est que la cour de France a fini par en reconnaître la plus grande partie.

Parmi ces réclamations, nous citerons une somme de 10,000 francs empruntés par d'Éon pour les frais de son premier voyage en Russie, et sur lesquels il payait les intérêts depuis 1756. M. Rouillé, alors ministre des affaires étrangères, lui avait promis le remboursement de ces avances. « Mais, dit le chevalier d'Éon, à mon retour en France, je ne trouvai plus ce ministre en place, et quand je renouvelai ma demande auprès de M. le cardinal de Bernis et M. le duc de Choiseul, ils m'ont fait l'honneur de me dire l'un et l'autre : Il fallait vous faire payer dans le temps par mon prédécesseur. »

Il écrivait au duc de Praslin le 22 août 1763 : « Il y a bientôt dix ans que je suis politique, sans en être ni plus riche, ni plus fin. Plus je travaille avec zèle et courage, moins je deviens riche ; ma jeunesse se passe et il ne me reste plus qu'une mauvaise santé qui dépérit tous les jours, et plus de 20,000 livres de dettes. »

Si donc, dix ans plus tard, d'Éon a un peu enflé son compte, c'est qu'il connaissait de longue main les gens auxquels il avait affaire. Il savait quel fonds il pouvait faire sur leur justice et leur générosité !

M. de Loménie qui a entrepris de faire le procès de d'Éon dans l'intérêt de Beaumarchais son client, fait une autre citation empruntée à une lettre adressée par lui au duc de Praslin, le 25 septembre 1763, et dans laquelle il fait de lui-même un portrait assez bizarre. Mais l'extrait donné par M. de Loménie n'est pas complet. Il est donc juste de le compléter et de dire que d'Éon répondait à une lettre du duc de Praslin qui lui reprochait d'avoir dépensé trop d'argent aux dépens de son cher comte de Guerchy, pendant qu'il gérait la maison de cet ambassadeur à Londres.

« Je n'ai jamais été à la tête d'aucune maison, répond d'Éon, excepté de celle de mon père, et, un an après, elle est tombée en ruines. Si vous voulez me connaître, monsieur le duc, je vous dirai franchement que je ne suis bon que pour penser, imaginer, questionner, réfléchir, comparer, lire, écrire, ou pour courir du levant au couchant, du midi jusqu'au nord, et pour me battre dans la plaine ou sur les montagnes.

« Si j'eusse vécu du temps d'Alexandre ou de Don Quichotte, j'aurais été sûrement Parménion ou Sancho Pança. Si vous m'ôtez de là, je vous mangerais, sans faire aucune sottise, tous les revenus de la France en un an, et, après cela, je vous ferais un excellent traité sur l'économie. Si vous voulez en avoir la preuve, voyez tout ce que j'ai écrit dans mon *Histoire des finances*, sur la distribution économique des deniers publics dans un État, et voyez toute la *prétendue* dépense que j'ai faite dans la maison de M. le comte de Guerchy. Je pourrais cependant défier les intendants et économes de trouver dans mes comptes une dépense inutile de 15 ou de 20 guinées sur le total. Si ce n'était pas à vous que j'eusse l'honneur d'écrire, je me servirais du proverbe : Voilà bien du bruit pour une omelette au lard. »

Ainsi complétée et expliquée, la citation n'a plus le sens carnavalesque et cynique que lui donne M. de Loménie. C'est une simple boutade, comme il en échappe à tout homme qui écrit trop, ce qui était un peu le défaut de d'Éon. Il était grand barbouilleur de papier en effet, et en parlant de lui-même, il avait fait sa charge plutôt que son portrait. Comme tous les fanfarons de cette époque, il se calomniait un peu, croyant se vanter.

Nous croyons qu'il parlait de lui-même avec plus de vérité, lorsqu'un mois plus tard (le 25 septembre 1763) il écrivait au secrétaire du duc de Nivernais :

« Je ne demande de l'argent que parce que je n'en ai point, que l'on m'en doit à la cour et que j'en dois à la ville, et que je ne l'ai pas dépensé pour mon service. Je ne crois pas qu'il y ait quelqu'un assez hardi dans le monde pour dire que j'ai mangé mon argent à me divertir ou à faire des folies. Ma vie est assez connue, et l'on sait que j'ai toujours vécu, dans tous les pays, sans chevaux, sans cabriolet, sans chien, sans chat, sans perroquet *et sans maîtresse*... La seule dépense que l'on pourrait me reprocher est d'avoir acheté plus de livres que je n'en puis lire, et plus d'armes que je ne puis me servir. Mais quel est l'homme qui ne paie pas le tribut à la nature par quelque faible ?... La fortune est pour moi une p.... à qui je donne cent coups de pieds dans le ventre, toutes les fois qu'elle se présente à ma porte avec un air malhonnête... Il ne me faut pour toute fortune que deux ou trois bons livres et mon épée; avec cela je suis riche partout; je couche aussi bien à terre que dans un bon lit. J'estime ma vie si peu de chose, que je la donne au premier qui voudra ou qui pourra la prendre. »

Pour en revenir à ses comptes, il demanda, en sus de ses créances, que sa pension de 12,000 livres fût convertie en un contrat de rente viagère de même somme.

Le marquis de Prunevaux n'offrit, en compensation des pertes passées, qu'une augmentation de 1,000 écus à la pension de 12,000 livres, et rejeta tout à fait la demande d'une réintégration solennelle qui eût été la condamnation d'hommes jouissant encore d'une grande influence.

La négociation fut donc rompue. Elle fut reprise, un peu plus tard, par un capitaine de grenadiers, M. de Pommereux. Mais tout ce qu'il put obtenir de d'Éon fut la réduction de ses prétentions pécuniaires à 256,000 livres.

Lassée de cette opiniâtreté, la cour de Versailles essaya de prendre d'Éon par la famine, et, pour la seconde fois, ses pensions et traitements, si mal payés, lui furent totalement supprimés. En apprenant cette rupture, l'opposition anglaise crut, comme la cour de France, à l'importance capitale des papiers détenus par d'Éon, et on lui en offrit des sommes considérables, s'il voulait les livrer. Il faut le dire à son honneur, il eut le patriotisme de résister à cette tentation. Cependant, comme il lui fallait vivre, il emprunta 5,000 livres sterling, soit une centaine de mille francs à l'un de ses amis et protecteurs dévoués, le lord comte Ferrers, en lui donnant une partie de ces papiers en dépôt, pour lui servir de garantie. Cet énorme prêt démontre combien le comte Ferrers croyait ces papiers intéressants. Cependant d'Éon avait eu soin d'excepter du dépôt les documents personnels au feu roi, qui étaient les plus précieux pour la cour de France et pour lui-même. Ces papiers renfermaient le plan de restauration des Stuart, celui de descente en Angleterre, et autres rêves constituant ce que d'Éon appelait le *grand projet* de Louis XV.

En même temps, ne conservant plus l'espoir de pouvoir reprendre du service sous un règne qui commençait si mal pour lui, d'Éon aborda résolument, vers cette époque, la question qu'il agitait depuis longtemps dans sa tête un peu affolée par tant de souffrances. A force d'entendre discuter sur son sexe dans la presse anglaise, il avait dû se demander, en souriant, ce qu'il adviendrait s'il était réellement une fille, au lieu d'être un homme. Cette question une fois posée devant son imagination, il avait dû l'envisager sous ses deux faces et les comparer l'une à l'autre.

Homme, sa carrière était à peu près finie comme militaire et comme diplomate; disgracié, il allait disparaître de la scène du monde et tomber dans l'obscurité. Or, il avait horreur de l'ombre et du silence. Dans une lettre de lui à un ami, citée encore par M. de Loménie, il disait : « Je suis une brebis que Guerchy a rendue enragée en voulant la précipiter dans le fleuve de l'oubli. » Cette terreur de l'oubli se conçoit de la part d'un homme qui voyait l'Europe s'occuper de lui depuis si longtemps. La notoriété une fois acquise a des ivresses auxquelles on renonce difficilement.

S'il y avait un mystère dans son existence, si l'on apprenait que le capitaine de dragons et l'ex-ministre plénipotentiaire était une femme déguisée, loin de rentrer dans l'obscurité, il deviendrait le héros du jour et du siècle. Ses services prendraient des proportions extraordinaires. Le premier venu des capitaines était son égal, car la bravoure est la noblesse commune en France. De même, bien des négociateurs étaient à son niveau ; mais s'il était femme, pour trouver son égale, il faudrait remonter aux Jeanne d'Arc, aux Jeanne Hachette. Ne vaut-il pas mieux avoir une grande renommée comme femme qu'une médiocre comme homme ? Ce changement d'apparence ne lui apporterait que des avantages sans aucun inconvénient, puisque, de son propre aveu, il n'avait jamais ressenti le besoin de l'amour. Une métamorphose attirerait sur lui l'intérêt de l'Europe entière, et lui ferait obtenir plus facilement satisfaction du gouvernement français, qui n'oserait plus refuser à une femme le prix du sang versé et des services rendus.

Telle doit avoir été la gradation des idées par lesquelles il a passé, et des perspectives dont sa cervelle s'est peu à peu grisée, pour se décider à jouer la comédie qui a marqué la seconde moitié de sa vie.

Il a cherché à donner le change à la postérité, en écrivant plus tard à Beaumarchais : « Je vous répondrai que ce n'est pas moi qui ai demandé cette métamorphose [1], c'est le feu roi et M. le duc d'Aiguillon, c'est

---

1. Nous verrons que par métamorphose, il n'entendait parler que de sa prise de jupes, dont il avait espéré pouvoir être dispensé.

le jeune roi et le comte de Vergennes ; c'est vous-même, en vertu de vos pouvoirs ; c'est la famille Guerchy, qui trembla au seul nom d'homme qui me reste encore par mon baptême. » Et revenant sur ce dernier point dans une seconde lettre datée du 7 janvier 1776, il dit à Beaumarchais : « Il ne me reste plus, monsieur, qu'une demande à vous faire, sur laquelle je prie le fils de M. le comte de Guerchy de s'expliquer clairement et loyalement par votre canal, comme je vais le faire de mon côté. Je sais qu'il a été, avec madame sa mère et M. le duc de Nivernais, chez MM. les comtes de Maurepas et de Vergennes, pour faire sentir à ces ministres qu'il croyait qu'il était de son honneur de se couper la gorge avec moi ; que ces deux ministres ont eu la bonté de calmer Mme de Guerchy, en disant qu'ils croyaient monsieur son fils trop homme de bien et d'honneur pour tirer l'épée contre une femme, et qu'elle se retira avec des remerciements, bien soulagée. Je vais à présent, monsieur, vous dire ma véritable et constante façon de penser à cet égard. J'ai toujours respecté la naissance, les qualités et les vertus de Mme la comtesse de Guerchy. Son fils était si jeune lors mes démêlés et procès avec son père que, loin de vouloir du mal à ce cher fils unique, je lui sauverais la vie s'il était en danger, et qu'il fût en mon pouvoir de le faire. Jamais je ne l'attaquerai, mais toujours je me défendrai quand il voudra former son attaque. Rien ne me paraît plus juste, suivant le droit de la nature, que le fils prenne à cœur la défense du père. Donc, pour le mettre fort à son aise à cet égard, s'il croit qu'il est de son honneur de défendre la méchanceté et les crimes du feu comte de

Guerchy, les armes à la main, je lui donne ma parole d'honneur que, pour sa satisfaction particulière, j'aurai l'honneur de me couper la gorge ou de me casser la tête avec lui, quand il voudra, et avec grand plaisir, pourvu qu'il vienne me trouver en Angleterre, qui a été le théâtre des scènes d'horreur que l'on a exercées à mon égard, et où, pour une telle opération, le terrain est le plus propre de l'Europe ; car vous sentez parfaitement que de me donner un appel en France ou ailleurs que dans mon île, ce serait une moquerie ou un piége, dont le public et moi ne serions certainement pas la dupe. Je lui donne de plus ma parole d'honneur qu'alors je ne quitterai point mon uniforme, et je soutiendrai envers et contre tous que je suis un véritable dragon. Jamais je n'arborerai, par défaut de courage, la robe de mon sexe. J'ai fait mes preuves là-dessus, et suis toujours prêt à recommencer. J'attendrai donc par votre canal une réponse catégorique de sa part sur cet objet si important pour moi. Toute ma vie j'ai été aussi chatouilleuse sur l'honneur militaire qu'une fille doit l'être sur la vertu de chasteté. »

Mais Beaumarchais avait déjà déclaré à d'Éon que cette histoire était un conte, et il lui reproche de l'avoir répandue par un paragraphe anonyme « qui annonce *malhonnêtement et contre toute vérité*, que Mme de Guerchy s'est jetée aux pieds du roi, qui lui a tourné le dos. »

La *chevalière d'Éon* persista, néanmoins, dans sa version reproduite plus tard par Mme Campan, et qui semblait, en effet, l'explication la plus plausible de son travestissement. A cette explication que nous avions adoptée nous-même, M. de Loménie a fait les objections très-sensées que voici : « Comment s'expliquer qu'un roi, pour étouffer les suites d'une querelle, ne trouve pas de moyen plus simple, que de changer un des adversaires en femme, et qu'un officier de quarante-sept ans préfère renoncer à toute carrière virile et porter des jupes pendant tout le reste de sa vie, plutôt que de s'engager tout simplement à refuser, par ordre du roi, une provocation, ou plutôt que de rester dans la disgrâce et l'exil, en gardant sa liberté et son sexe. Comment s'expliquer enfin, si le chevalier d'Éon n'est que la victime résignée des volontés de Louis XV, adoptées par Louis XVI, que lorsque ces deux rois sont morts, lorsque la monarchie française elle-même n'existe plus, lorsque d'Éon, retiré à Londres, n'a plus aucun intérêt d'argent ni de situation à subir le travestissement imposé, comment s'expliquer qu'il persiste à le conserver jusqu'à sa mort ? »

C'est que l'initiative de cette comédie était venue de lui-même, comme nous en aurons la preuve tout à l'heure, et que, même après la chute de la monarchie, il n'a pas voulu se donner un démenti, ou reconnaître qu'il s'était prêté à une mascarade par vanité ou par faiblesse.

Nous n'avons trouvé, ni dans les papiers de sa famille, ni dans les archives des affaires étrangères, aucune preuve à l'appui de son assertion que Louis XV et le duc d'Aiguillon *aient demandé* sa métamorphose. Quant à Louis XVI et à M. de Vergennes, ils n'ont demandé, comme on le verra, la reprise de ses habits de femme qu'après la confession inattendue de son prétendu sexe, faite spontanément par d'Éon à Beaumarchais. Ce fut alors, pour a première fois, que M. de Vergennes suggéra à Beaumarchais l'idée de *proposer* à celle qui s'était reconnue pour femme d'en revêtir l'habillement, dans l'*intérêt de sa propre tranquillité*, parce que *ses ennemis veillaient et lui pardonneraient difficilement tout ce qu'il avait dit d'eux*. S'il portait une jupe, *tout serait dit*, « mais, ajoute M. de Vergennes, *c'est une proposition que lui seul peut se faire.* » Beaumarchais trouva l'idée très-juste, et ce fut ainsi qu'elle devint une condition de l'arrangement conclu avec d'Éon, auquel la transaction imposa, en outre, un silence absolu *sur ses querelles passées, pour qu'elles fussent à jamais ensevelies dans l'oubli*. Mais tout cela fut fait dans l'intérêt de d'Éon lui-même, autant que dans celui des familles de Guerchy et de Praslin.

Ces points historiques ainsi établis, revenons à l'époque où d'Éon paraît avoir pris une décision définitive sur sa métamorphose.

Le capitaine de grenadiers, de Pommereux, le second négociateur dépêché auprès de lui par M. de Vergennes, paraît avoir reçu ses premières confidences sur ce sujet. Charmé de l'aventure, et aussi intrépide que naïf, ce capitaine lui aurait proposé de l'épouser.

Vint ensuite Beaumarchais, dont l'immixtion dans cette affaire fut la conséquence fortuite d'autres missions non moins curieuses dont il avait été chargé, en Angleterre, par la cour de Versailles.

CHAPITRE XIV

Comment l'insurrection des Américains fut envisagée à son début par la cour de France. — Document sur ce sujet. — Revirement opéré à Versailles par Beaumarchais. — Comment il devint un négociateur politique et secret. — Comment le chevalier d'Éon fit sa connaissance. — Affaire de Morande et de Mme Dubarry. — D'Éon déclare à Beaumarchais qu'il est femme et qu'il a des papiers d'État de la plus haute importance. — Beaumarchais s'entremet en sa faveur à Versailles et reprend les négociations. — Beaumarchais, Gudin et Morande complétement dupes de d'Éon. — M. de Vergennes propose que d'Éon, étant femme, reprenne les habits de son sexe. — D'Éon s'y refuse d'abord, puis cède aux raisons de Beaumarchais. — Lettres de celui-ci à M. de Vergennes. — Transaction préparatoire par laquelle d'Éon se reconnaît femme. — Sa lettre au comte de Broglie pour lui apprendre que son officier de dragons était une dragonne.

La guerre de l'Angleterre avec ses colonies d'Amérique occupait alors vivement les esprits. La lutte, en se prolongeant, avait changé l'*insurrection* en *guerre*, et la victoire commençait à faire des prétendus révoltés de véritables héros. Car telle est l'influence des événements sur le vulgaire; pour les apprécier, son esprit, au rebours des esprits rationnels, se place, non pas au commencement, mais à la fin. De cette façon, le fait devient son propre juge, et par le mauvais ou le bon succès, prononce condamnation ou absolution sur lui-même.

La cour de France allait donner un frappant exemple de cette indécision d'appréciation.

A sa naissance, l'insurrection des Américains avait été condamnée à Versailles. En 1775, non-seulement on la désapprouvait encore, mais même on la craignait, et l'on prenait contre elle des précautions sanitaires, comme on en prend contre une peste morale. La pièce suivante est une preuve authentique de ce que nous avançons.

LETTRE DU COMTE DE VERGENNES A M. LE COMTE DE GUINES, AMBASSADEUR A LONDRES [1]

« Versailles, le 23 juin 1775.

« . . . . Vous voudrez bien, monsieur le comte, ne négliger aucune occasion d'assurer Sa Majesté britannique des sentiments du roi pour elle, et du désir qu'il a de voir régner la plus parfaite intelligence entre leurs couronnes, sur le fondement de la paix et de l'amitié qui existent si heureusement. Les principes de modération et de justice qui animent si constamment les conseils du roi, et qui dirigent toutes ses résolutions, doivent rassurer Sa Majesté britannique contre les inquiétudes que des esprits passionnés, et ennemis de la tranquillité publique, voudraient lui faire concevoir de nos vues. Loin de chercher à profiter de l'embarras où

---

[1]. Archives des affaires étrangères.

l'Angleterre se trouve à l'occasion des affaires de l'Amérique, *nous désirerions plutôt pouvoir l'aider à s'en dégager.* L'esprit de révolte, en quelque endroit qu'il éclate, est toujours d'un dangereux exemple. *Il en est des maladies morales comme des maladies physiques, les unes et les autres peuvent devenir contagieuses!...* Nous ne voudrions donc point excéder dans nos précautions au point d'inspirer des alarmes aux Anglais.

« **Je** vous prie, monsieur, de veiller exactement sur le progrès des révolutions auxquelles on peut s'attendre, et principalement sur celui que le lord *Chatam* pourra faire sur l'esprit du roi d'Angleterre, s'il se rend aux instances que l'on prétend que ce prince a faites pour l'attirer auprès de lui. Peut-être M. d'Éon pourrait-il vous procurer des connaissances intéressantes à ce sujet. Si vous croyez pouvoir entretenir des relations indirectes avec lui, je sais qu'il n'est pas éloigné de vous être utile. Son cœur est toujours français, quoique ses malheurs et ses emportements aient paru l'éloigner quelquefois. Il a des amis dans le parti de l'opposition, et ce n'est pas le plus mauvais canal pour être bien instruit. »

A cette dépêche était jointe une lettre pour le chevalier d'Éon.

Mais, quelques mois après, les sympathies du cabinet de Versailles se retournaient peu à peu du côté des Américains, attirées par le merveilleux spectacle de leur héroïque résistance. Ce revirement, d'ailleurs, était presque forcément occasionné en France, par le souffle tout-puissant de l'esprit public dont les gouvernements habiles savent toujours prendre le vent. L'instinct populaire avait compris, chez nous, que la cause d'une nation opprimée, se levant au nom de ses droits naturels et imprescriptibles, était la sienne. Les libertés, comme les tyrannies, sont sœurs les unes des autres; et sur le nouveau, comme sur l'ancien hémisphère, toutes avaient besoin de se donner la main. En outre, la haine que nous portions aux Anglais devait naturellement augmenter notre bienveillance pour leurs ennemis. Nous avions une honte, celle du traité de 1763 à laver, et l'Amérique nous tendait l'éponge... Retenu, d'un côté, par ses répugnances monarchiques, qui voyaient dans les Américains des sujets rebelles; incité de l'autre par son patriotisme qui sentait en eux des alliés à la vengeance du pays, Louis XVI hésita longtemps. Mais enfin il céda à l'impulsion du sentiment national : le peuple entraîna le roi.

L'intervention fut décidée ; mais les préparatifs devaient en être longs encore. La France était demeurée veuve de sa marine, qui avait presque entièrement succombé dans la dernière guerre. Il fallait la recréer, et sous les yeux mêmes de l'ennemi contre lequel elle allait se relever. Il importait aussi de chercher des alliés pour faire contre-poids à la toute-puissance des Anglais sur les mers; il fallait enfin des ennemis de ceux-ci tâcher de faire autant d'amis pour les Américains. Cela demandait la plus haute prudence, le plus profond mystère, afin que la Grande-Bretagne avertie n'étouffât pas notre marine à sa naissance. On devait donc éviter tout prétexte de mésintelligence prématurée avec elle, retenir et dérober tout ce qui pouvait lui ouvrir les yeux sur notre rancune que Louis XV avait su recouvrir des voiles d'une trompeuse amitié.

Il fallait un négociateur habile pour aller proposer une croisade secrète à des puissances étrangères, présumées ennemies de la Grande-Bretagne, et s'arranger de façon qu'aucun indice révélateur ne pût parvenir à celle-ci!

Un homme se sentit à la hauteur de ces différentes missions, et entreprit de les remplir.

Cet homme fut *Beaumarchais!*

Un des premiers il avait embrassé la cause des Américains, l'avait épousée avec une sorte d'amour qui tenait de l'idolâtrie. Nous avons entre les mains une vingtaine de lettres adressées par lui aux ministres de Versailles, et qui sont autant d'admirables plaidoyers de chaque jour, de chaque heure, en faveur du peuple opprimé dont il s'était constitué le défenseur officieux[1]. Dans ces lettres qui forment une histoire presque entière de la guerre américaine, il en suit les phases avec un intérêt que rien ne décourage, ne cessant pas d'espérer au sein des revers, triomphant et battant des mains à chaque victoire. On eût dit que c'étaient ses frères qui se battaient loin de lui, et à cause de lui. Il atténue leurs fautes, exalte leurs vertus, plaidant pour eux, de toutes les facultés de son esprit et de son âme, devant ceux qu'il veut intéresser à leur sort. Et quand, à force de talent et de persévérance, il a obtenu la pro-

---

1. Voir à la fin de ce volume celles de ces lettres qui nous ont paru les plus intéressantes.

messe de secours tant désirés, il en presse l'exécution trop lente au gré de ses vœux. « Au nom du ciel, des munitions, des ingénieurs, crie-t-il au comte de Vergennes! » Dans son impatience enfin, lui-même achète, pour son propre compte, ces armes et ces munitions qu'il expédie à ses Américains... et que les Américains ne lui remboursèrent pas, ce qui le ruina presque entièrement!

Mais au moment dont il s'agit, il n'en était encore qu'à l'espérance! Ce fut donc avec enthousiasme qu'il se chargea de la négociation proposée.

Mais comment Beaumarchais était-il devenu d'homme de lettres homme de politique, d'auteur sur les théâtres de Paris acteur sur le théâtre du monde? Le chevalier d'Éon nous le raconte plaisamment dans un factum historique écrit par lui au comte de Vergennes, le 27 mai 1776, et ayant pour titre :

CAMPAGNES DU SIEUR CARON DE BEAUMARCHAIS EN ANGLETERRE, PENDANT LES ANNÉES 1774-1775-1776

ou

Abrégé de ce qui a précédé et suivi la conduite particulière qu'a tenue M. Caron de Beaumarchais, dans sa prétendue négociation à Londres avec le prétendu chevalier d'Éon de Beaumont[1].

« 1° Il y avait, en 1773, et il existe encore en Angleterre, un aventurier libelliste nommé *Théveneau de Morande*, second tome du sieur *Goudard* que j'ai

---

1. Archives des affaires étrangères.

dépeint dans une autre occasion. Il avait établi un journal appelé le *Gazetier cuirassé*, espèce d'officine à diffamation, dans laquelle il élaborait l'injure et commerçait sur la calomnie. Avant de faire imprimer ce *Gazetier cuirassé*, il avait écrit à toutes les personnes (y compris M. de Voltaire) sur lesquelles il avait inventé des infamies, pour leur demander telle ou telle somme, si elles ne voulaient pas voir ces horreurs rendues publiques. M. le marquis de Villette, un de ceux à qui il avait écrit, lui répondit : « Monsieur le gueux, vous me demandez 50 louis pour ne pas publier certaines anecdotes qui me concernent ; si vous voulez m'en donner 100, je vous fournirai beaucoup d'autres anecdotes encore plus curieuses et secrètes, que vous pourrez joindre à votre manuscrit. J'attends la réponse. »

« 2º Louis XV et son ministre secret, M. le comte de Broglie, par une lettre au chevalier d'Éon, du 6 juillet 1773, le chargent de s'informer si le sieur de Morande travaille réellement aux *Mémoires sur la vie de madame la comtesse Dubarry*, et quelle somme d'argent on pourrait donner au sieur de Morande pour le déterminer à faire le sacrifice de son manuscrit ou de son imprimé. Le chevalier d'Éon fait la réponse suivante à M. le comte de Broglie.

« Londres, les 13 et 18 juillet 1773.

« Monsieur,

« Vous ne pouviez guère vous adresser ici à personne plus en état de seconder et même terminer au gré de vos désirs l'affaire dont vous me parlez, parce que

M. Morande est de mon pays, qu'il se fait gloire d'avoir été lié avec une partie de ma famille, en Bourgogne; et dès son arrivée à Londres, il y a trois ans, son premier soin fut de m'écrire qu'il était mon compatriote, qu'il désirait me voir et se lier avec moi. Je refusai pendant deux mois sa connaissance, et pour cause. Depuis, il a si souvent frappé à ma porte, que je l'ai laissé entrer chez moi, de temps en temps, pour ne point me mettre à dos un jeune homme dont l'esprit est des plus turbulents et des plus impétueux, qui ne connaît ni bornes ni mesures, ne respecte ni le sacré ni le profane. Voilà quel est l'individu... *Fenum habet in cornu, tu, Romane, caveto.* C'est pour cela que je le tiens à une certaine distance.

« Il a épousé la fille de son hôtesse, qui faisait et défaisait son lit avec lui. Il en a deux enfants, et vit bien avec elle.

« C'est un homme qui met à composition plusieurs personnes riches de Paris par la crainte de sa plume. Il a composé le libelle le plus sanglant qui se puisse lire contre le comte de Lauraguais, avec lequel il s'est pris de querelle. A ce sujet, le roi d'Angleterre (si souvent attaqué lui-même dans les journaux) demandait, la semaine dernière, au comte de Lauraguais comment il se trouvait de la liberté anglaise. « Je n'ai pas à m'en plaindre, sire, répondit le comte; elle me traite en roi! »

« Je ne suis pas instruit que de Morande travaille à l'histoire scandaleuse de la famille Dubarry; mais j'en ai de violents soupçons. Si l'ouvrage est réellement entrepris, personne n'est plus en état que moi de négocier sa remise avec le sieur de Morande... Il aime beaucoup sa femme, et *je me charge de faire faire à celle-ci tout ce que je voudrai.* Je pourrais même lui faire enlever le manuscrit, mais cela pourrait faire tapage entre eux; je serais compromis, et il en résulterait un autre tapage plus terrible.

« Je pense que si on lui offrait 800 guinées, il serait fort content. Je sais qu'il a besoin d'argent à présent; je ferai tous mes effort pour négocier à une moindre somme. Mais à vous dire vrai, monsieur, je serais charmé que l'argent lui fût remis par une autre main que la mienne, afin que, d'un côté ou d'un autre, on n'imagine pas que j'ai gagné une seule guinée sur un pareil marché. »

« 3° M. d'Éon est sur le point de conclure toute cette affaire moyennant une somme de 800 livres sterling une fois payées au sieur de Morande, qui devait faire sa soumission en justice de payer 1,000 livres sterling aux pauvres de la paroisse, si, par la suite, il était convaincu dans un tribunal d'avoir fait imprimer quelque ouvrage contre le feu roi, ses maîtresses ou ses ministres.

« 4° M. d'Éon reçoit une autre lettre du comte de Broglie, en date du 26 août 1773, approuvée par le roi, et par laquelle on lui mande de suspendre sa négociation avec Morande, attendu que le fameux comte Dubarry avait pris d'autres mesures; mais de veiller sur la conduite et sur l'imprimerie de Morande.

« 5° Des émissaires secrets de la connétablie arrivent à Londres pour tâcher d'enlever Morande. Cela ne réussit pas, et les émissaires épouvantés fuient promptement à Paris.

« 6° Le sieur Caron de Beaumarchais, *blâmé* au Parlement de Paris, sur le point d'être appréhendé au corps pour l'exécution de l'arrêt, se réfugie dans la garde-robe du roi, asile digne d'un tel personnage.

« 7° M. *de La Borde*, valet de chambre du feu roi, confie au sieur de Beaumarchais, dans les ténèbres de la garde-robe, que le cœur du roi est attristé par un vilain libelle que compose à Londres le vilain Morande, sur les amours de la charmante Dubarry.

« 8° Aussitôt le cœur romanesque et gigantesque du sieur Caron s'enfle et se remplit des idées les plus chimériques ; son ambition s'élève aussi haut que les flots de la mer qu'il doit traverser ; il conçoit l'espérance de réussir dans le dessein de flatter les amours de son maitre, d'abaisser ses ennemis et d'élever sa fortune. Il communique à *La Borde* son projet d'aller à Londres secrètement corrompre par or le corrompu Morande : le projet est communiqué par La Borde à Louis XV, qui daigne l'approuver.

« 9° En conséquence, le sieur Caron de Beaumarchais arrive à Londres *incognito*, escorté du comte de Lauraguais *in publico*.

« 10° Le jour de leur arrivée, le sieur de Morande vint chez M. d'Éon lui dire que deux seigneurs français sont arrivés le matin chez lui, les poches pleines d'or, pour l'engager à supprimer ses mémoires contre Mme la comtesse Dubarry ; mais que, ne voulant rien conclure sans avoir l'avis de M. d'Éon, puisque le premier il avait négocié cette affaire, ces deux seigneurs étaient dans leur carrosse au coin de la rue où demeurait M. d'Éon, et désiraient conférer avec lui, avant de rien conclure avec Morande.

« 11° M. d'Éon demande à Morande les noms de ces seigneurs français qui attendaient en leur carrosse dans la rue, et s'ils avaient des lettres de personnes en place à Versailles ou à Paris, pour lui.

« Le sieur de Morande déclare que ces seigneurs veulent garder le plus parfait incognito.

« 12° Alors M. d'Éon répond qu'il ne veut point conférer avec des seigneurs ou personnes inconnues ; que ce pouvait être des émissaires de la police qui lui feraient dire ce qu'il ne voulait ni dire, ni penser ; que la matière des amours des rois était fort délicate pour tout le monde ; que d'ailleurs le public se moquerait de lui, d'Éon, si, après avoir été longtemps secrétaire d'ambassade, puis ministre plénipotentiaire, il négociait avec des inconnus, qui pouvaient être des espions ou des aventuriers ; que le seul conseil qu'il pouvait donner au sieur Morande, sachant qu'il était chargé d'une femme, d'enfants, de domestiques et de dettes dans un pays aussi cher que Londres, et connaissant le danger de son métier qu'il compara à celui d'un voleur de grand chemin, il fallait faire contribuer la voiture la plus dorée qu'il trouverait sur la route ; que la voiture de lui, d'Éon, ne portait que 800 livres sterling pour le sacrifice de son libelle ; que si la voiture des seigneurs inconnus, attendant dans la rue, était plus chargée d'or, il pouvait faire ce que bon lui semblerait dans un pays libre, pourvu qu'il ne violât point publiquement la loi de ce pays.

« 13° Peu de jours après, M. d'Éon apprit que ces

deux seigneurs inconnus étaient le seigneur inconnu Caron de Beaumarchais et le seigneur très-illustre et très-connu Louis-François Brancas, comte de Lauraguais ; et qu'au nom de Louis XV ils avaient conclu un traité avec le sieur Charles Théveneau de Morande pour la suppression de son libelle, moyennant une somme de 1,500 louis comptant, 4,000 francs de pension sur la vie de Morande, et, en cas de sa mort, *deux mille livres de pension* sur la vie de sa femme. M. d'Éon loua beaucoup la Providence et M. de Morande sur cette bonne aventure, et lui dit, en badinant, qu'il était une bête de n'avoir pas exigé une pension sur la vie de ses enfants légitimes et bâtards, de son chien et de son chat.

« 14° M. de Morande ne cessant d'obséder M. d'Éon de ses visites importunes, porta ce dernier à lui dire qu'il serait curieux de connaître un homme tel que M. de Beaumarchais, parce que les mémoires qu'il avait publiés lui faisaient soupçonner, à en juger par la hardiesse du style et des pensées, qu'il y avait encore un homme à Paris.

« 15° Je ne pus faire sa connaissance pendant ce voyage ; mais M. de Morande l'amena chez moi dans le troisième voyage qu'il fit à Londres, et nous nous vîmes ainsi tous deux, *conduits sans doute par une curiosité naturelle aux animaux extraordinaires de se rencontrer*.

« 16° En mai 1775, je le vis, ce libertin, que je pourrais même appeler, sans calomnie, du nom de cet animal qui, les yeux en l'air et le grouin en terre, cherche les truffes de mon pays. Après quelques visites et conférences, il eut connaissance d'une partie de ma position politique *et physique.*

« 17° Il me fit les plus grandes offres de services à Versailles, je les acceptai. Semblable à un noyé que le feu roi et son ministre secret, par des raisons d'une sublime politique, ont, pour ainsi dire, abandonné au torrent d'un fleuve empoisonné, je me suis accroché un instant à la barque de Caron comme à une barre de fer rouge. Quoique j'aie pris la précaution d'armer ma main de gantelets, je n'ai pas laissé que d'avoir par la suite les doigts brûlés ; ainsi que je pourrais avoir les pieds brûlés, si par hasard on m'avait porté sur le mont Vésuve ou le mont Etna, tandis que la lave en descend à gros bouillons. »

Quoique d'Éon dise, dans ce factum, que Beaumarchais et lui ont été poussés à se voir « par une curiosité naturelle aux animaux extraordinaires de se rencontrer, » il est probable que de la part de d'Éon il y avait autre chose que de la curiosité. Il songea vraisemblablement à se servir de Beaumarchais, qu'il voyait en faveur à Versailles, pour s'en faire un avocat auprès de M. de Vergennes, et faire présenter à ce ministre sa situation sous un nouveau jour. Pour intéresser Beaumarchais à sa cause et lui donner une marque de confiance, il lui avoua, en pleurant, qu'il était une femme [1], et cet aveu fut fait avec tant d'art que Beaumarchais ne conçut pas le moindre doute.

---

1. Voir les *Pièces justificatives* n⁰ˢ 4 et 6, dans lesquelles d'Éon écrit à Beaumarchais : « Je confesse avec plaisir, quoique avec douleur, la honte et les larmes que l'aveu et la déclaration de ma propre faiblesse m'ont arrachées, etc. » Et : « Je vous ai découvert le mystère de mon sexe et donné mon portrait. »

D'Éon lui raconta l'histoire des papiers d'État dont il était dépositaire, les offres auxquelles il avait résisté, et Beaumarchais comprit aussitôt le danger auquel ses négociations secrètes, en faveur des Américains, pourraient être exposées, si d'Éon venait à livrer à des Anglais des papiers qu'il disait si graves. La cause de d'Éon se trouvait donc rattachée tout à coup à celle de Beaumarchais lui-même. Charmé d'obliger une fille aussi intéressante par ses malheurs, son courage, son esprit, et d'écarter, en même temps, un danger de son propre chemin, Beaumarchais adresse aussitôt à Louis XVI les lettres les plus touchantes en faveur de sa nouvelle amie : « Quand on pense, écrit-il au roi, que cette créature tant persécutée est d'un sexe à qui l'on pardonne tout, le cœur s'émeut d'une douce compassion!... J'ose vous assurer, Sire, écrit-il une autre fois, qu'en prenant cette étonnante créature avec adresse et douceur, quoique aigrie par douze années de malheurs, on l'amènera facilement à rentrer sous le joug, et à remettre tous les papiers relatifs au feu roi à des conditions raisonnables. »

Beaumarchais ne fut pas seul dupe des aveux de d'Éon. Son ami Gudin, qui l'accompagnait, fut dupe comme lui. Dans ses *Mémoires inédits sur Beaumarchais*, il raconte qu'il rencontra *cette femme intéressante* à un diner chez le lord-maire Wilkes. « Elle m'avoua, dit-il, en pleurant (il paraît, dit M. de Loménie, que c'était la manière de d'Éon), qu'elle était femme et me montra ses jambes couvertes de cicatrices, restes de blessures qu'elle avait reçues, lorsque, renversée de son cheval tué sous elle, un escadron lui passa sur le corps, et la laissa mourante dans la plaine. »

Enfin, Morande lui-même, ce rusé coquin dont « l'amitié et la correspondance étaient un opprobre pour l'auteur du *Mariage de Figaro*, » a dit Mirabeau, Morande tomba aussi dans le piége.

Comment trois hommes aussi fins, aussi expérimentés en pareille matière, ont-ils pu prendre un ancien dragon pour une fille, c'est une des mystifications les plus étonnantes que nous offre l'histoire du dix-huitième siècle, si féconde en drôleries. Nous verrons Morande expliquer sa crédulité personnelle, en prétendant que la chevalière d'Éon lui avait donné une preuve irrécusable de son sexe. Mais comme il fait cette assertion pour justifier son refus de se battre avec elle, elle est probablement un faux-fuyant de sa couardise.

Ce qui est certain, c'est que dans tous les papiers de Beaumarchais lus par M. de Loménie, comme par nous, il n'y a pas une seule ligne qui ne prouve qu'il a été complétement trompé sur le sexe du chevalier, et, ce qui n'est pas moins étonnant, c'est que M. de Vergennes paraît l'avoir été de même. La révélation faite par d'Éon à Beaumarchais, et la conviction avec laquelle ce dernier l'avait transmise au roi, furent accueillies d'autant plus facilement par le ministre que cela venait confirmer les bruits répandus jadis par le comte de Guerchy et sur lesquels le duc de Praslin avait ouvert une enquête. Sans cette bonne foi de Louis XVI et de M. de Vergennes, on comprendrait difficilement qu'un grand gouvernement se fût prêté à une mascarade qui devait être, infailliblement, découverte un jour. C'eût été faire de la politique de carnaval.

Sous l'impression des cajoleries de d'Éon qui lui avait donné ses œuvres complètes en quatorze volumes, Beaumarchais revient à Versailles, plaide sa cause avec chaleur, demande la permission de renouer avec *elle* les négociations rompues, et l'obtient par la lettre suivante de M. de Vergennes [1] :

« J'ai sous les yeux, monsieur, le rapport que vous avez fait à M. de Sartines de notre conversation touchant M. d'Éon ; il est de la plus grande exactitude ; j'ai pris en conséquence les ordres du roi. Sa Majesté vous autorise à convenir de toutes les sûretés raisonnables que M. d'Éon pourra demander pour le paiement régulier de sa pension de 12,000 livres, bien entendu qu'il ne prétendra pas qu'on lui constitue une annuité de cette somme hors de France ; le fonds capital qui devrait être employé à cette création n'est pas en mon pouvoir, et je rencontrerais les plus grands obstacles à me le procurer ; mais il est aisé de convertir la susdite pension en une rente viagère dont on délivrerait le titre.

« L'article du paiement des dettes fera plus de difficulté ; les prétentions de M. d'Éon sont bien hautes à cet égard ; il faut qu'il se réduise, et considérablement, pour que nous puissions nous arranger. Comme vous ne devez pas, monsieur, paraître avoir aucune mission auprès de lui, vous aurez l'avantage de le voir venir, et par conséquent de le combattre avec supériorité.

---

1. *Beaumarchais et son temps.*

M. d'Éon a le caractère violent, mais je lui crois une âme honnête, et je lui rends assez de justice pour être persuadé qu'il est incapable de trahison.

« Il est impossible que M. d'Éon prenne congé du roi d'Angleterre, la *révélation de son sexe ne peut plus le permettre;* ce serait un ridicule pour les deux cours. L'attestation à substituer est délicate; cependant on peut l'accorder, pourvu qu'il se contente des éloges que méritent son zèle, son intelligence et sa fidélité. Mais nous ne pouvons louer ni sa modération ni sa soumission, et, dans aucun cas, il ne doit être question des scènes qu'il a eues avec M. de Guerchy.

« Vous êtes éclairé et prudent, vous connaissez les hommes, et je ne suis pas inquiet que vous ne tiriez bon parti de M. d'Éon, s'il y a moyen. Si l'entreprise échoue dans vos mains, il faudra se tenir pour dit qu'elle ne peut plus réussir, et se résoudre à tout ce qui pourra en arriver. La première sensation pourrait être désagréable pour nous, mais les suites seraient affreuses pour M. d'Éon. C'est un rôle bien humiliant que celui d'un expatrié qui a le vernis de la trahison : le mépris est son partage.

« Je suis très-sensible, monsieur, aux éloges que vous avez bien voulu me donner dans votre lettre à M. de Sartines; j'aspire à les mériter, et je les reçois comme un gage de votre estime, qui me flattera dans tous les temps. Comptez, je vous prie, sur la mienne et sur tous les sentiments avec lesquels j'ai l'honneur d'être très-sincèrement, monsieur, votre très-humble et très-obéissant serviteur,

« De Vergennes. »

« Versailles, le 21 juin 1775. »

Cette lettre prouve que le sexe féminin du chevalier est considéré comme un fait avéré, mais qu'on ne songe point encore à lui imposer le costume de femme. Il n'en fut point parlé dans les premières négociations, et les questions d'argent étant une fois réglées, — on verra comment, — les deux négociateurs se crurent complétement d'accord. Le chevalier d'Éon remit à Beaumarchais les clés du coffre de fer renfermant les papiers déposés chez le comte Ferrers, et Beaumarchais annonça aussitôt cet heureux résultat de sa diplomatie au comte de Vergennes :

« Monsieur le comte,

« J'ai toujours éprouvé que les secrets des gouvernements étaient plus aisés à pénétrer que ceux des particuliers. Ce qu'une nation a intérêt de faire, soyez toujours certain qu'elle le fera, si elle le peut, ou si son ministère n'est pas imbécile ou vendu ; car les nations n'ont entre elles d'autre morale que la politique et d'autres lois que le droit naturel. Il n'en est pas ainsi des particuliers, dont les intérêts cachés, froissés et restreints en mille manières, doivent plutôt se deviner que s'apercevoir : d'où il suit qu'une commission ouverte est bien plus facile à remplir par un ambassadeur qu'une affaire sourde et mystérieuse par un agent secret ; et voilà mon éloge tout fait, c'est déjà quelque chose. Il serait plus touchant dans une bouche impartiale ; mais faute d'un tiers qui puisse s'en charger, j'ai ajouté l'emploi de me louer à celui de bien besogner. Il n'y a tout au plus ici qu'une demi-faute.

« Quoi qu'il en soit, monsieur le comte, je crois

avoir au moins coupé une tête de l'hydre anglaise. Je tiens à vos ordres le capitaine d'Éon, brave officier, grand politique et rempli *par la tête* de tout ce que les hommes ont de plus viril. Je porte au roi les clés d'un coffre de fer bien scellé de mon cachet, bien déposé, et contenant tous les papiers qu'il importe au roi de ravoir. C'est ainsi que j'en usai envers le feu roi au sujet d'un autre expatrié dont on redoutait la plume [1]. Au moins, pendant que je vais essayer de finir auprès de vous l'œuvre commencée auprès de d'Éon, le roi et vous serez bien certains que tout reste *in statu quo* en Angleterre, et qu'on ne peut abuser de rien contre nous, d'ici à la fin de la négociation, que je crois à peu près finie.

« J'irais, dès ce moment, vous donner tous les détails de mes soins et de mon travail, si je n'étais chargé que d'un seul objet; mais je suis à la fois chargé de quatre, et je me vois obligé de partir pour la Flandre avec milord Ferrers et dans son vaisseau. Il ne serait pas juste que le roi et M. de Sartines fussent moins contents de moi que le roi et M. de Vergennes.

« En politique il ne suffit pas de travailler, il faut réussir; ou bien l'on n'obtient pour salaire, au lieu de récompense, qu'un sourire amer, et l'on n'est qu'un pauvre homme. Je vais donc tâcher de réussir; et je ne me reposerai plus que je ne vous aie instruit du véritable état des choses en Angleterre, lequel état devient plus important à bien connaître de jour en jour; et sitôt que je serai aussi tranquille sur les objets de M. de Sartines

---

1. Morande.

que je le suis déjà sur notre amazone, je me rendrai à Versailles recevoir la couronne civique et la permission de me reposer, dont je commence à sentir que j'ai grand besoin.

« Je profite de la première occasion sûre de faire jeter une lettre à la poste de Calais, pour vous apprendre, sans qu'on le découvre à Londres, que j'ai mis dans les mains du roi des papiers et une créature qu'on voulait faire servir contre lui à tout prix.

« Je dis sans qu'on le découvre à Londres, car c'est une grande question ici que de deviner ce que j'y viens faire ; mais qu'arracher d'un homme qui ne parle point et qui n'écrit point ?

« Je suis avec le plus respectueux dévouement, monsieur le comte,

« Votre très-humble et très-obéissant serviteur,

« Beaumarchais. »

« Londres, le 14 juillet 1775. »

« *P. S.* Voulez-vous bien, monsieur le comte, vous charger de remettre l'incluse à M. de Sartines lui-même. Et pardon. »

C'est dans une réponse à Beaumarchais, postérieure d'un mois (26 août 1775), que M. de Vergennes soulève la question du costume féminin. Le chevalier d'Éon était impatient d'aller à Paris, et Beaumarchais avait fait part de cette demande au ministre, qui lui répond :

« Quelque désir que j'aie de voir, de connaître et

d'entendre M. d'Éon, je ne vous cacherai pas, monsieur, une inquiétude qui m'assiége. Ses ennemis veillent et lui pardonneront difficilement tout ce qu'il a dit d'eux. S'il vient ici, quelque sage et circonspect qu'il puisse être, ils pourront lui prêter des propos contraires au silence que le roi impose ; les dénégations et les justifications sont toujours embarrassantes et odieuses pour les âmes honnêtes. Si *M. Déon voulait se travestir, tout serait dit;* c'est une proposition que lui seul *peut se faire;* mais l'intérêt de sa tranquillité semble lui conseiller d'éviter, du moins pour quelques années, le séjour de la France, et nécessairement celui de Paris. Vous ferez de cette observation l'usage que vous croirez convenable. »

En se servant du mot *se travestir*, dans la phrase que nous avons soulignée, M. de Vergennes a évidemment voulu dire *s'habiller*, comme le fait remarquer M. de Loménie. Il a employé un synonyme impropre, mais assez usité dans le langage familier, comme on dit encore aujourd'hui un bal travesti, pour un bal costumé. S'il en était autrement, ce mot de travestissement ne pourrait s'accorder ni avec ce que M. de Vergennes disait, dans sa lettre précédente, de la *révélation* du sexe du chevalier, ni avec les lettres de Beaumarchais, qui insiste continuellement sur le sexe féminin de d'Éon.

Celui-ci jeta les hauts cris, quand Beaumarchais lui parla de reprendre le costume de son vrai sexe. Il ne s'était pas attendu à cette condition. Mais il n'avait pas d'argument valable pour la repousser. S'y refuser absolument, c'était s'exposer à éveiller les soupçons de

Beaumarchais, qui insista d'autant plus qu'il rencontrait une résistance plus vive. Le chevalier dut donc céder. Ce fut la première punition de sa supercherie, et nous verrons que, plus tard, elle devint pour lui une véritable souffrance.

Beaumarchais apprit ce nouveau succès à M. de Vergennes dans le billet suivant, daté du 7 octobre 1775 :

« Tout ceci m'a donné occasion de mieux connaître encore la créature à qui j'ai affaire, et je m'en tiens toujours à ce que je vous en ai dit; c'est que le ressentiment contre les feus ministres et leurs amis de trente ans est si fort en lui [1], qu'on ne saurait mettre une barrière trop insurmontable entre les contendants qui existent. Les promesses par écrit d'être sage ne suffisent pas pour arrêter une tête qui s'enflamme toujours au seul nom de Guerchy ; la déclaration positive de son sexe, et l'engagement de vivre désormais avec ses habits de femme, est le seul frein qui puisse empêcher du bruit et des malheurs. Je l'ai exigé hautement et je l'ai obtenu. »

Avant d'avoir pu obtenir le consentement de d'Éon à ce travestissement, plus complet que ne le croyait Beaumarchais, celui-ci avait vu son crédit un moment ébranlé à Versailles. La cour hésitait encore à le suivre dans la carrière aventureuse où il la traînait, pour ainsi dire, à la remorque, quoique la Hollande et l'Es-

---

1. Ce mot *en lui* était le résultat de l'habitude où l'on avait été jusqu'alors de considérer d'Éon comme un homme.

pagne se fussent déjà engagées, par ses efforts, à embrasser la cause de la France et des États-Unis contre l'Angleterre. Mais l'énergie du croyant est un ressort auquel obéissent les convictions indécises, et tel devait être l'effet des lettres ci-dessous :

BEAUMARCHAIS A M. DE VERGENNES

« Monsieur le comte,

« Quand le zèle est indiscret, il doit être réprimé. Lorsqu'il est agréable, il faut l'encourager ; mais toute la sagacité du monde ne pourrait pas faire deviner à celui à qui on ne répond rien quelle conduite il doit tenir.

« Je fis hier parvenir au roi, par M. de Sartines, un petit travail qui n'est qu'un résumé de la longue conférence que vous m'aviez accordée la veille. C'est l'état exact des hommes et des choses en Angleterre. Il est terminé par l'offre que je vous avais faite *de bâillonner, pour le temps nécessaire à nos apprêts de guerre, tout ce qui, par ses cris ou son silence, peut en hâter ou retarder le moment.*

« Il a dû être question de tout cela hier au conseil, et ce matin vous ne me faites rien dire. Les choses les plus mortelles aux affaires sont l'incertitude et la perte du temps.

« Dois-je attendre ici votre réponse, ou faut-il que je parte sans en avoir aucune ? Ai-je bien ou mal fait d'entamer les esprits dont les dispositions nous deviennent si importantes ? Laisserai-je à l'avenir avorter les confidences, et repousserai-je, au lieu de les accueillir, les ouvertures qui doivent influer sur la révolution actuelle? Enfin suis-je un agent utile à mon pays ou seulement un voyageur sourd et muet?

« Je ne demande point de nouvel ouvrage. J'en ai de trop sérieux à terminer en France pour mes affaires personnelles; mais j'aurais cru manquer au roi, à vous, au devoir d'un bon Français, si j'avais laissé ignorer le bien que je puis faire, le mal que je puis empêcher.

« J'attendrai votre réponse à cette lettre pour partir. Si vous ne m'en faites point sur les affaires, je regarderai mon voyage comme blanc et nul, et, sans regretter mes peines, je m'en retournerai à l'instant. Je termine en quatre jours ce qui me reste à faire sur d'Éon, et je reviens sans avoir revu personne à Londres. Ils seront tous bien étonnés, mais un autre fera mieux s'il le peut. Je le souhaite de tout mon cœur.

« Je suis, etc.,

« BEAUMARCHAIS. »

« Paris, ce vendredi 22 septembre 1775. »

Le soir même, les ministres étaient décidés, et Beaumarchais répondait à M. de Vergennes :

« Paris, le samedi 23 septembre 1775.

« Monsieur le comte,

« Je pars, bien instruit des intentions du roi et des vôtres. Que Votre Excellence soit tranquille; ce serait à moi une ânerie, impardonnable en pareille affaire, que de compromettre en rien la dignité du maître et de son ministre. Faire de son mieux n'est rien en politique, le premier maladroit en offre autant. Faire le mieux possible de la chose, est ce qui doit distinguer ici, du commun des serviteurs, celui que Sa Majesté et vous, monsieur le comte, honorez de votre confiance en un point aussi délicat. Pour des sûretés, il en faudra sans doute; mais c'est mon affaire de les donner telles qu'en aucun cas elles ne soient jamais reversibles sur vous ni sur le roi. Pour les sommes, elles doivent être combinées, d'une part, sur le degré d'importance de mes demandes, et, de l'autre, sur l'appétit de mes joueurs. Les plus affamés sont ceux qui nous coûteront le moins, c'est la règle. Il m'est impossible d'en faire un tarif d'avance; mais ayez pour moi la bonté d'assurer le roi que mon existence ne m'est pas plus chère que les intérêts qui me sont confiés.

« Je pars sans le passe-port que vous avez oublié; mais je ferai la marauderie, à Boulogne, de surcharger le mot de l'avant-dernier, que j'ai par hasard sur moi, dans l'espérance que vous voudrez bien n'en rien dire à M. le comte de La Blache, qui en tirerait un grand préjugé contre moi dans le procès qu'il doit perdre avec moi. Car c'est un terrible raisonneur que ce comte de La Blache!

« Je suis, avec le plus profond respect, etc.,

« BEAUMARCHAIS. »

Immédiatement après son arrivée à Londres, fut rédigé l'acte ci-dessous, intitulé *Transaction* : curieux contrat passé entre le gouvernement de France et le chevalier d'Éon, par lequel celui-ci abdiqua solennellement et définitivement son nom et sa qualité d'homme, et s'obligea à porter les habits du sexe féminin, dont il se déclara et se reconnut membre.

Les archives du ministère des *affaires étrangères* nous ont procuré la première minute de cet acte, tel qu'il fut dicté par Beaumarchais, puis corrigé par lui et *mademoiselle d'Éon*. Cette copie originale, différant en plusieurs points de celle que nous avons trouvée dans les papiers du chevalier, nous signalerons, en notes, les variantes et les corrections, qui ne sont pas sans quelque intérêt.

TRANSACTION [1]

« Nous, soussignés, Pierre-Augustin Caron de Beaumarchais, chargé spécialement des ordres particuliers du roi de France, en date de Versailles, 25 août 1775, communiqués au chevalier d'Éon, à Londres, et dont copie certifiée de moi sera annexée au présent acte, d'une part :

« Et demoiselle Charles-Geneviève-Louise-Auguste-André-Timothée d'Éon de Beaumont, *fille* majeure, connue jusqu'à ce jour sous le nom du chevalier d'Éon, écuyer, ancien capitaine de dragons, chevalier de l'ordre royal et militaire de Saint-Louis, aide de camp des maréchal-duc et comte de Broglie, ministre plénipotentiaire de France auprès du roi de la Grande-Bretagne, ci-devant docteur en droit civil et en droit canon, avocat au Parlement de Paris, censeur royal

---

1. Dictée par M. de Beaumarchais, puis corrigée par lui et le chevalier d'Éon. (*Note de d'Éon.*)

pour l'histoire et les belles-lettres, envoyé en Russie avec le chevalier Douglass pour la réunion des deux cours, secrétaire d'ambassade du marquis de L'Hospital ambassadeur plénipotentiaire de France près Sa Majesté Impériale de toutes les Russies, et secrétaire d'ambassade du duc de Nivernais ambassadeur extraordinaire et plénipotentiaire de France en Angleterre pour la conclusion de la dernière paix; sommes convenus de ce qui suit et l'avons souscrit :

« Art. 1er. — Que moi, Caron de Beaumarchais, j'exige, au nom du roi, que tous les papiers publics et secrets, qui ont rapport aux diverses négociations politiques dont le chevalier d'Éon a été chargé en Angleterre, notamment ce qui tient à la paix de 1763, correspondances, minutes, copies de lettres, chiffres, etc., actuellement en dépôt chez le lord Ferrers, comte, pair et amiral d'Angleterre, *in upper Seymour street, Portman square*, à Londres (*dans la rue haute de Seymour, place de Portman*), toujours ami particulier dudit chevalier d'Éon pendant le cours de ses malheurs et procès en Angleterre, et lesdits papiers, renfermés dans un grand coffre de fer dont j'ai la clé, me soient remis après avoir été tous paraphés de ma main et de celle dudit chevalier d'Éon, et dont l'inventaire sera joint et annexé au présent acte, pour prouver la fidélité de la remise entière desdits papiers.

« Art. 2. Que tous les papiers de la correspondance secrète entre le chevalier d'Éon, le feu roi et les diverses personnes chargées par Sa Majesté de suivre et entretenir cette correspondance, désignées dans les lettres sous les noms du *substitut*, du *procureur*, comme la personne de Sa dite Majesté y était désignée elle-même sous celui de *l'avocat*, etc., laquelle correspondance secrète était cachée sous le plancher de la chambre à coucher dudit chevalier d'Éon, d'où elle a été tirée par lui, le 5 octobre de la présente année, en ma présence seule, et s'est trouvée bien cachetée avec l'adresse : *Au roi seul, à Versailles*, sur chaque carton ou volume in-quarto; que toutes les copies desdites lettres, minutes, chiffres, etc., me seront remises avec la même précaution des paraphes et d'un inventaire exact, ladite correspondance secrète composant cinq cartons ou gros volumes in-quarto.

« Art. 3. Que ledit chevalier d'Éon se désiste de toute espèce de poursuites, juridiques ou personnelles, contre la mémoire du feu comte de Guerchy son adversaire, les successeurs de son nom, les personnes de sa famille, etc., et s'engage de ne jamais ranimer ces poursuites sous quelque forme que ce soit, à moins qu'il ne s'y voie forcé par la provocation juridique ou personnelle de quelque parent, ami, ou adhérent de cette famille, ce qui n'est pas à craindre aujourd'hui, la sagesse de Sa Majesté ayant suffisamment pourvu, d'ailleurs, à ce que ces scandaleuses querelles ne se renouvellent plus, de part ni d'autre, à l'avenir.

« Art. 4. Et pour qu'une barrière insurmontable soit posée entre les contendants, et retienne à jamais l'esprit de procès, de querelle personnelle, de quelque part qu'il pût se reproduire, j'exige, au nom de Sa Majesté, que le travestissement qui a caché jusqu'à ce jour la personne d'une fille sous l'apparence du chevalier d'Éon, cesse entièrement. Et sans chercher à faire un tort à Charles-Geneviève-Louise-Auguste-André-Timothée d'Éon de Beaumont d'un déguisement d'état et de sexe, dont la faute est tout entière à ses parents[1], rendant même justice à la conduite sage, honnête et réservée, quoique mâle et vigoureuse, qu'elle a toujours tenue sous ses habits d'adoption, j'exige absolument que l'équivoque de son sexe, qui a été jusqu'à ce jour un sujet inépuisable de propos, de paris indécents, de mauvaises plaisanteries qui pourraient se renouveler, surtout en France, et que la fierté de son caractère ne souffrirait pas, ce qui entraînerait de nouvelles querelles qui ne serviraient peut-être que de prétexte à couvrir les anciennes et à les renouveler, j'exige absolument, dis-je, au nom du roi, que le fantôme du chevalier d'Éon disparaisse entièrement, et qu'une déclaration publique, nette, précise et sans équivoque, du véritable sexe de Charles-Geneviève-Louise-Auguste-André-Timothée d'Éon de Beaumont, avant son arrivée en France, et la reprise de ses habits de fille, fixe à jamais les idées du public sur son compte; ce qu'elle doit d'autant moins refuser aujourd'hui[2] qu'elle n'en paraîtra que plus intéressante aux yeux des deux sexes que sa vie, son courage et ses talents ont également honorés. Auxquelles conditions, je lui remettrai le sauf-conduit en parchemin, signé du roi et de son ministre des affaires étrangères, qui lui permet de revenir en France,

---

1. A son père et à son oncle.
2. Que son sexe a été prouvé par témoins, médecins, chirurgiens, matrones et pièces juridiques. (*Phrase ajoutée en marge par le chevalier d'Éon, puis rayée par Beaumarchais.*)

et d'y rester sous la sauvegarde spéciale et immédiate de Sa Majesté, laquelle veut bien lui accorder, non-seulement protection et sûreté sous sa promesse royale, mais qui a la bonté de changer la pension annuelle de 12,000 livres, que le feu roi lui avait accordée en 1766, et qui lui a été payée exactement jusqu'à ce jour, en un contrat de rente viagère de pareille somme; avec reconnaissance que les fonds dudit contrat ont été fournis et avancés par ledit chevalier d'Éon pour les affaires du feu roi, *ainsi que de plus fortes sommes, dont le montant lui sera remis par moi pour l'acquittement de ses dettes en Angleterre,* avec l'expédition en parchemin et en bonne forme du contrat de ladite rente de 12,000 livres tournois, en date du 28 septembre 1775.

« Et moi, Charles-Geneviève-Louise-Auguste-André-Timothée d'Éon de Beaumont, fille majeure, connue jusqu'à ce jour sous le nom du chevalier d'Éon et qualités susdites, je me soumets à toutes les conditions imposées ci-dessus au nom du roi, uniquement pour donner à Sa Majesté les plus grandes preuves possibles de mon respect et de ma soumission, quoiqu'il m'eût été bien plus doux qu'elle eût daigné m'employer de nouveau dans ses armées ou dans la politique, selon mes vives sollicitations et suivant mon rang d'ancienneté. Et puisqu'à quelques vivacités près, qu'une défense légitime et naturelle, et le plus juste ressentiment, rendaient en quelque façon excusables, Sa Majesté veut bien reconnaître que je me suis toujours comporté en brave homme comme officier, et en sujet laborieux, intelligent et discret, comme agent politique.

« Je me soumets à déclarer publiquement mon sexe,

à laisser mon état hors de toute équivoque, à reprendre et porter jusqu'à la mort mes habits de fille [1], à moins qu'en faveur de la longue habitude où je suis d'être revêtue de mon habit militaire, et par tolérance seulement, Sa Majesté ne consente à me laisser reprendre ceux des hommes, s'il m'est impossible de soutenir la gêne des autres, après avoir essayé de m'y habituer à l'abbaye royale des dames bernardines de Saint-Antoine-des-Champs, à Paris, ou à tel autre couvent de filles que je voudrai choisir, et où je désire me retirer pendant quelques mois en arrivant en France.

« Je donne mon entier désistement à toutes poursuites juridiques ou personnelles contre la mémoire du feu comte de Guerchy et ses ayant-cause, promettant de ne jamais les renouveler, à moins que je n'y sois forcée par une provocation juridique, ainsi qu'il est dit ci-dessus.

« Je donne de plus ma parole d'honneur que je remettrai à M. Caron de Beaumarchais tous les papiers publics et secrets, tant de l'ambassade que de la correspondance secrète désignée ci-dessus, sans en réserver ni retenir un seul, *aux conditions suivantes*, auxquelles je supplie Sa Majesté de vouloir bien permettre qu'on souscrive en son nom.

« 1° Qu'en reconnaissant que la lettre du feu roi, mon très-honoré seigneur et maître, en date de Versailles, du 1er avril 1766, par laquelle il m'assurait 12,000 livres *de pension* annuelle, en attendant qu'il me plaçât

---

[1]. Que j'ai déjà portés en diverses occasions connues de Sa Majesté. (*Retranché par Beaumarchais.*)

plus avantageusement, ne peut plus me servir de titre pour toucher ladite pension, qui se trouve changée très-avantageusement pour moi par le roi, son successeur, en un contrat viager de pareille somme, l'original de ladite lettre restera en ma possession, comme témoignage honorable que le feu roi a daigné rendre à ma fidélité, à mon innocence et à ma conduite irréprochable dans tous mes malheurs, et dans toutes les affaires qu'il a daigné me confier, tant en Russie, qu'à l'armée et en Angleterre;

« 2° Que l'original de la reconnaissance que M. Durand, ministre plénipotentiaire en Angleterre, m'a donnée à Londres, le 11 juillet 1766, de la remise volontaire, fidèle et intacte, faite par moi entre ses mains, de l'ordre secret du feu roi, en date de Versailles le 3 juin 1763, restera dans mes mains, comme un témoignage authentique de la soumission entière avec laquelle je me suis dessaisie d'un ordre secret de la main de mon maître, qui faisait seul la justification de ma conduite en Angleterre, que mes ennemis ont tant nommée opiniâtre, et que, dans leur ignorance de ma position extraordinaire vis-à-vis le feu roi, ils ont même osé qualifier de traître à l'État;

« 3° Que Sa Majesté, par une grâce particulière, daignera, ainsi que faisait le feu roi, se faire informer, tous les six mois, du lieu que j'habite et de mon existence, afin que mes ennemis ne soient jamais tentés de rien entreprendre de nouveau contre mon honneur, ma liberté, ma personne et ma vie;

« 4° Que la croix de Saint-Louis, que j'ai acquise au péril de ma vie dans les combats, siéges et batailles où j'ai assisté, où j'ai été blessée et employée, tant comme aide de camp du général, que comme capitaine de dragons et des volontaires de l'armée de Broglie, avec un courage attesté par tous les généraux sous lesquels j'ai servi, ne me sera jamais enlevée, et que le droit de la porter, sur quelque habit que j'adopte, me sera conservé jusqu'à ma mort.

« Et s'il m'était permis de joindre une demande respectueuse à ces conditions, j'oserais observer qu'à l'instant où j'obéis à Sa Majesté, en me soumettant à quitter pour toujours mes habits d'homme, je vais me trouver dénuée de tout, linge, habits, ajustements convenables à mon sexe; et que je n'ai pas d'argent pour me procurer seulement les plus nécessaires, M. de Beaumarchais sachant bien à qui doit passer tout celui qu'il destine au paiement de partie de mes dettes, dont je ne veux pas toucher un sou moi-même. En conséquence, et quoique je n'aie pas droit à de nouvelles bontés de Sa Majesté, je ne laisserai pas de solliciter auprès d'elle la gratification d'une somme quelconque pour acheter mon trousseau de fille ; cette dépense soudaine, extraordinaire et forcée ne venant point de mon fait, mais uniquement de mon obéissance à ses ordres.

« Et moi, Caron de Beaumarchais, toujours en la qualité ci-dessus spécifiée, je laisse à ladite demoiselle d'Éon de Beaumont l'original de la lettre si honorable que le feu roi lui a écrite de Versailles, le 1er avril 1766, en lui accordant une pension de *douze mille livres*, en reconnaissance de sa fidélité et de ses services.

« Je lui laisse de plus l'original de M. Durand, lesquelles pièces ne pourraient lui être enlevées, de ma part, sans une dureté qui répondrait mal aux intentions pleines de bonté et de justice que Sa Majesté montre aujourd'hui pour la personne de ladite demoiselle Charles, etc., etc., d'Éon de Beaumont. Quant à la croix de Saint-Louis, qu'elle désire conserver avec le droit de la porter sur ses habits de fille, j'avoue que, malgré l'excès de bonté avec lequel Sa Majesté a daigné s'en rapporter à ma prudence, à mon zèle et à mes lumières pour toutes les conditions à imposer en cette affaire, je crains d'outrepasser les bornes de mes pouvoirs, en tranchant une question aussi délicate.

« D'autre part, considérant que la croix de l'ordre royal et militaire de Saint-Louis a toujours été regardée uniquement comme la preuve et la récompense de la valeur guerrière, et que plusieurs officiers, après avoir été décorés, ayant quitté l'habit et l'état militaire pour prendre ceux de prêtre ou de magistrat, ont conservé sur les vêtements de leur nouvel état, cette preuve honorable qu'ils avaient dignement fait leur devoir dans un métier plus dangereux, je ne crois pas qu'il y ait d'inconvénient à laisser la même liberté à une fille valeureuse qui, ayant été élevée par ses parents sous des habits virils, et ayant bravement rempli tous les devoirs périlleux que le métier des armes impose, a pu ne connaître l'habit et l'état abusifs sous lesquels on l'avait forcée à vivre, que lorsqu'il était trop tard pour en changer, et n'est point coupable pour ne l'avoir point fait jusqu'à ce jour.

« Réfléchissant encore que le rare exemple de cette fille extraordinaire sera peu imité par les personnes de son sexe, et ne peut tirer à aucune conséquence ; que si

Jeanne d'Arc, qui sauva le trône et les États de Charles VII, en combattant sous des habits d'homme, eût, pendant la guerre, obtenu, comme ladite demoiselle d'Éon de Beaumont, quelques grâces ou ornements militaires, tels que la croix de Saint-Louis, il n'y a pas d'apparence que, ses travaux finis, le roi, en l'invitant à reprendre les habits de son sexe, l'eût dépouillée et privée de l'honorable prix de sa valeur, ni qu'aucun galant chevalier français eût cru cet ornement profané, parce qu'il ornait le sein et la parure d'une femme qui, dans le champ d'honneur, s'était toujours montrée digne d'être un homme.

« J'ose donc prendre sur moi, non en qualité de ministre d'un pouvoir dont je crains d'abuser, mais comme un homme persuadé de la vérité des principes que je viens d'établir ; je prends sur moi, dis-je, de laisser la croix de Saint-Louis et la liberté de la porter sur ses habits de fille, à demoiselle Charles-Geneviève-Louise-Auguste-André-Timothée d'Éon de Beaumont, sans que j'entende lier Sa Majesté par cet acte, si elle désapprouvait ce point de ma conduite, promettant seulement, en cas de difficulté, à ladite demoiselle d'Éon, d'être son avocat auprès de Sa Majesté, et d'établir, s'il le faut, son droit à cet égard, que je crois légitime, par une requête où je le ferais valoir du plus fort de ma plume et du meilleur de mon cœur.

« Quant à la demande, que ladite demoiselle d'Éon de Beaumont fait au roi, d'une somme pour l'acquisition de son trousseau de fille, quoique cet objet ne soit pas entré dans mes instructions, je ne laisserai pas de le prendre en considération, parce qu'en effet cette dé-

pense est une suite nécessaire des ordres que je lui porte
de reprendre les habits de son sexe. Je lui alloue donc,
pour l'achat de son trousseau de fille, une somme de
2,000 écus, à condition qu'elle n'emportera de Londres
aucun de ses habits, armes et nul vêtement d'homme,
afin que le désir de les reprendre ne soit pas sans
cesse aiguisé par leur présence; consentant seulement
qu'elle conserve un habit uniforme complet du régiment
où elle a servi, le casque, le sabre, les pistolets et le
fusil avec sa baïonnette, comme un souvenir de sa vie
passée, ou comme on conserve les dépouilles chéries
d'un objet aimé qui n'existe plus. Tout le reste me sera
remis à Londres pour être vendu, et l'argent employé
selon le désir et les ordres de Sa Majesté.

« Et cet acte a été fait double entre nous Pierre-
Augustin-Caron de Beaumarchais, et Charles-Geneviève-
Louise-Auguste-André-Timothée d'Éon de Beaumont,
sous seing-privé, en lui donnant de chaque part toute
la force et consentement dont il est susceptible; et y
avons chacun apposé le cachet de nos armes, à Londres,
le cinquième jour du mois d'octobre 1775 [1].

« *Signés* : CARON DE BEAUMARCHAIS.
« D'ÉON DE BEAUMONT. »

« La transaction rédigée, dit le chevalier d'Éon, nous
fîmes, ou plutôt le paresseux Beaumarchais me laissa

---

[1]. Cette *transaction* ne fut réellement signée que *le 4 novembre*,
après le retour de Beaumarchais, qui rapporta de Paris les pièces et
autorisations nécessaires. Mais M. d'Éon étant né le 5 octobre 1728, et
ladite transaction lui donnant une existence conforme à son véritable
sexe, M. de Beaumarchais voulut faire à Mlle d'Éon la galanterie de
donner à cette pièce, qui était pour elle une espèce de nouvel acte bap-
tistaire, la date du jour même de sa naissance. (*Note du chevalier d'Éon.*)

faire moi-même l'inventaire que je voulus de mes papiers ministériaux et secrets ; puis il fit à milord Ferrers *partie* de son paiement ; puis, content de lui-même, il repartit comme un éclair, et pour la quatrième fois, à Versailles.

« Bientôt il revint, pour la cinquième fois, rapportant les pièces suivantes après l'exhibition desquelles fut signée, le 4 novembre 1775, notre *transaction* dont elles étaient le complément indispensable. »

C'étaient : 1° la copie de la commission royale et officielle donnée à Beaumarchais, et établissant ses pouvoirs ; 2° la permission authentique accordée à *mademoiselle d'Éon* de rentrer en France avec *sauf-conduit* et garantie solennelle de sûreté promise à sa personne ; 3° l'ordre à *mademoiselle d'Éon* de reprendre les habits de *son sexe*, avec la permission octroyée et consentie par le roi *de porter la croix de Saint-Louis* sur ses habits de femme. Nous renvoyons à la fin de ce volume ces documents curieux par le fond et par la forme [1].

Un mois après l'arrivée de toutes ces pièces de sa transmutation sexuelle, destinées à mettre sa métamorphose parfaitement en règle, le chevalier d'Éon écrivit au comte de Broglie, son vieux chef dans la carrière de la politique et des armes :

« A Londres, le 5 décembre 1775.

« Monsieur le comte,

« Il est temps de vous désabuser. Vous n'avez eu

1. Voir aux nos 16, 17 et 18 des *Pièces justificatives*.

pour capitaine de dragons et aide de camp en guerre et en politique, que l'apparence d'un homme. Je ne suis qu'une fille, qui aurais parfaitement soutenu mon rôle jusqu'à la mort, si la politique et vos ennemis ne m'avaient pas rendue la plus infortunée des filles, ainsi que vous le verrez par les pièces ci-jointes.

« Vous connaîtrez, par la facilité que j'aurai à me détacher du monde, que je n'y demeurais que pour vous ; et puisque je ne puis plus travailler ni combattre sous vos ordres et ceux de monsieur le maréchal votre frère, je renoncerai sans peine à ce monde trompeur, qui cependant ne m'a jamais séduite que dans ma jeunesse si tristement passée.

« Je ne crois plus qu'on puisse mourir de douleur, puisque j'ai eu la force d'y résister. Je ne sais pas si je pourrai encore soutenir longtemps ce cruel assaut, étant dans mon lit malade depuis un an.

« Je suis avec respect, monsieur le comte, votre très-humble et très-*obéissant serviteur*,

« Geneviève-*Louise*-Auguste
D'ÉON DE BEAUMONT.

« *P. S.* Vous avez paru étonné, monsieur le comte, que M. de Beaumarchais se soit mêlé de mes affaires; mais vous cesserez de l'être quand vous saurez que cela a été par la volonté du roi et de M. le comte de Vergennes, et qu'il m'a été enjoint de n'écrire à personne sur l'arrangement de mes affaires qu'il ne soit terminé. Il le sera bientôt, et d'une façon bien différente du plan extraordinaire apporté par le petit marquis de Prunevaux. »

CHAPITRE XV

Conditions pécuniaires de la transaction. — Comment Beaumarchais les remplit. — Le coffre de fer et l'inventaire. — Les papiers cachés sous le plancher. — Beaumarchais arrive à Versailles avec son coffre. — Il voudrait voir le roi et lui pose des questions. — Curieux autographe de ce dialogue. — Les paris recommencent sur le sexe de d'Éon. — Celui-ci accuse Beaumarchais et Morande d'y prendre part. — Propositions de mariage que Beaumarchais lui aurait faites. — Comédie amoureuse qu'ils jouent tous deux. — Ils se brouillent pour un avis sur les paris. — Correspondance. — Menaces et cajoleries.— Morande se met de la partie et refuse de se battre avec d'Éon, parce qu'il sait qu'elle est femme. — D'Éon lui intente un procès en diffamation.

C'est ici le lieu de donner quelques explications sur les arrangements pécuniaires intervenus entre Beaumarchais et d'Éon. Le compte fourni par ce dernier, loin d'avoir diminué, s'était accru notablement, car au premier chiffre de 13,933 livres sterling présenté jadis, il avait ajouté une note de dettes s'élevant à 8,223 livres, en y comprenant la créance de 5,000 livres du comte Ferrers. Beaumarchais, tout en repoussant ces prétentions comme exagérées, n'avait voulu spécifier aucun chiffre, et, comme on l'a vu dans la transaction du 5 octobre, il s'était engagé à remettre à d'Éon un contrat de 12,000 livres de rente viagère, irrévocable, et de *plus fortes sommes* pour l'acquittement de ses dettes en Angleterre. Cette énonciation indéterminée laissait une porte de derrière aux deux contractants. Beaumarchais s'était réservé ainsi le droit de discuter les dettes de d'Éon, et de *batailler* avec lui, pour employer l'expression dont il s'était servi en demandant au roi la faculté de disposer d'un crédit allant de 100 à 150,000 francs. De son côté, le chevalier, non moins fin que lui, comptait sur les papiers qu'il avait retirés du coffre déposé chez le comte Ferrers, pour obtenir de *plus fortes sommes*, dans le cas où celles qui lui seraient données ne seraient pas assez fortes.

Au moment de prendre possession des papiers contenus dans le coffre de fer déposé chez le comte Ferrers, et dont il n'avait encore que la clé, Beaumarchais fit la réflexion qu'il n'était pas autorisé à visiter ces papiers. S'il donne l'argent « il peut, dit-il, recevoir en échange des comptes de blanchisseuse. » Il court à Paris et revient, muni de l'autorisation, pour faire l'inventaire en présence du chevalier d'Éon. Alors se passe une petite scène très-caractéristique que d'Eon rappelle à son contractant, « pour vous prouver, lui dit-il, que je n'ai jamais trouvé personne qui soit plus tenace à l'argent que vous. » Et il continue ainsi :

« Mon dessein n'est certainement pas d'offenser l'ami de mon cœur et de ma personne en Angleterre, ni l'avocat de mes malheurs en France; ma seule intention est de lui parler avec vérité et franchise. Pour prouver ce que j'avance, permettez le petit détail de ce qui s'est passé entre vous, milord Ferrers et moi, sur l'article de l'argent.

« Au mois de juillet dernier, à votre premier départ de Londres pour mes affaires en France, et lorsque vous emportâtes la clé du grand coffre de fer qui contenait les papiers ministériaux de la cour, milord Ferrers vous assura que je lui devais au moins 5,000 livres sterling, sans compter les intérêts, suivant l'époque de mes divers billets; que m'ayant, ainsi que son parent *Humphry-Cotes*, soutenu et désirant me soutenir encore dans la guerre injuste que l'on m'a suscitée en Angleterre, son intention n'était pas de me faire payer aujourd'hui l'intérêt de cet argent.

« Je vous donnai ensuite, *par écrit*, la note détaillée de toutes mes dettes, tant en Angleterre qu'en France et en Hollande, montant ensemble à 8,223 livres sterling, compris la dette au lord Ferrers. Je vous ai aussi remis pour M. le comte de Vergennes les deux états de l'argent qui m'est légitimement dû par la cour, tels que je les avais envoyés, en 1772, à M. le duc d'Aiguillon, montant ensemble à liv. 13,933. 12 s. 7 1/2 sterl.

« Cependant, quand vous êtes revenu, en septembre dernier, à Londres, et qu'il s'est agi de payer les 5,000 pièces à milord Ferrers, vous avez fait le surpris en disant que vous n'aviez annoncé que 4,000 livres sterling au ministre. Milord vous a répondu : « J'en suis bien fâché, je vous ai cependant déclaré moi-même que c'était au moins 5,000 pièces pour ma dette. » De mon côté, je vous ai dit : « Je vous prie, monsieur, de relire l'état de mes dettes, que je vous ai remis à votre départ pour Versailles. » Peu de jours après, vous dites à milord et à moi que vous vous étiez grossièrement trompé à Versailles, que vous veniez de relire chez vous cet état; qu'effectivement milord Ferrers y était le premier couché en tête pour 5,000 livres sterling. « Comment faire, ajoutâtes-vous? le ministre à Versailles ne compte que sur 4,000 livres sterling. » Milord répondit : « Je n'en sais rien ; tout ce que je sais, c'est que je ne rendrai le coffre de fer aux papiers que lorsqu'on m'aura remboursé. » Cela vous embarrassa un peu ; mais un homme d'esprit est comme une jolie femme, il sait toujours bien se tirer d'affaire. Vous dites alors : « J'ai un crédit particulier chez le banquier ; je verrai avec lui comment nous pourrons arranger tout cela ; je serai sûrement grondé par le ministre, mais que faire? je lui dirai que c'est moi-même qui me suis trompé ! » Le lendemain, vous proposâtes à milord de le payer en billets, dont les uns étaient payables à six mois, d'autres à douze, et encore d'autres à quinze mois. Il m'a donc fallu essuyer la perte *de l'intérêt* et de *l'escompte* de ces billets et celui *du change* sur l'argent.

« Milord était bien mécontent, et dans son étonnement il ne pouvait comprendre comment un envoyé d'une puissance aussi riche que la France osait faire une pareille proposition à un pair et amiral d'Angleterre, qui avait si longtemps et si généreusement soutenu un confident secret de Louis XV, un ancien ministre de la France persécuté si cruellement et si injustement pour être resté fidèle au service secret de son maître depuis plus de vingt-un ans ! Il ne voulait point que cette perte

fût essuyée ni par lui ni par moi, et ne consultant que
l'honneur de son rang et le mien propre, il voulait me
faire rompre une pareille négociation. Après une mûre
délibération entre nous, je lui conseillai de prendre
toujours cet argent, sans vous donner une quittance
finale ; que je trouverais bien le moyen de me faire payer
de tout ce qui m'était légitimement dû ; que d'une mauvaise paie il fallait d'abord en tirer ce que l'on pouvait ;
que lorsque vous auriez payé un fort à-compte, il vous
serait plus facile de payer le restant. Je le déterminai
donc à passer par tout ce que vous voudriez, plutôt que
de voir manquer le fruit désiré de la négociation de la
remise des papiers du roi, et des bonnes intentions de
M. le comte de Vergennes à mon égard. Alors vous fîtes
vos arrangements particuliers avec le banquier ; et
quoique milord vous eût annoncé, *cinq jours d'avance*,
son départ pour sa terre, et son désir particulier de
terminer promptement cette affaire, parce qu'il avait
besoin de cet argent pour finir des travaux à *Staunton*,
vous ne pûtes malheureusement pas être prêt avant son
départ. Cela vous obligea à faire le voyage de Staunton
avec M. le comte de Bourbon et votre ami M. *Gudin*. Je
ne sais si vous avez été content de la bonne réception
que milord et milady Ferrers ont tâché de vous faire ;
mais je sais bien que tous deux ont été si enchantés de
votre bonne compagnie, qu'ils ne cessent de me dire
qu'ils n'ont jamais rencontré un si agréable compagnon
que vous. Toutes les fois qu'ils me répètent cette phrase,
elle m'enfle le cœur de plaisir et de vanité, tant je me
trouve flatté moi-même de votre propre mérite.

« Pendant notre séjour d'environ une semaine à

Staunton, milord Ferrers me disait tous les soirs : « Cela est étonnant ; M. de Beaumarchais ne me parle jamais de nos comptes. » Je lui répondais seulement : « Soyez tranquille, milord ; soyez sûr qu'il vous paiera ; je connais un peu son faible, il n'aime pas à se séparer de son argent ; il ne vous paiera qu'au dernier moment ! » Effectivement, les chevaux et le carrosse nous attendaient à la porte, lorsque, comme dans une auberge, vous dîtes : « Maintenant, milord, il nous reste un petit compte à arranger, il faut que je vous paie. » Vous passâtes tous deux dans la bibliothèque ; je fus appelé ensuite, le compte fut réglé. Il se trouva monter à la somme de livres 5,333. 9 s. 4 d. sterling. Vous fîtes *toujours l'étonné* sur le montant de ce compte, et non content de m'avoir fait supporter la triple perte annoncée ci-dessus, vous dîtes à milord que vous n'aviez pas apporté assez d'argent avec vous pour solder ce compte en entier. Vous laissâtes en arrière deux billets, l'un de 150 livres, et l'autre de 83, total 233 livres sterling que vous deviez payer au banquier aussitôt votre retour à Londres... Milord vous dit qu'il s'en rapportait à votre parole de gentilhomme, et plein de cette confiance, ainsi que moi, il vous donna l'ordre par écrit, à son portier, de vous laisser emporter le coffre de fer aux papiers, déposé en son hôtel à Londres. A votre retour en cette ville, vous fîtes retirer ce coffre sans m'en prévenir... et vous êtes tranquillement parti pour Paris sans retirer vos billets. »

L'inventaire terminé, Beaumarchais trouva les papiers du coffre si peu importants qu'il manifesta un certain désappointement. Le chevalier d'Éon lui fit observer que ces papiers n'étaient pas si insignifiants qu'il le disait, puisqu'ils contenaient les *instructions* de la cour au duc de Nivernais allant à Londres, les premières dépêches de cet ambassadeur, contenant les secrets de la négociation de cette paix, le *pacte de famille* de la maison de Bourbon avec la *convention secrète*, enfin quatre cartons de dépêches secrètes. « Il faut avoir, dit-il, la légèreté d'esprit de M. de Beaumarchais, qui ne s'est amusé qu'à faire des drames, pour juger de tout d'un coup d'œil, sans connaître et sans lire. »

Cependant, d'Éon avoua que les papiers les plus précieux étaient hors de ce coffre.

« *Elle* me conduisit chez elle, écrit Beaumarchais au ministre, et tira de dessous son plancher cinq cartons bien cachetés, étiquetés : *Papiers secrets à remettre au roi seul*, qu'elle m'assura contenir toute la correspondance secrète et la masse entière des papiers qu'elle avait en sa possession. Je commençai par en faire l'inventaire et les parapher tous, afin qu'on n'en pût soustraire aucun ; mais pour m'assurer encore mieux que la suite entière y était contenue, pendant qu'elle écrivait l'inventaire, je les parcourais rapidement. »

Beaumarchais crut jouer plus tard un bon tour à la chevalière, avec laquelle il était brouillé à mort, en révélant au comte Ferrers que son coffre ne contenait qu'une petite portion des papiers. « Alors, lui dit-il, je pus conclure de deux choses l'une, ou que votre créance était illusoire, ou qu'elle avait abusé de votre confiance en elle, pour vous soutirer des sommes considérables, sous l'appât de vous donner, pour sûreté de cette créance, le dépôt de papiers importants qu'elle ne vous déposait pas réellement. Elle m'avoua qu'en effet elle vous avait fait cette supercherie[1], et me conduisit chez elle, où elle me montra les papiers dont vous vous croyiez dépositaire pour sûreté de votre créance. Cette conduite à votre égard, milord, a dû me faire faire de sérieuses réflexions sur les précautions que j'avais à prendre moi-même contre une personne aussi dégourdie. »

Cette petite trahison n'eut pas le succès qu'en attendait l'auteur du *Barbier de Séville*, comme on le verra

---

1. M. de Beaumarchais, de son autorité privée, me fait avouer ici ce que je n'ai jamais ni pensé, ni dit. Lorsque j'ai déposé mon coffre de fer chez milord, il ne m'a jamais demandé à voir *même la couverture* des papiers. Il s'en est totalement rapporté à ma parole, lorsque je lui ai déclaré qu'il contenait les papiers de la cour ; et l'inventaire détaillé et signé par M. de Beaumarchais a prouvé à milord que j'avais dit la vérité... Mais je sais me conduire chez l'étranger, et surtout chez l'ennemi naturel de la France, avec la prudence et la politique qu'une longue expérience des affaires, et vingt-deux ans de séjour chez l'étranger, m'ont données. Aussi ai-je fait un acte nécessaire de sagesse et de prudence en ne révélant pas à un amiral, à un pair d'Angleterre, allié à la famille royale, que j'avais une correspondance secrète avec le roi, et que cette volumineuse correspondance était cachée sous le plancher de ma chambre à coucher. Moi seul savais et devais savoir cela, et que ladite correspondance était près d'une mine de poudre pour tout faire sauter en l'air, en cas qu'on eût voulu me forcer dans mon dernier retranchement. M. de Beaumarchais peut-il appeler *supercherie* la réticence nécessaire que j'ai faite à tout le monde, et que je n'ai pas eue pour lui qui venait de la part du roi et de son ministre ? Ne devrait-il pas être honteux de déclarer à un seigneur anglais, par un mouvement de vengeance particulière, mon secret, qui était celui du feu roi, qui m'avait ordonné de ne m'ouvrir là-dessus à *âme qui vive* ? Mais M. de Beaumarchais croit que tous les secrets, même les plus importants d'un État, sont des secrets de coulisse ! (*Note du chevalier d'Éon.*)

ci-dessous par la réponse du comte Ferrers[1]; mais nous n'en sommes pas encore à cette époque. Beaumarchais et d'Éon sont encore bons amis, quoique ce dernier commence à trouver que les *plus fortes sommes* promises par son co-traitant tardent bien à arriver.

« J'assurai, écrit Beaumarchais, à M. de Vergennes, cette demoiselle que, si elle était sage, modeste, silencieuse, et si elle se conduisait bien, je rendrais un si bon compte d'elle au ministre du roi, même à Sa Majesté, que j'espérais lui obtenir encore quelques nouveaux avantages. Je fis d'autant plus volontiers cette promesse, que j'avais encore dans mes mains 41,000 livres tournois sur lesquelles je comptais récompenser chaque acte de soumission et de sagesse par des générosités censées obtenues successivement du roi et de vous, monsieur le comte, mais seulement à titre de

---

[1] « Je suis fâché, monsieur, de voir vos tentatives de me faire brouiller avec mon ami le chevalier d'Éon. Je ne me soucie guère de quel sexe *il* ou *elle* est, je n'ai jamais considéré que son cœur, son âme et ses actions. Étant sûr qu'il n'y en a pas de meilleurs au monde, nulle personne me fera brouiller avec lui.

« Je n'ai trouvé nulle *supercherie*, comme vous le dites, dans le dépôt des papiers du coffre de fer, qu'il m'a dit être les papiers *de la cour*. Et, à présent, je suis plus convaincu que jamais de *son* bonté de cœur et de la vérité de ce qu'il m'a dit, ayant vu de mes propres yeux l'inventaire desdits papiers, signé de votre main, et qui était tout ce que je désirais pour ma sûreté, sachant que si mon ami venait à mourir (et si je le voulais), la cour de France, et, à son refus, la cour d'Angleterre, m'aurait donné *dix fois la somme qu'il me devait pour empêcher la publication!*

« Il me paraît bien surprenant et très-déshonorable pour la cour de France, je vous l'avoue, que ses ministres ne mettent pas une fin honorable au paiement et au traitement d'une personne si extraordinaire que le chevalier d'Éon, qui a rendu tant de services à sa patrie, et qui a été si maltraité depuis si longtemps.

« FERRERS. »

grâce et non d'acquittement; c'était avec ce secret que j'espérais encore dominer, maîtriser cette créature fougueuse et rusée. »

Mais cette promesse, reconnue de Beaumarchais, ne fut pas tenue par lui, comme nous le verrons plus tard.

Arrivé à Versailles avec son coffre, Beaumarchais est complimenté par M. de Vergennes, qui lui envoie un beau certificat portant « que Sa Majesté a été très-satisfaite du zèle qu'il a marqué dans cette occasion, ainsi que de l'intelligence et de la dextérité avec lesquelles il s'est acquitté de la commission que Sa Majesté lui avait confiée. »

Ce témoignage de la satisfaction royale enfla l'ambition de Beaumarchais, qui résolut de profiter de sa faveur pour se mettre en communication directe avec Louis XVI, en supprimant, s'il était possible, les intermédiaires ministériels. Il s'agissait *d'enlever* une résolution définitive du roi, relativement à certaines avances d'argent et de munitions sollicitées par les Américains.

Il écrit, dans ce but, au comte de Vergennes :

« Versailles, ce samedi 24 novembre 1775.

« Monsieur le comte,

« Au lieu d'attendre la réponse du roi, qui doit porter une résolution arrêtée, approuveriez-vous de lui écrire de nouveau que je suis ici, que vous m'avez vu tremblant, qu'en une affaire aussi facile que nécessaire, et peut-être la plus importante que le roi puisse avoir jamais à décider, Sa Majesté ne choisisse la négative?

« Que, quels que soient ses motifs, je la supplie en grâce de ne prendre aucun parti sans m'avoir, avant, entendu plaider *un quart d'heure*, et lui démontrer respectueusement la nécessité d'entreprendre, la facilité de faire, la sécurité de réussir, et la récolte immense de gloire et de repos que doit donner à son règne la plus chétive semaille avancée aussi à propos.

« Puisse l'ange gardien de cet État tourner favorablement le cœur du roi, et nous donner un succès aussi désirable!

« En cas d'un ordre de vous, je suis à l'hôtel de Jouy, rue des Récollets. »

L'audience d'un *quart d'heure*, si vivement sollicitée par Beaumarchais, ne lui fut probablement pas accordée, car nous le voyons revenir à la charge et se rabattre sur une correspondance qu'il voudrait engager avec le roi personnellement. Avant de repartir pour Londres, il adresse à Louis XVI une série de questions en le priant de vouloir bien répondre lui-même en marge, et le roi répond docilement de sa main à Beaumarchais. Ce singulier questionnaire, dont l'autographe est entre les mains du petit-fils de l'auteur du *Mariage de Figaro*, avec les réponses de la main du roi, démontre la familiarité hardie et pénétrante de Beaumarchais, et la bonhomie de Louis XVI, dont l'écriture est fine, mais inégale, indécise et molle comme son caractère [1].

1. *Beaumarchais et son temps.*

POINTS ESSENTIELS QUE JE SUPPLIE MONSIEUR LE COMTE DE VERGENNES DE PRÉSENTER A LA DÉCISION DU ROI AVANT MON DÉPART POUR LONDRES, CE 13 DÉCEMBRE 1775, POUR ÊTRE RÉPONDUS EN MARGE :

Le roi accorde-t-il à la demoiselle d'Éon la permission de porter la croix de Saint-Louis sur ses habits de femme? *En province seulement.*

Sa Majesté approuve-t-elle la gratification de 2,000 écus que j'ai passée à cette demoiselle pour son trousseau de fille? *Oui.*

Lui laisse-t-elle la disposition entière, dans ce cas, de tous ses habillements virils? *Il faut qu'elle les vende.*

Comme ces grâces doivent être subordonnées à de certaines dispositions d'esprit auxquelles je désire soumettre pour toujours la demoiselle d'Éon, Sa Majesté veut-elle bien me laisser encore le maître d'accorder ou de refuser, selon que je le croirai utile au bien de son service? *Oui.*

Le roi ne pouvant refuser de me faire donner par son ministre des affaires étrangères une reconnaissance en bonne forme de tous les papiers que je lui ai rapportés d'Angleterre, j'ai prié M. le comte de Vergennes de supplier Sa Majesté de vouloir bien ajouter au bas de cette reconnaissance, *de sa main*, quelques mots de contentement sur la manière dont j'ai rempli ma mission. Cette récompense, la plus chère à mon cœur, peut en outre me devenir un jour d'une grande utilité. Si quelque ennemi puissant prétendait jamais me demander compte de ma conduite en cette affaire, d'une main je montrerais l'ordre du roi, de l'autre j'offrirais l'attestation de mon maître que j'ai rempli ses ordres à son gré. Toutes les opérations intermédiaires alors deviendront un fossé profond que chacun comblera selon son désir, sans que je sois obligé de parler, ni que je m'embarrasse jamais de tout ce qu'on en pourra dire. *Bon.*

Comme la première personne que je verrai en Angleterre est milord Rochford, et comme je ne doute pas que ce lord ne me demande en secret la réponse du roi de France à la prière que le roi d'Angleterre lui a fait faire par moi, que lui répondrai-je de la part du roi? *Que vous n'en avez pas trouvé.*

Si ce lord, qui certainement a conservé beaucoup de relations avec le roi d'Angleterre, veut secrètement encore m'engager à voir ce monarque, accepterai-je ou non? Cette question n'est pas oiseuse et mérite bien d'être pesée avant que de me donner des ordres. *Cela se peut.*

Dans le dessein où ce ministre était de m'engager dans les secrets d'une politique particulière avec lui[1], s'il voulait aujourd'hui me lier avec d'autres ministres, ou si, de quelque façon que ce soit, l'occasion m'en est offerte, accepterai-je ou non? *C'est inutile.*

Dans le cas de l'affirmative, je ne pourrai me passer d'un chiffre. M. le comte de Vergennes m'en donnera-t-il un?

J'ai l'honneur de prévenir le roi que M. le comte de Guines a cherché à me rendre suspect aux ministres anglais; me sera-t-il permis de lui en dire quelques mots, ou Sa Majesté souhaite-t-elle qu'en continuant à la servir, j'aie l'air d'ignorer toutes les menées sourdes qu'on a employées pour nuire à ma personne, à mes opérations et par conséquent au bien de son service[2]. *Il doit l'ignorer.*

---

1. Voir à la fin du volume une curieuse lettre de Beaumarchais sur ses entretiens secrets avec ce lord Rochford.

2. M. de Guines représentait la France à Londres. Le secret gardé à son égard sur la mission de Beaumarchais est une nouvelle singularité de la diplomatie française à cette époque.

Enfin, je demande, avant de partir, la réponse positive à mon dernier mémoire (sur les affaires d'Amérique), mais si jamais question a été importante, il faut convenir que c'est celle-là. Je réponds, sur ma tête, après y avoir bien réfléchi, du plus glorieux succès de cette opération pour le règne entier de mon maître, sans que jamais sa personne, celle de ses ministres, ni ses intérêts, y soient en rien compromis. Aucun de ceux qui en éloignent Sa Majesté osera-t-il de son côté répondre également sur sa tête, au roi, de tout le mal qui doit arriver infailliblement à la France de l'avoir fait rejeter ?

« Dans le cas où nous serions assez malheureux pour que le roi refusât constamment d'adopter un plan si simple et si sage, je supplie au moins Sa Majesté de me permettre de prendre date auprès d'elle de l'époque où je lui ai ménagé cette superbe ressource, afin qu'elle rende un jour justice à la bonté de mes vues, lorsqu'il n'y aura plus qu'à regretter amèrement de ne les avoir pas suivies.

« Caron de Beaumarchais. »

Mais le roi n'osait point encore prêter aux Américains les secours secrets que demandait pour eux si ardemment Beaumarchais, et il ne fit aucune réponse à ce qui était précisément la partie la plus grave de la lettre.

Beaumarchais repartit donc pour l'Angleterre en sachant seulement que la *chevalière d'Éon* devait vendre ses habits d'homme, et pouvait porter sa croix de Saint-Louis en province.

Depuis qu'il avait quitté Londres, les paris sur le sexe du chevalier d'Éon avaient pris une extension plus grande que jamais; la curiosité publique ayant eu vent qu'un traité avait été signé entre Beaumarchais et d'Éon, avait puisé un nouvel aliment dans l'espérance d'une certitude prochaine. On allait donc savoir enfin à quoi s'en tenir! Les anciens paris, éteints par la lassitude d'une attente indéfinie, reprirent feu avec une étonnante intensité, et le principal *chauffeur*, comme dit d'Éon, était le fameux Morande, qui croyait savoir, avec Beaumarchais, le fin mot de l'énigme. Ce qu'il savait avec certitude, c'est que la *transaction* contenait cette phrase : « Moi, Geneviève-Louise, etc., je me soumets à déclarer publiquement mon sexe, et *à laisser mon état hors de toute équivoque,* » phrase rédigée par Beaumarchais, et qui, intentionnellement ou non, semblait faite pour amorcer les joueurs.

D'Éon n'hésite pas à dire que Beaumarchais était complice et associé de Morande dans les paris. Il a même fait constater par trois témoins[1] que Morande lui avait fait, en leur présence, l'aveu de cette association. Il affirme avoir fait prier Beaumarchais, par son ami Gudin, de renoncer à une spéculation « qui me désolait, dit-il, et m'arrachait des larmes de douleur. » Mais, loin de céder à ses prières, Beaumarchais aurait entrepris de faire consentir son amazone à donner la preuve palpable de son sexe à un jury choisi et délégué *ad hoc* par les joueurs. Pour cette simple complaisance, il lui aurait offert *huit mille louis*, indépendamment de

---

1. Voir *Pièce justificative*, n° 23.

sa part dans les bénéfices des paris. « On m'avait déjà offert 15,000 guinées pour la même opération, en 1771, dit le chévalier d'Éon, et probablement Beaumarchais cherchait à gagner sur moi, en attendant qu'il gagnât par moi. Il prélevait ses frais de commission sur la proposition même. De la bouche de tout autre, je l'aurais reçue à coups de canne; mais comment se fâcher avec un homme qui riait et savait faire rire de tout. » Beaumarchais ne se doutait pas qu'il eût été ruiné, si *la chevalière* s'était prêtée à ce qu'il exigeait d'elle.

D'Éon va même plus loin dans ses allégations contre Beaumarchais. Il prétend que celui-ci lui fit la cour, et lui fit entendre qu'il l'épouserait, si elle voulait se montrer bonne fille et lui faire gagner quelques millions.

Ce qui est certain, c'est que le bruit de ce mariage se répandit, comme le prouve une lettre de Mme de Courcelles, adressée de Paris à d'Éon, pour lui faire part, en riant, de cette rumeur [1]. Ce qui n'est pas moins certain, c'est que d'Éon fit l'amoureuse de Beaumarchais, et que celui-ci crut à cette passion.

Elle lui donna son portrait et réclama, en échange, celui de son ami, qui s'était empressé de le lui promettre. Mais ce roman d'amour, dans lequel l'auteur du *Barbier de Séville* est la victime d'une mystification si curieuse, fut interrompu par la question même des paris, qui en était le fond et le but.

Peu de jours après le départ de Beaumarchais pour

---

1. *Pièce justificative*, n° 14.

Versailles, il avait paru dans le *Morning-Post* et le *Daily advertiser* de Londres, deux annonces ainsi conçues :

« Il est absolument certain que le chevalier d'Éon est rappelé dans sa patrie par ordre exprès du roi son maître, qui se propose de combler d'honneurs ce militaire ou plutôt *cette dame*, car il est actuellement démontré que ce prodige est du sexe féminin. Des personnes du premier rang, dans ce pays, sont extrêmement curieuses de connaître les merveilleuses circonstances de cette affaire, et d'en savoir les motifs. Quoi qu'il en soit, il est certain que *quelque chose d'extraordinaire sera* MANIFESTÉ dans quelques jours, lorsque cette héroïne s'embarquera, la semaine prochaine, pour son pays natal, où toute la cour de France est impatiente de la recevoir.

« On prépare à la cité une nouvelle police sur le sexe du chevalier d'Éon. Les paris sont de sept à quatre pour femme contre homme, et un seigneur bien connu dans ces sortes de négoces *s'est engagé à faire* CLAIREMENT *décider cette question*, avant l'expiration de quinze jours. »

A la lecture de ces paragraphes, le chevalier d'Éon envoya au *Morning-Post* et autres périodiques, un *avis au public*, dans lequel, après avoir reconnu qu'en effet le *roi de France venait de rendre une justice éclatante à ses services et à sa position extraordinaire vis-à-vis du feu roi, inconnue de tous ses ministres et ambassadeurs*, il désavouait l'esprit et les termes de l'article du *Morning-Post*, qu'il ne pouvait attribuer qu'aux manœuvres frauduleuses d'une immorale cupidité, ou bien à la malice de *certains grands seigneurs qui cherchaient à exercer contre son repos un reste de vengeance impuissante*. Il déclarait enfin, *qu'il ne manifesterait son sexe qu'autant qu'il ne se ferait plus de polices*, et que si cela était impossible, il serait forcé de quitter furtivement un pays qu'il regardait comme une seconde patrie.

Cet avis fut publié deux jours de suite, les 13 et 14 novembre 1775. « Dès le matin du premier jour, dit le chevalier d'Éon, Morande, tout en émoi et tout consterné, courut chez mon avocat de *Vignoles*, puis revint avec lui chez moi pour me déclarer que Beaumarchais serait furieux contre moi à cause de cette annonce ; qu'elle romprait tous les *bons projets* qu'il avait sur moi ; que je n'étais l'ami de personne, et que j'étais l'ennemi de moi-même, etc. »

Beaumarchais avait lieu d'être mécontent, en dehors des motifs que lui prête d'Éon, parce que, comme il le reprocha lui-même à ce dernier, son avis faisait allusion à d'anciennes querelles dont il avait promis de ne plus réveiller le souvenir, et parce qu'il était rédigé de façon à animer les paris plutôt qu'à les décourager.

Cependant, si Beaumarchais soupçonna d'Éon, comme il était soupçonné par celui-ci, d'avoir la main dans cet agiotage, l'accusation ne saurait être admise à l'égard de d'Éon, qui ne pouvait gagner sans fournir la preuve qu'il avait joué le gouvernement français, sans s'exposer à perdre les 12,000 livres de rente stipulés dans son contrat, et sans arrêter court le roman dont il s'était constitué l'héroïne. Aussi le verrons-nous plus tard former, devant le grand juge de

Londres, une demande en annulation juridique des paris dont son sexe était le but.

Voici comment d'Éon raconte sa première entrevue avec Beaumarchais, après le retour de celui-ci à Londres, et comment le premier orage éclata entre eux.

« Le 29 décembre, dit le chevalier d'Éon, dans son récit des *Campagnes*, adressé au comte de Vergennes, M. de Beaumarchais arrive à Londres sans me rien dire ; il passe la journée chez son confident Morande. Le lendemain 30, il envoie son valet de chambre, sur les onze heures du matin, me dire que monseigneur Caron de Beaumarchais est arrivé fort fatigué de ses courses. Moi qui, depuis deux mois, par maladie, n'étais pas sorti réellement deux fois de ma chambre, je m'habille pour l'aller trouver chez lui, et lui envoie l'hôte de ma maison, pour savoir s'il vient dîner chez moi. Il me fait faire réponse que non, qu'il dînait chez son ami Morande, et qu'il fallait que je fusse de ce dîner. Je l'accepte par complaisance. J'arrive chez Beaumarchais, je le trouve riant, folâtrant avec les deux frères Morande ; je le félicite sur son bon visage de Paris, en comparaison de celui qu'il avait emporté de Londres, en novembre. Il me répond que son mal *n'était pas au visage, et qu'il était peu dangereux pour les hommes*. Je fais semblant de ne pas comprendre l'impolitesse de son discours *dans ma position*. Un instant après, son valet de chambre, ainsi que le frère cadet du sieur de Morande, sortent : l'aîné reste seul avec M. Caron et moi.

« Aussitôt le sieur de Beaumarchais me chante une chanson qu'il a composée, dit-il, à Paris, tout exprès sur lui et moi, dans laquelle, lui, joue le rôle de femme, et moi, celui d'homme ; rôles qui, par parenthèse, nous convenaient parfaitement.

« Peu de temps après, il fit tomber la conversation sur l'*avis au public* que j'avais fait insérer dans le *Morning-Post* des 13 et 14 novembre dernier. Je lui dis que je n'aurais jamais donné au public cet avis, si des personnes *qu'il connaissait bien*, n'avaient pas, par des paragraphes précédents, cherché à allumer de nouveau le feu des polices sur mon sexe, feu qui ne tendait qu'à me faire mourir de chagrin.

« Aussitôt le fameux Beaumarchais, avec une colère et une dignité d'ambassadeur très-extraordinaire, s'est levé, chapeau sur la tête, pour me dire, avec un ton de colère et d'emportement capable d'intimider toutes les personnes de mon sexe, que mon avis inséré dans le *Morning-Post* du 13 novembre dernier était mal écrit, sans esprit, sans tournure, bête, sot et impertinent depuis le commencement jusqu'à la fin ; que d'ailleurs j'avais manqué à ma parole d'honneur. Aussitôt je me suis levé de ma chaise, en colère, ai mis mon chapeau sur la tête, et ai déclaré, en bon français, au sieur de Beaumarchais, que la négociation et des négociateurs tels que lui pouvaient *s'aller faire f...*, et lui ai demandé si Caron avait quelque chose à répondre à cela. Comme il est resté interdit et n'a répondu que par des bêtises, je l'ai laissé chez lui, et, le lendemain matin, j'ai pris une chaise de poste pour me rendre au château du lord Ferrers, dans le comté de Leicester, où je suis resté pendant les mois de janvier et février de cette année. »

A peine le chevalier d'Éon avait-il quitté Morande et Beaumarchais que celui-ci, comprenant qu'il avait été un peu trop loin vis-à-vis de sa cliente, lui écrivit une lettre dans laquelle il se disait encore *tout ému de la vive et féminine colère* qu'elle avait montrée, et du mâle compliment qu'elle lui avait lancé en le quittant. Il cherchait à la ramener, en lui disant « qu'elle l'avait trouvé *facile et gai* dans la société, et qu'elle avait éprouvé que ses procédés sont francs et généreux en affaires. » Huit jours s'étant écoulés sans qu'il reçut une réponse, il écrivit une seconde lettre dont l'importance principale était dans le dernier paragraphe.

« Londres, le 9 janvier 1776.

« En quelque endroit de l'Angleterre que vous soyez, vous avez eu plus de temps qu'il n'en fallait pour répondre à ma lettre du 31 décembre dernier. Puisque vous ne l'avez pas fait, je juge qu'il vous convient que nous redevenions étrangers l'un pour l'autre, comme par le passé. Je suis trop galant pour avoir en ceci un autre avis que le vôtre. Ainsi, après vous avoir écrit amicalement dans ma dernière lettre : *Cherchez, mon enfant, qui vous flagorne et dissimule avec vous par faiblesse ou par intérêt; aujourd'hui je vous écris : je n'en ai ni le temps ni la volonté.*

« Seulement je vous invite à vous conduire sagement, si vous voulez être heureuse. La clémence, la bonté, la générosité du roi, grâce à mes soins, ont passé votre espoir. Que votre ingratitude pour moi, mon enfant, ne s'étende pas jusqu'à ce bon maître ! C'est le meilleur avis que je puisse vous donner.

« Souvenez-vous que je vous ai imposé de sa part le plus profond silence sur vos anciens démêlés avec ceux que vous nommez vos ennemis. J'ai promis pour vous que vous y seriez fidèle ; gardez-vous de le rompre légèrement ! Que la rage d'imprimer ne vous entraîne pas en quelque désobéissance ! Et surtout ne manquez à aucune des conditions auxquelles vous vous êtes soumise en contractant avec moi ! Vous seriez inexcusable aujourd'hui. Ce tort affreux répandrait sur le passé la plus triste lumière ; et de ce moment, votre bonheur et votre honneur seraient détruits.

« Ne manquez pas de me faire parvenir, le plus promptement possible, les pièces suivantes qui, à la vérification des papiers entre les pièces et les inventaires, se sont trouvées à vide dans les portefeuilles, M. de Vergennes collationnant avec moi.

« Je vous salue,

« Caron de Beaumarchais. »

Il écrivit en même temps au lord comte Ferrers.

« Londres, le 8 janvier 1776.

« Milord,

« Je suis bien désolé que les affaires qui me retiennent à Londres, et le peu de séjour que je dois encore y faire, me privent de l'espoir d'aller à Staunton-Harold me rappeler à votre bienveillance.

« J'ai l'honneur de vous envoyer ci-joint la note exacte des effets que je vous ai remboursés à la décharge de Mlle d'Éon ; je vous prie de vouloir bien signer le reçu général que j'ai écrit au bas du bordereau ci-joint, et me le renvoyer tout de suite. Les reçus particuliers que vous avez mis au bas de chaque billet payé, ne disent pas que vous l'avez été par moi, ce qui est nécessaire à spécifier pour l'exactitude de mes affaires.

« Mon intention était de vous faire faire cette prière par M. d'Éon ; mais à l'instant de mon arrivée à Londres, sur quelques reproches d'indiscrétion et de légèreté que je me suis cru en droit de lui faire, il s'est envolé comme un étourneau, sans que je sache où il est allé se nicher. Que Dieu l'y tienne gaillard, et ses projets! Il m'a glissé comme une anguille entre les doigts ; je souhaite bien fort pour lui que ce ne soit pas comme une couleuvre d'ingratitude. Je dis que je le souhaite pour lui, car pour moi, milord, j'ai trop vécu et connais trop les hommes pour compter sur la reconnaissance de personne, et prendre aucun souci d'y voir manquer ceux que j'ai le plus obligés. J'ai l'honneur de présenter mes hommages à milady, et je vous prie de me croire, avec l'attachement le plus respectueux, milord,

« Votre très-humble et très-obéissant serviteur,

« BEAUMARCHAIS. »

Le lord Ferrers, lui répondit :

« Staunton-Harold, le 13 janvier 1766.

« Monsieur,

« Je reçois votre lettre à l'instant que la poste va partir ; je vous ferai réponse lundi prochain. Tout ce que je puis vous dire à présent, est que M. d'Éon est arrivé le 2 de ce mois à Staunton, fort incommodé, et qu'il l'est encore. Malgré cela, je le vois fort occupé à vous envoyer une longue épître lundi prochain. *Je ne m'aperçois pas qu'il manque de reconnaissance envers vous;* je trouve seulement *qu'il manque d'argent* pour me payer le reste de ce qui m'est dû. Il m'a seulement dit qu'il avait eu quelques difficultés avec vous, par rapport à un paragraphe dans la *Gazette*, sur l'article *des polices sur son sexe*, et j'espère qu'il n'y aura aucune brouillerie entre vous sur une pareille chose. Je suis, avec sincérité, votre serviteur,

« FERRERS. »

L'argent qui restait dû au comte Ferrers se composait des deux billets de 233 livres sterling que Beaumarchais n'avait pas payés naguère, sous prétexte qu'il n'avait pas assez d'argent sur lui, et qu'il parut avoir complétement oubliés.

Quant aux papiers qui s'étaient *trouvés à vide* dans les portefeuilles, ils ne se trouvaient point en la possession de d'Éon. Mais il feignit aussitôt de les avoir conservés, comme une dernière garantie, saisissant ainsi l'arme inattendue que lui tendait son adversaire, pour forcer celui-ci à exécuter complétement ses engagements.

La lettre du chevalier d'Éon avait trente-huit pages [1]. Nous n'en extrairons ici que les points principaux. « Je puis jurer avec vérité, disait-il, que dans tout le cours de ma vie et celui de mes divers voyages d'un pôle à l'autre, je n'ai jamais trouvé un homme plus gai, plus varié, plus instruit et plus charmant que M. de Beaumarchais dans la société. Quant à vos procédés généreux en affaires, si vous entendez par là les rapports favorables que vous avez bien voulu faire de moi auprès de notre jeune monarque et de son digne ministre ; si vous entendez par là la composition noble et énergique, la tournure agréable, frappante et honorable que vous avez donnée à notre *transaction* préparatoire du 5 octobre dernier, je confesse avec plaisir, quoique avec la douleur, la honte et les larmes que l'aveu et la déclaration de ma propre faiblesse m'ont arrachées, que vous seul étiez capable de composer cette pièce telle qu'elle est. En cela vous m'avez rendu un service dont je désire que le dernier de mes neveux soit aussi reconnaissant que moi. Mais si, par ces mots, vous entendez les procédés généreux en argent, comme le sens naturel de la phrase paraît l'annoncer, je vous avouerai, mon cher et très-cher de Beaumarchais, qu'après le duc de Praslin et son ami feu le comte de Guerchy, je n'ai trouvé personne qui soit plus tenace à l'argent que vous. »

Après avoir retracé la manière dont il a réglé ses comptes avec lord Ferrers, « Vous parlez de générosité, ajoute-t-il, et cependant, lorsqu'il s'agit de solder avec

---

[1]. Voir *Pièce justificative*, n° 19.

l'argent du roi le compte d'une infortunée, victime du secret du roi, depuis vingt et un ans, vous employez le même esprit, les mêmes tracasseries, les mêmes ruses et dextérités, que s'il s'agissait de solder le mémoire du comte de La Blache avec l'argent de M. de Beaumarchais. Jugez vous-même, je vous prie, de vos procédés généreux à mon égard. »

Le reproche était juste, car après avoir reconnu que Beaumarchais avait fait supporter à d'Éon un escompte au profit du roi, M. de Loménie écrit : « Dans toute cette affaire, Beaumarchais se montre plus économe des deniers du roi que dans les deux précédentes » dont il avait été chargé.

Le chevalier d'Éon continue : « Il est inutile, monsieur, que vous vous donniez la peine de me prouver que les paragraphes qui ont paru dans les gazettes, depuis votre absence, *vous ont fort déplu*. Je sais à quoi m'en tenir là-dessus. Je n'aurais jamais mis mon avis dans la *Gazette* du 13 novembre, si, deux jours auparavant, il n'eût point paru dans la même *Gazette*, un avis tendant à rallumer le feu des polices. Vous avez trop d'esprit et de pénétration pour *en ignorer totalement l'auteur*. Il était de mon devoir et de mon honneur de jeter un tonneau d'eau sur le feu... Le peu d'attention que vous dites avoir fait *à ma vive et féminine* colère, ainsi que vous l'appelez, est pour moi une nouvelle preuve de votre bon cœur et de votre esprit. Il est certain que vos reproches déplacés m'ont brisé le cœur... Vous m'avez fait verser des larmes de douleur et de fureur ; mais la reconnaissance que je vous dois, et qui est gravée dans mon cœur, a étouffé les premiers mouvements que la nature, autant que mon état militaire, m'avait inspirés... Je comprenais bien en moi-même qu'il serait affreux à mon propre cœur de me battre contre ce que j'aime le plus, contre celui qui se dit mon libérateur, et que le libérateur ne voudrait jamais se battre contre sa *petite dragonne*, quelque terrible qu'elle soit sous son uniforme. Je vous dirai, comme Rosine dans votre *Barbier de Séville* : « Vous êtes fait « pour être aimé, et je sens que mon plus affreux sup- « plice serait de vous haïr. »

Ces douceurs disparurent, aux yeux de Beaumarchais, devant la déclaration relative aux papiers que d'Éon lui disait avoir encore entre les mains. Il lui répondit *ab irato*[1], le 18 janvier 1776 :

« Sur votre indigne aveu *qu'il s'en faut de beaucoup que vous m'ayez remis tous les papiers*, que vous avez juré et signé m'avoir fidèlement rendus, je reconnaîtrai, avec confusion aux pieds de Sa Majesté, que je vous ai trop légèrement délivré un contrat de 12,000 livres de rente, 120,000 livres pour payer vos dettes, et le sauf-conduit honorable qui était le prix de votre soumission, et dont votre mauvaise foi vous rend absolument indigne. Alors, Sa Majesté fera justice de vous et de moi.

« Quant à l'argent, loin d'oser passer en compte au roi les 120,000 livres que je vous ai si sottement remises, je reconnaîtrai mon coupable excès de confiance, et je les rembourserai comme de raison à Sa Majesté,

---

1. *Pièce justificative*, n° 20.

sauf à m'en prévaloir sur vous ; et le service même que je vous ai rendu, en obtenant qu'une pension précaire de 12,000 livres fût changée en un contrat d'absolue propriété, m'en fournira sur-le-champ les moyens. Le changement avantageux de titre ne vous ayant tiré de la dépendance des ministres que pour vous mettre, avec tous les propriétaires du royaume, sous la dépendance des lois et des tribunaux, je forme opposition entre les mains du payeur à la délivrance annuelle des arrérages de ce contrat ; armé de vos billets et de la quittance du lord Ferrers, je dirige contre vous une action civile, et je vous demande au Parlement le remboursement des 120,000 livres que j'ai payées pour vous, ou l'exécution entière de notre transaction. Voilà quelle sera la conduite que vous me forcerez à suivre contre vous, si vous ne rentrez pas promptement en vous-même. »

Cette menace n'intimida pas d'Éon, qui répliqua le 30 janvier 1776 [1] :

« Je ne répondrai pas aux reproches ni aux invectives déplacées que vous me prodiguez dans votre vive, altière et *masculine* colère. Je regarde tout cela comme les premiers effets de la mauvaise humeur du singe le plus adroit et le plus agréable que j'aie jamais rencontré dans ma vie, qui *est toujours, toujours le même,* et ne se fâche que lorsqu'il s'agit d'arrêter et d'apurer un compte.

« J'ai déjà eu l'honneur de vous prévenir que, tant que l'on ne remplira pas envers moi le quatrième article de la transaction, qui dit expressément que vous

---

1. Voir *Pièce justificative*, n° 21.

devez *me remettre de plus fortes sommes* pour l'acquittement de mes dettes, je ne suis tenue à aucun des points de la transaction. Vous êtes la puissance contractante et moi l'exécutrice, c'est donc vous qui devez agir et marcher le premier, puis moi exécuter et suivre... Quand vous aurez comme moi, monsieur, vieilli et blanchi dans l'armée et dans la politique, vous saurez que lorsqu'une puissance de troisième ordre contracte, ou fait la paix avec une puissance de premier ordre, cette troisième puissance prend toujours pour garants des conditions du traité deux autres puissances du second ordre... Or, comme je regarde ma puissance comme la plus faible et la plus petite qu'il y ait sur la terre, en comparaison de celle avec qui j'ai eu l'honneur de contracter, et que je ne puis avoir la garantie d'aucune puissance grande, moyenne ou petite, j'ai pris ma prudence et mon expérience pour être les fidèles garants de mon traité. Consultez tous les bons politiques de Versailles et de l'Europe pour savoir si j'ai tort et si je suis aussi sotte que vous le croyez. »

Après cette casuistique, destinée à justifier, en apparence, un tort qu'il n'avait pas, d'Éon reprend le ton d'une demoiselle, et dit à son *ingrat* :

« J'avoue, monsieur qu'une femme se trouve quelquefois dans des situations si malheureuses, que la nécessité des circonstances la force à profiter des services dont elle sent la première tout le ridicule, parce qu'elle en pénètre l'objet. Plus l'homme qui la veut obliger est adroit et délicat, plus le danger est grand pour elle...

Mais quel souvenir me rappellent ces réflexions ! Il me dit seulement que par une confiance aveugle en vous, en vos promesses, je vous ai découvert le mystère de mon sexe ; que par reconnaissance, je vous ai donné mon portrait, et que, par estime, vous m'avez promis le vôtre. Il n'y a jamais eu d'autres engagements entre nous. Tout ce que vous avez avancé au delà sur notre mariage prochain, suivant ce que l'on m'a écrit de Paris, ne peut être regardé par moi que comme un véritable persiflage de votre part. Si vous avez pris au sérieux ce simple gage de souvenir et de gratitude, votre conduite est aussi pitoyable que votre maladie ; c'est là un véritable mépris et une infidélité qu'une femme de Paris, si apprivoisée qu'elle soit avec les mœurs à la mode des maris, ne pourrait pardonner ; à plus forte raison, une fille dont la vertu est aussi sauvage que la mienne, et dont l'esprit est si altier, lorsqu'on blesse la bonne foi et la sensibilité de son cœur. Pourquoi ne me suis-je pas rappelé, en ce moment, que les hommes ne sont bons sur la terre que pour tromper la crédulité des filles et des femmes... Je ne croyais encore que rendre justice à votre mérite, qu'admirer vos talents, votre générosité, je vous aimais sans doute déjà ! Mais cette situation était si neuve pour moi, que j'étais bien éloignée de croire que l'amour pût naître au milieu du trouble et de la douleur. Jamais une âme sensible ne deviendrait sensible à l'amour, si l'amour ne se servait pas de la vertu même pour la toucher. »

Le persiflage est si complet qu'il semble avoir été retracé tout exprès pour l'amusement de la postérité, à laquelle d'Éon a tenu à démontrer combien il avait su jouer l'homme qui passait alors pour le plus fin de France.

Beaumarchais s'y laissa si bien prendre qu'il écrivit à M. de Vergennes :

« Tout le monde me dit que cette fille est folle de moi. Elle croit que je l'ai méprisée, et les femmes ne pardonnent pas une pareille offense. Je suis loin de la mépriser ; mais qui diable aussi se fût imaginé que, pour bien servir le roi dans cette affaire, il me fallût devenir galant chevalier autour d'un capitaine de dragons ? L'aventure me paraît si bouffonne que j'ai toutes les peines du monde à reprendre mon sérieux pour achever convenablement ce mémoire. »

Convaincu, après réflexion, que d'Éon n'a conservé aucun papier important, que sa déclaration spontanée à cet égard est un piége ou une fanfaronnade, il se borne à fermer sa bourse à sa dragonne, pour l'amener à reprendre ses habits de femme, que celui-ci ne peut se décider à revêtir. « Quel service puis-je rendre au roi, écrit-il à Beaumarchais, sous mes habits de fille ? Sous mon uniforme, au contraire, je puis le servir en guerre et en paix, comme j'ai toujours eu le courage et le bonheur de le faire depuis vingt-deux ans ? Si cependant Sa Majesté et ses ministres persistent toujours dans l'exécution de notre transaction, je la remplirai par obéissance ; mais vous êtes tenu, de votre côté, d'exécuter le quatrième article, et de me faire accorder toutes mes justes demandes contenues dans ma dernière lettre. »

Beaumarchais n'accorda rien. Exaspéré, d'Éon se décida à s'adresser au comte de Vergennes, et à lui raconter tout ce qui s'était passé entre son envoyé et *elle*. Sa lettre est remplie de détails violents, mais curieux, sur l'auteur du *Mariage de Figaro* qu'il compare à *Olivier le Daim, barbier, non de Séville, mais de Louis XI*. Elle raconte ses petites glorioles d'ambassadeur et ses grands airs de diplomate parvenu. Après avoir dévoilé, avec une vertueuse indignation, les mystères, tant soit peu licencieux, de sa vie privée à Londres, elle termine en demandant l'envoi d'un négociateur plus *honnête*, qui ne compromette pas *la réputation d'une fille vertueuse, dont la conduite et les mœurs ont été, en tout temps et en tous lieux, au-dessus du soupçon* [1].

A cette lettre était jointe une déclaration, avec attestation de trois témoins, portant que Morande avait reconnu avoir eu, avec Beaumarchais, l'intention de prendre part aux paris faits sur le sexe de d'Éon, mais que les avocats anglais, consultés par eux, ayant été d'avis que la loi ne permettrait pas de forcer les perdants à payer leurs engagements, ils avaient dû renoncer à cette spéculation [2].

M. de Vergennes communiqua cette bordée d'injures et d'accusations à Beaumarchais, qui la reçut avec le calme d'un homme habitué à d'autres bourrasques. Il se borna à répondre à M. de Vergennes : « Elle est femme, et si affreusement entourée, que je lui pardonne de tout mon cœur; elle est femme, ce mot dit tout. »

1. *Pièce justificative*, n° 22.
2. Voir *Pièce justificative*, n° 23.

Cependant sa philosophie et sa galanterie l'abandonnent quelquefois, et le 29 août 1776, il écrit à M. de Vergennes : « Cette cruelle folle de d'Éon fait encore des siennes à Londres. »

Pendant qu'on dirigeait de Londres tous ces coups contre le pauvre Beaumarchais, à Paris on lui en portait d'autres, qui, venus de mains différentes, offraient entre eux une curieuse conformité. Un docteur *Dubourg*, son associé dans l'entreprise de secours qu'il envoyait, tant pour son propre compte que pour celui du cabinet de Versailles, aux Américains unis, exprime ainsi au comte de Vergennes ses défiances sur le chef de l'association patriotico-mercantile :

« J'ai vu, ce matin, M. de Beaumarchais, et j'ai conféré volontiers avec lui sans réserve. Tout le monde connaît son esprit, et personne ne rend plus justice que moi à son honnêteté, sa discrétion, son zèle pour tout ce qui est grand et bon ; je le crois un des hommes du monde les plus propres aux négociations politiques, mais peut-être en même temps un des moins propres aux négociations commerciales. Il aime le faste ; on assure qu'il entretient des demoiselles ; il passe enfin pour un bourreau d'argent, et il n'y a en France ni marchand, ni fabricant, qui n'en ait cette idée, et qui n'hésitât beaucoup à faire la moindre affaire de commerce avec lui. Aussi, m'étonna-t-il bien lorsqu'il m'apprit que vous l'aviez chargé, non-seulement de nous aider de ses lumières, mais de concentrer en lui seul l'ensemble et les détails de toutes les opérations de commerce, tant en envois qu'en retours, soit des munitions de guerre, soit des marchandises ordinaires, de la France aux colonies unies, et des colonies en France, la direction de toutes les affaires, le règlement des prix, la conclusion des marchés, les engagements à prendre, les recouvrements à faire, les dettes à acquitter, etc... Peut-être est-il cent, peut-être mille personnes en France, qui, avec des talents fort inférieurs à ceux de M. de Beaumarchais, pourraient mieux remplir vos vues, en inspirant plus de confiance à tous ceux avec lesquels ils auraient à traiter, etc... »

Mais Beaumarchais était homme à faire tête à l'orage, et si les difficultés surgissaient de toutes parts autour de lui, il y avait dans sa tête plus d'expédients et plus de ressources que la fortune n'avait de tours à lui jouer. C'est ce qu'il exprimait plaisamment à son ami Gudin, quand il lui disait : « Comprends-tu rien à mon amphigouri de destinée ?... Un autre se pendrait ; mais comme cette ressource ne me manquera pas, je la garde pour la fin ; et en attendant que je dise mon dernier mot là-dessus, je m'occupe à voir lequel du diable ou de moi mettra le plus d'obstination : lui à me faire choir, et moi à me ramasser ; c'est à quoi j'emploie ma tête carrée. »

Beaumarchais était aimé du comte de Vergennes. Par une flatterie délicate, constante, et d'autant plus adroite qu'elle empruntait toujours les franchises apparentes d'une entière indépendance, il avait exercé sur le ministre cette séduction de l'esprit qui soumet toujours le plus faible au plus fort, et sait faire tourner à son profit jusqu'à ses défauts mêmes. L'esprit qui nous a une fois imposé son empire, est un enfant gâté qu'on excuse jusque dans ses écarts, un despote qu'on révère jusqu'en ses tyrannies ; il ressemble à la maîtresse dont on est épris, et qu'on aime pour ses vices autant, si ce n'est plus, que pour ses vertus... Le comte de Vergennes ne manqua pas de communiquer à Beaumarchais l'épître du docteur Dubourg.

Beaumarchais ne perdit pas de temps, et adressa à son docteur accusateur une réponse pleine d'esprit, de malice et pourtant de retenue, qu'il envoya en même temps au ministre, son défenseur, sous le titre de :

MA LETTRE AU DOCTEUR DUBOURG

« Ce mardi 16 juillet 1776 [1].

« Jusqu'à ce que M. le comte de Vergennes m'ait montré votre lettre, monsieur, il m'a été impossible de saisir le vrai sens de celle dont vous m'avez honoré. Ce monsieur, *qui ne veut ni ne peut rien prendre sur lui avec moi*, était une chose inexplicable.

« J'entends fort bien maintenant que vous avez voulu vous donner le temps d'écrire au ministre à mon sujet ; mais pour en recevoir des notions vraies, était-il bien nécessaire de lui en offrir de fausses ? Eh ! que fait à nos affaires que je sois un homme répandu, fastueux et qui entretient des filles, etc. ?

« Les filles que j'entretiens depuis vingt ans, monsieur, sont bien vos très-humbles servantes. Elles

---

1. Archives des affaires étrangères.

étaient cinq, dont quatre sœurs et ma mère à moi. Depuis trois ans, deux de ces filles entretenues sont mortes, à mon grand regret. Je n'en entretiens plus que trois, deux sœurs et ma mère, ce qui ne laisse pas d'être encore assez fastueux pour un particulier comme moi. Mais qu'auriez-vous donc pensé si, me connaissant mieux, vous aviez su que je poussais le scandale jusqu'à entretenir aussi des hommes? deux neveux fort jeunes, assez jolis, et même le trop malheureux père qui a mis au monde un aussi scandaleux entreteneur? Pour mon faste, c'est encore bien pis. Depuis trois ans, trouvant les dentelles et les habits brodés trop mesquins pour ma vanité, n'ai-je pas affecté l'orgueil d'avoir toujours mes poignets garnis de la plus belle mousseline unie! Le plus superbe drap noir n'est pas trop beau pour moi; quelquefois même on m'a vu pousser la faquinerie jusqu'à la soie, quand il fait très-chaud. Mais je vous supplie, monsieur, de ne pas aller écrire ces choses à M. le comte de Vergennes; vous finiriez par me perdre entièrement dans son esprit.

« Vous avez eu vos raisons pour lui écrire du mal de moi que vous ne connaissiez pas; j'ai les miennes pour ne pas en être offensé, quoique j'aie l'honneur de vous connaître. Vous êtes, monsieur, un honnête homme, tellement enflammé du désir de faire un grand bien, que vous avez cru pouvoir vous permettre un petit mal pour y parvenir.

« Cette morale n'est pas tout à fait celle de l'Évangile; mais j'ai vu beaucoup de gens s'en accommoder. C'est même en ce sens que, pour opérer la conversion des païens, les Pères de l'Église se permettaient quelquefois des citations hasardées, de saintes calomnies qu'ils nommaient entre eux des fraudes pieuses. Cessons de plaisanter. Je n'ai point d'humeur, parce que M. de Vergennes n'est pas un petit homme, et je m'en tiens à sa réponse. Que ceux à qui je demanderai des avances en affaires se défient de moi, j'y consens ; mais que ceux qui seront animés d'un vrai zèle pour les amis communs dont il s'agit, y regardent à deux fois, avant que de s'éloigner d'un homme honorable qui offre de rendre tous les services et de faire toutes les avances utiles à ces mêmes amis! M'entendez-vous maintenant, monsieur?

« J'aurai l'honneur de vous voir cette après-midi d'assez bonne heure pour vous trouver encore assemblés.

« J'ai celui d'être, avec la plus haute considération, monsieur,

« Votre très-humble et très-obéissant serviteur, bien connu sous le nom de

« RODERIGUE HORTALEZ et Cie [1]. »

A l'égard du chevalier d'Éon, Beaumarchais, occupé à se défendre dans Paris contre des ennemis qui ne lui

---

[1]. Nous avons mis en lumière cette charmante épître de Beaumarchais vingt-trois ans avant M. de Loménie qui la donne comme inédite, ainsi qu'une ou deux autres lettres publiées dans nos Mémoires. M. de Loménie nous apprend que la réponse de Beaumarchais au docteur Dubourg avait eu du succès dans sa famille, et que l'une de ses sœurs lui écrivit à cette occasion : « *Monsieur l'entreteneur*, je me sens forcée de vous dire que votre lettre à M. le docteur a fait fortune parmi nous; les filles que vous entretenez sont bien *vos très-humbles servantes*, mais pourvu que vous les augmentiez. Je suis en attendant ce moment désiré, monsieur l'entreteneur, votre, etc., JULIE B. »

laissaient ni repos ni trêve, chargea Morande, son lieutenant à Londres, de rendre guerre pour guerre à celui qu'il ne pouvait aller combattre lui-même.

Morande fit un pamphlet de trente-huit pages in-folio contre d'Éon, auquel il eut l'impudence d'en adresser une épreuve, en lui demandant une entrevue afin de lui faire connaître à quelles conditions ils pourraient rester en paix. Mais d'Éon n'était point un Louis XV, et il répondit à Morande que « son amitié était regardée par lui comme un fardeau cent fois plus onéreux que la haine dont il menace, » et que *mademoiselle d'Éon* ne pouvait lui accorder d'audience qu'à *Hyde Park* (lieu ordinaire des rencontres à main armée). En même temps, d'Éon envoya son beau-frère O'gorman et son ami le chevalier de Piennes, pour demander à Morande quels seraient son jour, son heure et ses armes. Mais le libelliste refusa de se battre, en déclarant « qu'il n'aurait pas la main assez vile, ni le cœur assez bas, » pour se mesurer contre une femme qui lui avait donné la preuve irrécusable de son sexe.

Furieux de voir son ennemi lui échapper par cette porte, qu'il n'était plus en son pouvoir de lui fermer, d'Éon exhala sa colère en imprécations d'un caractère si *dragon* qu'il est impossible de les reproduire. Ne pouvant avoir satisfaction de son diffamateur par les armes, il résolut de la demander aux tribunaux. Morande eut peur de la prison. Quelques mois après, il envoya sa femme à son terrible adversaire, qui, à la prière de cette malheureuse, consentit à arrêter le procès commencé.

CHAPITRE XVI

Le chevalier d'Éon demande de nouveau à rentrer en France. — Nouvelles correspondances avec Beaumarchais et M. de Vergennes sur ce sujet. — Il arrive à Versailles et est forcé de prendre les vêtements de fille. — La couturière de la reine lui fait son trousseau. — Sa première apparition en jupes. — Ses succès. — Nouvelle polémique avec Beaumarchais. — Appel de Mlle d'Éon à ses contemporaines. — Il passe huit jours à Saint-Cyr. — Il implore la permission de quitter ses habits de femme pendant la guerre d'Amérique, et l'autorisation de prendre part à cette guerre. — Tout lui est refusé.

Beaumarchais, qui connaissait le caractère de d'Éon, avait engagé M. de Vergennes, s'il voulait le faire revenir en France, à ne plus paraître penser à lui. Le ministre ne tenait pas beaucoup à voir revenir d'Éon, si l'on en juge par ce qu'il écrivait au chargé d'affaires de France, le 23 mars 1776 : « Je voudrais fort que M. de Beaumarchais pût en finir avec l'amazone d'Éon, non pour la savoir ici, ce dont je me soucie très-peu, mais pour n'être plus dans le cas de m'occuper d'une aventure qui ne m'amuse pas à beaucoup près autant que le parterre. »

Mais cette indifférence même devait irriter l'impatience du chevalier d'Éon. Menacé de l'oubli, et voulant sortir à tout prix d'une position bizarre dans laquelle il n'avait plus, pour ainsi dire, aucun sexe officiel, étant homme pour les uns, femme pour les autres, d'Éon écrivit au comte de Vergennes pour lui manifester de nouveau le désir de rentrer en France, mais en y mettant certaines conditions. Il demandait, entre autres choses, que si on exigeait qu'il reprit ses habits de fille, l'ordre de le faire portât la mention de ne plus quitter ces habits *comme l'avait exigé ci-devant le service du feu roi*. Il voulait ainsi faire croire que c'était pour le service et par ordre de Louis XV qu'il s'était *travesti* de fille en garçon. C'était l'histoire renversée.

M. de Vergennes ne voulut pas consentir à cette rédaction, et chargea Beaumarchais d'expliquer les raisons de son refus à son ancienne cliente. La lettre de celui-ci, datée de Paris, 18 août 1776, et mise au jour par M. de Loménie, est intéressante. M. de Vergennes lui aurait dit : « Le roi de France peut-il accorder à une fille un sauf-conduit qui se rapporte à l'état d'un officier ? Qui donc a servi le roi ? Est-ce Mlle ou M. d'Éon ? Si Sa Majesté, apprenant après coup la faute que ses parents ont commise en sa personne contre la décence des mœurs et le respect des lois, veut bien l'oublier et ne pas lui imputer comme un tort celle de l'avoir continuée sur elle-même en connaissance de cause, faut-il que l'indulgence du roi pour elle aille jusqu'à charger le feu roi du ridicule de son indécent travestissement, en employant cette phrase du modèle qu'elle a l'assurance de nous envoyer elle-même : Ordre... de ne plus quitter les habits de son sexe, *comme l'a ci-devant exigé le service du feu roi mon aïeul*, etc. Jamais, monsieur (continue M. de Vergennes), le service du roi n'a exigé qu'une fille usurpât le nom d'homme et l'habit d'officier, ou l'état d'envoyé. C'est en multipliant ainsi ses prétentions téméraires que cette femme est parvenue à lasser la patience du roi, la mienne et la bonne volonté de tous ses partisans. »

Après avoir ainsi reproduit les paroles de M. de Vergennes, qui prouvent que, dans l'opinion de ce ministre intègre, jamais le gouvernement de Louis XV n'avait pu autoriser une femme à se déguiser en homme d'État, mais ne prouvent pas que ce même gouvernement n'a pu autoriser un homme à se travestir momentanément en femme, Beaumarchais exhortait la chevalière à la prudence, et lui disait, en terminant, que malgré ses torts affreux envers lui, il irait la voir *de tout son cœur* à son prochain voyage à Londres, « et s'estimerait fort heureux s'il pouvait encore contribuer à son bonheur futur. »

D'Éon reçut ces avances un peu cavalièrement. Il était, en ce moment, sous le coup de l'irritation que lui causait le pamphlet de Morande. Il ne répondit à Beaumarchais que deux mois plus tard, le 12 novembre 1776 :

« Je n'ai point répondu à la lettre que vous avez pris la peine de m'écrire le 18 du mois d'août dernier, parce que, tandis que vous m'écriviez des douceurs pour renouer notre petite négociation, vous écriviez, en même temps, à votre beau protégé Morande, de façon à secouer la fiole, ou plutôt la cruche de venin qu'il porte toujours dans son cœur. Cela ne m'a paru ni loyal, ni de bonne guerre. Vous le poussiez enfin à écrire contre moi des libelles dans les papiers publics. Non-seulement il l'a dit, mais il a fait voir les différents articles de vos lettres, à ce sujet, à différentes personnes de ma connaissance... Jamais votre personne ne m'a été odieuse, comme vous me le dites par votre dernière lettre ; il n'y a eu d'odieux à mes yeux que votre conduite, vos actions, vos discours, vos lettres au lord Ferrers et à moi...

« Bonsoir, monsieur et trop cher Beaumarchais ; il est deux heures du matin, je suis bien fatiguée, et vais me coucher en pestant et jurant contre tous les hommes qui m'ont tant maltraitée, et surtout vous que j'estimais et que j'aimais véritablement, et qui avez irrité mon cœur à l'excès par vous-même et votre Morande. »

Trois mois après, d'Éon n'y tenant plus, écrivit à M. de Vergennes pour lui annoncer sa prochaine arrivée et lui demander s'il pouvait compter sur la protection du gouvernement et des lois.

M. de Vergennes lui répondit de sa propre main :

« Versailles, le 12 janvier 1777[1].

« J'ai reçu, mademoiselle, la lettre que vous m'avez fait l'honneur de m'écrire le 1er de ce mois. Si vous ne

---

1. Archives des affaires étrangères.

vous étiez pas livrée à des impressions de défiance, que je suis persuadé que vous n'avez pas puisées dans vos propres sentiments, il y a longtemps que vous jouiriez, dans votre patrie, de la tranquillité qui doit aujourd'hui, plus que jamais, faire l'objet de vos désirs. Si c'est sérieusement que vous pensez à y revenir, les portes vous en seront encore ouvertes. Vous connaissez les conditions qu'on y a mises : le silence le plus absolu sur le passé ; éviter de vous rencontrer avec les personnes que vous voulez regarder comme les causes de vos malheurs, et enfin de reprendre les habits de votre sexe. La publicité qu'on vient de lui donner en Angleterre ne peut plus vous permettre d'hésiter. Vous n'ignorez pas, sans doute, que nos lois ne sont pas tolérantes sur ces sortes de déguisements. Il me reste à ajouter que, si, après avoir essayé du séjour de la France, vous ne vous y plaisiez pas, on ne s'opposera pas à ce que vous vous retiriez où vous voudrez.

« C'est par ordre du roi que je vous mande tout ce que dessus. J'ajoute que le *sauf-conduit*, qui vous a été remis, vous *suffit*; ainsi rien ne s'oppose au parti qu'il vous conviendra de prendre. Si vous vous arrêtez au plus salutaire, je vous en féliciterai ; sinon, je ne pourrai que vous plaindre de n'avoir pas répondu à la bonté du maître qui vous tend la main. *Soyez sans inquiétude;* une fois en France, vous pourrez vous adresser directement à moi, sans le secours d'aucun intermédiaire.

« J'ai l'honneur d'être avec une parfaite considération, mademoiselle, votre très-humble et très-obéissant serviteur,

« DE VERGENNES. »

Déterminé par cette lettre, le chevalier d'Éon résolut de partir; mais avant de quitter l'Angleterre, il voulut élever sur ce sol classique du pari, une barrière infranchissable entre lui et les *polices* qui ne cessaient de s'attacher à son sexe. Il forma, devant le grand juge de Londres, une demande en annulation juridique et solennelle de ces gageures scandaleuses. Sa demande fut rejetée, et, par conséquent, la carrière demeura ouverte aux *assurances* de toute espèce. Le chevalier d'Éon interjeta appel de ce jugement qui le livrait en pâture aux loups-cerviers de l'agiotage. Il avait d'autant plus lieu de craindre, que la nouvelle de son départ avait fait éclater la guerre parmi les joueurs. Chaque parti se croyait vainqueur et voulait forcer ses adversaires à payer le prix de la victoire; à chaque instant, le chevalier d'Éon redoutait de se voir appréhendé au coin d'une rue, et soumis de force à une vérification précise de l'objet en litige. Aussi, son appel une fois annoncé, et l'intérêt des joueurs ainsi mis en suspens dans l'attente du jugement définitif, il en profita pour s'échapper. Dans la nuit du 13 août 1777, il quitta Londres, et le lendemain 14, revêtu de son uniforme de capitaine de dragons, il débarqua sur la terre de France, que ses pieds n'avaient pas touchée depuis quatorze ans!... Le 17, il arrive à Versailles et se présente, *sous son uniforme*, au comte de Vergennes, qui l'accueille avec bonté et distinction, mais lui enjoint de prendre les vêtements de fille. Le chevalier cherche à convaincre le ministre de l'inutilité de cette métamorphose ; mais le ministre réclame l'exécution de la parole donnée. Le 27 août, l'ordre suivant est signé de la main de Louis XVI, et transmis à celui qu'on y dénomme encore le *chevalier :*

ORDRE DU ROI, REMIS LE 27 AOUT 1777, A M. LE CHEVALIER D'ÉON LUI-MÊME, A VERSAILLES[1].

« De par le roi,

« Il est ordonné à Charles-Geneviève-*Louise*-Auguste-André-Timothée d'Éon de Beaumont, de quitter l'habit uniforme de dragon qu'il a coutume de porter, et de *reprendre* les habillements de son sexe, avec défense de paraître dans le royaume sous d'autres habillements que ceux convenables aux femmes.

« Fait à Versailles, le 27 août 1777.

« *Signé* : LOUIS.
« GRAVIER DE VERGENNES. »

Le chevalier d'Éon objecte qu'il n'a pas le moindre habit de femme. — « Eh bien, je me charge de son trousseau, » aurait dit Marie-Antoinette. Et la jeune reine fit venir sa propre couturière, afin qu'elle déguisât elle-même le chevalier en chevalière. Celui-ci fut contraint de se rendre, et annonça en ces termes sa soumission prochaine au ministre :

1. Archives des affaires étrangères.

A M. LE COMTE DE VERGENNES.

« Paris, 29 août 1777 [1].

« Monseigneur,

« Pour obéir plus promptement aux ordres du roi, que vous m'avez signifiés, ainsi que monseigneur le comte de Maurepas, j'ai retardé de quelques jours mon voyage en Bourgogne. Le peu de hardes de fille *qui me restaient* ne peuvent plus me servir pour me présenter à Versailles ; il m'en fallait de nouvelles, et mademoiselle Bertin, attachée au service de la reine, aura l'honneur de vous dire demain, monseigneur, qu'elle se charge, non-seulement de me les faire faire pendant mon absence, mais encore de faire de moi une fille passablement modeste et obéissante.

« Quant à la sagesse, qui est aussi nécessaire dans une fille que le courage dans un capitaine de dragons, le ciel et la nécessité, dans les diverses habitudes de ma vie, si longtemps et si cruellement agitée, m'en ont donné une si vieille habitude, qu'elle ne me coûte plus rien. Il me sera cent fois plus facile d'être sage, que modeste et obéissante.

« Il n'y a que l'envie extrême que j'ai d'être irréprochable aux yeux du roi et de mes protecteurs, tels que messeigneurs les comtes de Vergennes et de Maurepas, qui puisse me donner la force nécessaire pour me vaincre moi-même, et prendre ce caractère de douceur conforme à la nouvelle existence *qu'on m'a forcé à*

---

[1]. Archives des affaires étrangères.

prendre. Le rôle de lion me serait plus facile à jouer que celui de brebis ; et celui de capitaine de volontaires de l'armée, que celui de fille douce et obéissante.

« Après le ciel, le roi et ses ministres, Mlle Bertin aura le plus de mérite à ma conversion miraculeuse.

« Je suis, avec un profond respect,

« Monseigneur,

« Votre très-humble et très-obéissant serviteur,

« *Le chevalier* d'Éon

« Pour peu de temps encore. »

Pendant qu'on lui confectionnait ses robes et bonnets, et que de gentilles mains tressaient, à l'envi, les voiles féminins qui devaient couvrir sa nature de leurs trompeuses broderies, le chevalier d'Éon profita de ses derniers jours d'existence virile, pour aller embrasser sa vieille mère, que, depuis vingt-quatre ans, il n'avait vue qu'une seule fois, en se rendant par la Bourgogne à l'armée d'Allemagne. Il voulait lui montrer son fils pour la dernière fois. Qu'on pense quels durent être la douleur et l'étonnement de cette pauvre femme, en apprenant le changement qui allait s'opérer dans la composition de sa famille ! Elle allait avoir deux filles et point de garçon ! A cette nouvelle, elle sanglota. Et cela se conçoit ; car, dans un pareil échange, il n'y aurait compensation pour le cœur d'aucune mère.

On n'avait accordé qu'un mois au chevalier pour faire ses préparatifs. Parti de Paris le 2 septembre, i n'y revint que le 14 octobre. C'était autant de jours gagnés par sa vie présente sur sa vie future !...

Enfin, le sacrifice se consomma ; et, un soir du mois de novembre de l'année 1777, le chevalier d'Éon disparut pour reparaître chevalière, le lendemain, au milieu de Paris et de Versailles.

La ville et la cour battirent des mains à cette transformation à vue. C'était à qui contemplerait de plus près la nouvelle Jeanne d'Arc trouvée dans un dragon, portant guimpes et cornettes en place de casque et d'uniforme, et n'ayant conservé de son accoutrement militaire qu'une large et belle croix de Saint-Louis s'étalant sur son corsage.

Des estampes la représentèrent dans tous les costumes, aux yeux du public avide. Sur l'une d'elles, gravée à Londres, elle était en Pallas, le casque en tête, ayant une lance à la main droite, et au bras gauche une égide, autour de laquelle on lisait : *At nunc dura dedit discrimina Pallas.* A côté, sont des drapeaux ayant pour devise : *Impavidam ferient ruinæ.*

A Paris, un artiste, nommé *Pradel*, la représenta sous les deux formes, en capitaine d'un côté, et en vierge de l'autre. Sous la première, le chevalier d'Éon avait fait écrire : *Dédié aux dragons de l'armée.* « Il aurait dû faire écrire cela sous la seconde, » disait-on en voyant les deux estampes.

Mais le mieux réussi de tous ces portraits fut un pastel de Latour, copié par Angélica Kauffman, dont la reproduction photographique se trouve à la première page de ce volume.

Dans tous les salons, on s'arrachait la chevalière, l'amie et l'ennemie du fameux Beaumarchais ! Ces derniers titres, joints à tous les autres, n'étaient pas une des moindres épices de la curiosité. Cette curiosité fut excitée à tel point, que des plaisants résolurent de s'en amuser. Des mascarades s'organisèrent, et de facétieux personnages se présentèrent effrontément dans les salons, sous le titre et le costume de chevalière d'Éon, y débitant, sur sa vie passée et ses amours avec Beaumarchais, des histoires à mourir de rire. Celui-ci ne trouva pas la comédie de son goût; et l'auteur du *Barbier de Séville* qui avait mis en scène la société tout entière au sein de laquelle il vivait, se fâcha tout rouge d'être mis en scène à son tour. Le bruit avait été répandu par les ennemis de Beaumarchais, que celui-ci avait retenu à son profit une portion de l'argent qui était destiné à d'Éon. Beaumarchais s'en plaignit à M. de Vergennes qui lui répondit par une lettre fort honorable pour lui, dans laquelle il traitait l'accusation de calomnieuse et ajoutait : « Loin que votre désintéressement puisse être soupçonné, je n'oublie pas, monsieur, que vous n'avez formé aucune répétition pour vos frais personnels, et que vous ne m'avez jamais laissé apercevoir d'autre intérêt que celui de faciliter à la demoiselle d'Éon les moyens de rentrer dans sa patrie. »

Autorisé à publier cette justification, Beaumarchais en adressa publiquement une copie à Mlle d'Éon, avec le mot suivant :

« A Paris, ce 13 janvier 1778.

« Un autre eût cherché, mademoiselle, à se venger de vos calomnies, de façon à vous ôter pour toujours l'envie de nuire à vos bienfaiteurs; il me suffit de vous en ôter le crédit en vous faisant bien connaître. Ma lettre à M. le comte de Vergennes et la réponse de ce ministre que je vous envoie, prouveront à chacun que ma justification est le seul objet que j'aie sollicité.

« Qu'un ménagement si peu mérité vous fasse rentrer en vous-même, et vous rende au moins plus modérée, puisque mes services accumulés n'ont pu vous inspirer ni justice, ni reconnaissance. Cela est essentiel à votre repos; croyez-en celui qui vous pardonne, mais qui regretterait infiniment de vous avoir connue, si l'on pouvait se repentir d'avoir obligé l'ingratitude même.

« J'ai l'honneur d'être très-parfaitement, mademoiselle, votre très-humble et très-obéissant serviteur,

« Caron de Beaumarchais. »

Le chevalier d'Éon fut longtemps avant de comprendre ce que Beaumarchais voulait lui dire; et quand il le sut, sa tête ardente s'enflamma aussitôt. Il improvisa une réponse au comte de Vergennes, étincelante de verve et de malice.

Voici quelques fragments de cette lettre :

« Monseigneur,

« A présent que j'ai obéi aux ordres du roi en reprenant mes habits de fille le jour de sainte Ursule, patronne des onze mille vierges et martyres en Angleterre; aujourd'hui que je vis tranquille et dans le silence, sous l'uniforme des vestales; que j'ai entièrement oublié Caron et sa barque, quelle est ma surprise en recevant une épître dudit sieur Caron, à laquelle est jointe la copie, certifiée conforme aux originaux, d'une lettre qu'il dit vous avoir adressée, et de votre réponse.

« Quoique je sache mon Beaumarchais par cœur, j'avoue, monseigneur, que son imposture et la manière dont il s'y prend pour l'accréditer m'ont encore étonnée.

« N'est-ce pas M. de Beaumarchais qui, ne pouvant me rendre malhonnête et me décider à ses vues de spéculation sur mon sexe, publia partout, à Paris, qu'il devait m'épouser, après que j'aurais demeuré sept mois à l'abbaye des Dames Saint-Antoine, tandis que, dans le fait, il n'a manqué d'épouser que ma canne à Londres?

« Parmi mes connaissances militaires et politiques en Europe, y en a-t-il une seule assez sotte pour imaginer que j'irais laisser Pierre-Augustin Caron de Beaumarchais, convoler en quatrièmes noces avec moi? Mais son nom seul est un remède contre l'amour nuptial, et ce nom *achérontique* ferait peur à la dragonne la plus déterminée aux combats nocturnes et des postes avancés.

« D'ailleurs, je dois vous prévenir, monseigneur, que dans plus d'une bonne maison, à Paris, on a présenté de fausses demoiselles d'Éon avec la croix de Saint-Louis. C'étaient des bouffons qui ont tenu les propos les plus plaisants sur toutes les connaissances de la vraie chevalière, principalement sur l'agréable, l'honnête et le brave Pierre-Augustin Caron de Beaumarchais; sur son ambassade passée en Angleterre, auprès de la demoiselle d'Éon, pour la demander en mariage; et sur sa future ambassade, auprès du congrès de l'Amérique, pour en exporter du tabac propre à faire éternuer tout l'auditoire, lorsqu'on jouera son drame du *Barbier de Séville*, pillé de lui-même et d'autrui. Cette scène de la fausse demoiselle d'Éon, qui a été variée à l'infini, à ce qu'il paraît, s'est renouvelée, m'apprend-on, la semaine dernière, dans une maison où était Mme de F.... qui a été mystifiée par le *peintre Musson*, connu de la cour et de la ville, qui contrefaisait Mlle d'Éon; tandis que moi, solitaire et tranquille, j'étais travaillante et dormante dans mon ermitage, au Petit-Montreuil-lez-Versailles.

« Puis-je répondre de tous les discours, de toutes les plaisanteries, que tant de fausses demoiselles d'Éon peuvent faire dans Paris? M. de Beaumarchais, qui est si naturellement enclin à mystifier tout le monde, voudrait-il donc jouir à lui seul de ce privilége exclusif?

« Je ne me commettrai point avec M. de Beaumarchais, que je n'y sois absolument forcée; et alors nous verrons si les rieurs seront pour lui. Il parle *de son désintéressement*. Je ne lui rappellerai pas l'histoire de certaine Vierge, de certaine Vénus, de certaines carabines, de certaines armes et autres objets de prix qui ont eu le bonheur de plaire, dans mon cabinet, à son désintéressement.[1] Mais je vous dirai, monseigneur, que toute

---

1. Voici comment d'Éon raconte ailleurs cette affaire :

« Beaumarchais parlait toujours de son désintéressement, et, à l'en croire, il ne voulait jamais rien, pas même l'obole de Caron, son homonyme. Cependant, j'avais à Londres une belle Vierge en miniature d'après le Corrège; Beaumarchais me dit qu'il aimait beaucoup les vierges, je donnai la mienne à ce cher Caron. J'avais une Vénus d'après le Carrache; Beaumarchais me dit qu'il aimait aussi beaucoup les Vénus, je donnai la mienne à ce cher Caron. J'avais un grand et magni-

la probité des quatre ministres, réunie à la vôtre, en y comprenant même celle des premiers commis, ne serait pas capable de faire de M. de Beaumarchais, malgré tous les certificats du monde, un honnête homme dans mon affaire. On en est si convaincu en Angleterre, qu'au lieu de l'appeler *Beaumarchais*, le surnom de *Bon-Marché* lui est resté.

« Il a, dit-il, *agrandi ma fortune*. En effet, plus sage qu'Ulysse, qui trouva sous les habits d'une fille un vengeur à la Grèce désolée, il a su d'un Achille français utile à son pays, faire une femme inutile. C'est un effort d'industrie qui met le fils de Caron bien au-dessus du fils de Laërte !

« Il parle *d'ingratitude*. Je suis très-convaincue que je ne dois que du mépris à l'homme qui a voulu vider les

---

fique coffre de fer avec des serrures merveilleuses à secret, pour mettre ma correspondance ; Beaumarchais me dit qu'il aimait beaucoup les coffres-forts, je donnai le mien à ce cher Caron. J'avais un superbe médaillon enrichi de perles ; Beaumarchais me dit qu'il aimait beaucoup les médaillons et les perles, je donnai le mien à ce cher Caron. Il m'en promit un autre en retour, mais... il ne me donna rien. J'avais une magnifique paire de carabines turques ; Beaumarchais me dit qu'il aimait beaucoup les carabines turques, mais je les aime aussi et je sais m'en servir ; cette fois je ne donnai point à ce cher Caron. J'avais encore un grand nombre d'autres belles armes, telles que fusils, pistolets et sabres ; Beaumarchais me dit qu'il aimait beaucoup les armes ; mais je les aime aussi, et ne les donnai pas non plus à ce cher Caron, quoique je ne sois pas comme lui lieutenant-général des chasses de la garenne, et commandant en chef d'une armée de chiens, lièvres, lapins, perdrix, faisans, bécasses, bécassines et autres animaux de la vénerie.

« Je ne tardai pas à m'apercevoir, par ces faits et beaucoup d'autres, que M. de Beaumarchais était un homme charmant dans la société, mais qu'il était d'une avidité extrême, et qu'il devenait intraitable et un véritable Arabe, lorsqu'on avait le moindre compte à régler avec lui, M. le comte de Bourbon-Busset et milord Ferrers, qui ont un peu voyagé avec M. de Beaumarchais et moi, pourraient certifier qu'après avoir réjoui toute la compagnie à table, il entrait en fureur aussitôt que l'on apportait le bill de la dépense. *Naturam expellas furcâ*, me dis-je alors à part moi, *tamen usque recurret*. »

poches des parieurs anglais et établir une infâme fortune sur mon sexe. Et je vous proteste que je lui paie cette dette de manière à tranquilliser sur ma conscience les plus sévères casuistes.

« La parfaite connaissance que la conduite passée de M. de Beaumarchais m'a donnée de sa personne m'a forcée à le placer, malgré moi, dans la classe des gens dont il faut être haï pour avoir le droit de s'estimer soi-même. »

Le chevalier d'Éon, en publiant cette lettre, la fit suivre d'une pièce non moins curieuse, intitulée :

Appel de mademoiselle d'Éon à ses contemporaines

Il disait dans cet *appel* : « M. de Beaumarchais a
« voulu m'enlever la considération qui doit faire ma
« plus douce existence. Je le confonds en me moquant
« de lui et de son impuissante colère. C'est un Thersite
« qu'il faut fouailler, pour avoir osé parler avec inso-
« lence de gens qui valent mieux que lui et qu'il devrait
« respecter. Je le dénonce et le livre à toutes les
« femmes de mon siècle, comme ayant voulu élever
« son crédit sur celui d'une femme, obtenir des ri-
« chesses sur l'honneur d'une femme, et enfin venger
« son espoir frustré, en écrasant une femme, et celle
« qui a le plus à cœur de voir triompher la gloire de
« ses semblables ! »

Au-dessous était écrit :

« *N. B.* Pierre *Caron*, dit Beaumarchais, a certifié et signé les copies des deux lettres qu'il a publiées ; je fais certifier et signer la copie des deux miennes par *Barthélemy Pille,* dit *La Grenade,* mon valet de chambre, dont la signature *a toujours valu,* tant en justice que hors. »

« Je certifie les deux présentes lettres conformes aux originaux que j'ai dans mes mains, ce 2 février 1778.

« *Signé* : Pille, dit La Grenade. »

Quelques jours après cette polémique, le chevalier d'Éon reçut la nouvelle que le grand juge d'Angleterre, infirmant son propre arrêt, avait annulé toutes les polices et assurances établies sur son sexe. Il annonça en ces termes ce triomphe, qui était encore un coup indirect porté à Beaumarchais.

SECONDE LETTRE AUX FEMMES

« Paris, 10 février 1778.

« Victoire ! mes contemporaines, victoire, et quatre pages de victoire ! mon honneur, votre honneur triomphent. Le grand juge du tribunal d'Angleterre vient de casser et d'anéantir lui-même, en présence des douze grands juges d'Angleterre, ses propres jugements concernant la validité des polices ouvertes sur mon sexe. Voilà le glorieux effet de la terrible leçon que j'ai donnée à ce tribunal au moment où je partais pour la France. Son arrêt définitif, du 31 janvier, a reçu l'opposition de ceux qui avaient soutenu, d'après ma conduite, que j'étais homme, et qu'on voulait forcer à payer leurs gageures, en exécution de ces deux jugements. Il a eu le courage de prononcer dans les termes mêmes de mes

protestations publiques, en langue anglaise, *que la vérification nécessaire blessant la bienséance et les mœurs, et qu'un tiers sans intérêt (c'est moi, c'est la chevalière d'Éon), pouvant en être affecté, la cause devait être mise au néant.* Voici l'observation de l'éditeur du *Saint-James's Chronicle*, du 3 février, sur ce jugement ; elle est traduite littéralement : « Les parieurs qui avaient gagné à coup
« sûr se trouvent ainsi frustrés de la riche moisson
« qu'ils se croyaient à la veille de faire, et qu'ils avaient
« si longtemps attendue. Cet arrêt fait rester en Angle-
« terre une somme au moins de soixante-quinze mille
« livres sterling (environ *dix-huit cent mille livres tour-*
« *nois*), que, sans cela, il aurait fallu envoyer à Paris à
« M. *Panchaud*, pour lui et pour un petit nombre d'amis,
« qu'on avait honnêtement admis dans le secret pour
« duper les crédules parieurs de la ville de Londres.
« Un de ceux-ci, pressé pour l'exécution du dernier
« jugement, avait malheureusement payé le 30 au
« soir. »

« O ma patrie, que je vous félicite de n'avoir point reçu tout cet or par une voie aussi infâme ; vous avez tant de bras, tant de cœurs, tous prêts à enlever à l'audacieuse Angleterre des dépouilles et plus riches et plus glorieuses !

« Magistrats, qui avez reçu mes serments, ministres qui m'avez accréditée, généraux qui m'avez commandée, camarades qui m'avez suivie, ordre royal et militaire de Saint-Louis qui m'avez enrôlée, partagez ma joie. Ombre de Louis XV, reconnaissez l'être que votre puissance a créé : *J'ai soumis l'Angleterre à la loi de l'honneur*! Femmes, recevez-moi dans votre sein : je suis digne de vous.

« La chevalière d'Éon. »

Ainsi qu'on le voit, il avait pris sa métamorphose à cœur et jouait son rôle pour tout de bon.

Le public parisien l'acceptait de même. Les dames le *recurent dans leur sein*, comme il le demandait effrontément! Des confréries, des couvents de nonnes ouvrirent de toutes parts leurs bras et leur porte à *la Pucelle* guerrière!... Les dames de Saint-Cyr surtout se firent remarquer par leur fraternel empressement, comme le démontre la réponse, remplie de componction, que leur adressa la chevalière.

A MADAME DE***, A SAINT-CYR [1]

« Je ne puis mieux, madame, répondre à toutes les bontés et politesses dont vous m'avez comblée et voulez bien me combler encore, ainsi que madame votre supérieure et toute votre maison, qu'en vous donnant ma parole de chevalier que je me ferai un honneur et un devoir de me rendre à Saint-Cyr, lundi prochain 14, ainsi que vous le désirez, et je m'y rendrai à l'heure que vous voudrez bien m'indiquer vous convenir le mieux. Je me propose d'y aller seule, afin d'apporter le moins de dissipation qu'il sera possible dans la maison des élues du Seigneur, et afin de mieux profiter de la sainteté de vos discours qui sont la vive expression du calme de vos cœurs et de l'innocence de vos mœurs.

---

1. Bibliothèque de Tonnerre.

Quand je compare le bonheur de la solitude dont vous jouissez, et que j'ai toujours aimée sans pouvoir en jouir, à la vie si terriblement agitée que j'ai menée depuis plus de quarante ans dans le monde, dans les diverses armées et cours de l'Europe que j'ai parcourues, je sens combien le démon de la gloire m'a éloignée du Dieu d'humilité; je comprends que si j'eusse fait pour lui la centième partie de ce que j'ai eu le bonheur de faire pour Louis XV et pour moi, au lieu de porter à présent un ruban rouge, je pourrais porter un jour avec vous la couronne d'immortalité que Dieu a promise aux vierges prudentes. J'ai couru toute ma vie comme une vierge folle après l'ombre des choses, tandis que vous, vierges prudentes, vous avez attrapé la réalité en restant stables dans la maison du Seigneur et le sentier de la vertu. *Erravi à viâ justitiæ et sol intelligentiæ non luxit in me.* La seule chose qui me console aujourd'hui, est qu'au milieu du désordre des camps, des siéges et des batailles, *j'ai eu le bonheur de conserver intacte cette fleur de pureté, gage si précieux et si fragile, hélas! de nos mœurs et de notre foi!...* J'ai vécu dans la crainte et l'amour de Dieu seul. La seule grâce que je lui demande aujourd'hui est de ne pas me laisser mourir entre les mains des médecins, chirurgiens et apothicaires, mais de m'accorder la faveur d'être emportée d'un boulet de canon, ou de mourir dans la solitude... Je souhaite que Dieu préserve les personnes de notre sexe, madame, de la passion de la vaine gloire et surtout de celle des armes, qui est la plus chatouilleuse et la plus dangereuse de toutes. Moi seule sais tout ce qu'il m'en a coûté pour m'élever au-dessus de moi-même! Hélas! pour quelques jours brillants et heureux, que de mauvaises nuits j'ai passées! Mon exemple, en vérité, est meilleur à admirer de loin, qu'à imiter de près. Mon bonheur est de la fumée, *fumus*, et je reconnais que tout est vanité des vanités dans ce bas monde!...

« En attendant que je présente chez vous l'original, permettez que je vous offre la copie de la meilleure estampe qui ait été faite de ma personne en Angleterre. J'y suis représentée sous forme de Pallas. Si j'avais eu le temps, je vous l'aurais présentée encadrée. On en fait une autre à Paris, qui vient d'être annoncée dans la *Gazette de France*, et qui vous sera par moi destinée. Je vous supplie de faire agréer l'hommage de mes respects à Mme *de Montchevreuil* et à toutes vos dames en général, et d'être bien persuadée, en particulier, du respect avec lequel j'ai l'honneur d'être,

« Madame,
« Votre très-humble et très-obéissante servante,
« La chevalière D'ÉON.

« A Versailles, rue de Noailles, pavillon Marjon,
　ce 12 septembre 1778. »

Conformément à la promesse qu'il avait faite, il se rendit à Saint-Cyr, et y passa huit jours, preuve nouvelle et décisive de l'ignorance où tous les hommes du gouvernement étaient de son véritable sexe. Qu'eussent-ils dit s'ils avaient appris alors la vérité? Heureusement pour la réputation des demoiselles de Saint-Cyr, nous savons que notre héros était incapable d'abuser de leur confiante hospitalité!

Cette aventure et quelques autres étaient les revenants-bons de sa métamorphose. Mais si quelques bénéfices étaient atachés à son travestissement, il portait avec lui de lourdes et pénibles charges. Depuis le jour où il avait endossé ce vêtement d'emprunt, son corps avait vu sa force et sa santé dépérir sous le déguisement dont on l'avait recouvert. Ses membres, prisonniers de liens inconnus, ou dont ils n'avaient eu qu'une passagère habitude, s'y trouvaient mal à l'aise et comme mis à la gêne. Sa constitution s'étiola à l'ombre de cet habit imposé ; il succomba insensiblement à cette torture de chaque jour. Bientôt enfin il tomba malade. Il demanda à M. de Sartines, ministre de l'intérieur, et au comte de Vergennes, la permission de reprendre ses habits d'homme. Sa demande fut rejetée. Sa maladie s'étant accrue, il renouvela sa supplique en ces termes où la souffrance se peint d'une façon si simple et si touchante :

A M. DE SARTINES

« Versailles, le 27 juin 1778[1].

« Monseigneur,

« Mon obéissance aux ordres du roi et à ceux de MM. les comtes de Vergennes et de Maurepas, en reprenant au mois de novembre dernier mes habits de fille, a manqué de me faire périr.

« Pendant cinq mois j'ai été presque continuellement

---

1. Bibliothèque de Tonnerre.

percluse de la moitié de mon corps, avec des douleurs cruelles de rhumatisme goutteux que je n'avais jamais éprouvées auparavant. Cette maladie m'est survenue par le défaut de l'exercice du cheval, des armes, de la chasse et de la promenade, auxquels j'étais si accoutumée, et que je ne peux plus prendre sous mon nouveau vêtement, à moins de faire courir tout Paris et tout Versailles après moi.

« De plus, je ne suis pas assez riche pour suffire aux dépenses qu'entraîne nécessairement mon nouveau genre de vie. Dans l'état actuel où je suis, il me faut des domestiques, une voiture, des robes et des chiffons sans fin pour sortir ; au lieu que dans mon ancienne vie militaire, un seul uniforme, un seul cheval et un seul domestique me suffisaient.

« Je prends donc la liberté, monseigneur, de vous supplier en grâce d'intercéder pour moi auprès du roi et de ses ministres, et de venir au secours de ma bourse et de ma santé également compromises. Si vous ne pouvez pas, monseigneur, déterminer M. le comte de Maurepas à me laisser la liberté constante de reprendre les habits d'homme, obtenez-moi au moins celle de les porter tous les jours ouvriers de la semaine, pour que je puisse reprendre les exercices qui sont salutaires et indispensables à mon existence. Que je ne sois obligée de porter mes habits de fille que les fêtes et dimanches! Monseigneur, obtenez-moi cela, et je vous bénirai.

« La chevalière d'Éon. »

Cette seconde demande fut rejetée comme la première.

Cependant le cabinet de Versailles venait de prendre ouvertement parti pour les États-Unis d'Amérique, et de signer avec Benjamin Franklin, leur envoyé, un traité d'alliance et de commerce. La guerre était déclarée entre la France et l'Angleterre. A cette nouvelle, le chevalier d'Éon se leva de son lit de douleur. Il se flatta de l'idée qu'il pouvait être encore utile à sa patrie, et espéra qu'en échange des services que son bras pourrait rendre, on consentirait enfin à le délivrer des liens qui l'enchaînaient. Il écrivit donc pour la troisième fois.

A M. DE SARTINES

« Versailles, 4 août 1778 [1].

« Monseigneur,

« Pardonnez-moi si je prends la liberté de vous importuner encore. Mais je vous dirai qu'après tout ce que j'ai fait depuis trente ans, en guerre et en paix, je suis honteuse et malade de chagrin de me trouver en jupes au moment où l'on va entrer en guerre, et dans un temps où je puis servir mon roi et ma patrie avec le zèle, le courage et l'expérience que Dieu et mon travail m'ont donnés.

« Je peux bien, par obéissance aux ordres du roi et de ses ministres, rester en jupes en temps de paix; mais en temps de guerre, cela m'est impossible. Je n'ai

---

1. Bibliothèque de Tonnerre.

pas l'âme, ni d'un moine, ni d'un abbé, pour manger en ne faisant rien, tandis que tous mes compatriotes se battront pour leur pays, la pension que le feu roi a daigné m'accorder. Laissez-moi reprendre mon uniforme et mes armes, et je sacrifie au service de l'auguste petit-fils de Louis XV et ma pension et ma vie. Aidez-moi, Monseigneur, à sortir de l'état léthargique où l'on m'a plongée, qui a été l'unique cause de ma maladie, et qui afflige tous mes amis et mes protecteurs guerriers et politiques, notamment M. le maréchal de Broglie qui, à son départ de Paris, a eu la bonté de me promettre de m'employer de nouveau dans l'état-major de son armée, aussitôt que j'aurais la permission du roi de porter les habits d'homme!

« Je vous supplie instamment, monseigneur, de m'obtenir du roi, *pendant la guerre seulement*, ce droit dont j'ai joui toute ma vie ; droit dont j'ai su bien user pour le service de Sa Majesté, en politique et en guerre ; qui m'a mérité le brevet de capitaine de dragons et des volontaires de l'armée, depuis vingt et un ans ; qui m'a valu trois blessures à la guerre, et enfin la croix de Saint-Louis pour l'affaire d'*Osterwich*, en octobre 1762, où je commandais en second.

« Moi qui, dans ma jeunesse, n'ai jamais abusé de ce droit, je n'en abuserai certainement pas à présent, à l'âge de cinquante ans. Je ne m'en servirai que pendant le temps de cette nouvelle guerre, et à la paix je me soumettrai à reprendre mes habits de femme. Je donnerai en outre, par écrit, ma parole d'honneur à tous les ministres, de n'*attaquer jamais personne* que les ennemis de la France. *Vous entendez ce que je veux dire.* Je me réserverai simplement le droit naturel, dont je me suis uniquement servi, de me défendre contre ceux qui pourraient m'attaquer.

« J'attends en tremblant votre réponse, et suis votre très-humble et respectueuse servante,

« La chevalière d'Éon. »

Même et impitoyable refus.

Ne pouvant rien obtenir de ses geôliers, il chercha à s'éloigner d'eux afin d'échapper à leurs yeux et de tromper leur vigilance.

Il avait encore à Londres une partie de ses effets, un mobilier considérable, ses papiers et sa bibliothèque, « consistante, dit-il, en huit mille volumes et deux cents manuscrits précieux, laissés par moi dans mon logement pour lequel je payais toujours un louis par semaine. » Il demanda la permission de faire un dernier voyage en Angleterre pour vendre ou rapporter les divers objets qu'un plus long délaissement pouvait détériorer, et aller porter remède à ses divers intérêts en souffrance. Sa requête fut rejetée, ainsi que nous l'apprend la lettre ci-dessous.

A M. DE VERGENNES

« Versailles, 21 octobre 1778[1]

« Monseigneur,

« J'ai reçu la réponse dont vous m'avez honorée hier, en me notifiant les intentions du roi par rapport

1. Bibliothèque de Tonnerre.

à la permission que je désirais obtenir de retourner en Angleterre. Je n'ai point d'autres volontés que celles du roi et les vôtres. En obéissant, je me contenterai de vous observer que, pour avoir été docile à l'invitation que vous m'avez faite de revenir en France, je me trouve par ce retour, par ma métamorphose, par une longue maladie, par cette guerre, par la mort presque subite de milord Ferrers [1], par le non-paiement de ce qui me reste légitimement dû, je me trouve, dis-je, ruinée dans ma santé, ma petite fortune, mes effets et ma bibliothèque, cette maîtresse si chère à ma bourse et à mon cœur! Je croyais que cela pouvait demander un moment de considération de la part d'un ministre éclairé et équitable comme l'est M. le comte de Vergennes, qui m'avait promis de me rendre heureuse à mon retour en France; *qui m'avait promis de me laisser aller où je voudrais, suivant sa lettre du 12 juillet* 1777, et suivant la promesse de Louis XV, tout écrite de sa main, du 1ᵉʳ avril 1766, et lequel ministre sait que je ne suis ni heureuse, ni libre, dans les circonstances où je me trouve.

« Je n'ignore pas que vous pouvez me dire que la guerre présente change les circonstances. A cela je répondrai : « Que je ne vais pas en Angleterre pour y intriguer, mais uniquement pour mes affaires personnelles; que je suis si connue du roi et de la reine d'Angleterre, de ses ministres, de milord Bute, son favori, et du public breton, qu'ils me croient sur ma simple

---

[1]. Nous n'avons point trouvé dans les papiers du chevalier d'Éon de détails sur la mort du bon et brave marin qui fut si longtemps son ami dévoué.

déposition, tandis que les ministres anglais et autres ont bien de la peine à y gagner confiance avec toute la pompe de la majesté. J'ai par écrit l'assurance que je serai bien reçue à Londres, et j'aurai *celle du roi d'Angleterre lui-même* quand je voudrai ; mais je n'en ferai jamais usage qu'avec celle du roi et la vôtre. Je connais trop bien les lois anglaises et françaises pour ne pas savoir que je puis aller à Londres quand je voudrai, et que je n'y vais pas, uniquement par ce que je veux obéir au roi mon maître et à son ministre.

« Je suis et serai toujours, avec un respectueux attachement,

« Monseigneur,
« Votre très-humble servante,
« La chevalière d'Éon. »

Les ministres ne furent point touchés de cette humble soumission, de cette résignation passive[1].

L'heure de l'expiation était venue!

---

1. Cette volonté docile et courbée devant celle de ses maîtres, se redressa cependant dans un *post-scriptum*, au seul nom de Beaumarchais.
« Quant à M. de Beaumarchais, dit-il, qui a subtilisé et trompé milord Ferrers en ne payant point les billets qu'il avait promis de retirer. et en ne s'acquittant pas davantage avec moi des paiements en garantie desquels il m'avait donné sa parole, j'ai le plus souverain mépris pour lui, pour ses protecteurs, ses fauteurs, adhérents et sectateurs; et un temps viendra que je communiquerai audit Caron, *per argumentum ad hominem*, ma façon de penser en fait de bonne, foi et d'honneur. Voilà, monseigneur, comme pense et doit penser un ancien confident de Louis XV, un ancien capitaine de dragons, un ancien chevalier de Saint-Louis, un ancien censeur royal, un ancien ministre plénipotentiaire de France, un ancien gentilhomme bourguignon, et une nouvelle demoiselle de ma trempe! »

CHAPITRE XVII

La chevalière d'Éon est emprisonnée pour avoir repris ses habits d'homme. — Elle se retire à Tonnerre. — Visite du prince de Prusse. — Beaumarchais marchand de bois. — Ses embarras pécuniaires. — Paix entre la France, les États-Unis et l'Angleterre. — La chevalière d'Éon obtient la permission de se retirer à Londres. — Folie de Georges III. — Assaut d'armes de la chevalière d'Éon et de Saint-Georges. — La chevalière d'Éon offre ses services à la Convention qui les refuse. — Pourquoi d'Éon a conservé ses habits de femme après la chute de la monarchie. — Sa mort. — Inspection de son cadavre. — Moralité de son histoire.

Cependant d'Éon n'avait pu résister à la tentation de remettre ses habits d'homme devenus pour lui une incessante séduction. Il succomba au désir de sentir encore quelquefois en cachette, sur sa poitrine, son uniforme de dragon qu'il avait glorieusement porté. M. de Sartines apprit cette incartade, et comme on était déjà très-mécontent des propos qu'il tenait, ou qu'on lui prêtait sur Beaumarchais, on fut sans pitié pour sa faiblesse. Il fut arrêté en mars 1779 et emprisonné au château de Dijon, dont M. de Changé était le gouverneur. Il y fut détenu jusqu'au mois de mai.

En sortant de cette prison d'État, il s'arrêta volontairement, ou par ordre supérieur, à Tonnerre, près de sa mère, et y resta pendant trois ou quatre ans. Il avait avec lui un valet de chambre, son fidèle Pille, dit la Grenade, qu'il avait amené de Londres, et la femme de ce serviteur discret, avec leur fille qui devint plus tard Mme de La Planche.

Il existait encore, en 1836, à Tonnerre, un vieillard plus qu'octogénaire, dont nous avons déjà parlé, qui était le barbier de la chevalière d'Éon et la rasait, disait-il, tous les jours. On l'appelait le père *Bouquin*, et il racontait sur son ancienne pratique en jupon des anecdotes qui prouvaient que d'Éon avait jugé impossible de tromper ses compatriotes sur son vrai sexe. Il déposait volontiers son masque vis-à-vis d'eux.

Tandis qu'il était à Tonnerre, la ville fut visitée par deux personnages marquants. L'un était le prince Henri de Prusse, le frère du grand Frédéric, qui devait avoir des héritiers, a dit Mirabeau, mais pas de successeurs[1]. Le prince, qui avait connu le chevalier d'Éon en Allemagne, alla le voir et dina chez lui. A table, il le plaisantait sur sa métamorphose, quand Mme d'Éon s'excusa auprès de son hôte de quelque oubli, en disant qu'elle avait perdu la tête. — Sur ces derniers mots, d'Éon fit une plaisanterie un peu leste, qui se rapportait à lui-même.

L'autre personnage n'alla pas rendre visite à la chevalière : c'était Caron de Beaumarchais, devenu

---

[1]. Le mot de Mirabeau n'est plus vrai depuis la bataille de Sadowa et les agrandissements qu'elle a valus à la Prusse.

marchand de bois, et adjudicataire des forêts de Tonnerre et de Péquigny.

A l'heure de cette singulière et dernière rencontre, les deux ennemis étaient diversement, mais également malheureux. Et pourtant l'Amérique, cette amante dont Beaumarchais avait si chaudement épousé la cause, venait d'être rendue puissante et libre à son amour! Mais la lettre ci-dessous de Beaumarchais, la dernière que nous produirons ici, fera connaître la détresse et les embarras de toutes sortes au sein desquels était plongé cet homme à tant de faces, et occupé de tant de choses.

A M. LE COMTE DE VERGENNES

« Paris, le 15 mars 1783 [1].

« Monsieur le comte,

« Avant-hier matin, dans une audience particulière que M. de Fleury voulut bien m'accorder, sur les besoins pressants que j'éprouve, il me parla des Américains, qu'il appela très-justement *mes amis*. Et il me dit qu'il faisait beaucoup pour eux en leur accordant le port de Bayonne en franchise. Je ne pus m'empêcher de m'élever fortement contre ce choix. Et dans la foule de raisons qui me revinrent en faveur de Lorient, Port-Louis ou Morlaix, j'en alléguai une que j'ai omise par distraction dans le mémoire que j'ai l'honneur de vous adresser : c'est que le voisinage de votre dépôt des marchandises de la Chine et des Indes empêcherait

---

1. Archives des affaires étrangères.

bientôt les Américains d'aller se pourvoir en Angleterre de ces objets d'une consommation qui leur est chère, et que ce moyen est un des plus doux de les attirer sur nos rives et de les y garder. Une autre raison milite encore : Bayonne vous coûtera plus que vous ne pensez à mettre en état, et *Port-Louis* ne vous coûtera rien.

« Ce ministre obligeant m'a promis de s'occuper de mon indispensable liquidation.

« Mais, lui ai-je dit, monsieur, depuis que mon mémoire est remis au roi, voilà trois mois presque écoulés. Je suis serré dans un étau : les engagements d'un négociant comme moi ne souffrent pas de remise, et mes embarras s'accumulent tous les jours.

« La prise de mes deux vaisseaux me coûte plus de huit cent mille livres, et depuis la publicité de mes pertes, on a tiré sur moi, par frayeur, pour une pareille somme au moins.

« Il m'est arrivé des remises d'Amérique, et les voilà malheureusement suspendues. J'ai deux vaisseaux à *Nantes* tout neufs, dont l'un est de douze cents tonneaux, que je destinais à la paix pour la *Chine*. Je suis dans l'exclusion avec tout le monde, et cette exclusion de tous m'empêche encore de vendre ces deux vaisseaux.

« J'avais pour 80,000 livres de ballots sur l'*Aigle*, destinés pour le congrès, et l'*Aigle* a été pris.

« L'inondation subite, arrivée à Morlaix, vient de submerger deux magasins où j'avais pour 100,000 livres de thé. Tout est avarié aujourd'hui.

« Avant-hier, à l'instant de mon paiement, l'agent

de change *Girard* m'a emporté, par sa banqueroute frauduleuse, près de 30,000 livres.

« Il me faut expédier deux vaisseaux à la *Chesapeack*, avant la mi-mai, si je ne veux pas tout perdre en rapportant trop tard le misérable reste des tabacs de mes magasins de Virginie, dont la majeure partie a été brûlée par les Anglais, parce qu'on me retient depuis quatre ans le *Fier-Rodrigue*, à Rochefort, où il a enfin pourri. Ce temps est le plus fâcheux de ma vie; et vous savez, monsieur le comte, que depuis trois ans, j'ai plus de 200,000 livres d'arrêtées par la masse énorme des parchemins de titres que M. de Maurepas m'a ordonné de racheter partout secrètement. Je vais périr, si M. de Fleury n'arrête pas promptement avec vous, de me jeter l'à-compte que je demande, comme on jette un câble à celui que le courant emporte.

« Il m'a promis de vous en parler, ainsi qu'au roi. J'ai toujours bien servi l'État, je le servirai encore sans récompense, je n'en veux aucune. Mais aux noms de Dieu, du roi, de la compassion et de la justice, empêchez-moi de périr et d'aller enfouir honteusement à l'étranger le peu de courage et de talents que je me suis toujours efforcé de rendre utiles à mon pays et au service de mon roi. Ce que je demande est de la plus rigoureuse équité, et je le recevrai comme une grâce.

« Je vous présente l'hommage de celui qui n'a pas dormi depuis deux mois, mais qui n'en est pas moins avec le dévouement le plus respectueux, monsieur le comte, votre très-humble et très-obéissant serviteur,

« Caron de Beaumarchais. »

La paix qui fut signée à Paris avec l'Angleterre, le 3 septembre 1783, et qui consacra l'indépendance de ses chers Américains, ne devait pas rétablir la fortune compromise de Beaumarchais, qui mourut en laissant à sa fille unique une créance de plus de deux millions, dont elle ne put obtenir le paiement partiel qu'en 1835 [1].

L'accès de l'Angleterre n'étant plus fermé à d'Éon, il rappela à M. de Sartines la promesse que celui-ci lui avait faite. Le ministre tint parole, et d'Éon partit, vers le mois de novembre 1784, pour Londres, où il arriva sous son costume de femme.

C'était peu de temps avant l'époque fixée pour la rentrée du Parlement, et d'Éon raconte à cette occasion, dans ses notes manuscrites, l'anecdote suivante. Le premier ministre de Georges III, William Pitt, était venu soumettre au roi le discours d'ouverture. Le roi le lut et déclara qu'il n'en était pas satisfait. — Et pourquoi donc, sire? — Parce qu'il n'y est point fait mention des cygnes de ma pièce d'eau. » Pitt regarda le roi pour voir si Sa Majesté ne plaisantait pas; mais Georges III était sérieux et déclara qu'il ne prononcerait pas le discours s'il n'y était point parlé des cygnes. Grand embarras parmi les ministres. A quel propos et comment parler des cygnes de la pièce d'eau dans le discours d'ouverture adressé au Parlement d'Angleterre sur les affaires politiques de l'Angleterre et de l'Europe? Il fallut se déci-

---

[1]. Cette créance fut réduite à 800,000 francs dans les compensations opposées par la France au fameux compte de 25 millions que le président Jackson fit payer un peu brutalement au gouvernement pacifique du roi Louis-Philippe.

der pourtant à satisfaire le caprice incompréhensible de Sa Majesté. Pitt se creusa la tête, et il tourna la difficulté en faisant une comparaison dans laquelle il disait : *De même que les cygnes*, etc... Georges III fut content et prononça le discours. Le public trouva que les cygnes de M. Pitt étaient un peu tirés par la queue ; mais quelques jours après, la Grande-Bretagne et le monde apprirent que le roi Georges était fou.

En 1792, au moment de l'établissement de la république en France, d'Éon était encore dans son île, comme il appelait l'Angleterre, où l'avait retenu la faculté dont il jouissait de pouvoir reprendre parfois ses habits d'homme. C'était pour lui autant d'heures de liberté retranchées de sa servitude et pendant lesquelles il renaissait à sa vie passée.

Cependant il songea à revenir en France. Absent de Paris, depuis huit années déjà, sans motifs connus, il venait d'être, en vertu de son titre de *chevalière*, porté sur la liste des *émigrées*. Or, il avait vu de trop près la monarchie de Versailles pour demeurer adorateur fanatique de l'idole dont ses mains avaient touché les pieds d'argile. Depuis longtemps il avait perdu la religion de la royauté. Il avait été victime des rois, et l'on a peu le culte de ses bourreaux. Il écrivit donc à la *Convention* pour offrir le secours de son bras à la république, comme il l'avait prêté à Louis XV et proposé à Louis XVI; car ces noms différents n'avaient qu'un seul et même sens pour lui : ils voulaient dire la patrie. Mais la république, de son côté, avait perdu la vénération des vierges guerrières : Jeanne d'Arc était pour elle une poésie de l'ancien régime. En ce temps, d'ailleurs, on avait besoin de bras jeunes et forts, et le chevalier d'Éon avait soixante-quatre ans!... La Convention passa à l'ordre du jour sur sa demande.

Il demeura donc en Angleterre.

Le nouveau gouvernement de France, en dépossédant l'ancien, n'avait accepté sa succession que sous bénéfice d'inventaire. La république avait fait banqueroute à presque tous les engagements de la royauté. Aussi la pension de 12,000 francs du chevalier d'Éon avait été supprimée...

Il se trouvait donc dégagé des obligations qu'il avait contractées avec la cour de Louis XVI. Il eût pu jeter le masque et déposer pour tout de bon ses habits de femme.

Cependant, il les conserva.

Pourquoi? Probablement par les raisons mêmes qui lui avaient fait accepter, une première fois, ce travestissement. La vanité l'empêcha de renoncer au rôle que la vanité lui avait fait prendre. Il ne voulut pas se dénoncer lui-même et reconnaître qu'il avait trompé l'Europe par une mascarade. La vérité serait sans doute reconnue après sa mort, mais il ne serait plus là pour subir la confusion d'une constatation publique. Ce répit était autant de gagné pour son amour-propre, et l'amour-propre était un des traits les plus accentués de son caractère.

D'ailleurs, ne recevant plus rien du gouvernement français, il était dans la gêne, et il avait été obligé d'accepter une pension modique de la cour d'Angleterre, où il avait conservé d'anciens protecteurs. Or, comme femme il devait inspirer plus d'intérêt que comme homme.

Enfin, un personnage distingué qui l'a connu à Londres dans les derniers temps de sa vie, a fourni encore une explication à M. de Loménie. C'est qu'après avoir d'abord trouvé les vêtements de femme fort incommodes, d'Éon avait fini par s'y habituer, et les portait par goût, en y mêlant, cependant, toujours quelque chose du vêtement masculin. Il voulait se singulariser jusqu'au bout.

Le 9 avril 1787, il avait soutenu, avec ses vêtements féminins, un assaut contre le fameux Saint-Georges. Tout ce que l'Angleterre possédait de grands noms et de belles dames, y assistait. Le prince de Galles présidait. Sept fois Saint-Georges fut atteint par sa rivale, malgré l'embarras que devaient causer ses jupes à celle-ci. Les gravures anglaises ont perpétué le souvenir de ce brillant fait d'armes. Ce sont ces petites satisfactions de vanité qui étaient, pour d'Éon, les compensations de la gêne qu'il s'imposait.

Il resta fidèle à son rôle jusqu'au 21 mai 1810, jour où il mourut à Londres, New-Wilman Street, n° 26, à l'âge de quatre-vingt-trois ans.

Contemporain de deux siècles, il vit passer successivement sous ses yeux les deux monarchies de Louis XV, de Louis XVI, la république et le premier empire, à l'apogée duquel il s'éteignit, comme dans la plus grande gloire qu'il eût pu contempler.

La famille du chevalier d'Éon a fait venir de Londres, en 1825, et nous a communiqué les pièces suivantes, signées des noms les plus famés de l'Angleterre, devant le cadavre même de celui dont nous avons écrit l'histoire[1].

ATTESTATIONS JUSTIFICATIVES DU SEXE DU CHEVALIER D'ÉON

Traduit de l'anglais, au bureau général de traduction des langues, rue des Bons-Enfants, n° 37, à Paris.

Copie d'un certificat et de diverses déclarations à l'appui, déposés en originaux chez M. Adair, demeurant à Londres, Charlotte street Bloomsbury, n° 12.

« Je certifie par le présent que j'ai examiné et disséqué le corps du chevalier d'Éon en présence de M. Adair, de M. Wilson, du père Élysée, et que j'ai trouvé les organes mâles de la génération parfaitement formés sous tous les rapports.

« Willman street, le 23 mai 1810.

THO. COPELAND, chirurgien.

Les personnes ci-après dénommées étaient également présentes :

Sir SIDNEY SMITH. — L'honorable W. ST. LITTLETON.— M. DOUGLASS. — Le comte de YARMOUTH.— M. STOSKINS, procureur. — M. J.-M. RICHARDSON. — M. KING, chirurgien. — M. BURTON, *idem.* — M. JOSEPH BERGER PATNEY.— M. JOSEPH BRAMBLE. — M. JACOB DELANNOY.

---

[1]. Bibliothèque de Tonnerre.

DÉCLARATIONS A L'APPUI

En français sur l'original.

« 1° Je déclare avoir connu la soi-disant Mlle d'Éon sous l'habit de femme, et avoir vu son corps après sa mort. En conséquence, j'atteste que ce corps constitue tout ce qui peut caractériser un homme, sans aucun mélange de sexe.

« 24 mai 1810.

« Le chevalier DEGERES. »

« 2° Je déclare que j'ai été lié avec la personne généralement connue sous le nom de Mlle d'Éon, et que j'ai vu aujourd'hui, *New-Wilman street*, n° 26, le corps d'un individu mâle qui m'a paru être celui de la même personne.

« DE DAUSTANVILLE. »

En français sur l'original.

« 3° Je déclare avoir connu la soit-disant Mlle d'Éon, en France et en Angleterre, et avoir servi dans la même compagnie en qualité de capitaine de dragons au régiment d'Harcourt, en même temps que la soi-disant demoiselle d'Éon servait aussi comme lieutenant au régiment de Caraman, en 1757, et qu'ayant été appelé pour identifier sa figure depuis sa mort, j'ai reconnu la même personne du chevalier d'Éon, ainsi que tout ce qui constitue les parties mâles de la génération en lui, et que l'on m'a fait voir son corps à découvert.

« Londres, 68, Dean street sh., 24 mai 1810.

« Le comte DE BÉHAGUE, lieutenant-général. »

« 4° Je déclare que le chevalier d'Éon a logé chez moi environ trois ans ; que je l'avais toujours cru une femme, et je déclare en outre qu'ayant vu son corps après le décès, il résulte que c'est un homme. *Mon épouse fait la même déclaration.*

« WILLIAM BOUNING. »

« New-Wilman street, 26, hospice des Enfants-Trouvés.

Ce qui suit est en français sur l'original.

« Nous, soussigné, consul-général de France à Londres, certifions que la copie ci-dessus a été faite devant nous, et qu'elle est parfaitement conforme à l'original authentique déposé chez M. Adair.

« Londres, le 14 octobre 1825.

« *Signé* : Baron SÉGUIER. »

« Par Monsieur le consul,

« *Signé :* NETTEMENT, vice-consul chancelier. »

« Je soussigné, interprète juré près la cour de cassation, la cour royale, le tribunal de première instance, le tribunal de commerce, etc., certifie la présente traduction fidèle et conforme à l'original en langue an-

glaise qui m'a été présenté, et que j'ai rendu après
l'avoir signé et paraphé.

« *Ne varietur*

« Paris, le 27 décembre 1825.

« Frédéric Lameyer. «

INHUMATIONS DE LA PAROISSE DE SAINT-PANCRAS, COMTÉ
DE MIDDLESEX, EN L'ANNÉE 1810

« André-Thimothée d'Ear [1] de Beaumont, *inhumé* le
28 mai, *âgé* de quatre-vingt-trois ans.

« *Signés* : Brackemburg, curé.

« Thiselton, clerc. »

Le *père Élysée*, ce célèbre médecin de Louis XVIII,
était celui de la chevalière d'Éon.

« C'est sur le témoignage de cet homme recommandable, dit M. de Propiac dans la *Biographie universelle
de M. Michaud*, témoignage auquel il nous a autorisé à
donner la plus grande publicité, que nous affirmons
que le chevalier d'Éon appartient *exclusivement au sexe
masculin*. C'est après l'avoir assisté jusqu'au 21 mai 1810,
jour de sa mort, et avoir été présent à l'inspection et à
la dissection de son corps, qui eut lieu le 23 du même
mois, que le père Élysée ne craint pas de lever irrévocablement tous les doutes.

« A ces preuves, nous ajouterons que nous avons vu
chez M. *Marron*, ministre du culte protestant et littérateur distingué, une gravure représentant le torse du

---

1. C'est une erreur de nom, mais qui n'en laisse aucune sur la personne.

chevalier d'Éon, de manière à éclairer les plus incrédules. Au bas de cette gravure, qui a paru en Angleterre, est l'attestation suivante :

« Je certifie, par le présent, avoir inspecté le corps du chevalier d'Éon, en présence de M. *Adair*, de M. *Wilson* et du *père Élysée*, et avoir trouvé les organes masculins parfaitement formés.

« Mai 23, 1810, Golden-Square.

« *Signé* : Th. Copeland. »

« En conséquence de la note des personnes nommées ci-dessus, j'ai examiné le corps, qui était du sexe masculin. Le dessin original a été fait par M. C. Turner, en ma présence. »

« Dean-Street-Soho, 24 mai 1810. »

Nous ajouterons, de notre côté, avoir reçu la confirmation de tous ces faits, accompagnée des détails les plus précis, de la bouche de l'amiral *Sidney Smith*, le premier des signataires de l'attestation ci-dessus rapportée, et présent tout à la fois à l'inspection et à la dissection cadavérique.

Ainsi se termina la vie du chevalier d'Éon, vie à double aspect et presque également partagée ; car, sur les quatre-vingt-trois années qu'elle embrasse, quarante-neuf appartinrent à l'*homme* et trente-quatre à la *femme*.

Cette transmutation fut une suite de sa condescendance à des pratiques que la politique et les mœurs de cette époque excusent peut-être, mais qu'une saine morale ne saurait approuver. Si le chevalier d'Éon ne se fût point prêté au déguisement qu'il accepta pour pénétrer à la cour d'Élisabeth ; s'il n'avait pas fait descendre, une première fois, sa dignité d'homme à ce travestissement, il n'aurait jamais eu la pensée de renouveler cette mascarade sur la fin de sa carrière, pour tromper le gouvernement même dont il avait été jadis le trop docile instrument. Ce souvenir, exhumé des arcanes de la cour de Russie par ses amis et ses ennemis, devint la tentation de son orgueil, et son orgueil y succomba. La seconde moitié de sa vie porta ainsi la peine de la première.

Du reste, ses torts furent ceux du temps et du milieu dans lequel il vivait. « On se plaint que tout a dégénéré, écrivait-il en 1764, à M. de Nivernais ; que peut-on attendre d'un peuple pour qui l'or est le premier des biens, où l'esprit mercenaire anéantit tout principe noble, où tout est marchandise jusqu'à la vertu ?... Qui ne serait indigné de voir les grands, pendant la guerre, plus avides d'enlever l'argent de l'ennemi que de surprendre des villes et de gagner des batailles, éblouis, pendant la paix, du luxe des financiers, se rabaisser jusqu'à ne désirer plus que de l'argent, et faire un trafic honteux entre ceux qui ont besoin de protection et ceux qui en ont à vendre ? Le vieil honneur est dépéri avec l'abâtardissement des races, etc. »

Une autre fois, il écrivait à M. de Sainte-Foix, premier commis des affaires étrangères : « Un ministre (ambassadeur) n'est, à proprement parler, qu'un comédien. »

Cédant à la contagion de tels exemples et de tels principes, il a voulu être comédien, lui aussi, et jouer sur la scène politique une pièce sans précédents. Mais cette pièce fut un sarcasme plutôt qu'une spéculation.

La cupidité n'y eut aucune part, et la pensée de ce sarcasme ne serait jamais venue à l'esprit de d'Éon, sans la chasteté exceptionnelle qui, en faisant de lui un être à part dans cette société dissolue, lui rendit facile le sacrifice qu'il s'imposa ; de telle sorte qu'on peut dire qu'il fut induit à mal par sa vertu même.

Le but auquel il visait, en trompant ses contemporains, fut en partie atteint. Il avait voulu qu'on s'occupât de lui, dans le présent et dans l'avenir, et il y a réussi jusqu'à un certain point, puisqu'il est vrai que l'énigme cachée dans sa vie, a plus occupé les historiographes que la carrière droite et simple de beaucoup d'hommes éminents. Mais par combien de souffrances n'ont pas été payés ce bruit éphémère et cette gloriole viagère !

Tout mensonge porte avec lui sa peine. D'Éon n'a pu se moquer de son siècle qu'en s'amoindrissant lui-même, et en tombant de Parménion dans Sancho Pança — ces deux termes du problème qu'il avait posés à son existence, par une plaisanterie devenue fatalement une vérité.

FIN DE LA VÉRITÉ SUR LA CHEVALIÈRE D'ÉON

LETTRES INÉDITES DE BEAUMARCHAIS

A

M. LE COMTE DE VERGENNES

EXTRAITES DES ARCHIVES DES AFFAIRES ÉTRANGÈRES

Londres, ce mardi 16 avril 1776. — Reçue le 21.

Monsieur le comte,

Pendant que toute l'Angleterre est assemblée à Westminster-hall pour voir juger la vieille adultère et bigame duchesse de Kniston, je vais vous rendre compte d'une conversation assez sérieuse entre le lord Rochefort et moi [1].

Dimanche, en m'envoyant des billets pour Westminster-hall, il me fit prier de me rendre chez lui. Après les compliments, la conversation s'animant par degrés, il me dit :

---

1. Le lord Rochefort avait été ambassadeur d'Angleterre à Madrid, où Beaumarchais l'avait connu. Il était grand amateur de littérature et de musique, et Beaumarchais a raconté qu'il chantait avec lui des duos. L'auteur du *Barbier de Séville* était devenu le favori de ce grand seigneur anglais, que, dans un Mémoire au roi Louis XVI, il a appelé « son ami de quinze ans. » En 1775, lord Rochefort devint ministre des affaires étrangères dans le cabinet dirigé par lord North, mais il fut remplacé à la fin de la même année. Il n'en resta pas moins un homme très influent, en raison de l'amitié que lui portait Georges III.

« Monsieur, ayant une preuve de confiance et d'amitié à vous demander, je vais d'abord vous en donner une particulière, en vous montrant quelque chose que je n'ai fait voir à personne. »

Ce quelque chose, monsieur le comte, était une lettre du roi d'Angleterre, écrite par lui, mais pleine de bonté, de familiarité et remplie du plus tendre attachement, par laquelle ce prince le prie d'accepter la vice-royauté d'Irlande dont il a, dit-il, chargé lord North de lui faire l'offre de sa part. Le roi ajoute : *J'ai besoin dans cette île d'un homme très-sûr. Dans l'état où sont les choses, il est à craindre que l'Irlande ne suive la trace de l'Amérique. La seule grâce que je vous demande est de ne point y mener, pour votre secrétaire, cet infâme faquin de Blaker qui a été en France avec le duc d'Harcourt, et y a conservé des liaisons dangereuses; il a fait détester le duc d'Harcourt en Irlande*, etc.

« Voilà, me dit le lord Rochefort, ce que le roi m'a écrit hier. Je suis fâché de sa prévention contre Blaker que j'aime; mais tout ce qui tient à la France inquiète en ce moment. (D'où je conclus, monsieur le comte, qu'on s'occupe beaucoup de nous en Angleterre.) Si l'on adopte, ajouta le lord, la seule condition que j'y mets de n'y passer que six mois par an, c'est une affaire faite. J'attends là-dessus lord North. Mais je ne dois pas omettre de vous lire la dernière phrase de la lettre du roi, M. de Beaumarchais, parce qu'elle vous regarde uniquement. *N'oubliez pas, milord, tout ce que je vous ai recommandé. Vous n'en rendrez compte qu'à moi.*

« C'est au sujet, M. de B***, des nouvelles reçues de Bristol. Un vaisseau chargé par le Congrès, de lettres et de marchandises pour un négociant de Nantes, nommé *Montandoin*, avec ordre d'y échanger ces marchandises contre des munitions de guerre de toute espèce, a été conduit droit à Bristol, par un capitaine fidèle à son roi. L'ouverture des lettres a prouvé que cette correspondance est entamée depuis longtemps, et les termes en font soupçonner qu'elle pourrait bien être protégée par votre gouvernement. Cette circonstance, jointe à celle de deux gentilshommes français qui ont été traiter secrètement avec le Congrès de la part de vos ministres (on nous fait à Londres, monsieur le comte, plus d'honneur que nous n'en méritons), lesquels gentilshommes ont, dit-on, des liaisons cachées avec des personnes à Londres, a singulièrement alarmé notre conseil.

« Quelques gens mal instruits ont même cherché à faire

tomber sur vous le soupçon de cette connivence. Mais le roi en est si peu frappé, que c'est de son aveu que j'en raisonne avec vous. Que pensez-vous de tout cela ? Je sais bien que vous êtes ici pour finir avec ce d'Eon ; et là-dessus je n'en veux croire que vous, dont j'ai déjà répondu au roi, comme vous savez.

— Avant de vous répondre, milord, ai-je dit, sur ce qui me regarde, permettez-moi de commencer par le vaisseau d'Amérique, non d'après aucun ordre reçu de notre ministère, mais suivant mes lumières naturelles.

« Je savais déjà, milord, par ouï-dire, l'arrivée du navire américain à Bristol, et je n'ai pas été plus étonné qu'il eût été chargé pour un négociant de Nantes, que pour un d'Amsterdam, de Cadix, ou d'Hambourg. Les insurgents ont besoin de munitions et n'ont point d'argent pour en faire acheter en Europe, il faut donc qu'ils hasardent d'y envoyer des marchandises de leur cru, pour les y échanger, et tous les ports où l'on peut trouver des munitions leur doivent être égaux. — Mais, monsieur, la France n'a-t-elle pas donné des ordres dans ses ports à cet égard ? et n'avons-nous pas droit d'espérer que les négociants de Nantes seront punis, ce que nous comptons bien demander à vos ministres ? — Milord, vous m'avez permis de vous parler avec franchise : je le ferai d'autant plus librement que n'étant ici chargé de rien, mes phrases ne commettront personne. Eh ! pourquoi voudriez-vous, milord, que notre administration sévît contre les *Nantais* ? Sommes-nous en guerre avec quelqu'un ? et dans l'état de paix d'après lequel j'argumente, nos ports ne sont-ils pas ouverts à tous les négociants du monde ?

« Avant que de demander à la France, milord, raison des négociants de Nantes, il faudrait commencer par poser une question préliminaire assez étrange, et la voici :

« Pour une querelle particulière aux Anglais, et dans laquelle nous n'entrons ni ne voulons entrer, l'Angleterre a-t-elle le droit de restreindre notre commerce ? et quelques traités nous obligent-ils d'ouvrir ou de fermer nos ports aux vaisseaux marchands selon le désir de la nation britannique ?

« Certes, milord, j'ai peine à croire qu'on osât élever une question aussi incroyable, et dont la solution pourrait avoir des suites qu'il est d'un grand intérêt pour l'Angleterre de ne pas provoquer ! Surtout lorsque les nobles principes du roi de France sont aussi solidement prouvés par la neutralité dans laquelle il se renferme, quoique tout semble inviter la France à profiter de vos troubles intestins pour reprendre aux Anglais tout ce dont ils nous ont dépouillés dans la dernière guerre! — Mais, monsieur, les Américains sont des rebelles et nos ennemis déclarés. — Milord, ils ne sont pas les nôtres. — Et quand nous sommes en paix avec la France, doit-elle les favoriser? — Les favoriser, par Dieu, milord, c'est tout ce que vous pourriez dire, si nous vous empêchions de courir sur tous les vaisseaux des insurgents en pleine mer, parce qu'ils seraient chargés de marchandises pour nos ports ou venant de nos ports. Qui vous empêche de vous pourvoir contre eux? Croisez de tous côtés, saisissez-les partout, hors sous le canon de nos forts pourtant, nous n'avons rien à y voir. Mais exiger que nous allions inquiéter nos négociants, parce qu'ils ont des relations de commerce avec des gens avec qui nous sommes en paix, soit que nous les regardions comme vos sujets ou comme un peuple devenu libre, avec des gens contre qui vous vous battez, mais auxquels vous n'osez pas, *vous, ministère*, même faire le procès devant votre propre nation, en vérité cela est un peu fort! Je ne sais pas ce que penserait notre administration d'une telle demande, mais je sais bien que moi je la trouverais beaucoup plus que déplacée. — Je le vois bien, monsieur, car vous en êtes rouge de colère. (En effet, monsieur le comte, le feu m'avait monté au visage, et si vous désapprouvez que j'aie montré tant de chaleur, en vous demandant excuse, je vous répondrai qu'il s'agissait alors non de votre opinion, mais de la mienne.) — Milord, ai-je repris avec douceur et modestie, vous qui êtes Anglais et patriote, vous ne devez pas trouver mauvais qu'un bon Français ait de la fierté pour son pays? — Aussi ne m'en offensai-je point, monsieur. Mais au moins vous conviendrez que votre ministère ne peut s'empêcher de sévir contre des Français qui vont traiter au nom de votre gouvernement avec le Congrès. — Je ne crois rien de cette nouvelle, milord. Quelque Français peut-être y a traité de son chef pour des secours particuliers, tels que des négociants peuvent en fournir par la voie du commerce. Et c'est de là sans doute qu'est parti le vaisseau de Bristol pour correspondre avec la maison Montandoin de Nantes. Mais si vous pouvez savoir le nom de ces prétendus agents et acquérir la moindre preuve qu'ils se sont dits agents du gouvernement, je crois être si sûr des principes de notre ministère à cet égard et même de ceux du roi, que je ne m'avance pas trop en vous assurant qu'ils seront désavoués et même punis, si l'on peut les arrêter. (Vous voyez, monsieur le comte, que j'y vais, comme on dit : bon jeu, bon argent; gare pour ceux qui y seront pris à Londres ou ailleurs.) Cette déclaration nous a tout à fait raccommodés, le lord et moi.

« Maintenant, lui ai-je dit, milord, je vais vous rendre compte de mon arrivée ici. L'affaire d'Eon ne m'occupe plus, et soit qu'il revienne en France ou non, il n'y a personne chez nous qui s'y intéresse. Sa résolution à cet égard est son affaire et plus du tout la mienne. Vous allez me demander ce qui m'attire ici? — Non, monsieur, car je sais d'avance ce que vous me répondrez. — J'entends, milord, on a ouvert mes lettres. — Mon ami, nous sommes trop vétérans en politique, vous et moi, pour ignorer qu'on écrit ce qu'on veut. — D'accord, milord ; mais si l'on écrit ce qu'on veut, il n'en est pas ainsi de ce qu'on fait, et ce n'est pas un vain badinage que le roi de France et ses ministres chargent quelqu'un de fournitures nécessaires au service. — Etes-vous réellement chargé de quelque chose? — Je n'ai rien de caché pour vous, milord. Voici ce que le roi vient de m'accorder. » Alors je lui ai montré la lettre ministérielle que M. de Sartines m'a écrite au sujet de la fourniture des pièces de Portugal pour nos colonies d'Amérique. Il l'a lue plusieurs fois avec beaucoup d'attention, et cela lui paraissant enfin assez vraisemblable, il m'a dit : «C'était une très-bonne affaire quand ces pièces avaient cours en Angleterre, mais depuis deux ans qu'elles n'y servent plus de monnaie, pourquoi cela vous attire-t-il ici? — C'est qu'il m'est plus commode, milord, de traiter à Londres où je connais tout le monde qu'à Lisbonne où je ne connais personne, et que je regarde beaucoup moins au profit qu'on pouvait faire sur ces pièces qu'à l'avantage de répondre honorablement à cette confiance.

(Ainsi, monsieur le comte, bien m'en a pris d'avoir insisté sur ma précaution avec M. Sartines avant de partir, et bien m'en a pris encore d'avoir vu à cet égard en arrivant plusieurs banquiers de Londres. Je sus hier au soir qu'on s'était secrètement informé à la Bourse des gens avec qui j'avais établi des relations réelles sur cet objet de commerce.)

Reprenons ma conversation. — Maintenant, milord, ai-je ajouté, je vous dois un sincère compliment sur l'objet de la lettre du roi qui vous est personnel, et si vous acceptez la vice-royauté, j'espère que vous vous rappellerez votre ancienne amitié pour M. *Duflos*, que je vous recommande de nouveau. J'espère que vous le chargerez en Irlande des détails de toute votre maison, comme vous l'avez fait en France. Il me l'a promis.

(Ce Duflos, monsieur le comte, est un Français que j'avais jadis donné au lord Rochefort, lequel Français m'est absolument dévoué, et par lequel vous aurez toujours des nouvelles certaines du plus intime intérieur de la vice-royauté. Je suis un peu comme *Figaro*, monsieur le comte, et je ne perds pas la tête pour un peu de bruit.)

Nous devons nous revoir, le lord et moi, lorsqu'il aura rendu compte au roi de notre conversation. Tout ce que je sais, c'est que demain il y aura sérieusement conseil à Saint-James au sujet du navire arrivé à Bristol; mais voilà le roi d'Angleterre bien prévenu. J'espère en avoir assez dit pour que vous ne receviez point de proposition malhonnête de cette part.

Je ne dois pas oublier de vous mander que les négociants hollandais ont menacé d'attaquer le ministère devant les grands jurés de la nation anglaise sur les trois vaisseaux hollandais destinés pour l'Amérique, pris et conduits à Déal et à Douvres. Je sais en outre que le ministère, craignant que, sur pareille question, les grands jurés ne jugeassent contre lui en faveur des Hollandais, et que cela n'amenât une plus grande question (car vous entendez bien que ce détour jésuitique est de l'ami Wilkes), le ministère, dis-je, est convenu secrètement de payer secrètement toute la cargaison de munitions que ces vaisseaux portaient en Amérique; et convenu que si l'on en prenait d'autres, on garderait les munitions en Angleterre, mais que le prix en serait fidèlement payé aux négociants hollandais, car, en fait de procès, on ne veut point se brouiller avec l'ami Wilkes. (Avis au lecteur, monsieur le comte.) Je tiens cela de la meilleure part, quoique ce ne soit pas de celle de mon lord, comme vous pensez bien.

(Autre avis au lecteur.) Une des ruses que les capitaines hollandais emploient est de se faire donner deux commissions : l'une ostensible et l'autre secrète. Ils font usage de l'une ou de l'autre, selon le besoin.

Au reste, les troupes de Hesse sont parties. On les attend. Elles ont prêté serment de fidélité à l'Angleterre le 22 mars. Oh ! le bon billet qu'a Lachâtre ! dirait ici Ninon de Lenclos !

On compte actuellement aux Américains douze vais-

seaux depuis vingt-deux jusqu'à vingt-quatre canons;
douze à quinze de vingt pièces, et plus de trente de douze
pièces, ce qui leur constitue une marine agissante presque
aussi respectable que celle des Anglais. Aussi depuis deux
mois et demi, ces derniers n'ont-ils pris aux insurgents
que le seul vaisseau qui s'est rendu à Bristol, ce qui est
fort à remarquer !

Les gardes du roi qui, par un contre-ordre secret, différaient depuis un mois leur embarquement, sur de nouvelles dépêches secrètes apportées par un vaisseau qui se tient caché dans un port d'Irlande, ont reçu ordre de s'embarquer promptement. Cet embarquement a commencé hier, finit demain. Et pour aujourd'hui, monsieur le comte, voilà mon sac vidé.

Je compte assez sur vos bontés pour espérer que ma recommandation pour *Aix* n'est pas oubliée. Il n'est pas juste qu'on me juge au sud, quand je suis à trois cents lieues au nord. Il ne faut pour l'empêcher qu'un mot de M. de Miromesnil. Cette nouvelle me tranquillisera beaucoup.

Recevez mes respects, mon hommage et l'assurance du plus parfait dévouement. J'attends de vos nouvelles ! de vos nouvelles, monsieur le comte ! M. de Lauraguais est encore à la campagne.

DE BEAUMARCHAIS.

M. de Loménie, dont l'*Étude sur M. de Beaumarchais* ne contient pas cette intéressante dépêche, nous donne cependant la réponse non moins intéressante qu'y fit M. de Vergennes. La voici :

« A Versailles, le 26 avril 1776.

« J'ai mis sous les yeux du roi, monsieur, la lettre que vous m'avez fait l'honneur de m'écrire le mardi 16 et non le 12 de ce mois. J'ai la satisfaction de vous annoncer que Sa Majesté a fort approuvé la manière noble et franche dont vous avez repoussé l'attaque que le lord Rochefort vous a faite à l'occasion de ce bâtiment américain destiné, dit-on, pour Nantes et conduit à Bristol. Vous n'avez rien dit que Sa Majesté ne vous eût prescrit de dire, si elle avait pu prévoir que vous seriez dans le cas de vous expliquer sur un sujet aussi étranger aux soins dont vous êtes chargé. Au ton de lord Rochefort, il semblerait argumenter d'un pacte qui nous assujettirait à faire de l'intérêt de l'Angleterre le nôtre propre. Je ne connais pas ce pacte; il n'existe pas dans l'exemple que l'Angleterre nous a donné, lorsqu'elle a cru pouvoir nous nuire. Qu'on se rappelle seulement la conduite qu'on a tenue à notre égard pendant les troubles de Corse, les secours de toute espèce qu'on y a versés sans aucune sorte de ménagement. Je ne cite pas cet exemple pour nous autoriser à le suivre. Le roi, fidèle à ses principes de justice, ne cherche point à abuser de la situation des Anglais pour augmenter leur embarras; mais il ne peut retrancher à ses sujets la protection qu'il doit à leur commerce. Il serait contre toute raison et bienséance de prétendre que nous ne devons vendre aucun article de commerce à qui que ce soit, parce qu'il serait possible qu'il passât de seconde main en Amérique. »

La lettre du ministre se termine par cette phrase aussi flatteuse qu'honorable pour Beaumarchais :

« Recevez tous mes compliments, monsieur. Après vous avoir assuré de l'approbation du roi, la mienne ne doit pas vous paraître fort intéressante; cependant, je ne puis m'empêcher d'applaudir à la sagesse et à la fermeté de votre conduite, et de vous renouveler toute mon estime,

« De Vergennes. »

Londres, 26 avril 1776.

Monsieur le comte,

Je profite d'une occasion fidèle pour vous entretenir avec liberté sur la seule affaire vraiment importante aujourd'hui, l'Amérique et tout ce qui y tient.

J'ai longtemps raisonné avant-hier au soir avec l'homme que vous avez cru devoir empêcher de venir en France.

En m'abouchant avec lui, M. de Lauraguais m'a fidèlement rendu tout ce qu'ils s'étaient dit en mon absence, et lui a de même appris tout ce qui s'était passé entre nous deux avant de m'y conduire.

Cet homme m'a paru plutôt stupéfait qu'étonné du démenti absolu que votre long courrier vous a rapporté du

Sud à ses nouvelles. Il n'imagine point d'où l'erreur peut venir; mais on a tant d'intérêt à ne pas le tromper, qu'il se croit bien informé. Peut-être aussi le Congrès a-t-il envoyé ces deux députés aux gouverneurs des possessions espagnoles en Amérique, ou bien aux commandants de leurs escadres, sans les avoir fait aller jusqu'à Madrid.

Au reste, il attend incessamment des nouvelles très-certaines de tous ces faits et de leurs suites. Il a l'avis qu'elles sont arrivées en Hollande, d'où l'on doit les lui faire passer par la voie la plus sûre, et dans douze jours je saurai bien que vous en dire. En attendant, il ne cesse de demander si nous ne voulons absolument rien faire pour eux. Et sans s'amuser à me répéter combien leur succès importent à la France, parce qu'il nous fait l'honneur de nous croire d'accord avec lui sur ce point, il me dit tout uniment : « Il nous faut des armes, de la poudre, mais surtout il nous faut des ingénieurs. Il n'y a que vous qui puissiez nous secourir, et qui ayez un grand intérêt à le faire; et ce qui nous fait le plus de besoin est quelques bons ingénieurs. » Je lui réponds que ce dernier article est d'une excessive difficulté, parce qu'on ne peut envoyer des hommes sans leur donner une commission; que ces hommes parlent, et que c'est cela qui compromet, au lieu que les secours muets sont muets. « Eh! mais donnez-nous donc de l'argent, me répond-il; nous tirerons des ingénieurs d'Allemagne, de Suède, d'Italie, etc..., et vous ne serez pas compromis. » Voilà, monsieur le comte, où nous en sommes. Que voulez-vous que je réponde?

Depuis l'arrivée à Bristol du vaisseau destiné pour la maison *Montandoin*, de Nantes, sur lequel on m'a tant fait de raisonnements que vous savez, notre homme m'a prié de faire parvenir secrètement à cette maison la lettre ci-jointe. J'ai l'honneur de vous l'adresser. Vous pouvez la faire mettre à la poste sans y ajouter un seul mot, en la faisant seulement recommander sous main.

Les Américains sont d'ailleurs aussi bien qu'il se puisse. Armée de terre, flotte, vivres, courage, tout est excellent. Mais sans poudre et sans ingénieurs, comment vaincre, ou même se défendre?

Voulons-nous donc les laisser périr plutôt que de leur prêter un ou deux millions? Avons-nous peur que cet argent ne nous rentre point de façon ou d'autre, après la guerre finie?

Voyez, monsieur le comte, la frayeur que cause à l'Angleterre la plus absurde nouvelle qui semble venir de France; et jugez par là du véritable état de leurs affaires.

Le colonel Saint-Pol apporte à Londres une nouvelle fausse et ridicule d'un prétendu nouveau traité entre la France et l'Espagne : à l'instant tous les papiers baissent de prix.

On répand ici sottement et sourdement que les Français ont pris la Jamaïque; et malgré que tout le monde se dise que cela est impossible, et qu'on en rie du mieux qu'on peut, cela n'empêche pas qu'à l'instant les papiers ne perdent sur la place.

La moindre terreur panique à notre égard a cet effet certain sur tous les fonds publics.

Aussi, quand lord North a dit hier dans la Chambre basse, que l'intelligence entre la France et l'Angleterre était d'autant plus parfaite *que cette intelligence était bien plus nécessaire aux Français qu'aux Anglais*, tout le Parlement a-t-il eu le sens commun de lui rire au nez.

Et quand il a ajouté que, malgré les rêveries du docteur *Price*, la nation n'avait jamais été si florissante, tout le Parlement a encore eu le bon sens de lui rire au nez.

Mais on a cessé de rire lorsque ce mouvement passager a fait place à l'indignation des orateurs de l'opposition. Et sans entrer dans tout ce qui s'est dit hier à cette assemblée des communes, parce qu'on vous l'a sans doute envoyé, je ne puis m'empêcher d'étendre mon argument à tous les débats qui s'y sont épuisés.

Faiblesse et frayeur, voilà tout ce qu'on y voit. Et toujours le ministre poussé sur les intentions et les démarches de la France, sans qu'on obtienne un seul mot de réponse de lui.

Pourquoi les Français, dit l'un, ont-ils sept mille cinq cents hommes à l'île de Bourbon? A cela pas un mot. Pourquoi, dit l'autre, les Espagnols ont-ils à Hispaniola neuf vaisseaux de guerre, avec lesquels ils protégent sans doute le commerce du continent? Rien.

Le gouverneur Jonshon se lève. Pourquoi les Espagnols, indépendamment de la flotte d'Amérique, ont-ils à Carthagène et à Cadix deux flottes prêtes à mettre à la voile? Et comment ne répondez-vous rien, quand je suis certain, moi, de la guerre prochaine entre la France et l'Angleterre? Un silence absolu.

Charles Fox appuie en disant : Quelles forces entendez-vous donc employer contre une flotte de quarante-cinq corsaires américains, bons voiliers, actifs, vaillants soldats, protégés par vingt rades et dix ports de mer, protégés par vingt vaisseaux étrangers, toujours prêts à les aider de munitions, protégés par deux nations puissantes, bientôt prêtes à les secourir ouvertement et à les reconnaître pour alliés? Rien, constamment rien.

Pourquoi, dit M. Barri, le lord Howe qui devait commander la flotte, ne la commandera-t-il point? Rien.

L'orateur des communes, voyant le ministre sans réponse a répliqué, mais sans répondre à la question de M. Barri, que celui-ci a renouvelée avec chaleur.

Alors Charles Fox, d'un ton d'inspiré, invoque, interroge l'honneur des ministres, et se répondant à lui-même : Depuis longtemps, dit-il, l'honneur des ministres est une chimère; il est nul et n'entre plus pour rien dans les malheureuses affaires publiques de l'Angleterre.

Il est clair, monsieur le comte, que celui qui ne répond rien ici, se tait parce qu'il n'a rien à répondre : frayeur et colère d'un côté, faiblesse et embarras de l'autre, voilà le vrai tableau. Et vous serez encore plus convaincu de cette vérité, si vous vous rappelez la nature de tous leurs traités avec les Allemands, et surtout, si vous examinez la nature et le taux du nouvel emprunt.

Pour chaque 100 livres sterling qu'on prêtera au gouvernement, il donnera une reconnaissance de 78 livres sterling et trois billets de loterie, valant 10 livres sterling chacun, et ensemble 30 livres sterling. Ce qui fait en commençant 8 livres sterling de bénéfice pour les prêteurs, et par les gains de l'agiotage ils sont déjà montés, quoique non délivrés, à 11 livres sterling. Joignez-y 3 pour 100 d'intérêt que le gouvernement paiera pour les 78 livres sterling, il se trouve qu'il a emprunté à près de 14 pour 100.

Les preuves de leur embarras me paraissent sans réplique. Mais lorsqu'il est bien prouvé qu'ils ne peuvent tenir plus d'une seule campagne à cet horrible prix, est-il donc bien vrai, monsieur le comte, que vous ne ferez rien pour les Américains qui les mette au pair de leurs ennemis?

N'aurez-vous pas la vertu de montrer encore une fois au roi, combien il peut gagner, sans coup férir, en cette seule campagne? Et n'essaierez-vous de convaincre Sa Majesté, que ce misérable secours qu'ils demandent, et sur lequel nous débattons depuis un an, doit nous faire recueillir tous les fruits d'une grande victoire, sans avoir essuyé les dangers d'un combat? Que ce secours peut nous rendre, en dormant, tout ce que la paix honteuse de 1762 nous a fait perdre, et que le succès des Américains réduisant nos rivaux à n'être plus qu'une puissance du second ordre, nous replace au premier rang et nous donne pour longtemps la prépondérance sur l'Europe entière?

Quelle plus grande vue peut occuper le conseil du roi et quelle force n'aura pas votre plaidoyer, si vous y faites entrer le tableau contraire de tout ce que peut nous coûter la défaite des Américains ! 300 millions, nos hommes, nos vaisseaux, nos îles, etc..., car enfin, leurs forces une fois réunies contre nous, leurs troupes en haleine, et leur audace augmentée par un si grand succès, il est trop certain qu'ils forceront à soutenir une guerre funeste ces mêmes Français qui pouvaient, avec 2 millions, les plonger pour jamais dans une paix aussi honteuse que ruineuse.

Malgré le danger que je cours en écrivant de Londres des choses aussi hardies, je me sens une fois plus Français ici qu'à Paris. Le patriotisme de ces gens-ci ranime le mien. Il me semble même que l'état précaire et dangereux où je me vois, par les soupçons et l'inquisition sévère qui se fait sur tout ce que j'entreprends, rende mon zèle plus ardent.

Cependant, ne négligez pas, monsieur le comte, de presser M. de Sartines sur l'objet de ma sûreté ; c'est la moindre chose qui me soit due. Le roi et lui ont eu la bonté d'y pourvoir; mais les mêmes négociants, banquiers, courtiers, marchands d'or, etc., lesquels interrogés sourdement par le ministère, ont rendu le témoignage que j'étais en traité avec eux pour des échanges de monnaie, ne manqueront pas de répondre bientôt que ce n'est qu'un leurre, un miroir à alouettes, s'ils ne voient pas unir l'effet au projet, et passer de la commande à l'achat. On a fait arrêter ici deux Irlandais soupçonnés. J'ai désiré pouvoir être en état de me défendre seul et sans commettre le roi ni vous, en cas que la même chose m'arrivât, jusqu'à ce qu'il plaise à Sa Majesté de m'avouer, ou que cela devienne absolument indispensable. Jusque-là je suis marchand de *piastres* ou *moyadores*. A ce titre seul, bien constaté, je serais au besoin défendu par la nation contre l'administration, et je gagnerais cette cause avec dépens. Mais encore un procès! J'en suis un peu las, je vous jure. J'espère (contre l'avis de M. Lauraguais) qu'on n'ira pas jusqu'à m'arrêter, quand on me verra suivre, avec effet, un objet de commerce avoué par la nation.

A propos de M. de Lauraguais, tout ce qui lui arrive n'est réellement qu'un chat aux jambes, et parce qu'il est intimement lié avec lord Shelburne et autres membres de l'opposition, le lord Mansfield et le ministère font soutenir son lâche adversaire, ce Texier, afin que les tracas et les dégoûts le fassent retourner en France, car ces gens-ci ne peuvent souffrir auprès d'eux tous ceux qui ont la vue nette, moins encore ceux qui ont le télescope aux yeux sur leurs actions les plus cachées.

Les papiers publics vous ont sans doute appris que le lord North a porté le bordereau des dépenses de l'an passé au Parlement montant à 7,097,000 livres sterling, et comment, pour faire face aux besoins actuels, il avait en main, dit-il, 9,118,444 livres sterling, en comptant par anticipation les trois objets des bils de l'échiquier, des créations de fonds perdus et l'emprunt à 3 pour 100, dont je vous ai parlé plus haut, qui font ensemble un objet de 6,300,000 livres sterling. De sorte que, par la balance, il se trouve en caisse pour subjuguer l'Amérique 21,444 livres sterling; le reste ira comme les événements le permettront.

Telle est, au moment où je vous écris, monsieur le comte, telle est l'Angleterre, l'Amérique, le Parlement, les fonds publics, et l'état du plus dévoué de vos serviteurs, qui est moi.

J'ai omis de vous dire que l'on a beaucoup insisté au Parlement sur ce qu'était devenue une frégate d'observation envoyée devant Brest pour suivre la flotte qui en sortirait, et que sur cet objet, comme sur les autres, lord North est resté en silence.

Conférez-en, je vous prie, avec M. de Sartines,

CARON DE BEAUMARCHAIS.

Londres, ce vendredi 3 mai 1776.

Monsieur le comte,

J'ai trop peu de temps devant moi pour faire autre chose que vous accuser aujourd'hui la réception de votre paquet du 26 avril, contenant une grande lettre de vous, une plus particulière, et deux lettres de M. de Sartines, que M. Garnier m'a remises ce matin, jour du courrier qu'il envoie à Calais.

D'ailleurs, il n'y a rien de bien important ici que la nouvelle de l'évacuation de Boston, arrivée il y a trois jours. L'évacuation est du 17 mars. Les lettres du général anglais et des officiers sont du 24 mars, à bord des vaisseaux partant pour Halifax sans avoir détruit Boston, sans avoir, dit-on, enlevé le canon de cette ville, et sans avoir été troublés dans l'embarquement par les Provinciaux, qui sans doute leur font ce qu'on appelle le pont d'or.

Le gouvernement met à cette nouvelle un air d'approbation, de mystère et même d'intelligence. Il voudrait bien la faire regarder comme une ruse ordonnée par les ministres; mais cela ne prend pas. Il est trop certain que l'impossibilité de tenir plus longtemps dans Boston, faute de vivres, en a chassé les Anglais. Cela me rappelle que cet hiver, en France, quand mes nouvelles m'apprenaient que les Anglais manquaient de tout, milord Stormont répandait, avec une imposture sublime, que les troupes du roi y étaient paix et aise, à boire du punch, les pieds sur les tisons, pendant que les insurgents mouraient de froid et de faim, disait-il, au milieu des neiges. A la fin tout se découvre; et puis on est si honteux!

Cette évacuation, l'entrée du général Lee avec vingt-deux mille hommes dans New-York, dont il a chassé tous les gens suspects, et ces Hessois, que vous m'apprenez être encore au logis, quoiqu'on les dise ici partis depuis longtemps, tout cela me confirme ce que je vous ai mandé, le dernier courrier, que les Américains sont bien de tout point, les ingénieurs et la poudre exceptés. Ah! monsieur le comte! par grâce, de la poudre et des ingénieurs! Je ne crois pas avoir jamais rien tant désiré.

Milord Rochefort m'a répété, ce matin, qu'il refuse absolument la vice-royauté, parce que lord North ne veut pas perdre le fruit de 200 mille guinées qu'il a dépensées pour établir la forme du gouvernement actuel en Irlande, en permettant que le vice-roi n'y réside pas sans cesse, condition à laquelle lord Rochefort avait attaché son refus ou son acceptation. J'en suis très-fâché.

Nous eussions toujours appris par l'Irlande même tout ce qu'il y aurait eu d'intéressant à savoir sur les affaires de cette île; et cela pouvait avoir son degré d'utilité.

Le comte de Lauraguais a maintenant repris sa place, après avoir été forcé d'en sortir et d'user de la voie des papiers contre *le Texier*, mais seulement, comme il le dit lui-même, jusqu'à ce qu'il rencontrât quelque protecteur outré de cet homme, avec lequel il pût se mesurer sans honte, et s'élever au-dessus de l'ignominie d'avoir uniquement et toujours cet indigne adversaire en tête.

Je ne doute pas que M. Garnier ne vous envoie le dernier détail dans lequel il s'est trouvé forcé de figurer lui-même. Mais comme le tout s'est passé avec prudence et dignité de sa part, avec noblesse et fermeté de celle du comte, et de la part de milord Holdernesse, dont il s'agit, avec tous les égards dus à des informations envoyées par vous sur *le Texier*, et qu'enfin ce lord a chassé l'homme de sa maison, il faut espérer que cette tracasserie, qui tire en longueur, *va finir par force de durer, comme toutes choses mondaines*, suivant l'expression charmante de Rabelais.

Mais je crois qu'un ambassadeur qui eût succédé immédiatement à M. de Guines, eût essuyé ce tracas en arrivant à Londres. Car, ou il aurait mangé partout avec *Texier*, ou il n'aurait été nulle part; ou s'il s'en fût expliqué, il tombait tout juste dans le cas du comte de Lauraguais.

M. le duc d'Orset est venu chez moi, en sortant de chez M. Garnier, me forcer de m'expliquer aussi sur le compte de ce Texier, ce que j'ai fait sans humeur et sans passion, mais avec la force et la vérité, principes de toute ma conduite.

Je vous rends grâces de vos obligeantes bontés sur mon affaire d'Aix. Je vous rends grâces des honorables encouragements que l'approbation du roi et la vôtre donnent à mes travaux. Voilà ce que j'appelle mes succès. Et si quelque chose pouvait accroître mon émulation, ce serait cette douce et très-douce récompense que j'en reçois, grâce à votre bienveillance, qui me pénètre jusqu'au fond de l'âme.

On a beau dire, monsieur le comte, un peu d'exaltation dans le cœur d'un honnête homme, loin de nuire à ses actions, vivifie tout ce qu'il touche, et lui fait plus faire qu'il n'eût jamais osé se promettre de sa capacité naturelle. Je la sens, cette exaltation, c'est à ma prudence à la diriger de façon qu'elle tourne au bien des affaires du roi. Conservez-moi vos bontés, monsieur le comte.

Je ne vous dis encore rien de mon héroïne, parce qu'elle est toujours au milieu de ses radotages, dont il faudrait absolument me fâcher si je voulais les entendre. Mais son beau-frère est arrivé. C'est un homme doux, et si mon héroïne n'est pas une détestable et ingrate créature, c'est par lui que j'espère la ramener à la raison.

J'ai dit à milord Rochefort, ce matin, que lord Mansfield désirait fort que son neveu Stormont obtint la viceroyauté qu'il refusait. Il m'a répondu : « *Un Écossais!* Y *pensez-vous?* » Cela est bien plaisant; leur ministère en est plein! Cette Angleterre offre en petit le tableau de l'univers, où l'harmonie générale est fondée sur une guerre continuelle de tous les êtres les uns contre les autres. Nul Etat en Europe ne fournit un pareil phénomène.

Je suis aux pieds de Sa Majesté, dans la posture du sujet le plus respectueux et reconnaissant.

Ci-joint une lettre du comte de Lauraguais.

Londres, ce mercredi 8 mai 1776.

Monsieur le comte,

Je ne vous enverrais pas le détail de l'évacuation de Boston, que vous aurez bientôt, si je n'avais là-dessus des nouvelles très-particulières, et si tout cela ne s'enchaînait pas à des réflexions, qui sont la seule chose dont il s'agisse de ma part.

Ce que j'avais deviné il y a huit jours, la foule de lettres particulières reçues à Londres, par le paquebot du général Howe, nous l'a bientôt appris. Le gouvernement n'a sauvé, en dissimulant, que la rougeur du premier moment. Il est clair aujourd'hui que le général n'avait reçu aucun ordre de la cour, et que la force d'une part, et le besoin de l'autre, l'ont seuls chassé de Boston.

Mais voici bien autre chose. C'est que loin d'avoir reçu des ordres et des secours, le général Howe n'avait réellement aucune nouvelle d'Angleterre depuis le mois d'octobre.

Ce fait me paraît incroyable comme à vous; mais la preuve me paraît aussi sans réplique; c'est que la lettre du 24 mars, du général Howe, portant l'avis de son embarquement, est adressée à milord d'Artsmouth, qui n'est plus ministre des colonies depuis le mois d'octobre. Et la cour est forcée de convenir aujourd'hui que tout ce qu'elle a envoyé à Boston depuis cette époque a été obligé de relâcher et rester à Antigoa, sans pouvoir passer.

Il y a même à Londres beaucoup de paris proposés à cinq contre un que les premiers avis qu'on recevra de la flotte partie pour Halifax *arriveront*... d'Irlande, par la constance avec laquelle les vents poussent vers l'Europe en cette saison.

Jugez ce que deviendraient les troupes embarquées avec des vivres pour quinze jours, à quatre rations pour six hommes !

Je savais ceci par des indiscrétions échappées à des membres du conseil privé, surtout à lord Litleton, et le comte de Laur..., qui tient la même chose du général-amiral *Kepel*, vient de me les confirmer. Voici le détail de Boston :

Le 2 mars, l'attaque de Boston a commencé par une batterie élevée sur les hauteurs de *Philips-Form*. Le 3, une autre batterie a commencé à son tour, sur le coin de *Dorchester*. Le 5, le général Howe a fait embarquer six régiments pour attaquer cette seconde batterie. Les vents contraires l'ont empêché constamment d'en approcher.

Deux autres tentatives furent depuis aussi contrariées par les vents. Enfin, le général Howe, voyant qu'il ne pouvait plus tenir contre un feu infernal, commença de parlementer. Les messages respectifs ayant duré plusieurs jours, pendant lesquels les canonades et le bombardement avaient été suspendus, le général Howe fit sauter le château *Guillaume*, attaqué comme la ville, par les Provinciaux. Cette précaution a sauvé sa flotte, ce château commandant le port. Il détruisit une partie des petites armes, et fit embarquer ses troupes à la hâte, sans pouvoir emporter ni ses canons, ni ses mortiers. La cause de cet embarquement précipité fut la nouvelle que, sur la destruction du château Guillaume, les Provinciaux avaient décidé un assaut général.

Le 17 mars, la flotte anglaise, composée de cent quarante voiles, c'est-à-dire force vaisseaux de transport et très-peu de vaisseaux de roi, fit voiles pour Halifax. La flotte provinciale a couru sur la queue, et s'est emparée de dix ou douze des plus mauvais voiliers. Le reste est maintenant où il plaît à Dieu et aux vents.

Ces nouvelles et ce détail, qui ne sont rien moins qu'indifférents, avaient tenu le conseil du roi assemblé jeudi passé jusqu'à trois heures du matin. Le roi même n'en était sorti qu'à une heure et demie de nuit. L'opposition triomphe. Mais quel triomphe! N'est-ce pas des Anglais contre des Anglais?

Cependant je vois arriver la catastrophe, et je ne suis pas le seul qui la voie : le chevalier *Ellis*, du parti royal, ne put souffrir hier, au Parlement, que lord North y soutînt que tout était au mieux. « Je ne sais, dit-il en se levant, quel motif peut engager le noble lord à vouloir inspirer une confiance qu'il n'a plus lui-même, et qui n'existe chez aucun membre du conseil. Pour moi, je crois que tout est au plus mal, etc... » Ce discours, prononcé par un royaliste, homme de mérite, fit une prodigieuse impression sur tous les esprits.

Il est parti depuis cinq jours quatre paquebots d'Angleterre : un pour la flotte vers Halifax, les autres pour New-York, Rhodes-Island et Québec. Le ministère est réellement aux abois; et quoique les papiers disent la 1re division des Hessois partie de Portsmouth, il était encore incertain avant-hier si le lord *Germaines* n'irait pas à ce port pour engager ou forcer le général hessois de mettre à la voile, ce qu'il ne veut faire que quand toutes ses troupes seront arrivées.

Je dis donc que le temps approche où les Américains seront maîtres chez eux, et il approche d'autant plus que le général Lee, après avoir laissé sept mille hommes dans New-York fortifiée, est parti avec les quinze mille hommes qui lui restent pour se rendre droit à Québec.

Si les Américains ont le dessus, comme tout invite à le croire, n'aurons-nous pas infiniment à regretter, monsieur le comte, de n'avoir pas cédé à leurs instances? Alors, loin d'avoir acquis, comme nous le pouvions à peu de frais et sans risques, des droits sur la reconnaissance de ces voisins de nos îles, nous les aurons aliénés pour jamais. Comme ils auront vaincu sans nous, ils feront une bonne paix, mais contre nous. Ils se vengeront de notre dureté sur nous.

Eh! qu'est-ce que 2 ou 3 millions avancés, sans se compromettre? Car je puis vous engager ma foi sacrée de leur faire parvenir, de la seconde main, même par la Hollande, tous les secours que vous voudrez, sans risques et sans autre autorisation que ce qui existe entre nous.

L'air d'un effort même suffit peut-être; car je sais que les Virginiens ont maintenant une manufacture de salpêtre abondante, et que le Congrès, depuis la réunion de la Caroline méridionale, a décidé que la poudre qui se faisait seulement à Philadelphie, se fabriquerait sur tous les lieux mêmes.

Au reste, les Virginiens ont sept mille hommes de troupes réglées et soixante-dix mille soldats de milice, du fer en abondance, et font presque autant d'armes que toute l'Amérique ensemble. Mais des ingénieurs, des ingénieurs et de la poudre, ou de l'argent pour en avoir ! Voilà le résultat de toutes mes conférences.

J'attends donc de vos nouvelles, de celles de M. de Sartines. Je vous prie, et lui aussi, de sentir que la banque de Londres, faisant seule le commerce d'or, sait, à livres, sous et deniers, quelle concurrence j'établis sur ces matières. La publicité même de son mécontentement à cet égard est ce qui doit fonder ma sûreté. Si vous m'entendez bien, vous concevrez pourquoi il m'est si important d'être reconnu ici pour un véritable marchand d'or. Et voilà ce que j'ai mandé à M. de Sartines.

J'ai fait porter cette lettre à Calais par un homme sûr, à moi.

Londres, ce vendredi 11 mai 1776.

Monsieur le comte,

Vous étiez certainement près de moi, comme vous le dites, *quand je vous croyais bien loin*, et vous avez mis ma sagacité fort à l'aise, par le ton dont vous m'avez donné à deviner ce que vous me disiez fort clairement.

Je supplie Votre Excellence de vouloir bien faire parvenir la réponse incluse à mon ami Hugolis.

Toutes les querelles roulent ici depuis huit jours sur le *quomodo* de la sortie de Boston. L'opposition et le ministère se mangent ouvertement les yeux là-dessus.

Le tout consiste donc entre les médecins à savoir comment le malade est mort. Laissons-les disputer sur ce grand cercueil. Les courriers arrivent ici coup sur coup. Avant-hier matin, à quatre heures, il en arriva un, dépêché d'Irlande, dans le yatch du lieutenant. On le croit du général Howe, poussé sur les côtes d'Irlande, en accomplissement de la prophétie. Le conseil s'assembla sur-le-champ.

Un vaisseau, l'*Elisabeth*, capitaine *Figuicé*, est arrivé depuis ce courrier, avec des nouvelles dépêches relatives à la détresse de la flotte partie de Boston.

Un autre vaisseau, nommé aussi l'*Elisabeth*, capitaine *Campbell*, est arrivé encore depuis à Douvres. Il vient de Philadelphie et a apporté plus de sept cents lettres. Demain toutes les nouvelles des papiers américains seront dans les papiers anglais. On commence à voir clair dans tout ceci.

Lord Howe est enfin parti hier de Portsmouth, sur son vaisseau l'*Aigle*, pour joindre la flotte qui l'attend à la rade de Portland, et mettre mardi à la voile.

Lundi dernier, lorsque lord North demanda à la Chambre le crédit d'un million sterling de la part du roi, le colonel *Barré*, après un préambule plein de force et d'amertume contre les ministres, insista sur ce qu'avant tout, les dépêches du général Howe fussent mises sur la table. Un débat violent de plusieurs heures amena pour conclusion le refus de les montrer : sur 174 voix des royalistes pour le refus, il n'y eut que 56 voix pour l'opposition. Ceux qui parlèrent pour l'opposition furent lord Cavendish, M. Hartley, M. *Burke*, le général Connay, M. Bing et Sawbrige, lord maire.

De l'autre part, lord North fut secondé par M. Litleton l'oncle et M. Ellis.

Voici le ton du général *Connay*. Supposez que la guerre soit juste, quoique je la croie infâme ; supposez que le sang de nos frères dût être versé par nos mains, est-ce ainsi, bon Dieu ! qu'on fait la guerre ? Est-ce en faisant partir pour deux mille lieues des vivres à l'instant même où il faudrait en faire usage et qu'ils sont si nécessaires aux malheureux à qui on les envoie ? Est-ce en choisissant la plus mauvaise saison pour les expédier ? Est-ce en envoyant des soldats mercenaires et vendus par leurs princes, qui ne peuvent que fortifier les ennemis contre qui ils sont envoyés, en se réunissant à leurs compatriotes ? Est-ce en fixant leur départ au 25 mars, quand la moitié de ces troupes mêmes, qui épuisent les trésors de l'Angleterre, ne sera pas arrivée d'Allemagne avant la fin de mai ? Supposons-les tous partis à la mi-juin ; ils ne seront arrivés en Amérique et refaits pour marcher, tout au plus qu'au mois de septembre, froid et fiévreux dans ce pays-là ; et la campagne sera finie pour nous avant d'être commencée. Et l'on appelle bons patriotes et ministres éclairés les directeurs de pareilles absurdités ! Non, il n'y a plus ni pudeur ni honneur dans le conseil du roi qui nous gouverne. »

M. Burke a donné un démenti net à lord Germaines, qui soutenait que le général Howe n'avait parlementé ni capitulé. — Montrez donc vos lettres et je tirerai les miennes, et la nation saura qui la trompe de nous deux.

Lord North, apparemment à bout de réponse, a lâché cette absurdité : qu'il n'était pas plus conséquent pour le succès des armes britanniques d'avoir fait mouvoir six mille hommes de Boston à Halifax, que si on les eût tirés d'Halifax pour renforcer Boston.

Il y eut là-dessus une huée universelle! Et M. Burke, avec le ton du plus méprisant dédain répondit : « Regardez donc, milords, comme une faveur du ciel l'attaque du général Washington, puisque si le ciel n'eût pas fait tomber avant quinze jours des cailles et de la manne à nos troupes dans Boston, ils fussent tous morts de faim. Mais il faut espérer qu'Halifax, mieux pourvue par nos nobles soins, leur fournira des torrents de lait et de miel, puisqu'Halifax est la terre promise de cette campagne; et après que la dépense que nous avons faite pour prendre et rendre Boston est démontrée monter plus haut que 1 million 700,000 livres sterling, et que, depuis un an, chaque soldat coûte à l'Etat plus de 220 livres sterling, vous demandez de l'argent en promettant des succès! etc., etc. »

Voilà, monsieur le comte, le ton des assemblées journalières de ce tumultueux Parlement.

Aujourd'hui, le duc de Manchester a fait une motion à la Chambre des pairs, dont l'objet est de demander la communication des lettres du général Howe et de rendre les ministres garants, sur leur tête, des succès de la guerre. On est encore aux débats à l'heure que j'écris, dix heures du soir.

Le lord maire a accusé lord Sandwich et l'amirauté, devant le Parlement, d'avoir chargé les vaisseaux du roi de contrebande pour l'Amérique; et malgré qu'il n'ait eu que 36 voix pour sa motion, il a prouvé une exportation frauduleuse de couleurs, de toiles fines, de gazes, etc., etc... La Chambre n'était pas encore séparée à trois heures du matin. Il y a vingt-sept témoins à entendre.

Le ministre a reçu l'avis que la Géorgie, en se déclarant pour le Congrès, a brûlé dix vaisseaux à Savanah, l'un de ses ports; neuf sont marchands, et une frégate du roi (la

Nédhy). La perte de leur charge, destinée pour Londres, est estimée 120 mille guinées.

Il en a outre reçu l'avis certain que les Américains ont au moins vingt corsaires à l'embouchure du Saint-Laurent, pour intercepter tout secours à Québec pendant que *Lee* y marche à grandes journées. Les corsaires ont ordre de détruire tout ce qu'ils ne peuvent pas garder.

Le bruit court dans l'opposition que l'amiral Hopkins s'est rendu maître de l'île de la Providence et qu'il en veut aux îles anglaises.

C'est sa flotte de quinze voiles qui avait été aperçue sous la Jamaïque. Le ministère ne sait d'honneur plus de quel côté se tourner. Ils sont si troublés qu'ils n'ont pas même empêché le navire américain d'entrer à Douvres et d'inonder l'Angleterre de nouvelles qui les écrasent.

J'ai reçu hier au soir vos lettres du 4 mai, qui m'ont fait le plus grand plaisir. Je vous remercie infiniment et du fond et de la forme. Je me hâte de finir cette lettre pour l'envoyer à M. Garnier[1] avant qu'il ferme ses paquets.

Faites-moi, je vous supplie, l'insigne plaisir de faire brocher une copie de cette dépêche, que vous remettrez à moi-même. Il est trop tard pour que je me copie avant le départ du courrier.

Londres, ce 17 mai 1776.

Monsieur le comte,

J'ai reçu hier au soir la lettre dont vous m'avez honoré, en date du 9 de ce mois, ainsi que celle de M. *Hugolis*, qu'elle renfermait. Je n'avais besoin d'aucune nouvelle recommandation pour mettre une grande prudence et pousser la prévoyance aussi loin que mes lumières le permettent, dans les choses que vous paraissez sincèrement désirer.

Je vois, aux termes de la lettre d'Hugolis, que mon pro-

---

1. Chargé d'affaires de France à Londres.

jet ne lui est pas même tombé dans l'idée. Je n'en serai glorieux que lorsque deux personnes l'auront approuvé, le roi et vous.

Depuis votre lettre du 9, vous en avez reçu de moi qui vous prouvent de reste que je n'attache pas moins d'importance que vous à l'évacuation de Boston. Elle est telle que j'ai regretté d'avoir dit dans une maison, lorsqu'on en donna la nouvelle, une mauvaise plaisanterie qu'on a trop retenue. La voici :

« Les Anglais avaient le mal de Boston. Les Américains leur ont procuré une évacuation qui, loin d'être salutaire, n'est qu'un flux de sang mortel. »

Le lendemain, cette pensée fut traduite ainsi dans les papiers : *The case of Boston is not an evacuation; but a bloody flux.*

Heureusement, on ne m'a pas cité. Cela m'apprendra néanmoins à tourner ma langue sept fois, puisqu'on regarde d'aussi près à ce qui m'échappe.

Les nouvelles de France du 12 sont l'objet de l'attention générale. Mais la sensation qu'elles excitent dans le haut public est triste et même funeste. Ils disent publiquement que M. de Choiseul va rentrer en place, et que, par conséquent, la guerre est prête à se faire. Je ne sais pourquoi ils ne peuvent détacher l'idée de guerre du nom de Choiseul. Je parierais que les fonds publics en baisseront demain. Ce qui donne aux Anglais une appréhension aussi vive de M. de Choiseul, est l'illustration de M. de Guines et le choix de M. de Cluni, qu'on sait être deux créatures du duc de Choiseul.

Ils envoient déjà M. de Guines à Vienne et en ramènent M. de Breteuil s'asseoir à votre bureau. C'est, disent-ils, un arrangement fait, et qu'on leur a mandé dès longtemps.

Que le diable emporte les pronostics ! Je n'en crois pas un mot, et ne vous en parlerais pas si je ne savais bien que, livré tout entier au travail que vous accomplissez si bien, vous ne voyez dans votre place que le bonheur d'être utile à un bon maître, sans vous soucier des intrigues vraies ou fausses qui placent ou déplacent tout le monde autour de vous.

Encore un coup, je n'en crois pas un mot. Mais je suis affligé que ces gens-ci se donnent le ton de savoir d'avance tous les prétendus secrets du cabinet de France. Cela donne un air de commérage et de légèreté à tout ce qui se fait chez nous.

Au moins, monsieur le comte, est-ce à vous seul que je confie ce radotage, qui pourtant fait un grand effet ici, par la persuasion où est tout le ministère que M. de Choiseul a toujours fait ou voulu la guerre pour se maintenir en place.

Il y a huit jours qu'un paquebot de Virginie, envoyé par le lord *Dunmore*, a apporté des nouvelles au gouvernement. Mais on les a trouvées si mauvaises, qu'on a pris le parti de dire que la malle était tombée dans la mer par un gros temps. Ruse admirable! Effort de génie supérieur!

Hier, un autre vaisseau est arrivé du Canada. Il avait ordre de tirer un coup de canon sans entrer dans le port. Une barque en est sortie, s'est approchée du vaisseau. Un homme a sauté dans la barque et le navire a poussé au large. Cet homme est accouru à Londres sans s'arrêter. Mais l'on ne peut pénétrer l'objet de sa dépêche. De là le refrain usité :

Les nouvelles sont donc bien funestes, puisqu'on y met tant de mystère?

Je compte partir mardi matin, et vous renouveler avant samedi, monsieur le comte, les assurances de mon respectueux dévouement.

Versailles, ce 13 juillet 1776.

Monsieur le comte,

Je vous supplie de vouloir bien remettre vous-même, à la première vue, ce projet de lettres à M. le comte de Maurepas. Comme je suis devenu un marchand de temps, et que cette marchandise est précieuse, j'en perds le moins que je puis. Et comme votre médiation m'est toujours infiniment chère, la première chose qui me tombe à l'esprit, est de vous prier d'accélérer, en remettant ce mémoire à M. de M..., l'inestimable effet de ses bontés et des vôtres.

M. de Saint-Germain à voir,
L'artillerie à décider,
L'ambassadeur d'Espagne à soutirer,
Et votre serviteur à constamment protéger.

Paris, ce 26 juillet 1776.

Monsieur le comte,

Ce n'est manque ni de désir ni de besoin, si je n'ai pas eu le plaisir de vous présenter mes devoirs ces jours derniers. Mais je suis arrêté par le pointillage de M. le garde des sceaux sur les formes, et les difficultés qu'on m'oppose sont les têtes de l'hydre. On ennuie M. de Maurepas, on lasse sa bonne volonté à force d'obstacles, et moi je souffre et suis sans état. Demain, je crois pouvoir lui porter une consultation d'avocats sur un objet qui n'en avait nul besoin, une déclaration du roi formelle sur un point que l'on me conteste comme inusité, et une nouvelle forme de lettres patentes, quoique celle que j'ai déjà portée ait été faite sous les yeux du premier jurisconsulte. Cela ne finit. La reconnaissance rend toutes mes nuits blanches et laborieuses. La multitude des affaires dévore et au delà le temps des journées que le chagrin et la contradiction rendent plus fatigantes.

Que le mal se fait vite et le bien avec lenteur! On détruit mon juste espoir quatre fois par semaine, et il y a près de deux mois que je ne puis parvenir à me procurer de bons ordres pour nos ports de mer. Pendant dix jours que j'ai été à Bordeaux, j'ai perdu à Paris deux procès considérables; et il y en a cent que je travaille à mettre en train une entreprise essentielle que tout semble refuser à mon zèle pour le service du roi... Patience!

Autre sottise! Ne veulent-ils pas, au contrôle général, supprimer la caisse d'escompte avant qu'elle soit ouverte? C'est une honte qu'un bon esprit, qu'un bon Français ne peut souffrir sans indignation! Cela peut faire grand tort à M. de Maurepas. Je le lui écris fortement aujourd'hui; et pour remplir, sur tous les points, l'engagement secret que j'ai pris avec vous, monsieur le comte, de penser tout haut en votre présence, je confie à votre bonne judiciaire les réflexions rapides que cette nouvelle m'a suggérées. Levez un côté de l'enveloppe, lisez ma lettre et mettez un peu de cire sous ce côté avant de la faire parvenir à M. de Maurepas. Ensuite, ayez la vertu de mettre avec lui la conversation sur cet objet, et tonnez, si vous êtes de mon avis, contre l'infamie qu'on prépare aujourd'hui. Vos réflexions auront plus de force encore que les miennes.

Joignons-nous pour l'empêcher de céder sur un point qui intéresse l'Etat et lui-même.

Ma confiance en vos lumières et mon attachement respectueux pour votre personne sont sans bornes, c'est avec ces sentiments que j'entends sans cesse m'acquitter envers vous.

Faites passer, je vous prie, ma lettre à M. de Maurepas sitôt que vous l'aurez lue.

J'espère être assez heureux pour vous rendre mes devoirs demain samedi.

Paris, ce 13 août 1776.

Monsieur le comte,

M. Deane[1] m'a prévenu hier au soir que son correspondant de Londres lui mande que le ministère anglais sait fort bien qu'il est à Paris, et qu'il est parti des ordres exprès à milord Stormont de vous faire de vives représentations à son égard. Son correspondant l'avertit que les papiers publics de Londres le font parler, *lui Deane*, sur ses prétendues relations avec le ministère français, etc...

M. Deane ajoute qu'il a un espion à ses trousses, qui ne le quitte pas ici; mais il vous supplie, si quelque chose de ces papiers anglais vous revenait, de ne pas croire qu'il ait jamais donné lieu à ces propos par la moindre légèreté. Il m'assure qu'il n'ouvre jamais ici la bouche devant les Anglais qu'il rencontre. Il en faut conclure qu'il est l'homme de France le plus silencieux, car je le défie de dire six mots de suite devant les Français.

On lui mande aussi que milord Rochefort est parti pour Paris. Il le croit même arrivé d'hier ou d'avant-hier. Je vais faire chercher son adresse, fort pressé que je suis de savoir quelle est la commission dont il est probablement chargé. — Attendez-vous donc, monsieur le comte, aux remontrances du très-sincère milord Stormont. Je ne suis nullement inquiet de la réponse.

1. Un des envoyés du gouvernement américain à Paris.

J'oubliai, avant-hier au soir, en quittant M. le comte de Maurepas à neuf heures et demie, d'aller vous prier, de sa part, d'écrire au contrôleur général, que si son ordre secret n'était pas parti pour les ports, il le retînt. Puisque M. de Sartines y envoie un exprès, il est inutile de multiplier les confidences.

Je vous rends grâces de ce que je ne vais pas faire cette course fatigante moi-même. M. de Maurepas me dit que cela venait d'être arrangé entre vous. J'ai des affaires si instantes à Paris, et elles vont tellement à rebrousse-poil dès que je les quitte, que je ne puis que vous remercier du fond du cœur de m'avoir évité le désagrément de les abandonner au fort de leur crise.

Jamais je n'ai vu M. le comte de Maurepas aussi gai qu'il l'était en sortant du conseil. Cela me parut d'un augure charmant. Que Dieu vous conserve, lui dis-je, ce vert courage, monsieur le comte, et battez ce fer-là pendant qu'il étincelle ! C'est là ce qu'on appelle de bonne besogne. Ce n'était pas de celle du conseil que je lui parlais; mais de celle dont il m'avait entretenu le matin.

Il me paraît absolument dans les dispositions où vous l'avez tant désiré. Allons donc ! *Si tout n'est pas bien, tout n'est pas mal* non plus, et c'est la devise que j'ai envie d'adopter désormais.

Recevez les vifs témoignages de ma reconnaissance, et daignez ne pas oublier mes pauvres canons de bronze.

B.

Je reçois à l'instant la lettre pour M. de Clugni et celle dont vous m'honorez. J'envoie chez M. Deane. Je l'aurai dans une heure chez moi. Si M. de Clugni est à Paris, et que j'aie à le voir, cela sera fait aujourd'hui; et s'il faut partir pour Bordeaux malgré ma répugnance, aussitôt que mes lettres patentes seront enregistrées, je monte en chaise. Avec du secret, du courage et de la célérité, il n'y a rien dont on ne vienne à bout en politique.

Je vous supplie de solliciter auprès de M. le comte de Maurepas la prompte expédition de ces lettres patentes.

Vendredi 16 août 1776.

Monsieur le comte,

Vous pouvez être surpris de n'avoir point de mes nouvelles, depuis les deux dernières lettres dont vous m'avez honoré. La seule raison de mon retard est de n'avoir pu trouver une heure pour remplir ce devoir. Les travaux de la ville et du cabinet se sont succédé avec tant de rapidité, qu'ils m'en font perdre haleine.

Voilà vos lettres et copies relatives à l'ambassadeur d'Espagne que je vous envoie. — Affaire finie. — Plus, la lettre et la note de M. le comte de Saint-Germain. J'ai vu le contrôleur général, les fermiers généraux, M. Deane; tout est arrangé. M. Deane est persuadé que les vaisseaux en question n'arrivent que pour lui remettre des fonds par la vente de leur salaison.

Un nouveau député de Maryland, et son ami, vient d'arriver de Hollande. Il me l'a bien vite amené. Ces messieurs font partir de Paris un courrier par Bordeaux, pour le Congrès, dans une chaloupe excellente voilière. Nous sommes d'accord sur le traitement d'un officier général d'artillerie et de génie, et de tous les lieutenants ou gens destinés et nécessaires à ce service. C'est le fruit de plusieurs conférences chez moi entre eux et M. du C...

Pour résultat, les deux députés, l'artilleur et le courrier dînent demain chez moi. Chacun y apportera le travail qu'il a fait pour le Congrès : les uns, leurs dépêches; l'autre, les assurances de son départ avec les officiers qu'il emmène; moi, la lettre renfermant tout le plan du commerce actif, réciproque et perpétuel de la maison Hortalez avec le Congrès, d'une écriture qui n'est pas la mienne. Enfin, le courrier se mettra bien dans la tête l'esprit de tout ce qu'il emporte, afin qu'en cas de nécessité de tout jeter à la mer dans la traversée, il puisse au moins remplir verbalement sa commission à son arrivée.

Arrêté que tous les vaisseaux venant d'Amérique dans nos ports seront adressés à la maison Hortalez, et que les cargaisons demandées par cette maison seront préférées à toute autre.

Je vous porterai la copie de ma lettre au Congrès. Une chose assez étonnante est que ni M. Deane ni moi, n'ayons reçu aucune nouvelle directe de ces cinq vaisseaux, quoique j'aie une lettre du 10 août, de Bordeaux, qui m'annonce que trois vaisseaux américains sont au port, que deux arment en guerre, et que le troisième est indécis comment il chargera. Ils attendent, dit-on, des vaisseaux partis après eux de la *Nouvelle-Londres*, mais dont on n'a encore nulle nouvelle. Par quelle voie donc M. le comte de Maurepas a-t-il reçu la sienne ?

J'aurai l'honneur de vous envoyer au plus tôt mes lettres de demande pour l'artillerie, adressées à M. le comte de Saint-Germain. Il sera nécessaire que je confère avec ce ministre pour les détails, et surtout pour une demande de fusils de Charleville, à charge de remplacement, que j'ai à lui faire. Mes lettres de demande d'artillerie ne partiront que quand j'aurai bien assis ce que je désire et les lieux où je veux les prendre : Strasbourg et Metz sont si loin qu'il n'y a que la Hollande qui puisse les recevoir, et le Rhin les porter. Du reste, je m'entendrai avec le fournisseur général des voitures et convois d'artillerie pour l'extraction.

J'ai rendez-vous ce matin avec M. de la Porte pour les sabres. Mais tant de choses qui doivent marcher ensemble, sans compter les manufactures de draps et toiles, me forcent à prendre de nouveaux travailleurs. Cette affaire *politico-commerçante* va devenir immense, et je me noyerais dans les détails, moi et le peu de commis que j'ai employés jusqu'à présent, si je ne prenais promptement des aides. Les uns voyageront, les autres résideront aux ports, aux manufactures, etc... J'ai promis du tabac à la ferme générale, et j'en demande aux Américains. Leurs chanvres me seront d'un assez bon débit. Enfin je commence à voir clair en mes affaires.

La seule où je ne voie goutte est celle de ces fatales lettres patentes, dont je n'ai vent ni nouvelle, quoique juges, avocats, amis, parents, gazetiers même, s'empressent à venir me demander si tout cela n'est encore qu'un faux bruit. En trois jours, ils m'ont bâclé le procès qui me tuait au conseil, et, depuis six semaines, je ne puis parvenir à avoir la première pièce nécessaire au procès de ma résurrection ! M. de Maurepas me dit toutes les fois qu'il me voit : *Cela est fait, tout est fini.* Dimanche ces lettres, disait-on, étaient chez M. Amelot à l'expédition, je devais les avoir mardi ; voilà vendredi arrivé, mais ces lettres ne le sont pas. A la fin du Parlement, ce retard de trois jours me fait perdre trois mois, à cause des vacances.

Je n'ai point d'humeur, mais beaucoup de chagrin de voir toujours mon état équivoque et son retour incertain.

Le vendredi 29 août 1776.

Monsieur le comte,

J'ai l'honneur de vous envoyer l'extrait de la dernière lettre que j'ai reçue de Bordeaux. La nouvelle des cinq vaisseaux chargés de morues est fausse. Je vous prie de vouloir bien communiquer mon extrait à M. le comte de Maurepas.

Je joins ici un paquet que je n'ai pas voulu confier à la poste hier matin, non parce qu'il contient pour cent mille francs de lettres de change, j'y en mets tous les jours de pareilles ; avec mon endossement cela ne court aucun risque de vol ; mais parce que j'y ai joint pour six cents louis de billets de banque qui sont effets au porteur et de bonne prise pour qui les vole.

Je vous aurai une vraie obligation de faire recommander ce paquet à M. Garnier pour qu'il le fasse tenir sûrement à M. Vanneck. Mon secrétaire est enfin arrivé de Londres, et nous bavardons aussi rapidement, M. Deane et moi, que notre curiosité réciproque nous y invite.

Cette cruelle folle de d'Éon fait encore des siennes à Londres. Mais comme son fourbe beau-frère lui a dissimulé une partie de nos mécontentements, je prends le parti, moi, de vous présenter dimanche le plus honnête Génevois établi à Londres, et joaillier du roi qui l'honore de sa particulière amitié. Je serai bien aise que vous daigniez vous expliquer un peu devant lui, tant parce qu'ayant servi de père à cette extravagante, il peut m'aider à la ramener à la raison, que parce qu'il n'est pas sans importance qu'il connaisse bien le dédain qu'on fait ici des ridicules prétentions de cette femme.

Il ne manquera pas d'en parler au roi d'Angleterre, et cela fixera l'opinion de ce prince sur l'héroïne. Vous m'entendez très-certainement. Le tout consiste aujourd'hui à lui enlever de toutes manières la fausse importance à laquelle elle prétend en Angleterre.

Surtout, monsieur le comte, n'oubliez pas, sur l'effet qu'a produit sur vous l'ingratitude de cette femme à mon égard, d'endoctriner un peu mon Génevois. Son beau-frère ne lui a pas touché le mot de tout cela, ou bien ils sont de si mauvaise foi qu'ils n'en ont pas dit un mot à cet honnête homme.

En voilà trop pour si peu de chose. Je vous prie de me pardonner, et de me conserver votre bienveillance,

BEAUMARCHAIS.

Paris, le 1er janvier 1776[1].

Monsieur le comte,

Il est impossible d'être aussi touché de vos bontés, sans l'être beaucoup des apparences de votre refroidissement. Je me suis bien examiné, je sens que je ne le mérite point. Eh! comment pourriez-vous savoir que j'ai poussé mon zèle trop loin, si vous n'entrez pas d'avance avec moi dans le détail de ce que j'ai fait et dû faire?

A mon âge, substituer de l'ardeur à la prévoyante activité, serait la plus grande faute en politique. Quand vous m'aurez plus employé, monsieur le comte, vous vous convaincrez que la première chose à faire, pour se tranquilliser sur mes opérations, est toujours de m'interroger sur les faits et leurs motifs. Le grand usage des hommes et l'habitude du malheur m'ont donné cette prudence inquiète, qui fait penser à tout et diriger les choses suivant le caractère timide ou courageux de ceux pour qui je les fais.

Mais ce même usage des hommes m'a appris aussi que le seul crime des honnêtes gens est la prévention, dont les esprits les plus éclairés ne se garantissent pas toujours. Dans le pays où vous vivez, on n'oublie rien pour en créer

---

1. Cette lettre a été publiée dans notre édition de 1836.

sans cesse de nouvelles contre les gens qui se rendent utiles. N'oubliez donc pas, monsieur le comte, que le vent qui semble m'éloigner du tourbillon des noirceurs vous y enveloppe de plus en plus, et qu'en ce pays d'intrigues, un bon serviteur un peu éclairé vaut mieux à conserver, que vingt amis de cour à ménager.

Notre grande affaire s'égare un peu. Pendant que nous bataillons sur les accessoires, je vous assure qu'on profite autant qu'on peut de notre indolence pour entamer le principal. Les ennemis de l'administration et ceux de l'État font des efforts égaux pour éteindre dans nos amis l'espoir de l'utilité qu'ils attendent de nous. Je le vois avec douleur; et dans peu de semaines, il ne sera plus temps de vouloir y remédier.

Pensez-y, monsieur le comte! J'irai demain au soir en prévenir M. de Maurepas; et si, sur les huit heures, votre porte ne m'est pas fermée, j'irai vous remettre l'état des fonds employés et les reliquats de l'affaire d'Éon.

Le renouvellement de l'année n'ajoute rien à mes sentiments respectueux; ils sont inviolables comme ma reconnaissance.

DÉPÊCHE SUR LES RELATIONS COMMERCIALES DE LA FRANCE
AVEC LES ÉTATS-UNIS DEVENUS LIBRES

Pour vous seul, je vous prie.

Le 7 mars 1783.

Monsieur le comte,

En adressant ces observations à mon maître, j'entends moins lui présenter un mémoire en faveur des négociants américains, que le résumé de toutes les réflexions d'un Français sur les plaintes qu'ils désirent que je lui communique de leur part.

Depuis le traité d'union de la France avec les treize

Etats-Unis, plusieurs particuliers Américains ont fondé des maisons de commerce à Bordeaux, à Nantes, à Lorient et dans les autres ports de France.

Il est à ma connaissance aussi que, dans la dernière année 1782, ces maisons ont exporté de France en Amérique pour plus *de 35 millions* de lainages, toiles, marchandises ou denrées du royaume; et cela est d'une grande considération pour ce qui va suivre.

Depuis les bruits de paix, il est entré dans ces ports environ trente-huit navires américains chargés de tabac. Comme il n'y a qu'un seul exploiteur de cette denrée en France (la ferme générale), ces négociants étrangers se sont adressés à elle pour la lui offrir. Mais quelques efforts qu'ils aient faits auprès d'elle, ils n'ont pu en obtenir aucune réponse. Plusieurs ont déjà fait rembarquer les tabacs, qu'ils avaient emmagasinés sous la clé des fermiers; les autres capitaines, lassés d'attendre l'ouverture d'un marché qui ne s'ouvre point, ont gardé leurs tabacs à bord, et profitent des premiers passeports pour courir bien vite à Londres, Amsterdam et autres ports étrangers, traiter de la denrée dont ils n'ont pu se défaire en France à aucun prix. Quelques-uns sont déjà repartis. Les autres vont le faire à l'instant. Plusieurs maisons américaines établies à Lorient et autres villes, suivent le sort de ces vaisseaux et vont aussi se déplacer.

Si l'on répand que ces capitaines américains, au lieu de quitter nos ports, peuvent aussi bien vendre leurs tabacs à des négociants français qu'aux fermiers généraux, qui sont libres d'acheter leur provision, où, comment et quand bon leur semble, la réplique est bien simple, et ce n'est pas un Américain qui la fait. C'est moi, sujet du roi, bon Français, et triste observateur des suites de ce qui se passe aujourd'hui.

Le négociant français ne peut acheter du tabac aux Américains, que pour le revendre aux fermiers du roi, ou pour l'exporter chez l'étranger. Mais si les fermiers n'en veulent pas même acheter de la première main aux Américains, en achèteront-ils de la seconde main aux Français qui devront y gagner leurs frais de garde, leurs avances et leurs bénéfices.

Il faudra donc que ces Français acheteurs cherchent à revendre le tabac d'Amérique aux étrangers. Mais les étrangers, par la concurrence qu'ils établissent avec nous aujourd'hui dans le commerce de l'Amérique, préféreront toujours de recevoir le tabac des Américains en droiture à le tirer de France, où il sera renchéri du bénéfice que doit y faire le vendeur, et de tous les frais de débarquement, magasinage, rechargement et nouveau fret d'exportation. D'où il suit que les Américains, dégoûtés dès l'abord de venir présenter leurs tabacs dans les ports de France, où on le refuse, vont tourner leurs vues et leur commerce vers les lieux où on les appelle, et où ils pourront se flatter d'échanger facilement cette denrée. C'est ce qu'ils font déjà quoique avec regret, puisqu'ils se plaignent d'y être obligés. Mais quand la nouvelle du rembarquement des tabacs va se répandre en Amérique, il s'élèvera un cri général contre nos ports et notre commerce, et aucun navire américain ne sera plus expédié pour France.

Si ce n'est pas un grand avantage pour nous d'attirer dans nos ports tout le commerce continental, ma réflexion est sans force ou porte à faux. Mais si le but des secours donnés, à si grands frais, à l'Amérique, pour l'aider à conquérir sa liberté, n'a été que de ravir aux Anglais leur plus magnifique possession, pour l'acquérir en quelque sorte à la France par un commerce de préférence, il faut donc, en effet, que des facilités de toute nature, offertes à ce nouveau peuple, puissent l'attirer dans nos ports ; telles qu'un lieu d'entrepôt et de franchise, où ils se plaisent à faire commodément leurs échanges; telles que l'espoir de vendre aux fermiers généraux l'approvisionnement intérieur du royaume, ou même à nos négociants, etc., etc.

Mais ils ont le port de Bayonne, où la franchise qu'ils désirent est établie par eux. Soyons vrai, la franchise de Bayonne est d'une telle nullité pour les Américains, qu'on pourrait regarder cette prétendue facilité comme une moquerie, s'il n'y avait aucun moyen de la transporter ailleurs.

Le port de Bayonne est à la plus stérile extrémité du royaume, éloigné de toutes les manufactures, sans presque de chemins pour y arriver de l'intérieur, et d'une telle difficulté pour y entrer, qu'il est impossible qu'une grande quantité de vaisseaux ne périsse pas à la côte en y cherchant refuge, dans les gros temps si fréquents au golfe de Gascogne.

De plus, j'ai la fâcheuse expérience que les navires y attendent souvent plus de trois mois le moment favorable d'en sortir. Le port est donc de toute inutilité pour attirer chez nous le commerce d'Amérique ; il en est plutôt le repoussoir ; et cette franchise illusoire est un des plus forts objets de ces plaintes que présentent au ministre, par ma voix, les négociants américains.

C'est *Lorient* qu'il faudrait, il est déjà l'entrepôt de l'Inde, ou *Port-Louis* qui en est tout proche, ou *Morlaix*, ou tel autre port, qui tous se présentent avant la navigation orageuse de la Manche, et invitent le voyageur fatigué de la traversée à s'y jeter de préférence.

Voilà les ports qui pourraient servir d'un entrepôt utile à ce commerce, et non Bayonne, où pas un navire américain ne sera tenté d'aller chercher souvent la mort, en y entrant, et toujours une prison pour en sortir, et c'est ce qu'ils m'ont dit.

Si, pour s'étourdir sur ces plaintes, on pensait que les Américains trouveront toujours assez d'attrait en France, pour en préférer les ports, parce qu'ils y enlèveront de la première main nos vins, eaux-de-vie, et les produits de nos manufactures, qu'ils ne peuvent se procurer chez l'étranger que de la seconde main, qu'on daigne réfléchir qu'en leur ôtant tout moyen de nous vendre, on leur ôte aussi tout moyen de nous acheter. C'est là le premier point. Et qu'excepté nos toiles qu'ils recherchent, ils préfèrent encore les lainages anglais et leur quincaillerie : que nos vins de Bordeaux, de Cahors, de Languedoc et du Rhône, ne sont pas encore en usage chez eux, et que pour leur en inspirer le goût, de façon qu'ils cessent d'aller chercher les vins d'Oporto, de Madère et ceux d'Espagne qui sont toujours à bas prix, il faut leur offrir en France des facilités de tout genre et des moyens d'échange qui les accoutument à nos fournissements.

Que si l'on croyait qu'il revient au même pour nous de leur porter nos denrées, et de les échanger chez eux contre les leurs, on tomberait dans une erreur encore plus funeste. Car, de toutes les nations du monde, la nôtre étant celle qui navigue à plus grands frais, elle perd toujours par la cherté de son charrois, l'avantage qu'elle a de porter aux marchés étrangers ses objets de la première main ; et les Anglais, surtout les Hollandais, retrouveront bien au delà, dans l'économie de leur navigation, de quoi balancer la différence de n'offrir aux Américains les mêmes objets que de la seconde main ; d'où il résultera bientôt que nous ne les porterons plus du tout.

Mais en supposant seulement la concurrence et l'égalité du prix entre nous et les étrangers porteurs de leurs denrées au continent, n'est-il pas certain que c'est l'Amérique alors, et non la France, qui s'enrichit d'un échange de denrées fait à Charlestown, Philadelphie, York ou Boston, au lieu de se faire à Lorient, Nantes et Bordeaux. Loin de voir s'établir en France des maisons américaines, il s'établira des maisons françaises en Amérique, et la balance du profit étant toujours en faveur de l'endroit où se fait le marché, ce n'est plus attirer avec fruit le commerce américain chez nous, c'est porter, et même en concurrence, notre commerce avec perte en Amérique.

D'où j'oserais conclure que, de quelque nature que soient les plaintes des négociants américains, il faut, suivant le bon esprit et la réponse que j'ai reçue de vous, monsieur le comte, leur donner entière satisfaction, fût-ce en faisant des sacrifices.

Ils désirent un autre port de franchise que Bayonne; il peut être important de le leur accorder très-près de la Manche, et c'est même la plus douce manière d'intercepter tout navire qui voudrait y entrer, et porter à d'autres nations, sous nos yeux, la préférence d'un commerce que nous avons payé si cher.

S'ils proposent leurs tabacs aux fermiers généraux, il ne faut pas non plus que le seul pourvoyeur du royaume réponde dédaigneusement à leurs offres : *Nous n'avons besoin de rien, et nous avons tout ce qu'il nous faut*, ou même qu'il ne réponde pas du tout.

On ne manquera sûrement pas de vous dire, que la ferme n'usant pour la consommation du royaume qu'environ 20 millions de livres de tabac par an (ce qui est faux, par parenthèse), et n'achetant annuellement que pour 6 ou 7 millions tournois de cette denrée au plus fort prix, il n'y a pas là de quoi fournir à l'échange de tous les objets que les Américains doivent ou peuvent tirer de la France, et que c'est se moquer que de faire dépendre aujourd'hui l'aliment général d'un grand commerce, d'un aussi modique objet d'échange, et de vouloir asservir les fermiers à préférer le tabac d'Amérique à celui d'Europe, puisqu'il doit entrer pour si peu dans la balance de ce commerce.

Voici ma réponse, et je vous supplie, monsieur le comte, de la peser bien mûrement vous seul. Elle ne serait pas saisie par un administrateur enfoncé dans la routine intérieure des affaires, ou par un intendant tiré de la robe et peu au fait des grands motifs qui remuent les nations.

Je la présente à l'homme d'Etat le plus éclairé que je connaisse et je ne crains point de n'être pas entendu.

Le tabac de l'Amérique est le prétexte ; l'or de l'Espagne et le plus haut change du monde est la chose. Et voici le mot de l'énigme :

Avant la séparation de l'Amérique et de l'Angleterre, les Américains fournissaient à l'Espagne, au Portugal, aux îles du Cap-Vert, aux Açores, etc., tous les blés et les salaisons qui s'y consomment ; et comme il n'y a presque nul autre objet d'échange en Espagne et dans ses colonies, que de l'or, les Américains forcés de se pourvoir en Angleterre de tous les objets de premier besoin, y revenaient verser cet or ; et je sais très-positivement qu'il entrait en Angleterre au moins 50 millions tournois en piastres d'Espagne, chaque année, du commerce des Américains avec la nation du Sud. Cette connaissance est une des considérations qui m'ait le plus frappé, lorsque j'ai cherché l'importance qu'il y avait d'ôter l'Amérique à l'Angleterre, et de nous emparer de son commerce. Et cette réversion à notre profit vous avait, monsieur le comte, excessivement frappé vous-même, je ne l'ai pas oublié.

Aujourd'hui que les Anglais ne peuvent plus forcer les Américains de se pourvoir exclusivement chez eux, et qu'ils n'ont d'autre moyen de les y engager, que de leur présenter le plus d'attraits possibles ;

Aujourd'hui que tout l'interlope des Indes espagnoles va se faire par les Américains qui sont libres, grands navigateurs, très-économes et bien plus près des Indes que les marins européens ; ce commerce qui faisait entrer en Angleterre 50 millions en piastres, chaque année, se montera bientôt à plus de 100 millions. Or, ces 100 millions passeront en entier au peuple adroit qui aura trouvé le meilleur secret d'engager de préférence les Américains à se pourvoir chez lui, de tous les objets de leurs besoins ; et je sais aussi très-positivement que le ministère anglais a donné les ordres secrets les plus précis, pour qu'on levât tous les obstacles et toutes les difficultés douanières, fiscales, ou autres, qui pourraient gêner le commerce américain, et pour qu'on empêchât, surtout dans les commencements, qu'ils eussent aucune plainte à former propre à les éloigner des ports d'Angleterre.

J'ai moi-même reçu des lettres où les négociants anglais cherchent à me faire sentir l'avantage qu'il y aurait pour moi d'adresser tous mes vaisseaux venant d'Amérique en droiture à Londres, au lieu de les faire arriver en

France. On ne néglige rien dans ce pays-là pour le plus grand bien du commerce.

Or, la balance de cet immense commerce devant être longtemps formée avec de l'or par les Américains qui ne peuvent fournir à la France et à l'Angleterre ni blé, ni salaisons, en retour de leurs marchandises, tout l'or du commerce ouvert et même de celui de l'interlope entre eux et les Espagnols, qui formera désormais cette balance, tournera donc au profit de celle des deux nations, anglaise ou française, qui aura su le mieux attirer et conserver les Américains dans ses ports.

Tel est le grand, l'important, le secret véhicule de la protection et des facilités que je demande aujourd'hui pour le commerce américain. Mais tant de choses sont vicieuses dans la forme actuelle de notre administration sur le commerce, et malheureusement les gens qui s'en mêlent en France, s'y entendent si mal, qu'on pourrait dire avec vérité, devant vous qui le savez si bien, que presque toutes les lois, ordonnances ou réglements en usage sur les manufactures et le commerce du royaume, y sont absolument contraires à leur but, et destructives du grand objet de nos succès.

Vous savez bien aussi la distinction que je fais entre les commerçants et le commerce. Il sont chez nous petits, mesquins, agioteurs et point négociants. Mais le commerce en masse est un grand corps composé de tout ce qui nous amène, étranger ou Français, les richesses extérieures, en nous débarrassant du superflu de nos consommations. Et c'est cette masse entière qu'il s'agit de protéger, d'étendre et de vivifier. Nul ne le sent peut-être aussi vivement que moi, si ce n'est vous, monsieur le comte, à qui tout est connu, à qui je l'ai toujours entendu dire, et que j'ai vu si souvent soupirer après le remède qui se trouve aujourd'hui dans vos mains.

Mais ces grandes vues ne pourront être entamées, ni bien suivies, tant que vous n'aurez pas établi dans la tête et le cabinet d'un homme instruit qui vous entendra bien, et se fera bien entendre de vous, un point de salut intermédiaire entre les besoins toujours pressants du commerce, et la protection ou l'encouragement rapides que lui doit le gouvernement, lorsqu'il est éclairé sur ses vrais intérêts.

En voilà beaucoup pour une dépêche, et trop pour vous, homme juste et lumineux; et quant aux moyens d'exécution, de réussite et de succès, ils appartiennent plutôt à des conférences particulières, où tout peut être débattu et réglé, qu'à cet écrit, où je ne me suis proposé que d'établir un grand intérêt d'État, et de vous soumettre avec respect la très-pressante utilité de s'en occuper essentiellement.

Vous pouvez être un peu surpris que ce ne soit pas les ambassadeurs américains qui vous parlent des plaintes de leurs commerçants; la cause de ce silence est encore un objet qu'il vaut mieux dire à M. le comte de Vergennes en particulier, que de l'écrire au ministre du roi, dans une lettre exposée à passer dans d'autres mains que les siennes.

Je suis avec le plus respectueux dévouement, monsieur le comte,

Votre très-humble et très-obéissant serviteur,
Caron de Beaumarchais.

Ce mémoire de Beaumarchais avait suivi de peu de mois le traité de paix signé entre la France, les Etats-Unis et l'Angleterre. Mais ce traité, qui fit la grandeur de la République américaine, ne fit point la fortune de Beaumarchais, dont le Congrès refusa de reconnaître les créances, sous prétexte qu'il avait agi, non pour son propre compte, mais pour celui du gouvernement français.

Nous ne croyons pouvoir mieux clore ces pages inédites de l'avocat ardent et du fournisseur imprudent des colonies anglaises insurgées, qu'en empruntant à son historiographe l'appel suprême adressé par lui à ses clients ingrats, douze ans plus tard, c'est-à-dire à une époque où il était proscrit et réfugié dans un grenier de Hambourg. C'est la morale à tirer de la carrière aventureuse de ce vif esprit qui, enivré par ses premiers succès, ne se contenta pas de la gloire acquise par lui dans les lettres, et se jeta, avec l'ardeur qu'il portait en toutes choses, dans la politique d'alcôve et la spéculation.

AU PEUPLE AMÉRICAIN TOUT ENTIER

« Américains, je vous ai servis avec un zèle infatigable, je n'en ai reçu dans ma vie qu'amertume pour récompense et je meurs votre créancier. Souffrez donc qu'en mourant je vous lègue ma fille à doter avec ce que vous me devez. Peut-être qu'après moi, par d'autres injustices dont je ne puis plus me défendre, il ne lui restera rien au monde, et peut-être la Providence a-t-elle voulu lui ménager, par vos retards d'acquittement, une ressource après ma mort contre une infortune complète. Adoptez-la comme un digne enfant de l'État. Sa mère aussi malheureuse et ma veuve, sa mère vous la conduira. Qu'elle soit regardée chez vous comme la fille d'un citoyen ! Mais si, après ces derniers efforts, si, après tout ce qui vient d'être dit, contre toute apparence possible, je pouvais craindre encore que vous rejetiez ma demande ; si je pouvais craindre qu'à moi ou à mes héritiers vous refusiez des arbitres, désespéré, ruiné, tant en Europe que par vous, et votre pays étant le seul où je puisse sans honte tendre la main aux habitants, que me resterait-il à faire, sinon à supplier le Ciel de me rendre encore un moment de santé qui me permît le voyage d'Amérique ? Arrivé au milieu de vous, la tête et le corps affaiblis, hors d'état de soutenir mes droits, faudrait-il donc alors que, mes preuves à la main, je me fisse porter sur une escabelle à l'entrée de vos assemblées nationales, et que, tendant à tous le bonnet de la liberté, dont aucun homme plus que moi n'a contribué à vous orner le chef, je vous criasse : Américains, faites l'aumône à votre ami, dont les services accumulés n'ont eu que cette récompense. *Date obolum Belisario.*

PIERRE-AUGUSTIN, CARON DE BEAUMARCHAIS.

D'auprès Hambourg, ce 10 avril 1795.

PIÈCES JUSTIFICATIVES

N° 1

INSTRUCTIONS DU CHEVALIER DOUGLASS ALLANT EN RUSSIE

1er juin 1755.

La situation de l'Europe en général, les troubles qui se sont élevés l'année dernière en Pologne, ceux que l'on craint d'y voir renaître, la part que la cour de Pétersbourg y a prise, l'apparence qu'elle va conclure dans peu un traité de subsides avec l'Angleterre par le ministère du chevalier Williams, nommé ambassadeur de Sa Majesté britannique auprès de l'empereur de Russie, tout demande que l'on donne la plus grande attention aux démarches et à la situation de cette cour.

Depuis longtemps Sa Majesté n'y entretient plus d'ambassadeur, de ministre, ni même de consul; par conséquent on en ignore presque entièrement l'état, d'autant plus que le caractère de la nation et le despotisme jaloux et soupçonneux du ministère ne permettent pas les correspondances usitées dans d'autres pays.

On a pensé que pour avoir des notions, sur lesquelles on pût compter, de ce qui se passe en Russie, il convenait d'y envoyer, sans aucune qualité apparente ni secrète, une personne capable de bien examiner par elle-même cette cour, et d'en venir rendre compte ensuite. Un Français ne pouvait être propre à cette commission. Malgré *l'amitié que l'on suppose toujours que l'impératrice de Russie a pour Sa Majesté*, et son penchant pour la nation française, un sujet du roi serait certainement trop observé en Russie par le ministère pour qu'il y pût être utile, de quelque prétexte qu'il se servît pour cacher le motif de son voyage.

Par cette raison on a jeté les yeux sur le Sr... qui, étant sujet du roi de la Grande-Bretagne, ne pourra donner aucun soupçon.

Les bons témoignages que l'on a rendus de son intelligence et de son zèle font espérer qu'il s'acquittera de cette commission avec succès.

On propose de le faire partir d'ici de la manière la plus indifférente, comme un gentilhomme qui voyage uniquement pour sa santé et pour son amusement. C'est un usage suivi par beaucoup de ses compatriotes, par conséquent on n'y fera point d'attention. Il ne faut point qu'il paraisse avoir aucune relation avec les ministres de Sa Majesté, ni en France, ni dans ses voyages, ne devant en voir aucun dans les différents endroits où il en pourrait trouver. Il peut partir avec un simple passeport.

Pour éviter les questions qu'on pourrait lui faire dans les grandes cours d'Allemagne, par la curiosité qu'il pourrait exciter, il paraît convenable qu'il entre en Allemagne par la Souabe, d'où il passera en Bohême, sous prétexte d'y voir, pour son instruction, les différentes mines de ce royaume. Les connaissances qu'il a de la minéralogie peuvent servir de prétexte à ce voyage.

De Bohême il ira en Saxe, où il se rendra par la même raison aux mines de Friberg.

Après y avoir satifait sa curiosité, il passera à Dantzick, soit par la Silésie, Varsovie et Thorn, soit par la Poméranie brandebourgeoise, en allant à Francfort sur l'Oder, et de là à Dantzick par la route qui lui conviendra le mieux.

Il séjournera dans cette ville pendant plusieurs jours pour tâcher d'approfondir la cause des démêlés qui subsistent depuis quelques années entre le magistrat et la bourgeoisie, et pénétrer, s'il est possible, les causes de ces dissensions, ce qui les fomente, et si elles sont soutenues par quelque puissance étrangère.

De là, il continuera sa route par la Prusse, la Curlande, où il séjournera aussi, sous prétexte de se reposer, mais dans la vue de savoir en quel état est ce duché, ce que pense la noblesse curlandaise de l'exil et de la déposition du duc de Curlande, et des vues du ministère russe pour *confier cette principauté*. Il s'informera aussi de la manière d'en administrer les revenus et la justice, et du nombre de troupes que la Russie y entretient.

De Curlande, il passera en Livonie et suivra la grande route jusqu'à Pétersbourg. Son premier soin, en y arrivant, sera de répandre, sans affectation, la cause de son voyage, qui n'est que de pure curiosité; il cherchera à se faire des connaissances qui puissent l'entretenir de ce qu'il désire savoir. Il ne peut apporter trop de circonspection à la manière dont il fera ses recherches ; il ne doit marquer d'affection pour aucune nation plus que pour les autres. Quoique la cause qui l'a fait sortir d'Angleterre paraisse devoir l'empêcher de faire connaissance avec le chevalier Williams, cependant si, comme il l'assure, il n'en est point connu, il pourra le voir comme tout Anglais doit voir le ministre d'Angleterre.

Il s'informera, aussi secrètement qu'il sera possible, du succès des négociations de ce ministre pour les troupes à fournir à l'Angleterre ;

Du nombre de troupes que la Russie entretient actuellement, de l'état de sa flotte et de ses vaisseaux et galères ;

De ses finances, de son commerce, de la disposition de la nation pour le ministère présent ;

Du degré de crédit du comte de Bestucheff ;

De celui du comte de Woronzow ; des favoris de l'impératrice, tant pour ses affaires que pour ses plaisirs ; de l'influence qu'ils peuvent avoir sur les ministres ; de l'union ou de la jalousie qui règne entre les ministres, et de leur conduite vis-à-vis des favoris ; du sort du prince Yvan, ci-devant tzar, et du prince de Brunswick, son père ;

De l'affection de la nation pour le grand-duc de Russie, surtout depuis qu'il a un fils ; si le prince Yvan a quelques partisans secrets, et si l'Angleterre les soutient ;

Du désir que les Russes ont de vivre en paix, et de leur éloignement pour la guerre, surtout en Allemagne ;

Des vues de la Russie sur la Pologne, pour le présent et pour les cas à venir ;

De ses projets sur la Suède ;

De l'impression qu'aura faite la mort du sultan Mahmoud, et de l'avénement d'Osman au trône ; de ses ménagements pour la Porte ;

Des causes qui ont fait rappeler d'Ukraine le comte Rasomowski, hetman des Cosaques ;

De ce qu'on pense de la fidélité de ces peuples, et de la manière dont ils sont traités par la cour de Péter-bourg ;

Des sentiments de l'impératrice pour la France, et de ceux que son ministère lui inspire vraisemblablement pour l'empêcher de rétablir la correspondance avec Sa Majesté ;

Des factions qui peuvent diviser la cour ;

Des sujets, tant hommes que femmes, en qui l'impératrice peut avoir confiance ;

De ses sentiments et de ceux de ses ministres pour les cours de Vienne et de Londres ;

Enfin de tout ce qui peut intéresser le service ou la curiosité de Sa Majesté.

Il rassemblera toutes ces connaissances autant que le pays, peu communicatif, lui permettra de le faire.

Il prendra des notes sur tous ces objets, qui serviront à former un mémoire qu'il ne fera et n'enverra en France qu'après être sorti des Etats de Russie, ou dans le cas que le ministre de Suède à Pétersbourg, à qui on fera écrire de se charger de ses paquets pour les envoyer par un courrier à Stockolm, en dépêchât en Suède. Il ne risquera jamais rien par la poste ordinaire que l'avis de son arrivée et les progrès qu'il pourra faire dans la recherche des différents articles détaillés ci-dessus ; et, pour le faire, il se servira d'un langage allégorique et très-court dont on conviendra avec lui, et des adresses qu'on lui indiquera.

Lorsqu'il croira avoir rempli à peu près tous les objets qu'on vient de dire, il en informera afin qu'on lui donne ordre de revenir en France, ou par la même route, ou par la Suède, sous le même prétexte d'y voir des mines, afin de continuer à cacher le sujet de son voyage en paraissant toujours avoir en vue le même objet.

C'est de la manière dont il remplira une commission si importante et si délicate, qu'il peut espérer que Sa Majesté, dans d'autres occasions, usera de ses talents et de son zèle, et par conséquent les grâces qui lui marquent la satisfaction qu'elle aura de ses services.

N° 2

MANIÈRE ALLÉGORIQUE D'ÉCRIRE CONVENUE AVEC M. LE CHEVALIER DOUGLASS ALLANT EN RUSSIE

1er juin 1755.

Le fond du langage allégorique sera des achats de fourrures.

Le renard noir signifiera le chevalier Williams ; s'il réussit, e renard noir sera cher, parce qu'on a donné d'Angleterre commission d'en acheter.

Ces mots *l'hermine est en vogue*, signifieront que le parti russien domine, et que par conséquent les étrangers n'ont pas de crédit. Si au contraire le parti autrichien, à la tête duquel est M. de Bestucheff, est prépondérant, on écrira que le *loup cervier* a aussi son prix.

On se servira de cette phrase, *les soboles ou martres zibelines* diminuent de prix, pour marquer la diminution du crédit de M. de Bestucheff; ou, elles *sont toujours au même prix*, pour indiquer qu'il est toujours dans la même faveur. *Les peaux de petits gris* signifieront les troupes à la solde d'Angleterre. Pour l'entendre, on augmentera toujours de deux tiers en sus le nombre des peaux à envoyer, pour signifier le nombre des troupes, de sorte que dix peaux signifieront trente mille hommes, et vingt soixante ou soixante-dix.

M*... n'écrira point qu'il enverra les fourrures, mais il marquera seulement qu'il les apportera en revenant.

En passant à Dantzick, M*... enverra un de ses domestiques à Grandeutz, petite ville de la Prusse polonaise, y mettre à la poste une lettre dans laquelle il donnera avis de ce qu'il aura pu découvrir à Dantzick des dissensions entre le magistrat et la bourgeoisie. Cette lettre portera l'adresse de M*..., etc.

Ces lettres seront en style de lettres de change, et selon le plus ou moins de succès dans les recherches, ce qui fera allonger ou diminuer le séjour; on marquera que l'on a besoin de remises ou que l'on n'en a pas besoin.

Si l'on ne peut rien faire, M*... marquera que l'air est tout à fait contraire à sa santé, et que l'on demande des remises pour pouvoir passer ailleurs.

Si M*... ne doit point passer en Suède, on lui répondra que, puisque sa santé souffre, on croit que le meilleur pour lui est de revenir en droiture.

Si au contraire on juge qu'il doive y aller, on le lui insinuera par forme de conseil.

Si l'on pense qu'il doive revenir, on lui marquera que l'on a trouvé ici *un manchon*, que par conséquent, on le prie de n'en point acheter.

Tout ceci, écrit en petits caractères et en abrégé, sera mis par M*... dans une tabatière d'écaille à double fond, ce qui ne pourra donner aucun soupçon.

N° 3

CONFESSION DE TREYSSAC DE VERGY

Quelques mois s'étaient écoulés, dit le chevalier d'Eon,

depuis ma condamnation provisoire, lorsqu'un matin je vis paraître chez moi Treyssac de Vergy, que je n'avais pas rencontré depuis la scène de mon cabinet. Il se présenta à moi avec assurance, et me dit : « Monsieur, vous devez être étonné de ma visite, » — Je l'étais en effet. — « Mais quand le motif vous en sera connu, j'espère qu'il m'aura reconquis dans votre cœur une partie de l'estime que notre dernière entrevue m'a fait trop légitimement perdre. » Intéressé autant que surpris par ce début qui avait quelque chose de théâtral, et était empreint d'un air de franchise remarquable, dont je ne pus m'empêcher d'être frappé, je le priai de s'asseoir et lui déclarai froidement, mais poliment, que j'étais prêt à l'entendre. — « Je suis un bien grand misérable, reprit-il incontinent, et vous allez bien me mépriser pour tout ce que je vais vous dire, monsieur, si vous ne tenez pas compte des remords et du courageux repentir qui me font parler ; si mes dernières actions enfin ne rachètent pas les premières dans votre esprit ! »

Après cet exorde, qui excita de plus en plus mon impatience et ma curiosité, il continua :

« D'abord je dois vous prouver, monsieur, ainsi que j'en avais pris l'engagement autrefois, que je suis véritablement homme de bonne maison. Voilà mes papiers de famille et mon diplôme d'avocat au Parlement de Bordeaux. Voilà aussi les papiers qui établissent que je suis bien gendre de Mme la *baronne de Fagan*, épouse, en secondes noces, de M. *Letourneur*, ancien premier commis du bureau de la guerre à Versailles. Tels sont mes titres ; quant à mes biens, je ne vous dirai pas où ils sont : je n'en ai plus. J'ai dissipé mon patrimoine et mangé la dot de ma femme qui m'a fait c..., et s'est séparée de moi, ou moi d'elle, peu importe. Voilà la vérité tout entière sur mes antécédens et ma moralité ; vous voyez que je ne me flatte pas !...

« N'ayant plus d'argent, je me suis fait homme de lettres et ai vécu pendant longtemps en tirant la Fortune et Apollon par la queue. Mais un beau jour, cette queue m'est restée en main, et je suis tombé, sans ressources aucunes, sur le pavé. C'est alors que ma mauvaise étoile et le besoin m'ont fait entrer, sans le savoir, dans le complot dont vous êtes victime, et qui s'ourdissait contre vous à Versailles dès ce temps-là, c'est-à-dire avant le départ du comte de Guerchy... »

Ici, je m'approchai de mon homme, et je l'écoutai plus attentivement.

« Une brochure en deux volumes, ayant pour titre *les Usages*, que je fis imprimer vers la fin de 1762, et qui souleva contre moi les trois quarts des sots et des femmes galantes de Paris, m'avait lié avec le comte d'*Argental*. Je n'avais d'autres certitudes sur son caractère que la parole du connaisseur *Marmon-*

tel, qui avait démontré dans de beaux vers, qu'en fait de caractère, ledit comte n'en avait pas. Cette vérité, adoptée dans le grand monde, me persuadant que cette liaison me serait plus défavorable qu'avantageuse, je m'étais prêté avec assez de froideur à ses avances. Je m'étais même éloigné de lui avec tous les procédés nécessaires, lorsque mes amis, sachant l'intimité du comte avec M. le duc de Praslin, me conseillèrent de me rapprocher de lui. « On vous dispense d'avoir de l'es-
« prit avec lui, me dirent-ils, ce serait un luxe inutile. Ecou-
« tez-le seulement sans bâiller, si vous pouvez. Riez, mais
« toujours hors de propos; ne finissez pas en éloges sur ce
« qu'il aime; surtout trouvez du dernier pitoyable *Denys le*
« *Tyran* et les *Contes moraux;* ceci est indispensable si vous
« voulez réussir. Que Sainte-Foy soit votre modèle enfin; c'est
« par ce seul moyen qu'il est parvenu. » Je suivis cet avis; et comme un pauvre diable qui se noie s'accroche à tout, je m'accrochai au comte d'*Argental*. Je le priai de demander pour moi au ministre, son ami, un consulat ou un secrétariat d'ambassade. Il me promit d'en parler effectivement, et me flatta de l'espoir du plus heureux succès. Par excès de précaution, je fis agir auprès de lui Mme la marquise de Villeroi qui, dans le premier feu de son ardeur, me recommanda à son amitié dans les termes les plus forts et les plus chauds. Quelques jours avant le voyage de Compiègne, je rencontrai le comte aux Tuileries. Il vint à moi et me dit qu'il avait parlé en ma faveur à M. de Guerchy, nouvel ambassadeur de France en Angleterre; que la cour était mécontente du secrétaire d'ambassade, M. d'Eon, et que j'obtiendrais sa place; mais qu'il me faudrait la mériter, *et savoir l'acheter, au besoin, par mon courage et par un dévouement aveugle aux ordres du comte de Guerchy*. J'entrevis dès lors, aux phrases ambiguës de mon protecteur, et plus tard à celles du futur ambassadeur auquel il me présenta, qu'il se tramait quelque machination dans laquelle j'allais être partie; je ne cachai même pas à M. d'*Argental* les répugnances que ce soupçon m'inspirait; mais le vieux courtisan flatta mon ambition. Puis la faim, dit-on, fait sortir le loup du bois, et j'avais faim! J'engageai donc ma docilité, sans connaître précisément la portée de mon engagement, et fus envoyé à Londres quelques semaines avant l'ambassadeur. On voulait se servir de moi pour vous perdre, comme on espérait perdre par vous MM. de Broglie, car c'était là le double plan de vos ennemis. Ce fut dans ce but qu'on fit de moi successivement un instrument de scandale, un ferrailleur et un pamphlétaire. On avait spéculé sur ma misère pour m'imposer ces différents rôles, que j'eus la faiblesse de remplir pendant quelque temps, et sous lesquels ma conscience a plutôt encore plié que mon courage. Croyez-le. Le jour où passé contre vous pour la première fois, dans les salons et par la main secrète de l'ambassadeur, je vous dis : *M. d'Eon, vous ne savez pas le sort qui vous attend en France!* ces mots étaient pour vous un

avertissement que m'arrachait le remords. Une parole d'encouragement et de conciliation de votre part, et je vous dévoilais le complot d'iniquités tramé contre vous. Mais M. le comte de *Keiserlin* entra et ma bouche se ferma. J'étais sous la dépendance du comte de Guerchy, dont j'attendais mes moyens d'existence; je me tus, pour ne pas perdre mon pain. A vingt-cinq ans l'estomac est une des parties intégrantes de la conscience. Il a voix délibérative à son tribunal interne, et lorsqu'à son cri aigu se joint le cri rauque et creux des entrailles, leurs voix unies sont presque toujours prépondérantes... »

Je ne pus m'empêcher de rire à cette théorie explicative des jugements prononcés par notre for intérieur. Il en rit comme moi, puis reprit : « Mais les exigences de l'ambassadeur s'étaient accrues avec ma complaisance et vos triomphes. Après avoir tout employé inutilement contre vous, tout jusqu'au poison (car vous avez été empoisonné par l'opium, monsieur, je l'ai su de l'ambassadeur lui-même et vous l'apprends) on m'a proposé de vous tendre un guet-apens; on m'a proposé de vous assassiner! On choisit, pour me faire cette infâme proposition, le moment où, ayant épuisé toutes mes avances et n'ayant encore rien reçu de l'ambassadeur, j'avais le plus grand besoin d'argent. J'avais souscrit à mon hôtelier, pour mon logement et ma nourriture depuis mon arrivée à Londres, des reconnaissances que j'espérais acquitter avec mes appointements en espérance. Ces billets étaient échus, et faute de paiement immédiat, je courais risque d'être emprisonné. Le comte de Guerchy le savait, et me tendit une bourse d'une main, mais un poignard de l'autre. J'ai repoussé la bourse et le poignard, car je suis un mauvais sujet, un misérable même, si vous voulez, mais je ne suis pas un assassin!... Peu de jours après, je fus arrêté et incarcéré pour dettes. En vain je réclamai les secours de celui qui m'avait fait quitter la France par son ordre et attaché à son service. Il ne me répondit point; prières et menaces furent inutiles. Il a rejeté les unes parce que, croyant s'emparer à coup sûr de votre personne, au moyen des exempts de M. de Sartines, je ne pouvais plus lui être utile. Il a dédaigné les autres parce que j'étais prisonnier, et que je ne pouvais plus lui nuire. Mais si j'avais perdu la liberté d'aller et de parler, il me restait celle d'écrire; j'en usai. Ayant appris le procès qui vous était fait, procès intenté à l'innocent par le coupable, je rédigeai, dans ma prison, une *Lettre aux Français* pour servir à votre justification. L'imprimeur, *Haber-Korn* in *Grafton street*, l'imprimait en secret, quand un prisonnier me trahit. Mon manuscrit a été enlevé des presses de l'imprimeur, en vertu d'un ordre signé par M. *Norton*, le procureur général, et par milord *Mansfield*, chef de justice et votre juge dans le procès Guerchy. Bientôt le geôlier *Fargusson* vint m'annoncer qu'en vertu d'un *warrant*, ou ordre spécial, j'allais être transféré à *Newgate*, prison des voleurs et des meurtriers; mais mes cris de désespoir furent entendus de mes parents et amis. Grâce à leurs secours, ma liberté fut rachetée, et le premier usage que j'en ai voulu faire a été pour vous. Le comte de Guerchy a rompu les engagements d'honneur qui le liaient à moi, il m'a dégagé des miens. Son excellence a osé vous traduire en justice ; usez, monsieur, de mes révélations comme bon vous semblera pour votre défense ; je me mets à votre disposition. J'avouerai mes fautes et dévoilerai votre innocence à Londres, à Paris, à Versailles, à toute la terre, s'il le faut [1]. Heureux si je puis réparer, par un peu de bien, une partie du mal que je vous ai fait !... »

« Etes-vous prêt, monsieur, lui dis-je, avec le saisissement inexprimable que m'avait causé cette révélation, êtes-vous prêt à affirmer et signer tout ce que vous venez de m'apprendre ?

— Je suis prêt à l'affirmer devant Dieu et les hommes, à le signer de ma main et à le sceller de mon sang !

— C'est bien. Monsieur de Vergy, souvenez-vous des dernières paroles que je vous adressai le 27 octobre 1763. « Si « vous me prouvez que vous êtes un honnête homme, je serai « le meilleur de vos amis. » Vous venez de me donner cette preuve, je vous tiens dès à présent ma parole. »

Et je lui pris la main. Le pauvre jeune homme avait les larmes aux yeux.

« Ma famille me rappelle à Paris, me dit-il ; je n'ai point de moyens d'existence à Londres, mais j'y vivrai comme je pourrai et demeurerai auprès de vous jusqu'au jour de votre procès.

— Soit, vous partagerez mon pain ! »

Aussi bien n'avais-je rien de plus que du pain à lui offrir en ce moment. J'étais moi-même dans le plus grand besoin !...

---

1. Il raconta, en effet, toute cette histoire dans une *Lettre à M. le duc de Choiseul*, qui fut imprimée et rendue publique en novembre 1764.

N° 4

LE CHEVALIER D'ÉON AU LORD MANSFIELD, CHEF DE LA JUSTICE
A LONDRES

« Londres, le 21 juin 1764.

« Milord,

« Si mes premiers malheurs vous sont connus par le bruit public, je me vois forcé de vous exposer ceux qui me menacent. La justice, qui voit avec plaisir sa balance entre vos mains équitables, me conduit elle-même sous vos yeux, pour y exposer un projet qui me met autant en péril que la liberté qui fait la base du gouvernement anglais.

« En contestation avec l'ambassadeur qui m'a succédé, je m'applaudissais en pensant que la justice d'un peuple libre et éclairé devait prononcer entre nous. J'en attendais l'oracle avec respect et confiance : ma partie adverse n'est sans doute pas dans les mêmes dispositions ; car, d'après la voix publique, je sais qu'on tente de me faire enlever par force ou par adresse. Déjà Londres fourmille d'officiers et d'espions de la police de Paris, ayant un capitaine soudoyé à leur tête, mais dont le but et le plan sont découverts. Ils entretiennent, *entre le pont de Westminster et celui de Londres*, un bateau et six rameurs, afin que, s'ils parviennent à se saisir de ma personne, ils puissent s'en servir pour me conduire à Gravesend, où un petit vaisseau, monté d'une vingtaine d'hommes armés, est prêt à faire voile pour la France à leur premier signal.

« Il est inutile de vous exposer combien ce projet est attentatoire à la liberté nationale ; mais ce que je crois devoir soumettre à vos lumières, et ce que vous concevrez facilement, c'est à quelles extrémités cela m'expose. Je ne contracte aucune dette, j'évite tout inconvénient qui puisse, même involontairement, mettre la loi contre moi. Si donc cette loi paraissait s'armer contre ma liberté, je devrais nécessairement supposer que ce ne serait qu'un faux prétexte, pris par la haine de mes ennemis, pour me remettre à leur discrétion. Dans ce cas, milord, oserais-je vous demander, à vous l'organe de ces lois qui ne sont que l'interprétation des lois primitives et naturelles, oserais-je vous demander si la défense nécessaire ne me mettrait pas dans le cas de repousser la force par la force? Votre cœur, j'ose le croire, voit avec frayeur cette extrémité ; mais votre équité, d'accord avec la nature, me pardonne déjà les malheurs qui peuvent en résulter. Telle est ma situation, milord ; c'est ce qui m'oblige à la mettre sous vos yeux, dans l'espérance que votre équité voudra bien m'ouvrir quelque avis que je puisse suivre, et qui soit également conforme et aux besoins de ma sûreté et aux lois d'un pays que j'aime autant que je lui dois.

« J'ai l'honneur d'être, etc.
« Le chevalier D'ÉON. »

Pareil avis, en forme de consultation, fut transmis au lord Bute et à William Pitt (lord Chatam) ce grand homme, père d'un grand fils, dont la réponse autographe est tout entière en français.

N° 5

LETTRE DE WILLIAM PITT AU CHEVALIER D'ÉON

« Stayes, ce 23 juin 1764.

« Monsieur,

« Je reçus hier l'honneur de votre lettre, m'apprenant le risque où vous croyez être exposé, contre la liberté anglaise, d'être enlevé par des officiers de la connétablie de Paris, actuellement à Londres pour cet effet, et d'être conduit par force en France. Comme un attentat de cette nature porterait directement atteinte au droit territorial, il se voit que c'est une matière qui intéresserait bien plus immédiatement la dignité du souverain et l'autorité du gouvernement de tout pays, que les libertés particulières de la nation anglaise. Au reste, monsieur, quoique ce soit assurément me rendre justice que de m'attribuer les sentiments que l'humanité dicta en une occasion pareille, je me persuade néanmoins que, vu l'extrême délicatesse des circonstances, vous voudrez bien trouver bon que je me borne à plaindre une situation sur laquelle il ne m'est pas possible d'offrir des avis, que vous me témoignez désirer d'une manière très-flatteuse pour moi... Egalement incapable d'être insensible aux malheurs d'un homme de service et de talents si distingués, ou de paraître m'éloigner de ce que je dois à la personne de monsieur l'ambassadeur de France, et de cette vénération dont je fais profession pour l'auguste monarque qu'il représente, je me flatte que vous ne désapprouverez pas cette façon de penser, et que vous n'en serez pas moins assuré des sentiments de considération avec lesquels j'ai l'honneur d'être, monsieur,

« Votre très-humble et très-obéissant serviteur,
« WILLIAM PITT. »

N° 6

LE CHEVALIER D'ÉON AU CAPITAINE DE POMMARD

« Londres, le 5 juillet 1764.

« Monsieur,

« J'ai reçu la lettre que vous m'avez fait l'honneur de m'écrire le 30 juin, et j'y aurais répondu sur-le-champ sans les différents embarras où je me trouve, tant par mon procès que par l'arrivée d'une troupe d'exempts et d'espions de Paris et de la banlieue, qui ont fait une descente en Angleterre, sur un bateau plat ou un plat bateau. Malheureusement pour eux, j'ai éventé le projet dès leur arrivée, et vous avez dû voir de quelle façon les papiers publics ont pris ma défense. De mon côté, j'ai mis mes espions en campagne ; je sors tous les jours, comme à mon ordinaire, mais avec les sûretés qu'un capitaine de dragons doit prendre en temps de guerre. Je ne puis trop me louer du zèle, de l'intelligence et de la bonne volonté que notre ami Reda et Lavigne m'ont témoignés en cette occasion. Ils ont reconnu les deux chefs, et les ont tellement suivis partout, qu'à la fin ils ont été interloqués ; la peur les a pris, et ils se sont évadés depuis plusieurs jours, ou du moins ils ne paraissent plus. Tandis qu'ils étaient à Londres, j'ai affecté de passer au milieu d'eux ; s'ils eussent fait le moindre geste pour me toucher seulement, ils auraient été mis en pièce par ma troupe et moi. Nous faisons tous les jours la petite guerre, et la nuit des détachements et des reconnaissances, soit à Renela, soit à Phaksal ; je suis alors toujours à la tête, pour encourager ma petite troupe, qui n'a déjà que trop d'ardeur. Je désirerais que vous fussiez ici ; comme un capitaine d'un grand courage et d'une grande expérience, cela vous amuserait un peu. Dans ce pays, les coups de force sont peu à craindre ; je suis plus en garde contre les ruses et les subtilités des gens que je ne connais pas, et des faux amis encore plus dangereux.

« M. de Guerchy, le pauvre cher homme, attend que son procès soit jugé par les jurés pour partir et ne plus revenir. On ne m'a fait signifier les griefs qu'à la fin de juin, pour y répondre le 9 juillet, fin de la session du terme. J'ai fait ce qu'on appelle ici un *affidavit*, c'est-à-dire une demande pour que mon procès soit remis à l'autre terme, pour faire revenir quatre témoins absents que M. de Guerchy a soustraits à ma défense, en les faisant retourner en France, soit par la force, soit par la crainte. Ma demande, toute légitime qu'elle était, m'a été refusée au grand étonnement de tout l'auditoire, et au grand scandale de tous les avocats, qui ont été, à cette occasion, révoltés contre le chef de justice. Comme il n'est pas possible à mes avocats, qui, quoique des plus habiles, ne savent pas lire le français, de lire en huit jours un livre de six cents pages in-quarto, pour pouvoir répondre à tous les griefs, j'ai pris le parti de ne point répondre du tout le 9, et de me laisser condamner par défaut. Mes avocats ont trouvé le parti mâle, courageux, et l'ont fort approuvé ; ainsi je le suivrai. Mon adversaire, accoutumé aux fausses victoires, s'en retournera glorieux, comme un baudet, d'avoir triomphé à Westminster, sans avoir vu l'ennemi ; et à la Saint-Michel prochaine je recommencerai mon procès tout de nouveau. D'ici à ce temps, j'aurai celui de travailler à une ample et magnifique défense contre la cabale de la cour, etc.

« Je finis, mon cher ami, parce que j'aurais trop de choses à vous dire,

« D'ÉON. »

N° 7

A M. LE COMTE DE BROGLIE

T. Lege. (Il faut passer le fer chaud sur les folios *recto* et *verso*.)
Pour vous seul.

« Londres, le 2 novembre 1764 au soir.

« *Monsieur,*

« *J'ai l'honneur de vous envoyer, pour vous seul, copie de ma dernière lettre à M. le duc de Choiseul et de celle de M. de Montmorin, évêque de Langres, qui connaît particulièrement toute ma famille et moi, depuis l'enfance. Il a la bonté de s'intéresser fortement pour moi auprès de monsieur le Dauphin, qui le considère beaucoup. Je sais que monsieur l'évêque de Langres est fort partisan de monsieur le maréchal; ainsi, monsieur,*

« Enfin, monsieur, voilà donc le complot horrible découvert. Je puis à présent dire à M. de Guerchy ce que le prince de Conti disait au maréchal de Luxembourg avant la bataille de Steinkerque : « Sangaride! ce jour-là est un grand jour pour vous, mon cousin! Si vous vous tirez de là, je vous tiens habile homme. » Personne n'est plus intéressé que vous et M. le maréchal à prendre tous les moyens pour vous défendre contre les ennemis de votre maison; le roi ne peut à présent s'empêcher de voir la vérité; elle est mise au grand jour. J'agis de mon côté. J'ai instruit le duc d'Yorck et ses frères de la vérité et des noirceurs du complot contre vous, le maréchal de Broglie et moi. Ceux-ci instruisent le roi, la reine et la princesse de Galles.

vous pouvez en toute sûreté recommander ma cause à cet évêque, qui est charmé de seconder votre bonne volonté pour moi.

« J'ai l'honneur d'être, avec un profond respect,

« *Monsieur,*

« *Votre très-humble et très-obéissant serviteur,*

« D'ÉON. »

Déjà M. de Guerchy, qui a été revu de très-mauvais œil à son retour, est dans la dernière confusion, malgré son audace, et je sais que le roi d'Angleterre est disposé à rendre justice à M. le maréchal et à moi. Agissez de votre côté, monsieur le comte, agissez et ne m'abandonnez pas, ainsi que vous paraissez le faire. Je me défendrai jusqu'à la dernière goutte de mon sang, et par mon courage, je servirai votre maison malgré vous... Car vous m'abandonnez! vous ne m'envoyez point d'argent, tandis que je me bats pour vous

Ne m'abandonnez pas, monsieur le comte, et ne me réduisez pas au désespoir. Envoyez-moi une somme suffisante pour soutenir votre guerre et la mienne, si vous ne voulez pas être écrasé sous le poids de l'injustice... J'ai dépensé plus de douze cents livres sterling pour ma guerre, et vous ne m'envoyez rien ; cela est abominable, je ne l'aurais jamais cru, monsieur le comte ; permettez-moi de vous le dire ¹!.... »

[1]. Archives des affaires étrangères.

N° 8

PETITES CHRONIQUES DU CHEVALIER D'ÉON A M. LE COMTE
DE BROGLIE [1]

« Londres, le 15 mars 1766.

« Monsieur,

« Vous aurez peut-être été étonné que je n'aie point encore accusé la réception de votre lettre du 4. Voici mes raisons : J'espère que vous les trouverez légitimes, et que vous regarderez mon silence comme un effet de ma prudence.

« La fameuse question sur les *Warances générales*, espèces de lettres de cachet pour arrêter les personnes et saisir les papiers, a été enfin jugée, et il a été décidé qu'on ne pouvait saisir les personnes et les papiers dans presque aucun cas, excepté ceux de haute trahison envers le roi et la patrie. Mais il a été aussi décidé que les personnes non autorisées, et convaincues d'avoir des correspondances en chiffres avec l'étranger, seraient dans le cas d'être saisies, elles et leurs papiers, et jugées suivant la nature de leur correspondance. Ce jugement, que je ne puis m'empêcher de regarder comme très-juste et très-sage, a suspendu et arrêté mon zèle, et m'a même donné beaucoup de crainte, surtout depuis la désunion entre MM. Pitt et Temple. L'un des deux peut arriver bientôt au ministère, me soupçonner et me faire arrêter pour faire de la peine à l'autre. Ajoutez à cela que MM. Pitt et Temple, n'épargnant en aucune occasion les ministres actuels, ceux-ci pourraient également me soupçonner et m'inquiéter. Vous sentez tous les malheurs qu'il en résulterait, si j'étais arrêté avec tous les papiers de mon ancienne correspondance secrète !…

« Dans ces circonstances j'ai cru qu'il était de la prudence de me tenir tranquille, afin d'ôter jusqu'à l'idée du soupçon…

---

1. Archives des affaires étrangères.

« Ce qui ne vous étonnera pas peu, c'est que les ministres actuels, pour tâcher de se rendre populaires, ont agi contre l'opinion, la volonté et les ordres du roi, pour faire révoquer dans la Chambre des communes les actes du Parlement (qui ont établi de nouveaux impôts en Amérique dont les habitants sont révoltés d'une façon qu'il n'y a pas d'exemple) ; et ils ont poussé l'impudence jusqu'à employer l'argent et les faveurs de la cour pour gagner des voix ! Dans cette grande affaire, ils font jouer un aussi triste personnage à Sa Majesté britannique que Virgile en a fait jouer un au roi *Latinus* dans son *Enéide*. Ils traitent, en vérité, le jeune roi comme un enfant imbécile, qui n'est pas en état de discerner ce qui est avantageux à l'Etat, et ils ne cachent guère leurs sentiments là-dessus... Le roi en est outré avec sa mère (la princesse de Galles) et son favori (lord Bute) ; mais ils ne savent comment composer un nouveau ministère qui soit respectable et durable.

« Le roi ne veut pas de M. Pitt à présent, et est même fort fâché contre lui, d'après ce qu'il a osé dire et prouver dans la Chambre des communes : que les Américains n'étaient point rebelles, attendu que le roi ou l'ancien ministère et le Parlement avaient rompu le contrat social avec eux ; qu'il était de toute justice de rappeler les actes du Parlement ; qu'il ne pouvait en conscience les regarder que comme des actes de péculat sur les Américains. Ce sentiment révolta d'abord tout le monde dans la Chambre des communes, de façon qu'on regardait sa popularité comme perdue ; et dès lors, n'étant plus à craindre, il n'était plus nécessaire. Il n'eut que quatre ou cinq voix pour lui, et ses adversaires débitèrent en pleine Chambre des communes que M. Pitt mériterait d'aller à la *Tour*. Il se retira à la campagne pendant huit jours ; puis il revint tout de nouveau haranguer plus fortement que jamais la Chambre des communes, et y soutenir son opinion avec toutes sortes de raisons tirées des lois naturelles, civiles et politiques, employant même fréquemment jusqu'à la majesté des Ecritures saintes pour mieux imiter le grand prophète, c'est-à-dire Cromwel. Il feignit aussi d'être tourmenté de la goutte, pour avoir le privilége d'assister aux délibérations pour ainsi dire en robe de chambre, en pantoufles et en bonnet de nuit ; puis il harangua, tantôt assis, tantôt debout, emmailloté d'une couverture ; ensuite il tomba en défaillance, ou dans de profondes méditations. Pendant ce temps, ses amis et un grand nombre de marchands de la cité qui ont des biens dans l'Amérique, ou qui sont intéressés dans son commerce, ont entraîné une foule de partisans parmi le peuple, sont venus entourer le Parlement et célébrer à haute voix les louanges de M. Pitt.

« Cette goutte politique et périodique, et toute cette *charlatanerie* qui ne manque guère d'émouvoir la multitude, a fait un si grand effet sur la Chambre des communes que presque tous les membres en sont maintenant réunis à M. Pitt ;

de sorte que le rappel de l'acte est déjà arrêté dans la Chambre des communes. Voilà comme la faute, qu'on faisait d'abord tant valoir contre le célèbre patriote, a comblé sa gloire, du moins aux yeux du public.

« Il y a peu de jours que le roi fut, avec la reine, dîner chez la princesse de Galles, qui est indisposée. Après dîner la conférence entre les augustes personnages fut si animée que les domestiques les entendaient dans l'antichambre et de la cour disputer, dans le cabinet, avec une chaleur peu royale.

« Quoique le roi d'Angleterre ait 120,000 livres sterling de revenu, je sais cependant par *Temple*, qui le tient de son frère, ci-devant premier payeur de la Trésorerie, qui l'a vérifié, qu'il est endetté personnellement, depuis qu'il est sur le trône, de plus d'un demi-million de livres sterling, à force d'avoir distribué de l'argent par les conseils de milord Bute, pour avoir des voix au Parlement et établir l'autorité royale, ce qui lui a très-mal réussi. Ce sont ces dettes, le désir de corrompre, autant que l'éducation économique que lui a donnée la princesse de Galles, qui l'obligent à vivre à Londres et à Richemond avec une lésine indigne de la royauté. Il n'a jamais de provisions en aucun genre ; il envoie acheter jusqu'à six bouteilles de vin à la fois, et une bouteille de rhum pour faire du punch, ce qui lui attire des plaisanteries de toutes les couleurs de tous les marchands de la cité, qui sont de grands mangeurs, de grands buveurs, et dont les plaisanteries sont aussi légères que leurs rosbifs. On a fait à ce sujet différents pamphlets, estampes, et des bouffonneries sur le théâtre.

« Dans ses courses presque journalières de Londres à Richemond, le roi prend pour ses gardes du corps un détachement de vingt-cinq hommes de troupes légères d'Elist ou de bourgeois ; et il y a peu de jours qu'on a arrêté tout un détachement de ces prétendus gardes, qui s'amusaient à voler sur les grands chemins, le pistolet à la main.

« Jugez en quelles mains est la sûreté du roi et de la famille royale ! De profonds politiques, ou de grands ennemis de milord Bute, disent tout bas à l'oreille que milord Bute, qui est allié à la maison des Stuart, est dans le fond du cœur fort attaché au prétendant ; qu'il sert très-habilement cet ancien maître en faisant tenir au roi d'Angleterre la conduite qu'il tient, et qui pourrait à la fin faire perdre la couronne à la maison de Hanovre. Vous sentez qu'il faudrait être Dieu pour pouvoir scruter l'intérieur du cœur de cet Ecossais. Je regarde bien milord Bute comme un homme aussi habile que fin ; je le tiens même certainement pour plus fin qu'habile ; mais, malgré la dextérité en *intrigailleries* que je lui accorde, je ne lui crois pas l'âme aussi noire. Si cela était, il faudrait convenir que jamais homme n'aurait été plus rusé coquin que lui. Il faut cependant convenir aussi que nous lisons, particulièrement dans l'histoire d'Ecosse, des traits encore plus odieux. L'ambition ou la religion est capable des plus grands crimes plutôt encore que des grandes vertus.

« Vous ferez là-dessus les réflexions que vous voudrez; mais j'ai cru devoir vous communiquer *l'ouverture* que l'on m'a faite sur un sujet aussi important.

« Je suis, etc.,

« D'ÉON. »

P. S. Il y a quelques jours que le duc d'Yorck, peu difficile en amour, ayant été surpris, le soir, avec une femme par le mari lui-même, qui est capitaine, en a été blessé légèrement à l'épaule d'un coup d'épée qui l'a obligé de garder son appartement quelques jours ; mais cette aventure a été étouffée dès sa naissance. Son frère, duc de *Glocester*, est devenu fort amoureux de la jeune veuve milady *Waldegrave*. Comme on a peur que son amour le conduise à un mariage secret, il doit bientôt faire un voyage dans les pays étrangers avec le duc de *Brunswick*, qui reviendra en Angleterre chercher son épouse pour retourner en Allemagne. Ce duc, de son côté, ne vit pas en bonne harmonie avec la princesse *Auguste*, sa femme, qui cependant est jalouse de son mari. Des personnes de l'intérieur du palais ont assuré à mon ami que le peu d'amour du prince vient de ce qu'il a découvert un cautère à la jambe de sa femme, et que les deux enfants qu'il a eus sont déjà attaqués du mal royal d'Angleterre, c'est-à-dire d'humeurs froides, dont le jeune frère du roi est mort dernièrement [1]. »

---

[1]. Le comte de Broglie répondit tout de suite à cette lettre, en recommandant au chevalier d'Eon de suivre l'ouverture qui lui avait été faite, mais de s'y engager avec le plus grand mystère et la plus grande prudence. Il le charge d'examiner, d'interroger, de scruter et d'établir, par ses informations et ses recherches, les chances de succès que pourrait avoir une tentative de restauration en faveur des *Stuart*. Il lui demande enfin s'il y aurait péril à pressentir le *lord Bute* sur ses dispositions cachées, ou s'il vaut mieux se tenir en observation et attendre. Ce fut ce dernier parti qu'indiqua le chevalier d'Eon, en disant qu'à ses yeux les hommes et les choses n'étaient point encore *mûrs*.

N° 9

AU MÊME

AVENTURES DU COMTE DE GUINES

« Londres, le 23 avril 1771.

« Monsieur le comte,

« Je vous annonce un événement étrange qui vient d'arriver à l'ambassadeur de France. M. le comte de Guines avait pour secrétaire un nommé *Tort*. Ce secrétaire vient de s'enfuir en emportant une cassette qui contient les papiers de son maître, ses chiffres secrets, plus, dit-on, des billets de banque.

« Ce qui ajoute à la surprise causée par cette fuite inattendue, c'est que le secrétaire est parti avec un domestique de l'ambassadeur qui l'a accompagné jusqu'à Douvres, d'où il l'a renvoyé à Londres, et lui s'est embarqué pour Calais. On ne sait ici que penser de cette évasion : si elle a été ordonnée par la cour, à l'insu de l'ambassadeur, pour apporter cette cassette à Versailles, ou si ce secrétaire s'est enfui en Hollande ou ailleurs, soit qu'il ait eu le malheur de se laisser séduire par les promesses de quelque puissance étrangère, soit qu'il ait été porté à une si méchante action par ses passions personnelles. Dans tous le cas, c'est bien cruel pour M. le comte de Guines [1].

WILLIAM WOLFF.

---

[1]. Le secrétaire vint à Paris où il resta tranquillement. M. de Guines l'ayant appris accourut aussitôt requérir l'arrestation de son voleur. A son grand étonnement, on n'eut pas l'air de l'entendre. Le comte de Guines était un jeune homme au cœur chaud, à la tête ardente ; il demanda haut l'explication de ce mystère, et l'on se décida à faire appréhender le secrétaire fugitif, qui fut conduit avec toutes sortes d'égards à la Bastille. Mais il en sortit bientôt, et se fit à son tour accusateur du comte de Guines, qui retourna à son ambassade de Londres sans avoir pu percer les ténèbres de cette obscure intrigue. C'était la répétition du complot ourdi contre les papiers du chevalier d'Eon. *Tort* avait joué, mais avec plus de succès, le rôle de *Monin* et du comte de Guerchy. Cette concordance entre les deux aventures nous a paru curieuse à connaître, et nous en avons rapporté l'anecdote avec intention.

N° 10

« Le 11 mai 1775.

« La nouvelle qui fait le plus de bruit à Londres présentement est encore une histoire de M. le comte de *Guines* avec milady et milord *Crëwen*. Cette dame, qui est jeune et belle, et qui était la reine de tous les bals du galant ambassadeur, est accusée, par son mari, d'avoir eu une *conversation criminelle* avec M. le comte de Guines.

« En conséquence, son mari, indigné et naturellement emporté, a fait un grand éclat. Il a conduit sa femme dans son château où il l'a enfermée, dit-on, pour trois ans, et il a envoyé, à ce qu'on assure dans le public, un cartel à l'ambassadeur, *mais qui n'aura lieu qu'après son ambassade.*

« Je vous tiendrai au courant.

« Les ambassadeurs de France sont peu fortunés dans cette île ; mais on ne peut disconvenir qu'ils sont les principaux auteurs de tous les accidents et malheurs qui leur arrivent. Ils présument pouvoir faire impunément ici toutes les manœuvres qu'ils exécutent facilement à Paris.

« WILLIAM WOLFF. »

N° 11

LETTRE ÉCRITE DE LAUZANNE PAR M. LE COMTE DUBARRY, BEAU-FRÈRE DE LA COMTESSE, A UN DE SES AMIS, A PARIS [1].

« Voilà mon rêve fini, mon cher ami ; et après m'être en-

---

1. L'adresse et la date manquent.

dormi en France, je suis étonné de me réveiller en Suisse! Je me vois dans la capitale de Vaux, dans une ville où l'industrie qui m'est propre trouvera difficilement à s'exercer. Les mœurs y sont simples, les femmes sages et les hommes francs; les filles y sont observées, les lois y sont sévères; que voulez-vous donc que je devienne? Ce n'est pas là mon élément; le jeu, la galanterie, tout périt ici : si l'on voulait trafiquer des Suisses, il faudrait les vendre à la livre. L'art ne contribue pas à les raffiner, et les goûts sont plus matériels que délicats. Tout ce qui m'environne me paraît étranger : je vois de la simplicité, de la bonne foi, de la continence, de l'amitié, de la réserve; toutes ces vertus me parlent suisse, et je n'en connais pas une.

« J'étais à Paris à la tête d'une milice brillante, et les filles ne doivent jamais oublier combien mon crédit a fait fleurir leur empire. La saison était favorable pour faire fructifier mes talents, et leur reconnaissance devrait les engager à m'élever des trophées dans la place du Palais-Royal. J'avais établi dans ma famille le canal des grâces et des richesses; c'était une source dont le débordement et le limon engraissaient mes domaines. Par quelle fatalité la jeunesse détruit-elle un cours que la vieillesse fortifiait de plus en plus! On m'a laissé à peine le temps d'emporter une partie du produit de mes travaux, et je me vois réduit à boire et à rêver à la Suisse, sans éprouver les marques de considération que les âmes nobles me prodiguaient à la cour.

« Mon plus grand embarras est de savoir où je pourrai faire agréer mon ministère. Ma réputation est généralement établie; les potentats de l'Europe l'observeront ou l'ont observée, et, n'ayant pas d'aptitude au service militaire, je crains qu'ils ne me trouvent trop dévorant pour m'employer à celui de leur chambre. J'apprends avec douleur que mes amis sont les premiers à me déchirer. J'ai laissé deux ménages que je vous prie d'alimenter; je vous ferai passer les fonds en fromages ou en vulnéraires, dont je veux commercer, car l'inaction m'est mortelle!

« Je m'attendais au sort de ma pauvre belle-sœur, qui n'avait pas fait son noviciat dans un couvent si austère que celui où on la tient enfermée. Si l'on ne m'eût pas séparé d'elle, j'en aurais encore tiré bon parti. Mais c'est une mauvaise tête, qui n'a voulu ni me croire, ni me prendre pour son dépositaire. Mon frère n'en est pas mieux traité que moi; mais c'est un sot, et il sera trop heureux de glaner un champ où il n'a rien semé. Pour moi, j'avais projeté de passer en Turquie et de m'y faire marchand d'esclaves; mais on m'a assuré que le Grand-Seigneur me ferait ôter le pouvoir d'essayer ma marchandise... Je ne sais quel parti prendre; lorsque je serai décidé, je vous donnerai de mes nouvelles. J'ai été obligé de changer de nom; on m'appelle ici monsieur *Vandermer*, écrivez sous ce titre au *Marché aux poissons*. Oh! les

talents ont des moments brillants; mais ils sont souvent
persécutés! Plaignez donc votre ancien ami, qui, dans des
temps sereins ou orageux, ne cessera d'être votre tout dévoué,
« Le comte J. Dubarry. »

N° 12

LETTRES DE Mme DE COURCELLE

« Londres, le 10 septembre 1771.

« Mon cher ami,

« Mais c'est trop fort! Vous voulez donc sérieusement et définitivement abdiquer votre qualité d'homme? Et croyez-vous que ma fille et moi n'allons pas y faire opposition, quand nous perdons d'un seul coup, moi un ami et elle un mari? Ah! vous avez compté sans votre hôte, mon cher chevalier, et pour ma part je n'abandonnerai pas mes droits comme cela!

. . . .

N° 13

« Londres, le 21 septembre 1771.

« Les chagrins que j'ai éprouvés, *monsieur*, depuis que je vois le monde, m'ont appris à réfléchir, et si les personnes qui travaillent à me nuire savaient combien je suis peu sensible à l'opulence, elles se donneraient moins de peine. Elles me trouveront toujours aussi ferme, aussi gaie dans l'adversité que dans le faste et l'éclat... Nous ne pouvons plus nous voir, dites-vous, pour différentes raisons. Je suis du même avis, et je m'éloignerai toujours des personnes qui me parleront mal de mon mari. Je ne pourrais de sang-froid entendre répéter les paroles que vous m'avez tenues. Que ne le connaissez-vous comme moi! Que ne pouvez-vous le voir tel qu'il est, unissant un savoir profond à un esprit élevé, au caractère le plus digne! Une âme tendre et compatissante lui a donné trop de facilité à secourir les malheureux, comme ce marquis de comédie, cet Albert qui le calomnie aujourd'hui... Mais vous, monsieur, votre adresse ne m'échappe point; vous avez saisi cette occasion de vous éloigner, parce que vous avez eu peur que je me montre à vous avec des besoins. Vous avez eu tort... Vous avez mal jugé en moi et la femme et l'amie... Si j'étais méchante et ne respirant que la vengeance, et que je dise : « Oui, j'ai eu cette boîte de diamants qu'on me réclame, mais je l'ai envoyée chez M. d'Eon, dans telle ou telle cassette qui a fait beaucoup de voyages, aux yeux des domestiques, de votre maison à la mienne : *comme je prenais un très-grand soin d'être seule pour y mettre les choses que je vous envoyais*, vous pourriez être convaincu, d'après la parole d'une femme qui n'est que femme; et *quoique vous soyez femme et dragon*, vous ne pourriez en tirer aucune satisfaction... J'ai refusé ma fille Constance au sieur Albert, en l'assurant que je préférerais toujours un honnête homme, quel que fût son rang, à un vieux comte de comédie à demi debout. J'en porte la peine : il m'a gardé son fiel... Malgré le froid où vous êtes, si je peux vous être bonne à quelque chose, employez-moi. Vos intérêts seront toujours les miens, je suis amie constante; rien dans le monde ne me fera changer.

« Femme DE COURCELLE. »

N° 14

« Paris, ce 1ᵉʳ janvier 1776.

« Deux nouvelles, *mon cher chevalier!* La première, c'est que je suis veuve; la seconde, on dit dans notre monde de Paris, on me l'écrit même de Londres, que vous voulez que Constance le soit aussi, et que *vous épousez Caron de Beaumarchais!*... Voilà, en vérité, des choses qui ne se font point. Ma fille va faire opposition à votre hymen... Pour moi, je n'en fais pas à votre arrivée en France. Bien au contraire, je me fais une fête de vous embrasser, et de vous assurer que mes sentiments n'ont jamais varié d'un instant. Comptable de tout à un mari jaloux, même de son ombre, j'étais obligée de voir par ses yeux et de me conduire par sa volonté suprême. Vous avez été plus d'une fois témoin de ce que je vous avance. J'avais bien des choses à vous communiquer, lorsque vous m'avez donné votre adresse. J'ai une voie sûre pour remettre mes paquets ; mais j'ignore si vous êtes encore chez *Lautem*. Aussi, je me borne à vous dire que je suis toujours votre amie ; que vous me devez, à bien des égards, les sentiments que vous m'avez montrés à Londres. Vous n'aimiez point mon mari, vous le lui disiez, vous me le répétiez : il était un obstacle à notre commerce épistolaire. Je vous apprends que la Parque a levé l'obstacle depuis le 4 de mars 1775 ; ainsi, plus de difficultés. Ecrivez-moi, mon cher chevalier, personne ne me dictera désormais les réponses que je dois vous faire : mon cœur seul tracera mes sentiments. Sur ce, je vous embrasse. Constance, qui a la grippe, ne vous écrit point. Elle me charge de vous dire bien des choses sur votre *inconstance;* cependant, elle vous aime à la folie, malgré vos défauts.

« Je cherche votre adresse ; mais mon impatience se confie au hasard. Surtout, mon ami, répondez-moi à l'adresse ci-jointe :

« Madame de *Courcelle*, à l'hôtel de Bruxelles, rue du Bouloy. »

N° 15

« Paris, ce 18 juillet 1776.

« J'enrageais de bien bon cœur contre vous, mon cher chevalier, lorsque j'ai vu M. O'Gormann ; ce qu'il m'a dit m'a désarmée, et pour un rien je vous demanderais pardon. Cependant, une lettre m'aurait fait bien plaisir. Vous deviez cette petite trêve-là à votre paresse en faveur des sentiments que vous me connaissez. Je suis rigide envers mes amis de cœur, et vous êtes du nombre. Si je comptais avec vous, vous seriez mon débiteur, et sur certaines choses, prenez-y garde, je suis une créancière très-incommode. Je ne fais grâce de rien ; intérêt et principal, il faut que tout me soit payé. Songez que, dans ma position, vos lettres seraient de véritables ressources pour moi. Vous embelliriez mes ennuis... Je suis en apparence la femme la plus heureuse de France ; mais!... Le chagrin est repoussant, je le sais ; aussi ce visage riant que vous m'avez vu dans la capitale que vous habitez, je l'ai toujours. Oui, vous n'y découvririez pas la plus petite trace de chagrin, malgré mes peines réelles.

« Et vous, mon bon ami, comment vous gouvernez-vous? On parle ici différemment de vos affaires. On vous dit au couvent à Paris ; d'autres disent que vous êtes à la cour. Vous me faites espérer de vous revoir bientôt, c'est ce que je désire ardemment, ainsi que ma petite *Constance*. A propos, savez-vous que votre future est tout à fait débarbouillée, et qu'elle est vraiment jolie. Votre beau-frère l'a trouvée grandie, embellie, et jasant comme une perruche. Venez donc !

« Si vous m'écrivez, je crois qu'il est inutile de signer. Ainsi fais-je. Je vous envoie une adresse sûre. — M. D. **Dangens** sort d'ici ; il vous connaît, m'a-t-il dit, comme le plus aimable de tous les hommes. Moi, je lui soutiens que je vous adore comme la plus aimable de toutes les femmes : il n'en veut rien croire, et prétend que je tiens ce langage pour mieux cacher mon jeu. Il assure qu'il vous a connu en Russie, et qu'il sait à quoi s'en tenir. En vérité, mon bon et cher ami, j'enrage comme un coq à qui on veut enlever sa poule, quand j'entends de pareilles choses. Puis, M. *Marcenay* de Tonnerre, élevé à votre porte, qui prétend qu'il vous donnait le fouet dans votre enfance, et qui soutient comme quatre dogues qu'à moins que vous ne vous soyez fait c.... *rasibus* vous êtes fait comme lui. Dites-moi un peu, n'y a-t-il pas dans ces obstinations-là de quoi devenir folle, pour moi *qui ai....... la pure vérité !* Ah ! bon Dieu, quand il faut avoir tort avec une raison aussi suffisante que l'est la mienne, autant vaudrait être capucin !

« Adieu, je vous embrasse ! »

N° 16

COPIE DE L'ORDRE ET COMMISSION DU ROI AU SIEUR CARON DE BEAUMARCHAIS, DE RETIRER DES PAPIERS DE CORRESPONDANCE SECRÈTE, ET DE LES RAPPORTER EN FRANCE.

Certifiée véritable par ledit sieur Caron de Beaumarchais.

« De par le Roi :

« *Sa Majesté étant informée qu'il existe entre les mains du sieur d'Eon de Beaumont plusieurs papiers relatifs aux négociations et correspondances secrètes tant avec le feu roi, son très-honoré aïeul, qu'avec quelques-uns de ses ministres d'Etat, et Sa Majesté voulant faire retirer lesdits papiers*, elle a pour cet effet donné pouvoir et commission par ces présentes au sieur Pierre-Augustin Caron de Beaumarchais de se transporter à Londres pour y traiter de la recherche de toutes les pièces et papiers dont il s'agit, les retirer des mains ou dépôts où ils pourront se trouver, s'en charger, les rapporter en France et les remettre au pouvoir de Sa Majesté ; Sa Majesté autorise le sieur Caron de Beaumarchais à prendre à ce sujet les arrangements et à passer tous actes qu'il estimera nécessaires, enfin à imposer, pour l'entière exécution de sa commission, toutes les conditions que la prudence lui suggérera ; Sa Majesté voulant bien à cet égard s'en rapporter à ses lumières et à son zèle. Et pour assurance de sa volonté, Sa Majesté a signé de sa main le présent ordre, qu'elle a fait contresigner par moi conseiller secrétaire d'Etat et de ses commandements et finances.

« A Versailles, le 25 août 1775.

« *Signé :* LOUIS.

« Avec le sceau aux armes de France,

« *Signé :* Gravier de Vergennes.

« Pour copie conforme : Caron de Beaumarchais. »

« Et le 4° jour de novembre 1775, tous les papiers contenant les minutes et originaux de la correspondance ministérielle pendant l'ambassade de M. le duc de Nivernais et pendant le ministère du chevalier d'Eon, les dépêches, lettres, mémoires, notes et instructions des ducs de Choiseul et de Praslin, des ministres de la cour d'Angleterre ; plus les minutes des lettres du chevalier d'Eon avec le roi Louis XV, de 1762 à 1774, m'ont été remises fidèlement.

« Dont quittance,

« CARON DE BEAUMARCHAIS. »

N° 17

PERMISSION A MADEMOISELLE D'ÉON DE BEAUMONT

Connue jusqu'à ce jour sous le nom du chevalier D'ÉON, écuyer, ancien capitaine, etc., de rentrer dans le royaume avec sauf-conduit et sûreté de sa personne.

« De par le Roi :

« Sa Majesté s'étant fait rendre compte des différentes commissions publiques et particulières que le feu roi, son très-honoré, aïeul a bien voulu confier ci-devant pour son service, tant en Russie qu'en Angleterre et autres lieux, à la demoiselle C.-G.-L.-A.-A.-T. d'Eon de Beaumont, connue jusqu'à ce jour sous le nom du chevalier d'Eon, et de la manière dont elle s'en est acquittée, ainsi que des services militaires de ladite demoiselle d'Eon de Beaumont, Sa Majesté a reconnu qu'elle a donné, comme officier et comme ministre, en politique, en guerre *et dans toutes les circonstances*, des preuves non équivoques d'attachement à sa patrie et de zèle pour le service du feu roi qui la rendent digne de la protection que Sa Majesté veut bien lui accorder, et voulant, Sadite Majesté, traiter favorablement ladite demoiselle d'Eon de Beaumont, elle daigne lui continuer la pension de 12,000 livres que le feu roi son aïeul lui avait accordée en 1766, et qui lui a été payée jusqu'à ce jour sans interruption.

« Sa Majesté voulant en outre que les malheureuses querelles qui n'ont que trop *éclaté*, *au scandale de l'Europe*, *soient à jamais ensevelies dans l'oubli*, Sa Majesté impose sur cet article à l'avenir un silence absolu, tant à ladite demoiselle d'Eon de Beaumont qu'à tous autres ses officiers et sujets. A cette condition permet Sa Majesté à ladite demoiselle d'Eon de Beaumont de rentrer dans son royaume, d'y rester et d'y vaquer en pleine liberté à ses affaires, ainsi que de choisir tel autre pays qu'il lui plaira, suivant l'option que le feu roi lui en avait laissée en date du 1er avril 1766. Sa Majesté voulant en outre que dans aucun cas, en aucun temps, en aucun lieu, ladite demoiselle d'Eon ne soit troublée, inquiétée ni molestée dans son honneur, sa personne et ses biens par aucun des ministres passés, présents et futurs, ni par aucune autre personne, tant pour les négociations et commissions publiques et secrètes dont le feu roi l'avait honorée, que pour aucuns autres cas résultant de ces querelles, démêlés et procès, lesquels sont anéantis à jamais par ces présentes comme il est dit ci-dessus; elle veut bien accorder à ladite demoiselle d'Eon de Beaumont sauf-conduit et sûreté entière de sa personne, et la mettre sous la protection et sauvegarde spéciale de Sa Majesté, à charge par ladite demoiselle d'Eon de Beaumont de garder le silence le plus absolu, et de se comporter en toute circonstance en sujet soumis, respectueux et fidèle; et pour assurance de sa volonté authentique à cet égard, Sa Majesté a signé de sa propre main le présent ordre et sauf-conduit qu'elle a fait contre-signer et délivrer à ladite demoiselle d'Eon de Beaumont, afin que nul n'en prétende cause d'ignorance, par moi conseiller secrétaire d'Etat au département de ses affaires étrangères et de ses commandements et finances.

« A Versailles, le 25 août 1775.

« *Signé* : LOUIS.

« Et plus bas,

« Gravier de Vergennes.

« Avec paraphe et le sceau aux armes de France. »

N° 18

ORDRE A Mlle D'ÉON DE BEAUMONT DE REPRENDRE LES HABITS DE SON SEXE, AVEC PERMISSION DE PORTER LA CROIX DE SAINT-LOUIS.

« De par le Roi :

« Il est ordonné à demoiselle Charles-Geneviève-Louise-Auguste-André-Timothée d'Eon de Beaumont, fille majeure, connue jusqu'à ce jour sous le nom du chevalier d'Eon, ancien capitaine de dragons, chevalier de l'ordre royal et militaire de Saint-Louis et ministre plénipotentiaire en Angleterre, etc., de reprendre incessamment les habits de son sexe, et de ne plus les quitter, lui défendant, sous peine de désobéissance, de reparaître en France autrement que sous ses habits de fille. A cette condition seulement et autres amplement expliquées dans le sauf-conduit particulier que nous lui avons accordé aujourd'hui, elle peut en toute sûreté et sur ma parole royale revenir dans sa patrie, y jouir de la liberté, des honneurs, grâces et bienfaits qui lui ont été accordés par notre illustre et très-honoré aïeul, ainsi que par nous, en considération de ses services militaires et politiques, sans avoir la crainte d'être troublée en sa personne, son honneur et ses biens par mes ministres passés, présents et futurs, et par aucune autre personne de tel rang et qualité qu'elle soit. Et Sa Majesté voulant par une grâce particulière reconnaître les services publics et secrets, tant en guerre qu'en politique, que ladite demoiselle d'Eon de Beaumont a eu le bonheur de rendre pendant plus de vingt années consécutives au feu roi son très-honoré aïeul, elle veut que la croix de son ordre royal et militaire de Saint-Louis, que ladite demoiselle d'Eon de Beaumont a acquise au péril de sa vie, dans les combats, siéges et batailles où elle a assisté, où elle a été blessée et employée tant comme aide de camp du général que comme capitaine des dragons et des volontaires de l'armée de Broglie, avec un courage attesté par tous les généraux sous lesquels elle a servi, ne lui soit jamais enlevée, et que le droit de la porter sur son habit de fille lui soit conservé jusqu'à la mort. Et pour assurance de sa volonté authentique à cet égard, Sa Majesté a signé de sa propre main le présent ordre qu'elle a fait contresigner et délivrer à ladite demoiselle d'Eon de Beaumont, afin que nul n'en prétende cause d'ignorance, par moi conseiller secrétaire d'Etat au département de ses affaires étrangères et de ses commandements et finances.

« A Versailles, le 25 août 1775.

« *Signé :* LOUIS.
« Gravier de Vergennes. »

N° 19

PREMIÈRE RÉPONSE DE M. LE CHEVALIER D'ÉON A M. DE BEAUMARCHAIS, A LONDRES

« Au château du lord comte de Ferrers, à Staunton-Harold, in Leicester-Shire, le 7 janvier 1776.

« Il y a longtemps, monsieur, que je connais la supériorité de votre esprit et de vos talents, et vous m'avez donné en France, auprès du roi et de M. le comte de Vergennes, trop de preuves de l'excellence de votre cœur, pour que vous n'ayez pas un droit acquis sur ma sensibilité et ma reconnaissance pendant tout le reste de mes jours ; mais vous me permettrez de vous dire que le ton de despotisme que vous affectez dans vos jugements depuis la signature de notre transaction préparatoire, et depuis votre dernier retour de Paris, est trop révoltant pour moi et vous rend aussi impraticable que l'était M. Pitt, en 1761, lors de la négociation de la dernière paix.

« Ce serait en vain, monsieur, que je chercherais aujourd'hui à vous faire changer dans un jugement que vous avez adopté, soit en conséquence de vos principes naturels, soit par persuasion intime, soit par pure complaisance pour les vues intéressées de quelques-uns de vos amis ; je m'en abstiendrai donc. Mais de votre côté, connaissant la fermeté et la sensibilité de mon caractère, ce serait perdre votre temps et vos peines que de vouloir me convertir sur une opinion qui concerne uniquement la délicatesse que je dois avoir sur mon honneur personnel. Je ne veux pour *aucune considération* et *pour aucune somme au monde*, que le public puisse croire que je suis intéressée dans les infâmes polices qui se sont élevées sur mon sexe.

« C'est là, monsieur, un véritable principe d'honneur que je me suis fait à moi-même, et duquel je ne puis me départir, ainsi que je vous en ai déjà prévenu et fait prévenir par votre ami, M. *Gudin*, avant votre dernier départ pour Paris. Il peut se faire que les beaux esprits et les financiers de Paris se moquent de ma délicatesse et de mon paragraphe dans le *Morning-Post* du 13 novembre dernier; qu'ils regardent le cas où je me trouve comme une occasion de piller les poches des Anglais; c'est une chose à laquelle je ne consentirai jamais par mon propre fait, quand je devrais être blâmée de toute la France. Qu'on regarde tant qu'on voudra mes principes et mes raisons pour des balivernes, même pour des sottises, peu m'importe; j'aime encore mieux que le public m'appelle *bête* et *sotte* que *voleuse* ou *friponne*. Sur ce chapitre, j'ai élevé dans mon cœur mon propre tribunal, qui est cent fois plus sévère et plus délicat que le tribunal respectable des maréchaux de France, juges naturels du point d'honneur. Si les réflexions que je viens de faire sont solides, elles me justifient; si elles sont fausses, mon erreur sera mon excuse.

« Dans ces circonstances critiques, et après les explications beaucoup trop vives de part et d'autre que nous avons eues sur ce misérable objet, pour dissiper la colère que vos reproches déplacés ont fait naître dans mon cœur, j'ai été rejoindre milord Ferrers à sa terre : depuis près d'un mois il me priait d'aller passer ma convalescence près de lui. J'avais grand besoin de ce changement d'air après avoir gardé mon lit et ma chambre presque tout le mois de novembre et de décembre. D'ailleurs, j'ai encore plusieurs affaires à terminer avec milord, et l'emportement où vous m'avez jetée m'a plongée dans une indisposition.

« Je vais donc, monsieur, profiter de mon petit séjour à la campagne pour vous ouvrir mon cœur, et vous parler avec la sensibilité de *mademoiselle de Beaumont* et la franchise *du chevalier d'Eon*. Je commencerai par un petit commentaire sur quelques phrases de votre épître, où vous me dites : *Vous m'avez trouvé facile et gai dans la société, vous avez éprouvé que mes procédés sont francs et généreux en affaires : mais vous ai-je donné une si sotte opinion de mon caractère et de mes principes, que vous vous flattiez en discutant gravement, de me faire adopter des balivernes pour des raisons ?*

« Quoique les trois premières pages de ma lettre aient répondu, monsieur, par anticipation à cet article, et qu'elles l'aient suffisamment net oyé, je répondrai encore : que je puis jurer, avec vérité, que dans tout le cours de ma vie et

celui de mes divers voyages d'un pôle à l'autre, je n'ai jamais trouvé un homme plus gai, plus varié, plus instruit et plus charmant que M. de Beaumarchais, dans la société. . . . .
. . . .

« Vous parlez de *générosité*, et cependant, lorsqu'il s'agit de solder avec l'argent du roi le compte d'une infortunée, victime du secret du roi, depuis vingt et un ans, vous employez le même esprit, les mêmes tracasseries, les mêmes ruses et dextérités que s'il s'agissait de solder le mémoire du comte de la Blache avec l'argent de M. de Beaumarchais. Jugez vous-même, je vous prie, de vos procédés généreux à mon égard !

« Vous me direz sans doute, monsieur, que dans la *transaction* vous avez eu la générosité de stipuler de vous-même au nom du roi mon trousseau de fille à 2,000 écus, c'est-à-dire à 250 guinées, et vous croyez avoir fait un effort de générosité surprenant !

« Je vous répondrai à cela : *que ce n'est pas moi qui ai demandé cette métamorphose*, c'est *le feu roi et M. le duc d'Aiguillon*, c'est *le jeune roi et M. le comte de Vergennes;* c'est vous-même, en vertu de vos pouvoirs ; c'est la famille Guerchy, qui trembla au seul nom d'homme qui me reste encore par mon baptême, etc., etc.! Que l'on me rende le poste politique que l'on m'a injustement enlevé aux yeux de l'Europe ; qu'on me laisse courir ma carrière militaire, je ne demande rien autre chose, je serai content. Je me crois plus en sûreté sous un habit de capitaine de dragons qu'avec une jupe, parce que je ne serai point exposée à tous les discours qu'on tient d'ordinaire aux femmes.

« Croyez-vous, de bonne foi, que je pourrai acheter à Londres et même à Paris, un beau trousseau de fille avec 250 guinées ? Mes habits d'homme et mes armes, que je dois rendre à Londres même, suivant la transaction, valent deux fois cette somme. Le plus petit marchand de la Cité, qui a plusieurs filles à marier, leur donne à chacune un trousseau trois fois plus fort que celui que vous avez stipulé pour moi. Si jamais je ne fusse sortie de dessous les ailes de ma mère, si toujours j'étais restée dans ma province où l'argent est fort rare, elle m'aurait encore donné, ainsi qu'elle a fait pour ma sœur, un trousseau du double de celui que vous m'avez généreusement accordé. J'ai méprisé de montrer à cet égard aucune vanité, aucune avidité, aucun intérêt ; cette maladie n'est pas la mienne, et ma vie passée dépose que j'étais plus digne de porter le casque que la cornette, et de mourir dans le champ de la gloire que dans un lit de plumes parmi des nonnes. Il semble que le destin s'est toujours joué de mon existence, et ma résignation à ses cruels coups, plus tristes pour moi que la mort, est la preuve la plus complète de mon sacrifice et de ma parfaite obéissance aux ordres du roi, et que je n'ai pas voulu retarder par un vil intérêt la remise des papiers secrets qui l'intéressaient si fortement. J'espère qu'un roi aussi juste n'écoutera, dans un cas aussi extraordinaire, que son propre cœur, et qu'il n'ira pas prendre les avis de ces modernes conseillers économiques qui ignorent mon nom et mes actions. Mais je ne le pardonne pas au généreux Beaumarchais, qui sait que j'ai méprisé tant de fois mon sexe, la fortune et la mort pour courir à la gloire; non, je ne peux le pardonner à ce généreux Beaumarchais, qui connaît que c'est moi qui six fois ai volé jour et nuit d'un pôle à l'autre pour bâter, en 1755 et 1756, la réunion de la France et de la Russie, et pour faire marcher contre l'ennemi commun une armée de cent mille Moscovites; qui, *par l'ordre secret de mon maître*, à l'insu du grand Choiseul, *ai fait durer trois ans de plus la dernière guerre;* puis ai travaillé jour et nuit à la conclusion de la paix, etc.!! . . . .

« Hélas! si feu mon bon maître Louis XV n'eût pas eu pendant son vivant cette timidité invincible, si fatale à mon bonheur, qui l'a empêché de m'avouer en public, tandis qu'il m'a toujours soutenu en secret, celui qui a souvent donné des 100,000 écus à une femme dévergondée pour les frivoles plaisirs d'une nuit, aurait au moins donné le double ou le triple de cette somme pour le trousseau d'une fille telle que moi, dont il connaissait l'origine depuis qu'il était sur le trône; d'une fille dont les mœurs ont été, en tout temps et en tous lieux, inattaquables à la ville et à la campagne, au nord et au midi, dans le champ de Mars et dans le cabinet des princes, des ministres et des ambassadeurs; d'une fille qui n'a jamais chatouillé les oreilles de son roi qu'avec sa plume, et ses ennemis qu'avec son épée!... Je pense que ce bon roi aurait été cent fois plus prodigue que le généreux Beaumarchais envers une personne qui a été *fille, homme, femme, soldat, politique, secrétaire, ministre, auteur,* suivant l'exigence et la nécessité du service public ou secret de son maître, et qui, sous toutes ces diverses formes, a toujours réussi dans ses commissions, a toujours été connue et respectée comme un brave et honnête homme, au milieu même de ses plus grands malheurs, au milieu même de ses ennemis!

« Si pour terminer ces malheurs, il doit y avoir une perte d'argent entre le roi et moi, ce n'est pas à moi, qui ne possède rien, à la supporter. Ne suis-je pas assez malheureux en devenant femelle, de mâle que j'étais, en perdant tout le temps de ma vie, mon état et le fruit de mes travaux politiques et militaires?

« Si, par pure obéissance aux ordres du roi, je me condamne moi-même à demeurer dans un cloître avec mes semblables, compagnes de mon infortune, je ne prévois que trop que je pourrai me repentir et être malheureuse; mais c'est apparemment la volonté de la Providence, puisqu'elle ne me laisse nuls moyens de l'éviter!... C'est un de ces coups particuliers du destin qui s'attache à ma ruine, dont il est aussi impossible à mon courage de se défendre à présent, qu'il l'a été à ma sagesse de le prévoir !... Je n'ai plus de fond à faire sur personne, je n'attends plus rien ni de la fortune ni des hommes ; mes malheurs sont au comble, il ne me reste plus que de m'y soumettre ; je ferme les yeux à toute espérance. Puisse le Ciel récompenser dans une autre vie ma docilité et mon abnégation dans celle-ci ! Je vais aider le destin à consommer ma ruine en y courant moi-même volontairement. Heureusement qu'un secours venu d'en haut s'est déjà joint à mes réflexions, et me fait concevoir pour le monde un mépris auquel il n'y a rien d'égal. Ce qui m'y retient et m'empêche de courir à la solitude est uniquement la tendre amitié que j'ai pour ma mère, à qui j'ai abandonné mon patrimoine, depuis vingt et un ans que j'ai quitté la France. Je dois, avant d'éprouver mon triste sort, songer à recueillir le fruit de mes anciens travaux militaires et politiques ; je dois songer à établir mon revenu certain pour être en état de me soutenir, de soutenir ma mère, ma sœur, mon beau-frère, et de soutenir encore trois neveux au service du roi. Je suis fille et vieille, par conséquent d'un caractère un peu extraordinaire. Jamais créature n'eut moins d'attachement que moi pour l'argent ; mais je sais que je suis vieille et que je serai bientôt oubliée et abandonnée ; je ne puis vivre tranquille un moment avec la crainte de manquer de pain.

« Maintenant, je vais, monsieur, vous faire part de mes plus sérieuses réflexions et observations pour parvenir à l'entière et heureuse conclusion de mes affaires.

« *Premièrement*. S'il est juste que je remplisse les articles de notre transaction, il ne l'est pas moins que vous y soyez tenu de votre côté. Or, par la transaction, à l'article 4, il est dit : « que le roi régnant a la bonté de changer la pension annuelle de 12,000 livres que le feu roi avait accordée, en 1766, à M. d'Eon, et qui lui a été payée exactement jusqu'à ce jour, en un contrat de rente viagère de pareille somme, avec reconnaissance que les fonds dudit contrat ont été *fournis et avancés* par ledit chevalier d'Eon pour les affaires du feu roi, *ainsi que de plus fortes sommes dont le montant lui sera remis par moi, Beaumarchais, pour l'acquittement de ses dettes en Angleterre*, etc. » Je vous ai remis tous les papiers *ministériaux* et de la correspondance secrète que vous avez exigés. Je vous demande donc à présent que vous ayez la bonté de me remettre, de votre côté, *les plus fortes sommes* pour l'acquittement de mes dettes en Angleterre.

« Il m'est dû par la cour . . . . 13,933 l. 12 s. 7 d.
« Vous avez payé à milord Ferrers pour moi 4,625   »   »

« Donc, il me reste dû, ci 9,308   12   7

« A la seconde partie de notre transaction, il est encore dit à l'article *quarto : que je me trouve sans argent*, M. *de Beaumarchais sachant bien à qui doit passer tout celui qu'il destine au paiement de partie de mes dettes.*

« Par là, vous reconnaissez vous-même, monsieur, avec justice, que vous n'avez payé qu'*une partie* de mes dettes, tandis que je dois les payer en entier avant de quitter l'Angleterre ; tandis que vous savez que mes dettes montent à 8,223 livres sterling.

« *Deuxièmement*. J'ai réfléchi, et je désire ne point vous blesser en vous soumettant cette observation toute de droit et de formes légales ; j'ai réfléchi que, pour que la transaction passée le 5ᵉ jour du mois d'octobre 1775 entre M. de Beaumarchais et M. d'Éon puisse être stable et obligatoire des deux côtés, il faudrait que l'injuste *Outlawy*, ou jugement par contumace prononcé, en 1765, par le lord Mansfield, chef de justice du banc du roi d'Angleterre, contre le chevalier, pour impression de son grand livre, intitulé *Lettres-Mémoires*, etc., faute par lui d'avoir comparu par-devant le tribunal ; il faudrait, dis-je, que ce jugement fût renversé. Il faudrait de plus que M. Caron de Beaumarchais fût également relevé du *blâme* qu'il a éprouvé au dernier Parlement de Paris, *contre le vœu général de la nation française ;* car, suivant tous les jurisconsultes, le citoyen retranché de la société ou de l'État par sa mort civile est réputé anéanti, et par conséquent incapable de faire aucun acte valable. Arrangez-vous là-dessus, mon cher ami ; ce n'est point une chicane méchante sortie du cerveau creux de Minerve, c'est une appréhension qui m'est venue, et pour vous et pour moi, d'après mes connaissances dans les lois romaines, françaises et anglaises.

« Il ne me reste plus, monsieur, qu'une demande à vous faire, sur laquelle je prie le fils de M. le comte de Guerchy de s'expliquer clairement et loyalement par votre canal, comme je vais le faire de mon côté[1]. . . . .

« Quoique cette épître soit déjà bien volumineuse, il me faut cependant répondre au dernier article de votre lettre, par lequel vous m'observez fort élégamment que *le comble de la maladresse est de triompher trop tôt, ou, pour mieux dire encore, qu'il n'y a que les sots qui triomphent !*

« Je crois, monsieur d Beaumarchais, qu'il y a peu d'hommes, même au sein de Paris et sous l'œil du despotisme, qui soient en état de se vanter d'avoir observé la loi du silence plus scrupuleusement que je l'ai fait à Londres et dans ma pleine liberté. Tant que le feu roi a vécu, jamais personne n'a pu deviner par mon canal ma correspondance directe avec lui. Elle a été secrète pendant vingt et un ans. Elle a été découverte après sa mort, et j'ai encore gardé le silence quinze mois après que mon très-cher et très-auguste maître a été déposé à Saint-

---

1. Nous avons déjà reproduit cette partie de la lettre.

Denis. Enfin cela est devenu public : c'est le sort de tous les événements. Si j'étais assez sot pour vouloir triompher de suite comme vous le prétendez, j'aurais pu triompher dès le moment qu'on m'a attaqué, dès 1763-66, dès et quand je l'aurais voulu et quand je le voudrai. Si j'étais glorieux de triompher, je porterais comme vous, mon cher ami, mes commissions du roi pendues à mon cou ; et si j'étais assez vain pour les porter toutes, il me faudrait un bœuf pour me traîner. J'ai donc besoin, en vérité, des lunettes de monsieur votre oncle pour apercevoir dans le susdit paragraphe mon prétendu triomphe. Mais ce que tout le public éclairé de l'Angleterre y a vu sans lunettes, c'est ma délicatesse pour l'empêcher d'être la dupe des faiseurs de police qui regardent mon sexe comme la roue de fortune ou la mine du Pérou. Il est inutile, monsieur, que vous vous donniez la peine de me prouver que les paragraphes qui ont paru dans les gazettes depuis votre absence, *vous ont fort déplu*. Je sais à quoi m'en tenir là-dessus ; je sais que c'est mon *avis au public*, en français et en anglais, en date du 11 novembre dernier, inséré dans le *Morning-Post* du 13 et du 14 novembre, qui a pu principalement *déplaire* à quelques-uns de vos amis. Cet avis est signé par moi, et je le ferais encore mettre dans tous les papiers, quand il devrait déplaire à toute la France. Mais, Dieu merci, j'ai des témoignages respectables, par écrit, du contraire. Il me suffit qu'il soit conforme à la vérité et à mon honneur aux yeux du public d'Angleterre, qui, ainsi que la France et toute l'Europe, ne doit rien avoir à perdre ou à gagner sur mon sexe. Si j'étais âne, cheval ou ministre, je laisserais toute l'Europe faire des paris sur ma course ; mais, je vous prie, dites-moi, en honneur et en conscience, si vous étiez dans ma triste position, si vous deviez aux yeux de l'Europe entrer dans un couvent ou dans le monde comme une fille sage et vertueuse, voudriez-vous qu'il fût dit dans ce monde que vous avez fait fortune par votre *sexe exposé aux yeux du public*? Je n'aurais jamais mis mon *avis* dans la *Gazette* du 13 novembre si, deux jours auparavant, il n'eût point paru dans la même *Gazette* un avis tendant à rallumer le feu des polices. Vous avez trop d'esprit et de pénétration *pour en ignorer totalement l'auteur*. Il était de mon honneur et de mon devoir de jeter un tonneau d'eau sur le feu : je l'ai fait, et je l'ai éteint. Vous êtes sur les lieux : consultez s'il y a en Angleterre une seule personne d'honneur qui puisse me blâmer.

« Le peu d'attention que vous me dites, monsieur, avoir *fait à ma vive et féminine colère*, ainsi que vous l'appelez, est pour moi une nouvelle preuve de votre bon cœur et de votre esprit. Il est certain que vos reproches déplacés m'ont brisé le cœur, parce que vous l'avez attaqué par l'endroit le plus sensible, qui était l'honneur. Je vous ai répondu comme je devais répondre en cette occasion, et comme je répondrai toujours devant tous les rois de l'Europe. Jamais personne au monde jusqu'à présent n'a osé me tenir un pareil discours. J'espère que ce sera pour la première et dernière fois, à moins que vous ne soyez d'humeur à vous couper la gorge avec moi, avant l'arrivée du jeune comte de Guerchy que j'attends. Vous m'avez fait verser des larmes de douleur et de fureur; mais la reconnaissance que je vous dois, et qui est gravée dans mon cœur, a étouffé les premiers mouvements que la nature, autant que mon état militaire, m'avait inspirés; et quoique ce n'est point dans le désespoir qu'on est capable de garder des ménagements, j'ai cependant eu assez de présence d'esprit pour sortir et aller exercer ma fureur sur les chevaux de poste que j'ai pris pour venir ici. Je comprenais bien en moi-même qu'il serait affreux à mon propre cœur de me battre contre *ce que j'aime le plus*, contre celui qui se dit mon libérateur, et que ce libérateur ne voudrait jamais se battre contre *sa petite dragonne*, quelque terrible qu'elle soit sous son uniforme. Je vous dirai comme *Rosine*, dans votre *Barbier de Séville* : *Vous êtes fait pour être aimé*, et je sens que mon plus affreux supplice serait de vous haïr. Tout ce contraste de caractère irrité, qui malgré moi est en moi, et qui est exactement celui de ma mère et de ma sœur, fera sans doute faire à un philosophe comme vous mille réflexions sur le caractère incompréhensible des femmes. Attribuez tout cela à nos vapeurs et à nos faiblesses. *Quid levius fumo? Flamen. Quid flamine? Ventus. Quid vento? Mulier. Quid muliere? Nihil.* Mais soyez certain que je ne comprends guère mieux le caractère des hommes. Pour cent défauts que nous avons ils ont mille vices. Ils ont la supériorité en général; mais en particulier je leur ferai voir que ce n'est pas vis-à-vis de moi que sera le problème : *inferior cùm sit quævis matrona marito*, etc.!

« Pour la fin de mes propres malheurs j'aurai toujours recours à mon ami Beaumarchais, dans lequel je suis certaine de trouver toujours le même fond de zèle et d'amitié. Mais, de grâce, quand vous avez à me parler sur mes affaires, que personne n'en soit témoin, pas même votre ami Morande. J'aime son bon cœur, mais je n'aime pas la légèreté de sa tête et de ses discours. Je ne suis pas assez cuirassée contre de pareils traits. Mon cœur, qui s'est jusqu'à présent fermé avec tant de soin au reste des hommes, s'ouvre naturellement en votre présence, comme une fleur s'épanouit à la lumière du soleil, dont elle n'attend qu'une douce influence.

« Je suis et serai toujours votre tendre et fidèle amie : les expressions ne rendent jamais qu'à demi les sentiments du cœur.

N° 20

CARON DE BEAUMARCHAIS A Mlle D'ÉON DE BEAUMONT, A STAUN-TON-HAROLD.

« Londres, le 18 janvier 1776.

« J'ai reçu, mademoiselle, votre lettre de trente-huit pages, datée du 7 janvier, à Staunton-Harold ; ce que je vais y répondre est le dernier effort d'une estime à laquelle votre lettre a porté la plus dangereuse atteinte.

« Vous m'avez vu, mademoiselle, touché de vos malheurs en Angleterre, y recevoir vos confidences et vos larmes avec sensibilité, vous promettre ma chétive intercession en France, et vous tenir sincèrement parole avant de savoir si j'aurais jamais une mission du roi qui vous fût relative. L'efficacité de mes soins, mes services et ma générosité vous ont prouvé, depuis, que vous n'aviez pas vainement placé votre confiance en moi.

« Quand je dis ma générosité, j'entends celle de mes procédés, et non cette fausse générosité sur les deniers du roi confiés à mon exactitude, et que vous invoquez inutilement. Etre économe et juste est tout ce que je puis. Vous m'avez excessivement loué de la seconde qualité, le ministre et le roi ne se plaindront pas que j'aie manqué au devoir de la première.

« Avez-vous rempli les vôtres, mademoiselle, envers le plus magnanime des maîtres ? Je livre cette demande à vos plus sérieuses réflexions, et mettant de côté tout le vain badinage et les cajoleries personnelles de votre dernière lettre, je vous rappelle une dernière fois à vos devoirs, dont cette lettre m'a paru l'écart le plus extravagant et le plus coupable.

« Je vous donne huit jours pour vous refroidir, la relire et vous repentir ; mais, ce terme expiré, je le dis avec douleur, forcé de partir et de rompre tout commerce avec vous, mon seul chagrin sera d'emporter en France la dure conviction que vos ennemis vous ont mieux connue que vos amis. Eh ! quelle douleur pour moi si je ne pouvais m'y vanter d'aucun autre succès que d'avoir démasqué une fille extravagante sous le manteau de l'homme de mauvaise foi, que vos accusateurs ont cru de tout temps reconnaître en vous !

« Je suis désolé quand j'approfondis cette funeste idée. Je ne répondrai qu'au seul article de votre étonnante lettre qui porte sur les reproches que je vous ai faits en arrivant en Angleterre, uniquement encore pour vous ôter tout prétexte d'avoir pris le change sur leur objet.

« Vous feignez de croire aujourd'hui qu'ils étaient relatifs à la divulgation de votre sexe ! Vous aurais-je tant répété (suivant les termes de votre lettre) *que vous aviez manqué à votre parole d'honneur à la transaction*, s'il eût été question de votre sexe, lorsqu'un des objets de cette transaction même est de faire à l'instant cesser un travestissement devenu beaucoup trop scandaleux par sa publicité, et par toutes les sottises qu'il a fait écrire et faire aux autres et peut-être à vous-même ?

« 1° Je vous observai que votre paragraphe dans les papiers, dont le but, à vous entendre, était de décourager les parieurs sur votre sexe, était si singulièrement composé, qu'il semblait uniquement fait pour les animer davantage, et par cela seul contraire au désintéressement fastueux que vous y affectiez.

« 2° Je vous reprochai, mais doucement, l'indiscrétion de ces mots du paragraphe : *La justice éclatante que le roi vient de me rendre .. Ma position extraordinaire vis-à-vis du feu roi inconnue de tous ses ministres, ambassadeurs, etc...* Voilà ce que j'appelle le triomphe indiscret, nuisible et prématuré d'une femme ou d'une tête légère.

« 3° Mais je vous reprochai vivement, et comme un manque de foi très-sérieux, d'avoir osé parler dans ce paragraphe de *certains grands seigneurs de France qui cherchent à exercer*, dites-vous, *contre votre tranquillité un reste de vengeance impuissante.*

« 4° Je vous reprochai cet autre paragraphe anonyme, écrit, contredit et défendu dans un nouveau, qui annonce malhonnêtement et contre toute vérité que *Madame de Guerchy s'est jetée à votre sujet aux pieds du roi, qui lui a tourné le dos.*

« 5° Je vous reprochai vivement ce jeu de la plus misérable vanité, cette éternelle provocation de ceux que vous nommez vos ennemis, malgré que le roi vous ait fait imposer par moi le plus profond silence à cet égard, et que le sauf-conduit de Sa Majesté, dans lequel ce silence vous est encore plus expressément ordonné, ne vous ait été remis par moi qu'après l'engagement solennel que vous avez pris, dans notre transaction, de vous conformer à ces ordres positifs.

« Ce point de votre lettre éclairci, je ne vous dis qu'un mot sur tout le reste. Je ne sais lequel je dois le plus admirer des louanges excessives que vous donnez aux honorables tournures que j'ai fait prendre en votre faveur à tous les articles de notre transaction, ou de la façon dont vous payez mes généreux soins par l'aveu de la plus insigne mauvaise foi sur la remise des papiers, par l'annonce des plus extravagantes prétentions, enfin par la folle invitation que vous m'y faites de me rendre le ridicule héraut d'armes de la demoiselle d'Eon envers tous ceux qui voudront bien lui prêter le collet.

« Si j'envoyais cette misérable lettre en France, elle n'affligerait que vos amis ; tous vos adversaires en triompheraient. La voilà, diraient-ils, telle que nous l'avons toujours dépeinte ; ce n'est plus contre ses prétendus ennemis qu'elle exerce aujourd'hui ses folles et détestables ruses, c'est contre son seul ami, celui qu'elle a nommé son appui, son libérateur et son père ; la voilà !

« Forcé moi-même de vous accuser avec eux, qui oserait vous plaindre et vous excuser ? Vous seriez à jamais perdue d'honneur et couverte de honte, et tout serait dit pour vous.

« Repentez-vous, je vous en supplie, repentez-vous. Si vous négligez ce salutaire et dernier avis, je vous le dis à regret, je modèlerai ma conduite sur le parti généreux que le noble M. Whal prit en Espagne, à mon occasion, contre un malhonnête homme dont il avait répondu au roi.

« Je reconnaîtrai avec confusion aux pieds de Sa Majesté que je me suis misérablement aveuglé, lorsque j'ai garanti le bon sens, l'honneur et la bonne foi de la demoiselle d'Eon.

« Sur votre indigne aveu, qu'*il s'en faut de beaucoup que vous m'ayez remis tous les papiers*, que vous avez juré et signé m'avoir fidèlement rendus, je reconnaîtrai que je vous ai trop légèrement délivré un contrat de 12,000 livres de rente, 120,000 livres pour payer vos dettes, et le sauf-conduit honorable qui était le prix de votre soumission, et dont votre mauvaise foi vous rend absolument indigne. Alors Sa Majesté fera justice et de vous et de moi.

« Quant à l'argent, loin d'oser passer en compte au roi les 120,000 livres que je vous ai si sottement remises, je reconnaîtrai mon coupable excès de confiance, et je les rembourserai, comme de raison, à Sa Majesté, sauf à m'en prévaloir sur vous ; et le service même que je vous ai rendu en obtenant qu'une pension précaire de 12,000 livres fût changée en un contrat d'absolue propriété, m'en fournira sur-le-champ le moyen. Ce changement avantageux de titre ne vous ayant tiré de la dépendance des ministres que pour vous mettre, avec tous les propriétaires du royaume, sous la dépendance des lois et des tribunaux, je forme opposition entre les mains du payeur à la délivrance annuelle des arrérages de ce contrat ; armé de vos billets et de la quittance du lord Ferrers, je dirige contre vous une action civile, et je vous demande au Parlement le remboursement des 120,000 livres que j'ai payées pour vous, ou l'exécution entière de notre transaction ; alors vous apprendrez à vos dépens si mes actes civils ont quelque valeur en France.

« Voilà quelle sera la conduite que vous me forcerez à suivre contre vous, si vous ne rentrez pas promptement en vous-même. Et quant à votre personne, puissent alors le mépris, la proscription tacite et l'oubli de la France être votre unique punition ! et puisse surtout votre honnête et malheureuse famille ne point se ressentir de vos torts personnels ! C'est le vœu le plus ardent de mon cœur.

« Faites, mademoiselle, je vous en conjure, les plus sérieuses réflexions sur tout ceci, et soyez bien persuadée que c'est avec la plus vive douleur que je me verrais forcé de changer le titre agréable de votre défenseur en celui de votre plus implacable accusateur.

« *Signé :* Beaumarchais. »

« 19 janvier.

« *P. S.* Je viens de relire ma lettre, un jour après qu'elle a été écrite : elle est pleine de l'amertume dont vous avez suffoqué mon âme par la vôtre. Il n'y a rien à y changer, parce que tout y est conditionnel ; mais, fatigué que je suis des procès par écrit, je vous prie de ne pas y répondre un seul mot, si vous n'êtes pas entièrement conformée à ses dispositions. »

N° 21

SECONDE RÉPONSE DE Mlle D'ÉON DE BEAUMONT A M. CARON DE BEAUMARCHAIS

« Au château du comte Ferrers, à Staunton-Harold, le 30 janvier 1776.

« Mon indisposition m'a empêchée, mon cher et très-cher Beaumarchais, de vous accuser plus tôt la réception de votre dernière lettre du 18 de ce mois.

« Je ne répondrai pas aux reproches, ni aux invectives déplacées que vous m'y prodiguez dans votre vive, altière et *masculine* colère ; je regarde tout cela comme les premiers effets de la mauvaise humeur du singe le plus adroit et le plus agréable que j'aie jamais rencontré dans ma vie, *qui est toujours, toujours le même*, et ne se fâche que lorsqu'il s'agit d'arrêter et d'apurer un compte.

« En vérité, monsieur, je ne vous reconnais plus lorsque, dans votre lettre, vous me dites : *Repentez-vous, mademoiselle, je vous en supplie, repentez-vous... Je vous donne huit jours pour vous repentir, sinon...* C'est précisément le discours que le confesseur Girard adressait à sa pénitente Cadière, à la grille de son couvent : *Repentez-vous, ma chère fille ; sinon, par la vertu de mon cordon, je force la grille et vous donne le fouet !*

« Mais, mon cher Beaumarchais, vous ai-je jamais « donné une si sotte opinion de mon caractère et de mes principes, que vous vous flattiez, en disputant gravement, de me faire adopter des balivernes pour des raisons, » et de vouloir me persuader à moi-même que je suis extravagante dans mes demandes, tandis que je les soumets avec confiance à l'équité du ministre actuel des affaires étrangères, et même à celle d'un juré anglais le plus prévenu contre moi.

« D'ailleurs, monsieur, je mesure tellement ma conduite et mes actions sur les lois, la prudence et la politique, que, jusqu'à présent, je ne me suis jamais repenti d'une seule action de ma vie ; mais quelquefois les autres ont eu lieu de se repentir de m'avoir attaqué injustement.

« Je vous permets donc, ainsi que vous m'en menacez, d'aller vous jeter aux pieds du roi, et même aux pieds de tous les rois et ministres du globe, pour me représenter, suivant vos expressions, comme une fille *extravagante*, et en même temps la plus *dégourdie* de l'Europe. Vous pouvez donc leur dire, avec toute l'éloquence, l'énergie et la singerie dont vous êtes capable, tout le mal de moi que vous voudrez. Dites blanc, dites noir, je suis et serai, comme le refrain de votre chanson favorite, *toujours, toujours la même ;* et quoique je sois en état de faire la barbe *à tous les barbiers de Séville*, je ne répondrai qu'avec la simplicité et la vérité qui conviennent à une fille bien née. Jamais je ne dirai du mal de vous, jamais *je ne commencerai* à me plaindre de vous auprès des puissances supérieures et subalternes, ni auprès des divinités célestes et infernales. C'est à vous-même que je m'adresse, monsieur, pour vous demander ce que vous pouvez me reprocher avec justice, sinon la confession volontaire que je vous ai faite, dans ma dernière lettre, *qu'il s'en fallait de beaucoup que je vous aie livré la totalité des papiers secrets.*

« J'ai déjà eu l'honneur de vous prévenir que tant que l'on ne remplira pas envers moi le quatrième article de la transaction, qui dit expressément que vous devez *me remettre de plus fortes sommes pour l'acquittement de mes dettes*, je ne suis tenue à aucun des points de la transaction. Vous êtes la puissance contractante et moi l'exécutrice, c'est donc vous qui devez agir et marcher le premier, puis moi exécuter et suivre.

« Votre reproche sur la remise imparfaite des papiers est mal fondé, monsieur ; premièrement, parce que ni vous, ni aucun des ministres passés, présents et futurs, ni monseigneur le prince de Conti, ni même M. le comte de Broglie, ne peuvent savoir tout ce qui s'est passé de secret en 1755 et 1756 entre le roi défunt, l'impératrice Elisabeth et le grand chancelier de Russie comte de Woronzow. M. Tercier, le chevalier Douglass et moi, étaient les seuls qui agissaient en cette importante négociation secrète, dont M. Rouillé, ministre alors des affaires étrangères, n'avait pas même connaissance. Ce n'est qu'en 1757 que M. le comte de Broglie a été admis à une partie de ce secret, et que lui, par ordre du roi, m'a agrégé à son autre correspondance secrète.

« Quand tous les ministres et secrétaires des bureaux des affaires étrangères, à Versailles, seraient contre moi, comment pourraient-ils deviner si j'ai rendu la totalité ou partie de tous les papiers de ma correspondance secrète en Russie, en Allemagne, en France et en Angleterre ? Comment pourraient-ils deviner ce qu'ils ignorent totalement, si je ne veux pas les dire ni les donner ?

« C'est un acte qui dépend totalement de ma bonne volonté et de mon libre arbitre. Je m'y déterminerai suivant que l'on exécutera les articles de la *transaction*, suivant le bien ou le mal qu'on me fera, suivant le degré de justice qu'on me rendra. Y a-t-il une seule puissance sur la terre qui puisse forcer mon camp retranché dans mon île, qui m'appartient autant qu'à aucun Anglais ? puisque je paie la taxe et suis soumis aux lois du pays et n'en viole aucune, je dois donc jouir du droit de citoyen libre en Angleterre.

« A présent, je vous dis, monsieur, que je ne vous ai pas trompé, puisque, par vingt lettres, j'ai prévenu M. le comte de Broglie, les ministres de Versailles *et vous-même* que, tant que l'on ne me paierait pas *tout ce qui m'était dû légitimement*, je ne rendrais jamais la totalité de mes papiers. Je me glorifie aujourd'hui d'avoir tenu parole, et vous déclare que j'ai bien fait et très-sagement fait de ne pas vous délivrer mes meilleurs papiers.

« Secondement, quand vous aurez comme moi, monsieur, vieilli et blanchi dans l'armée et dans la politique, vous saurez que, lorsqu'une puissance du troisième ordre contracte ou fait sa paix avec une puissance du premier ordre, cette troisième puissance prend toujours pour garants des conditions du traité deux autres puissances du second ordre, si elle ne peut obtenir la garantie d'une seule puissance égale en pouvoir et en forces à celle avec qui elle contracte.

« Or, comme je regarde ma puissance comme la plus faible et la plus petite qu'il y ait sur la terre, en comparaison de celle avec qui j'ai eu l'honneur de contracter, et que je ne puis avoir la garantie d'aucune puissance grande, moyenne ou petite, j'ai pris ma prudence et mon expérience pour être les fidèles garants de mon traité. Consultez tous les bons politiques de Versailles et de l'Europe pour savoir si j'ai tort, et si je suis aussi sotte que vous le croyez.

« Après vous avoir payé, monsieur, dans ma première lettre, ce tribut de reconnaissance que je vous dois, pour le zèle et l'intelligence que vous avez mis à me faire rendre justice sur certains articles que l'injustice la plus grande ne pouvait me refuser ; après avoir anéanti dans cette seconde lettre vos reproches injustes sur ma prétendue infidélité, je vous prie de me faire le plaisir de répondre aux points suivants de reproches bien fondés que je suis en droit de vous faire, à mon tour :

« 1° Pourquoi n'avez-vous pas remis entre les mains du roi ma déclaration secrète du 14 juillet 1775, après vous en être chargé et m'avoir donné votre parole d'honneur que vous la remettriez fidèlement entre les mains de Sa Majesté[1] ?

« 2° Pourquoi, pendant votre dernier voyage à Londres, y avez-vous, pour vous amuser sans doute à mes dépens, ou pour me rendre ridicule, fait entendre dans les cercles de vos élégantes, que *vous deviez m'épouser après que j'aurais demeuré quelques mois à l'abbaye des dames de Saint-Antoine ?*. . . . .

« Cessez, monsieur, d'abuser de mon état, et de vouloir profiter de mon malheur pour me rendre aussi ridicule que vous ; vous ! pour lequel j'avais conçu tant d'estime, que je vous regardais comme le plus vertueux de tous les hommes ; vous ! qui m'avez su persuader que vous aviez quelque respect pour ma position extraordinaire. C'est vous-même qui me couvrez

---

1. Voici le texte de ce document :

DÉCLARATION SECRÈTE DE M. D'ÉON POUR LE ROI

« Je, soussigné, déclare sur mon honneur, que j'ai plusieurs articles très-secrets et très-importants à confier à Sa Majesté, *et qu'ils sont d'une telle nature que je ne les déclarerai qu'à Sa Majesté seule.*

« Je déclare de plus à Sa Majesté, sur mon honneur et sur tout ce qu'il y a de plus sacré dans ce monde et dans l'autre, que M. le comte de Guerchy m'a véritablement fait empoisonner à sa table, le 28 octobre 1763 ; qu'il a payé le nommé Treyssac de Vergy, et d'autres personnes que je nommerai, pour m'assassiner, et ensuite pour enlever ma personne et mes papiers ; que je suis en état de démontrer ces faits dans la plus grande évidence, non-seulement au conseil du roi, mais dans le tribunal qu'il plaira à Sa Majesté de nommer.

« A Londres, le 14 juillet 1775.

« Le chevalier D'ÉON. »

Au bas de cette pièce, le chevalier d'Éon a écrit en note : « Sur la parole d'honneur que M. de Beaumarchais m'avait donnée de faire parvenir sûrement cette déclaration entre les mains de Sa Majesté, je la lui avais confiée ; mais M. de Beaumarchais n'en a rien fait, ce qui m'a causé autant de chagrin que d'inquiétude. Alors, le 5 décembre 1775, j'ai profité d'une occasion sûre pour écrire et envoyer cette même déclaration à un seigneur français, qui occupe une place de confiance près la personne du roi, et qui, par sa lettre du 30 décembre dernier, qu'il m'a fait parvenir par une autre occasion sûre, me marquait qu'il n'osait remettre ma déclaration et ma lettre au roi, ni se mêler dans les affaires politiques ; de sorte que je suis toujours dans le même état d'incertitude et d'inquiétude. »

d'opprobre et qui creusez sous mes pas un abîme d'autant plus malheureux pour moi, que vous en dérobez à mes yeux la profondeur. Par quelle fatalité m'avez-vous choisie pour la malheureuse victime du délire de votre esprit et de vos mœurs? Ah! sans doute, je n'ai que trop mérité le mépris que vous faites de moi, puisque je vous ai *laissé connaître la faiblesse de mon état, que j'aurais dû me cacher à moi-même.* Que j'en suis bien punie! Mais était-ce vous qui deviez vous charger de mon châtiment? Quoique ce ne soit point suivant votre opinion et la mienne que le public nous jugera, si vous aviez voulu conserver ma réputation, vous auriez ménagé ce public, qui ne peut savoir par lui-même la vérité, et qui ne peut juger que sur l'apparence. Déjà il soupçonne ma vertu, parce que je suis fille et capitaine de dragons; mais quelle est la profession exercée par des femmes qui ne soit pas en butte à la malignité des hommes?

« Le travestissement sous lequel j'ai vécu, pendant plus de quarante-cinq ans, sans m'être fait connaître par les hommes, est la preuve la plus certaine de ma sagesse.

« 3° Pourquoi, avant votre dernier départ pour Paris, vous ayant *prié et fait prier avec instance par votre ami Gudin,* d'ôter de votre tête et de votre cœur le projet de gagner de l'argent sur mon sexe, projet qui me désolait et m'arrachait des larmes de douleur et de confusion, *avez-vous persisté, malgré moi, dans ce projet* injuste, déshonnête, auquel je n'ai voulu et ne veux jamais avoir aucune part?

« 4° Pourquoi, cinq jours après votre dernier départ de Londres, en novembre dernier, a-t-il paru dans le *Morning-Post* un paragraphe sur mon sexe, tendant à rallumer le feu des polices, lequel paragraphe a été fabriqué dans une maison de votre connaissance particulière : ce qui m'a mis dans la nécessité absolue de faire *mon avis au public* dans le *Morning-Post* des 13 et 14 novembre dernier, de façon qu'il ne soit pas dupe du piége qu'on lui tendait, lui déclarant *que le chevalier d'Eon ne manifesterait son sexe, qu'autant qu'il ne se ferait plus de polices; que si cela était impossible, il serait forcé de quitter furtivement un pays qu'il regarde comme une seconde patrie,* etc.

« 5° Pourquoi, dès le matin du 13 novembre que parut mon *avis au public*, votre confident Morande courut-il chez mon avocat Vignolles et chez moi, pour déclarer que vous seriez furieux contre moi pour cet avis, qu'il rompait tous les bons projets que vous aviez sur moi, que je n'étais l'*ami* de personne, et que j'étais l'*ennemi* de moi-même?

« Demandez-lui ma réponse, et si je ne lui ai pas dit que j'avais les plus fortes raisons pour le soupçonner d'être lui-même l'auteur du premier paragraphe, concerté entre ceux qui prétendent me vouloir *le plus grand bien;* et que la chaleur qu'il mettait à blâmer mon paragraphe, ne servait qu'à me convaincre dans mes soupçons sur lui, sur l'intelligence secrète et sur l'intérêt commun entre lui et vous.

« Mes soupçons tournèrent bientôt en certitude lorsque, vous ayant été féliciter sur votre arrivée, le 30 décembre dernier, vous ne pûtes contenir votre dépit plus d'une demi-heure. Bientôt vous vous levâtes en colère, et, chapeau sur la tête, avec une fureur digne de la majesté et du despotisme de nos derniers ducs et ministres, vous me déclarâtes que mon *avis au public* était mal écrit, sans esprit, sans tournure, bête, sot et impertinent, depuis le commencement jusqu'à la fin ; que d'ailleurs j'avais manqué à ma parole d'honneur.

« Comme mes oreilles sont peu accoutumées à de pareils compliments, je me levai aussitôt, mis mon chapeau sur la tête pour vous déclarer en bon français que la négociation et les négociateurs pouvaient aller au diable. En même temps, je me suis retiré et ai pris une chaise de poste pour me rendre au château de mon ami milord Ferrers, où je me propose de rester jusqu'à ce que vous ayez mieux compris vos intérêts et les miens.

« Ainsi, monsieur, je vous prie de regarder ma grande épître du 7 de ce mois, qu'il vous plaît appeler *folle* et *extravagante*, comme mon *ultimatum*. Je n'ai rien à y changer. Depuis 1763 qu'on m'a attaqué en guet-apens, je me suis déterminé dans mon affaire à vaincre ou à périr ; *aut vincere aut mori*, a toujours été ma devise. En attendant, jouissez de votre *uti possidetis*, c'est-à-dire de tous les papiers de la cour et de ma correspondance secrète avec le roi, que je vous ai remis. Je conserverai le reste, pour ma propre sûreté, pour ma défense et ma justification devant notre jeune monarque, le meilleur et le plus juste de nos rois, que l'on n'a instruit qu'à demi sur toutes mes affaires.

« Si on ne m'accorde pas mes justes demandes, si vous ne voulez pas remplir le quatrième article de notre transaction, je serai forcé de me justifier aux yeux de l'Europe entière, et ne retournerai en France *qu'après l'abolition de la loi salique*.

« Au lieu de me rendre ma place de ministre plénipotentiaire, on me la fait perdre pour toujours ; au lieu de me conserver au rang des hommes, on me confine dans une abbaye de vestales ! La postérité croira que vous avez voulu faire de ma position extraordinaire une affaire de commerce et de carnaval.

« C'était sans doute pour me montrer à la foire de Saint-Germain, ou plutôt pour me faire mourir, que vous vouliez que moi, malade depuis trois mois, je quittasse promptement mes chers habits d'homme, dans un temps si froid qu'on n'en a pas vu dans cette île de pareil depuis 1740 ; et qu'en cet état, toute gelée et toute confuse, j'affrontasse les neiges, les glaces et la fureur des vents et des tempêtes ?

« Quel service puis-je rendre au roi sous mes habits de fille ? Sous mon uniforme, au contraire, je puis le servir en guerre et en paix, comme j'ai toujours eu le courage et le bonheur de le faire depuis vingt-deux ans. Si cependant Sa Majesté et ses ministres persistent toujours dans l'exécution de notre transaction, je la remplirai par obéissance; mais vous êtes tenu de votre côté d'exécuter le quatrième article, et de me faire accorder toutes mes justes demandes contenues dans ma dernière lettre. Alors je rendrai fidèlement tout le restant des papiers. Donnez-moi mon trousseau, payez ma dot et les frais de la noce, alors la bonne harmonie sera entièrement rétablie entre nous; alors, quelque malade que je sois, je retournerai à Londres vous embrasser...

« Le *chevalier* et *chevalière* d'ÉON. »

N° 22

LETTRE DU CHEVALIER D'ÉON DE BEAUMONT A M. LE COMTE DE VERGENNES

« Londres, le 27 mai 1776.

« Monseigneur,

« Je pense n'avoir pu donner une plus grande preuve de ma modération et de la reconnaissance dont je me croyais redevable envers M. de Beaumarchais, qu'en ayant différé, depuis le mois d'octobre jusqu'à présent, à vous rendre un compte fidèle de la conduite bizarre et déshonnête que cet envoyé extraordinaire a tenue tant envers moi qu'envers milord Ferrers. Comme la plupart des faits sont consignés dans la correspondance dont j'ai l'honneur de vous envoyer copie ci-jointe, et quoique le style des lettres de M. de Beaumarchais ne soit que le diminutif de l'insolence de ses discours et de sa conduite, de peur d'abuser de votre patience et d'un temps que vous savez mieux employer aux besoins de l'Etat, je me contenterai de vous observer ici, monseigneur, que *la véritable raison secrète de la mauvaise humeur de M. de Beaumarchais envers moi, dans cette affaire, provient du refus constant que je lui ai fait, ainsi qu'à son intime ami M. de Morande, de les laisser avec leurs associés gagner tout l'argent des polices scandaleuses qui se sont élevées sur mon sexe, sans qu'ils aient pu même m'ébranler par leur promesse de mettre dans ma poche sept ou huit mille louis, si je voulais avoir pour eux cette infâme complaisance.* Ceux qui ont bien connu la trempe de mon caractère en France, en Russie, à l'armée, en Allemagne, et les Anglais qui m'ont vu refuser constamment 15,000 guinées, en 1771, pour une pareille opération, n'auront pas de peine à concevoir qu'en cette circonstance mon indignation a été cent fois plus grande que mon humiliation.

« Si ce refus obstiné de ma part a eu le malheur de m'aliéner le cœur de M. de Beaumarchais, mon esprit s'est encore plus aliéné de lui par les actes d'infidélité, de manque de parole d'honneur, et d'une impertinence aussi incroyable que son libertinage. Ce sont tous ces faits, contenus dans cette correspondance et les notes qui y sont jointes, qui ont *empêché la conclusion d'une malheureuse affaire, qui dure depuis tant d'années;* et qui, sous la justice de votre ministère, devait être heureusement terminée, *sans l'avarice sordide et la conduite impudique, malhonnête et insolente du sieur Caron de Beaumarchais.*

« Croiriez-vous, monseigneur, que depuis près d'un an que le sieur Caron galope de Versailles à Londres et de Londres à Paris, tant pour mon affaire particulière que pour les autres affaires générales et importantes de la cour, *dont il se dit lui-même et lui seul chargé,* tout le temps qu'il m'a accordé pour son travail sérieux et badin avec moi, calculé ensemble, ne peut pas composer l'espace de quatre ou cinq heures? Il semble qu'il soit venu à Londres plutôt pour ses plaisirs que pour ses affaires, plutôt pour négocier *avec Morande* qu'avec moi. Il n'a jamais travaillé une heure de suite chez moi; jamais il n'a rien approfondi : quelques petites phrases, cent bons mots étrangers à notre besogne; voilà à quoi tout son travail s'est réduit; peut-il appeler cela une besogne faite?

« La célébrité qu'ont donnée au sieur Caron ses *Mémoires contre Goëzman*, son *Barbier de Séville* et sa facilité à être l'instrument ou le jouet de la faction de quelques grands en France; tout cela joint à son impudence naturelle, lui a donné l'insolence d'un laquais parvenu, ou d'un garçon horloger qui, par hasard, aurait trouvé le mouvement perpétuel. Déjà il se croit un grand seigneur : il lui faut un lever, un coucher, des compagnons de voyage et des complaisants dans ses plaisirs journaliers et nocturnes; l'on doit même imputer à son avarice, si ce sycophante ministériel n'a point encore de table et de parasites. . . . .

« Il est bien triste pour moi, dans ma position, d'en voir le maniement dans des mains aussi déshonnêtes et aussi impures. Lorsque vous avez eu la bonté, monseigneur, d'envoyer ici M. de Beaumarchais, je croyais n'avoir à traiter qu'avec lui seul. Quel a été mon étonnement lorsque je me suis vu avoir plus à négocier avec son favori Morande, auteur du *Gazetier cuirassé,* c'est-à-dire avec un homme qui n'a ni mœurs, ni fortune, ni réputation à perdre, et qui est l'âme de tous les plaisirs et de tous les conseils du sieur Caron ! Mais le sieur Caron eût-il traité directement avec moi, ni sa position personnelle, ni sa conduite ici n'auraient pu me permettre de continuer avec lui aucune négociation publique.

« Je ne crois pas, en effet, que le sieur Caron, blâmé au Parlement de Paris, blâmable dans tous les tribunaux et dans toutes les sociétés honnêtes, soit fait pour réparer la réputation d'un seul homme victime des passions des grands, à plus forte raison *d'une fille vertueuse.* Morande est encore moins propre à donner ce qu'il n'a pas. Ce n'est qu'avec répugnance que je prononce le nom de cet associé. Il est au-dessous de mon mépris.

« Je vous supplie donc, monseigneur, de ne pas prendre comme un manque de respect envers vous, ni une mauvaise volonté de ma part, la résolution sage et constante où je suis de n'avoir plus aucune négociation à faire avec deux pareils sujets.

« Je ne vous dirai pas que le sieur Caron a communiqué au sieur de Morande ce que j'ai écrit à son sujet au feu roi et à M. le comte de Broglie, en 1774, par rapport à son ouvrage sur Mlle Du Barry; que de pareilles infidélités et tant d'autres sont bien désagréables dans mon état; mais je me plaindrai de ce qu'il lui communique presque toutes mes affaires avec la cour, et que celui-ci s'en va par la ville, les distribuant de café en café, de maison en maison.

« Est-ce ainsi que vous prétendiez être servi, monseigneur, dans une affaire sur laquelle vous me faisiez imposer un silence profond? Cette imprudence est cependant une des moindres qu'on ait commises.

« A quel risque, en effet, M. de Beaumarchais ne s'est-il pas exposé en faisant à mon insu retirer de l'hôtel du lord Ferrers le coffre de mes papiers ministériels par son ami Morande, qui, peu de temps après, a témoigné le regret qu'il avait de n'avoir pas retenu ce coffre pour mettre M. de Beaumarchais ou la cour de France à contribution! Quel autre risque n'a pas encore couru mon autre cassette particulière, contenant ma correspondance secrète avec feu le roi et M. le comte de Broglie, lorsque, la nuit du 9 novembre dernier, M. Caron s'embarqua à Douvres pour Calais! Il était si accablé sous le triste poids d'un cruel mal, qu'il oublia à l'auberge son manteau, et sur un vaisseau voisin du sien la cassette de la correspondance. Les matelots anglais, plus attentifs, la jetèrent d'un bord à l'autre, et elle manqua de tomber à la mer. Le sieur Caron, dans sa barque, n'avait des yeux que pour une petite cassette, qu'il traîne partout avec lui, contenant les vieux diamants de ses femmes et de ses maîtresses, ainsi que 1,000 ducats, dont il dit que l'impératrice-reine l'a gratifié pour une mission qui a manqué lui faire couper le cou, à ce qu'il dit, dans la forêt de Nuremberg. *Credat judæus Apella, non ego.*

« Il est si glorieux d'avoir eu cet emploi, que, semblable à un galérien, il porte à son cou une chaîne d'or à laquelle est suspendue une petite boîte d'or, contenant une petite commission secrète [1], large tout au plus d'un pouce ou deux, signée par Louis XVI, en date du 14 juillet 1774. Avec ce *talisman*, qui, par hasard, lui a sauvé la vie, par un miracle aussi étonnant que celui qu'il débite avoir couronné son voyage incroyable d'Espagne, il se croit bien supérieur aux ministres des rois, et au-dessus non-seulement du *blâme des parlements anciens et modernes*, mais même du jugement intérieur des particuliers, cent fois plus redoutable que les arrêts des parlements en fourrures. A cela que répondre ? sinon que M. de Beaumarchais a la tête tournée par les caresses indiscrètes de quelques-uns de nos princes, et qu'*il est toujours le même;* c'est-à-dire plein d'esprit et d'ignorance des affaires de ce monde, rempli d'orgueil et d'impertinence. Il ne voit pas, cet homme qui se croit illuminé, que les grands se servent de lui *comme le singe se sert de la patte du chat pour tirer les marrons du feu, et troubler l'eau claire.*

« Je vous supplie, monseigneur, d'être bien persuadé que j'ai la vertu et le courage d'un homme, et de l'homme le plus vertueux et le plus courageux. Je puis bien, ainsi que je l'ai fait, donner par complaisance à quelques femmes *et amis particuliers* [2], ou, par nécessité, à mes médecins et chirurgiens, la démonstration de mon sexe ; mais je ne le ferai jamais voir pour aucune somme au monde !

« M. de Beaumarchais peut bien *composer les fourberies de Scapin et du Barbier de Séville;* mais conduire une négociation sérieuse à une heureuse fin, non : *il n'en est pas capable ; il a trop d'esprit et pas assez de bon sens, beaucoup de pénétration et nulle application au travail.* Ses courses fréquentes et rapides de Versailles à Londres, auxquelles il attache tant d'importance et si peu de secret, ne sont propres qu'à inquiéter l'administration anglaise et les ministres étrangers. On croirait qu'il a sur les bras toutes les négociations de l'Europe ; cependant il n'a que la mienne, le trafic qu'il médite des polices sur mon sexe et sur le commerce des moidores et des bois pour la marine, bois courbes et tortueux comme son esprit. Si vous ajoutez à cela son projet de commerce sur les chiffons, son espionnage et ses malices avec Morande pour inquiéter, avec leur imprimerie secrète, des personnages à Londres, à Paris et à Versailles, *vous saurez tout ce que contient sa tête et son portefeuille.*

« Il s'imagine connaître parfaitement l'Angleterre, parce qu'il connaît fort bien toutes les postes de Douvres ici, les

---

1. Si j'étais aussi vaine que Pierre-Augustin Caron de Beaumarchais, je porterais comme lui mes commissions du roi pendues à mon cou, et si j'étais assez vaine pour vouloir les porter toutes, il me faudrait un bœuf pour me traîner.

2. Les mots en italique ont été rayés et retirés après coup par le chevalier d'Eon.

théâtres et les b....ls de Londres ; déjà il se croit un grand homme d'Etat, parce que, d'un ton emphatique et épigrammatique, il déclame quelques maximes, paradoxes de politique qu'on ne pourrait trouver *que dans le supplément de Machiavel ;* parce que, avec le ton naturel de sa modestie orgueilleuse, il fait confidence au public qu'*il n'y a que les papiers d'un portefeuille qui l'embarrassent, mais jamais les affaires.* Cependant, malgré ce profond savoir, cette dextérité et ses courses légères à Versailles, pour abréger, dit il, la longueur du travail et le faire plus solidement, il m'a apporté un sauf-conduit pour retourner en France *comme homme,* tandis qu'il voulait que je reprisse sur-le-champ à Londres *mes habits de fille.* Il stipule dans sa transaction que je dois lui remettre tous mes *habits d'homme,* et il ne m'apporte point *les vêtements de mon nouveau sexe,* ni ne me donne l'argent stipulé pour mon trousseau ; de sorte que, si j'avais excécuté à la lettre cette transaction, je me serais trouvée toute nue à Londres au mois de décembre dernier ; *admirable moyen inventé par le sieur Caron pour me faire donner, malgré moi, au public la démonstration de mon sexe, et par là, malgré moi, empocher l'argent des polices que lui et ses associés avaient achetées d'avance.*

« Je ne puis, monseigneur, mieux comparer l'ambassadeur extraordinaire Caron, qu'à *Olivier le Daim, barbier,* non de Séville, mais de Louis XI. Il a sa naissance, toute sa vanité et son insolence ; on peut dire des deux qu'un homme de basse extraction élevé à une dignité, ressemble à un mendiant qu'on met à cheval : ils courent tous deux au diable, dit le proverbe anglais.

« En 1472, ce barbier favori eut l'effronterie de prendre sur lui la commission de réduire la ville de Gand ; mais les Gantois qui le connaissaient se moquèrent de lui. En 1775, le Barbier de Séville prend sur lui la commission délicate de tondre et de désarmer à Londres *l'indomptable capitaine de dragons,* et de vouloir *réduire une femme au silence.* Mais le chevalier d'Eon, qui connaît l'audace de Beaumarchais, *et qui est en état de faire la barbe à tous les barbiers de Séville,* a pitié du sieur Caron ; car cette commission est au-dessus de ses forces.

« Dans la conduite de Beaumarchais on verra partout *de l'esprit et nulle part un jugement solide* sur les affaires politiques, dont il n'a pris connaissance qu'en galopant. Comme il s'était mis en tête qu'en m'épousant il deviendrait bientôt ambassadeur extraordinaire, et Morande son secrétaire d'ambassade, ils peuvent prendre tous deux, en passant, cette leçon politique de Mlle de Beaumont.

« Quels que soient mon sort et la décision de mon affaire, je vous supplie d'être bien persuadé que je ne cesserai d'être avec une parfaite reconnaissance et un profond respect,

« Monseigneur,   Votre dévoué serviteur,

« Le chevalier D'EON. »

N° 23

DÉCLARATION

Qui établit que les sieurs de Morande et Beaumarchais ont tenté, malgré le chevalier d'Éon, de former des spéculations frauduleuses sur son sexe.

« Nous soussignés, Charles-Geneviève, etc., d'*Eon de Beaumont*, ancien capitaine de dragons, etc., François *de La Chèvre*, demeurant *in Queen street Golden square*, Jacques *Dupré*, esquir., demeurant dans *New-Bond street*, et Jean *de Vignolles*, esquir., demeurant dans *Warwick street*, attestons sur notre honneur que, le jeudi 11 d'avril de la présente année 1776, étant à dîner chez M. le chevalier d'Eon dans *Brewer street Golden square*, et nous y trouvant avec ledit chevalier d'Eon et M. Charles Théveneau de Morande, esquir., demeurant dans Duke street Oxford road, que nous connaissons pour être l'ami intime et le confident de M. Caron de Beaumarchais, par nous de même connu pour avoir été chargé par le roi de France pour traiter avec ledit chevalier d'Eon des clauses et conditions de sa rentrée en France, la conversation tomba sur ce qu'au mois de novembre 1775 on avait tenté de renouveler le feu des paris sur le sexe dudit chevalier d'Eon ; que ledit chevalier d'Eon y déclara devant nous que le sieur Caron de Beaumarchais et le sieur de Morande, présent, avaient voulu l'engager, lui chevalier d'Eon, à entrer de concert avec eux dans le commerce de ces polices, en lui représentant cette démarche comme un moyen infaillible de gagner de fortes sommes d'argent.

« Et sur ce que ledit sieur Charles de Morande tâchait d'éluder toute réponse catégorique, ledit chevalier d'Eon interpella vivement ledit sieur Théveneau de Morande de déclarer nettement et clairement « si lui, Charles-Théveneau de Morande
« n'avait pas proposé, en octobre 1775, audit chevalier d'Eon,
« tandis que le sieur Caron de Beaumarchais était ici pour ses
« négociations, d'entrer d'un commun accord dans des polices
« formées sur son sexe ? » A quoi le sieur de Morande répondit affirmativement et sans ambiguïté. Sur quoi le chevalier d'Eon

ayant repris qu'il se respectait trop pour avoir jamais songé à partager l'infamie dont ledit Caron de Beaumarchais et lui de Morande avaient voulu le couvrir, lui demanda « si, malgré son « refus, lui et son ami le sieur Caron de Beaumarchais *n'avaient* « *pas eu la sottise de trafiquer dans lesdites polices* sur son sexe ; » et à cela nous avons entendu le sieur de Morande répondre *qu'il en avait eu réellement l'intention ; mais que, pour ne rien donner au hasard,* il avait consulté de célèbres jurisconsultes anglais pour savoir si, dans le cas où l'on gagnerait par ces polices, la loi permettrait de *forcer les perdants à payer leurs engagements; mais que la réponse unanimement négative des avocats l'avait seule fait renoncer à ce projet de gagner de l'argent par lesdites polices;* et il témoigna beaucoup de mauvaise humeur contre le refus constant du chevalier d'Eon de se prêter aux opérations honteuses que lui de Morande et le sieur Caron de Beaumarchais, son associé, méditaient sur le sexe *femelle* dudit chevalier.

« Londres, le 8 mai 1776.

« *Signés* : Jacques Dupré, J. de Vignolles, de La Chèvre, le chevalier d'Éon. »

ÉPILOGUE

Conformément à la résolution que j'avais prise et annoncée dans la préface de ce livre, j'avais intenté une action civile contre M. Louis Jourdan, comme auteur, et contre M. Dentu, comme vendeur d'un ouvrage contrefait. En même temps, pour justifier ce double procédé aux yeux de l'opinion publique, j'avais donné communication de ma préface aux journaux la *Liberté*, le *Temps*, le *Pays*, qui l'ont reproduite en totalité ou en partie, dans l'intérêt du droit et de la vérité, également violés.

La veille du jour de ces publications, j'avais reçu de M. Louis Jourdan la lettre suivante :

« Paris, 26 octobre 1866.

« Monsieur,

« M. Dentu, éditeur, m'apprend que vous avez fait saisir, pour cause de contrefaçon, les exemplaires restant de l'unique édition, publiée depuis cinq ans et trois mois, d'un livre intitulé : l'*Hermaphrodite*.

« Je ne prends pas le temps de vérifier votre dire. Vous êtes un homme loyal et je m'en rapporte à vous. Je tiens pour certain le fait de contrefaçon, du moment où vous l'affirmez.

« Je ne viens pas me justifier, monsieur, car je ne connais qu'un moyen honorable de réparer un tort involontairement causé à autrui, c'est de l'avouer hautement.

« Je vous demande seulement, monsieur, la permission d'exposer devant vous, en toute vérité, les circonstances au milieu desquelles eut lieu la publication de l'*Hermaphrodite*.

« Il y a six ans environ, un jeune homme, alors inconnu, aujourd'hui honorablement placé dans le journalisme, était malheureux. Il lui fallait une certaine somme que je ne pouvais lui donner. Je lui conseillai de faire des recherches sur la vie et les aventures du chevalier d'Éon, lui promettant de revoir son travail, de le corriger et de le signer, afin que le livre pût trouver un éditeur.

« Il m'apporta plus tard un long manuscrit, entièrement écrit de sa main, m'assurant que ce travail, quant à la forme, était de lui, qu'il avait fait des recherches, etc., etc.

« J'eus le tort, et je m'en accuse, de ne pas contrôler son assertion. Je revis son manuscrit, je le modifiai, je le resserrai, j'en transcrivis certaines parties, je fis une introduction et le livre parut chez Dentu.

« J'attachais si peu d'importance à cette publication que je ne sollicitai aucun article de mes confrères de la presse, le *Siècle* lui-même n'en parla pas. J'avais atteint mon but, j'étais venu en aide à mon jeune ami, et je ne m'occupai plus du livre.

« Aujourd'hui seulement, après plus de cinq ans, j'apprends que deux cents pages environ ont été littéralement copiées sur votre travail.

« Je vous en exprime, monsieur, mon profond regret et mon sincère chagrin. J'avais cru faire œuvre de bonne camaraderie, et il se trouve que, sans le vouloir, sans m'en douter, je vous ai causé un dommage.

« Je vous offre, monsieur, toutes mes excuses, je vous offre en outre de vous restituer ce qui vous appartient légitimement.

« Je viens de vous parler en toute sincérité, je reconnais mon tort et me mets à votre disposition.

« Veuillez me faire savoir, monsieur, s'il vous convient d'accepter les réparations que je vous offre, ou si vous persistez dans l'intention de faire un procès inutile. Je dirai devant un tribunal tout ce que je vous dis ici, rien de plus, rien de moins.

« Veuillez agréer, monsieur, l'assurance de mes sentiments distingués,

« Louis JOURDAN,

« « 16, rue du Croissant.

Cette lettre me toucha, mais ne me convainquit pas. M. Jourdan ne nommait pas l'écrivain auquel il avait prêté son nom. Je lui répondis donc :

« Plessis-Bouchard (Seine-et-Oise), 29 octobre.

« Monsieur,

« Étant encore à la campagne, je n'ai reçu qu'hier votre lettre, et j'ai le regret de vous dire qu'il m'est impossible de renoncer à l'action que j'ai intentée contre vous et M. Dentu, malgré les explications que vous me donnez.

« Je vous avouerai, sans vouloir vous blesser en rien, que je ne saurais admettre ces explications, qui sont contraires à toute vraisemblance.

« Quoi! vous avez consenti à signer de votre nom un livre qui n'était pas de vous, sans demander à l'auteur où il avait puisé les documents importants qu'il vous présentait, sans en vérifier l'origine!!! Je vous ferais tort, monsieur, en le croyant.

« Je reste convaincu de votre culpabilité personnelle, que vous constatez, du reste, vous-même, en avouant *avoir fait l'introduction,* dans laquelle il est dit que vous avez *déblayé* une masse de documents *à peine soupçonnés!*

« Ce qui me prouve encore votre participation directe à ce plagiat, c'est l'embarras que vous avez manifesté lorsque je me suis présenté à vous dans les bureaux de la *Presse,* et quand je vous ai demandé un exemplaire de l'*Hermaphrodite,* que vous vous êtes bien gardé de m'envoyer.

« Si, à cette époque, vous vous étiez confessé à moi avec franchise, j'aurais pu ne donner aucune suite à cette affaire, parce que j'avais presque oublié mon œuvre de 1836, dont personne ne reconnaissait plus que moi les imperfections. Mais aujourd'hui, il est trop tard, parce que j'ai entrepris de refaire ce livre, et qu'il est sous presse avec une préface dans laquelle je vous fais naturellement un procès en règle. J'ai même déjà communiqué cette préface à divers journalistes. La publicité est pour moi le seul moyen de compenser le tort que vous m'avez fait, tort réel, car je pourrais vous citer une grande maison de librairie qui a refusé d'éditer mon nouveau livre, par la raison qu'il aurait été défloré par vous.

« Mais, si je ne puis plus vous pardonner comme auteur, je le fais très-volontiers comme homme, et je reste, sans rancune, votre très-humble serviteur, F. G. »

« *P. S.* Je fais une réflexion. S'il est vrai que l'auteur de l'*Hermaphrodite* soit un homme aujourd'hui honorablement placé dans le journalisme, il aura certainement assez d'honneur et de latinité pour venir dire à vos juges : *Me me adsum qui feci;* et il vous déchargera ainsi de toute responsabilité morale. Je m'en réjouirai sincèrement pour vous. »

N'ayant point accédé à la demande de M. Jourdan, j'aurais cru commettre un abus de confiance en livrant sa confession à la publicité. Mais il en jugea autrement, et ma préface ayant paru dans divers journaux, le lendemain du jour où je lui avais répondu, M. Jourdan se plaignit que je n'eusse pas fait suivre cette publication de sa lettre, qu'il reproduisait approximativement de mémoire, en ajoutant :

« M. F. Gaillardet rappelle une conversation que j'aurais eue avec lui au sujet de ce livre, dans les bureaux de la *Presse*. Ce fait, remontant à plus de cinq ans, est sans doute complétement sorti de ma mémoire, car je n'en ai aucun souvenir, et je ne l'accepte que parce que M. Gaillardet l'affirme. Mais ce que j'affirme à mon tour, c'est que je n'ai pas l'honneur de connaître M. Gaillardet, et que, si j'ai eu en 1860 ou 61, le plaisir de le rencontrer, je n'ai pu manifester ni surprise ni embarras, puisque j'ignorais absolument, il y a huit jours, l'existence de son livre, et, à plus forte raison, le fait de plagiat. »

Venait ensuite, comme pièce justificative, une autre lettre d'un M. D..., remplissant le rôle d'Euryale indiqué par mon *postcriptum*.

Voici quelle était cette singulière épître :

« Monsieur le rédacteur,

« Dans votre numéro du 30 octobre, vous annoncez que M. Frédéric Gaillardet vient d'intenter un procès à M. Louis Jourdan à l'occasion d'un ouvrage intitulé : l'*Hermaphrodite*. Vous ajoutez que ce procès vous semble le résultat d'un malentendu, et vous promettez d'accueillir les explications des parties.

« Les explications sont très-simples. M. Louis Jourdan n'est point l'auteur de l'*Hermaphrodite*, il ne l'a signé que pour m'être utile.

« Il y a six ans, M. Louis Jourdan eut la bonté de m'indiquer la matière d'un volume qu'il se chargeait de revoir, de corriger et de signer. M. Louis Jourdan devait quitter Paris bientôt. Je rassemblai les documents, j'arrêtai le plan du volume, j'en rédigeai les chapitres; et quand j'eus achevé ma besogne, M. Louis Jourdan la revit et signa le manuscrit, sans s'inquiéter des sources auxquelles j'avais puisé. Il n'avait aucun motif particulier de les examiner; et moi, croyant le livre de M. Gaillardet tombé dans le domaine public, j'avais la conviction de n'avoir lésé l'intérêt de personne.

« M. Frédéric Gaillardet est d'une opinion différente, il va même jusqu'à penser qu'il est de son devoir de ne pas priver plus longtemps le public d'une seconde édition de son livre. Le tribunal appréciera. J'attends son jugement avec confiance.

« Ce que je tiens à bien établir, c'est que M. Louis Jourdan doit rester en dehors de cette affaire : il n'a aucune part aux faits imputés par M. Gaillardet; ces faits sont mon œuvre, je veux être seul à en accepter les conséquences.

« Personne n'est à l'abri des procès, même les hommes dont le nom seul repousse le soupçon. Il importe pourtant de ne donner matière à aucune supposition erronée et de rendre à chacun la responsabilité qui lui appartient.

« Veuillez agréer, avec mes remerciements, monsieur le rédacteur, l'assurance de ma considération distinguée,

« E. D[1]. »

A cette double communication, je répondis en publiant le corps principal de ma lettre à M. Jourdan qui l'avait passée entièrement sous silence, et j'ajoutai :

« A l'appui des assertions contenues dans cette lettre,

---

[1]. Le nom était en toutes lettres dans les journaux, mais je veux faire au signataire repentant la grâce de ne pas le laisser imprimé dans un livre.

je dirai que M. Emile de Girardin avait, entre ses mains, une épreuve de ma préface depuis le vendredi 26 octobre, et que MM. Jauret et Ch. Gonet, anciens rédacteurs de la *Presse*, m'ont déclaré tous deux se rappeler parfaitement ma conversation avec M. Jourdan qui eut lieu, en leur présence, non pas il y a cinq ou six ans, mais il y a trois ou quatre ans seulement.

« A l'assertion de M. Jourdan qu'il ignorait, il y a huit jours, l'existence de mon livre, je pourrais opposer une lettre de M. Lemaître, antiquaire de la Bourgogne, qui déclare avoir envoyé à M. Jourdan un numéro du journal le *Tonnerrois*, du 6 octobre 1861, dans lequel ce savant avait fait la critique de l'*Hermaphrodite* et reprochait au rédacteur du *Siècle* d'avoir tout simplement copié mes Mémoires sur le chevalier d'Éon. Je n'ai eu connaissance que tout récemment de cette critique et de son envoi à M. Jourdan.

« Je pourrais en dire davantage. Mais je m'arrête, car je crois en avoir déjà dit trop pour l'honneur du corps dont je suis un humble membre. Que M. Jourdan le croie, d'ailleurs, je suis plus peiné que réjoui de la fâcheuse position dans laquelle il s'est placé, et dont une franchise, pleine et entière, aurait pu le tirer.

« Quant à ce monsieur, qui réclame pour lui seul l'honneur du plagiat, et qui, après avoir copié textuellement deux cent vingt-deux pages dans un livre signé d'un écrivain encore vivant, donne pour toute excuse « qu'il croyait ce livre tombé dans le domaine public, » et ajoute lestement qu'il attendra le jugement des tribunaux « avec confiance, » au lieu de courber le front, je n'ai point de réponse à lui faire.

« Frédéric Gaillardet. »

L'attitude prise par M. D... dans sa communication, fut l'objet de réflexions sévères de la part de la presse et notamment du *Pays*. M. Paul de Cassagnac, jeune écrivain qui a hérité du talent de son père, traita de *vol* l'action commise par M. D... Celui-ci tressaillit naturellement sous le mot, et il en demanda le retrait au rédacteur du *Pays*, ou une réparation par les armes. M. Paul de Cassagnac refusa l'un et l'autre, en donnant de son refus une justification saisissante, fondée sur la morale et sur le *Dictionnaire de l'Académie* qui définit ainsi le mot *plagiaire* : « Celui qui s'approprie ce qu'il a *pillé* dans les ouvrages d'autrui. »

Les choses en étaient là, quand des amis de M. Jourdan, qui sont aussi les miens, vinrent faire auprès de moi une tentative pressante de conciliation, en me disant que le rédacteur du *Siècle* tenait surtout à me convaincre de sa bonne foi, malgré les apparences si nombreuses qui déposaient contre lui. Je le trouvais déjà assez puni, trop peut-être, surtout par la perspective d'un jugement des tribunaux venant s'ajouter à celui de l'opinion, et je résolus spontanément d'entendre M. Jourdan et, au besoin, M. D... lui-même, pour tirer à clair, s'il était possible, cette histoire de plagiat si pleine d'obscurités.

Je n'ose dire que les explications de ces deux messieurs aient parfaitement dissipé toutes ces obscurités. Mais elles étaient, à coup sûr, empreintes d'un regret sincère.

M. Jourdan, que j'ai vu le premier, m'a répété de vive voix ce qu'il m'avait déjà écrit, à savoir qu'il avait deux grands torts à se reprocher, celui d'avoir permis, par charité, que son nom fût mis sur une œuvre à laquelle il était étranger, et celui d'avoir accepté cette œuvre sans contrôle. Mais il affirma sa complète ignorance du plagiat commis à mon préjudice, déclara n'avoir pas reçu le journal le *Tonnerrois*, ou ne l'avoir pas remarqué dans la masse de feuilles périodiques qu'il reçoit, et, quant à l'embarras que j'aurais remarqué en lui dans notre rencontre à la *Presse*, dont il avait perdu le souvenir, il ne pouvait expliquer cet embarras que par la fausseté même de sa situation, comme signataire d'un ouvrage dont il ignorait l'origine véritable. Pour me convaincre qu'il me disait la vérité, il en fit le serment sur la mémoire du jeune fils enlevé tout récemment à son amour paternel.

J'arrêtai M. Jourdan sur ces paroles émues, car comment ne pas croire à un pareil serment! et je lui déclarai que je renonçais à ma plainte.

La défense de M. D... était plus difficile. Il se borna à m'affirmer qu'il avait eu deux naïvetés, explicables par sa jeunesse, (il n'avait que vingt-deux ans en 1861). Il avait pris, d'abord, pour une réalité toute la partie romanesque de mes Mémoires sur le chevalier d'Éon, et avait cru, ensuite, que, ces faits étant historiques, il avait le droit de me les emprunter. — Même sans indiquer la source de vos emprunts, et ce qui est pire, en la dissimulant sous de prétendues recherches ? — C'est là surtout qu'a été mon tort, répondit-il. Je le reconnais ; mais j'expierai cruellement ce tort, car tout mon avenir littéraire est perdu par un moment d'erreur, si je ne suis point absous par vous qui êtes mon juge. — Je vous promets, au moins, lui dis-je, d'être un rapporteur impartial et indulgent. J'ajouterai même, à votre décharge, cette considération, que vous avez eu le courage de votre faute, en venant dégager publiquement M. Jourdan de la lourde responsabilité qu'il avait assumée par bonté pour vous, et en consentant à vous battre à l'épée avec M. de Cassagnac, qui manie cette arme aussi redoutablement que la plume. Mais aussi vous ne donnerez aucune suite, ni à votre provocation, ni à vos menaces contre le rédacteur du *Pays*. — J'en prends l'engagement sur l'honneur entre vos mains.

Puisque d'accusateur que j'étais, me voici en train de plaider les circonstances atténuantes en faveur de mes deux parties adverses, je dois ajouter qu'elles m'ont offert, l'une et l'autre, toutes les réparations pécuniaires que je pourrais exiger. Je n'en voulus aucune, et déclarai même ne point m'opposer à l'écoulement des derniers exemplaires de l'*Hermaphrodite*, à la condition qu'ils ne porteraient aucun nom d'auteur, et que la vente aurait lieu au profit exclusif de la Société des gens de lettres. Et comme un journal, et M. Jourdan lui-même avait émis l'opinion que cette affaire était pour moi le *prétexte* et le but d'une grande spéculation sur mon nouveau livre, j'offris de céder cette belle spéculation à M. Dentu, auquel je ne demanderais une part de bénéfices qu'après la rentrée de tous ses frais. M. Dentu a accepté mon offre, et voilà comment il est devenu tout à la fois l'éditeur du *roman* et de la *Vérité* sur la chevalière d'Éon. Si le livre ne se vend pas, ce sera sa part de contribution dans cette liquidation générale.

Ainsi finit pacifiquement cette histoire, grosse de scandales et d'orages, qui n'aura pas été, je l'espère, tout à fait inutile pour le monde des lettres. Le fait qu'elle a mis en relief n'est malheureusement pas isolé ; la voix publique a dénoncé plus d'une œuvre auxquelles ceux qui les avaient signées étaient restés entièrement étrangers, et les noms, qui, par complaisance ou cupidité, servent de pavillon à cette contrebande littéraire, sont toujours pris parmi les plus élevés. Mais les dangers de cette fraude ont été révélés par ce qui est arrivé à l'*Hermaphrodite*, dont les aventures seront un exemple et une leçon.

FRÉDÉRIC GAILLARDET.

Paris, 16 novembre 1866.

TABLE DES MATIÈRES

Préface.

CHAPITRE PREMIER

La naissance et la jeunesse du chevalier d'Éon. — Ses premiers ouvrages et ses premiers amis. — Sa chasteté exceptionnelle............ 1

CHAPITRE II

Situation de la France vis-à-vis de l'Europe en 1755. — Hostilités avec l'Angleterre. — Histoire de l'impératrice Élisabeth et du marquis de Lachétardie. — La princesse commerçante et ses associés. — Lestoc, le sceptre et la roue. — Inclination de la tzarine pour Louis XV. — Bestucheff-Riumin et le marquis de Valcroissant. — Mission occulte du chevalier d'Éon et du chevalier Douglass à Saint-Pétersbourg. — Singularités du gouvernement de Louis XV. — Les ministres officiels et les ministres secrets. — Prétentions de Louis XV et du prince de Conti au trône de Pologne et à la main d'Élisabeth. — Le chevalier d'Éon agent politique et matrimonial. — Instructions diplomatiques officielles. — Moyens de correspondance...................... 7

CHAPITRE III

Comment le chevalier d'Éon s'acquitta de sa mission en Russie. Détails secrets sur la cour...... 26

CHAPITRE IV

Élisabeth se réunit à la France et à l'Autriche. — Affaire de la note dite *secrétissime*. — Instructions du marquis de L'Hospital. — Lettre de M. Rouillé au chevalier Douglass. — Le chevalier d'Éon apporte à Versailles l'accession d'Élisabeth. — Testament politique laissé par *Pierre I*er à ses successeurs. — Plan de domination universelle... 38

CHAPITRE V

Inaction de l'armée russe ; situation difficile des généraux. — Le grand-duc et la grande-duchesse se vendent. — Négociations officielles et texte du marché. — L'union de la France et de la Russie est sur le point d'être rompue pour un baptême. — Le marquis de L'Hospital appelle le chevalier d'Éon à son secours. — Troisième voyage du chevalier d'Éon, boiteux, à Saint-Pétersbourg. — Chute et arrestation de Bestucheff. — Circulaire russe annonçant cet événement à l'Europe.. 56

CHAPITRE VI

Négociations des projets de royauté du prince de Conti. — Il se brouille avec M*me* de Pompadour. — Abandon des négociations entamées. — Élisabeth veut s'attacher pour toujours le chevalier d'Éon. — Refus de celui-ci. — Ses lettres à M. Tercier et à l'abbé de Bernis. — Le chevalier d'Éon rentre en France. — La petite vérole. — Première lettre du marquis de L'Hospital relative à la *Terza Gamba*. — Entrée du chevalier d'Éon à l'armée du Haut-Rhin. — Son attachement à la famille de Broglie. — Hauts faits du chevalier d'Éon. — Il est blessé. — Hoëxter, Ultropp, Meinloss et Osterwick. — Seconde lettre du marquis de L'Hospital sur la *Terza Gamba*. — Mort de l'impératrice Élisabeth Petrowna.. 70

CHAPITRE VII

La Russie abandonne l'alliance franco-autrichienne. — Mort de Pierre III. — Lettre du marquis de L'Hospital sur l'avénement de Catherine II. Le *pacte de famille*. — Le duc de Nivernais envoyé à Londres avec le chevalier d'Éon. — Portrait du duc de Nivernais. — Moyens secrets par lesquels on obtient la paix. — M. Wood et son portefeuille. —

Compliment du marquis de L'Hospital au chevalier d'Éon sur les *préliminaires de la paix*. — Traité de Paris et de Londres. — Insurrection à Londres. — Le docteur *Wilkes* et le docteur *Mulgrave*. — Le chevalier d'Éon appelé en témoignage. — Il apporte à Versailles la ratification du traité. — Étonnement du duc de Praslin, et billet du duc de Nivernais à ce sujet. — La croix de Saint-Louis. — Lettre du duc de Choiseul. — Grand projet de Louis XV sur l'Angleterre. — Ordre secret donné au chevalier d'Éon. — Le duc de Nivernais s'ennuie à Londres. — Le comte de Guerchy est nommé ambassadeur de France en Angleterre. — Craintes du duc de Praslin sur le nouvel ambassadeur. — Le chevalier d'Éon est nommé *résident*, puis ministre plénipotentiaire à Londres. — Lettre du duc de Nivernais. — Le sylphe et l'œuf tondu. — Les seigneurs français dégraissés. — Dernier compliment et dernière épigramme du marquis de L'Hospital........ 82

CHAPITRE VIII

Disgrâce du maréchal et du comte de Broglie. — Le chevalier d'Éon est l'anneau d'une secrète correspondance entre le comte de Broglie et Louis XV. — Mme de Pompadour met tout en œuvre pour découvrir la correspondance. — Interrogatoire du chevalier d'Éon. — Il est trahi. — Moyen qu'emploie Mme de Pompadour pour arracher le secret du roi. — L'orgie nocturne et la clé d'or. — La perte du chevalier d'Éon est résolue. — Instructions données au chevalier d'Éon contre l'ambassadeur. — Instructions données à l'ambassadeur contre le chevalier d'Éon. — Fermeté inébranlable de ce dernier. — Emportement du duc de Praslin et attaques du comte de Guerchy. — Ripostes du chevalier d'Éon. — Il quitte l'hôtel de l'ambassade et se retire dans une maison particulière.................................... 113

CHAPITRE IX

Le chevalier cède en partie aux instances du duc de Nivernais. — Lettre de Louis XV. — L'homme et le monarque. — La griffe et la main. — Ordre de rappel du chevalier d'Éon. — Effet que produit sur lui cette disgrâce. — Une comédie. — Première scène. — Le bravache aventurier. — La provocation. — Deuxième scène chez milord Halifax. — Le billet d'honneur. — Le comte de Guerchy cherche à faire passer d'Éon pour fou... 127

CHAPITRE X

Louis XV venant au secours du chevalier d'Éon. — Lettres du contrôleur général et du duc de Choiseul. — Complot contre le chevalier d'Éon. — De l'opium dans son vin. — Il est gravement incommodé. — Proposition de promenade à Westminster. — Prudence de d'Éon. — Le serrurier et l'empreinte d'une serrure. — Déménagement. — Le chevalier d'Éon à Louis XV. — Le duc de Praslin envoie à Londres une demande d'extradition et des exempts pour s'emparer du chevalier d'Éon. — Double jeu de Louis XV. — Il écrit au comte de Guerchy et prévient le chevalier d'Éon. — Mesures de défense. — On refuse l'extradition. — Découragement du comte de Guerchy. — Il cherche à capituler. — Son parlementaire est pris de terreur panique à la seule vue du chevalier d'Éon. — Lettre de celui ci au comte de Guerchy. — Il refuse de rendre ses papiers sans un ordre exprès du roi. — Lettre de M. de Guerchy à Louis XV, et note du sieur Monin. — Billet du roi à M. Tercier. — Persécution du ministère français contre le chevalier d'Éon, ses parents et ses amis. — Il est déclaré traître, rebelle à l'État, et privé de ses appointements. — Sa résignation et son dévouement silencieux à la volonté de Louis XV. — Il est abandonné de ses amis. — Lettre à sa mère.................... 134

CHAPITRE XI

La guerre continue entre le comte de Guerchy et le chevalier d'Éon. — Projet d'assassinat révélé par Treyssac de Vergy. — Le comte de Guerchy est mis en accusation par les grands jurés de Londres. — Il quitte l'Angleterre et meurt de chagrin..................... 159

CHAPITRE XII

Louis XV manifeste enfin sa façon de penser. — Reconnaissance autographe et authentique adressée par lui au chevalier d'Éon. — L'âne de Buridan et les picotins d'avoine. — Offres brillantes faites par le gouvernement anglais au chevalier d'Éon. — Il les refuse. — Ses lettres politiques au comte de Broglie. — Révélation sur le fameux agitateur Wilkes. — La guerre d'Amérique. — William Pitt au Parlement. — Le prophète en couverture et en bonnet de nuit. — Le roi d'Angleterre et la bouteille de rhum. — Le lord Bute et les Stuart. — Intérieur de la cour de Saint-James................. 182

CHAPITRE XIII

Lettre de d'Éon au duc de Choiseul exilé. — Paris qui se font à Londres sur son sexe. — Il cravache les parieurs. — Particularités de son organisation confessées par lui. — Mort de Louis XV. — Louis XVI cherche à retirer des mains de d'Éon les papiers dont il est détenteur. — Conditions du chevalier. — On veut le prendre par la famine. — Il emprunte sur ses papiers et se décide à se faire passer pour femme. — Raisons probables de cette résolution et preuves qu'elle a été spontanée de sa part........................ 187

CHAPITRE XIV

Comment l'insurrection des Américains fut envisagée à son début par la cour de France. — Document sur ce sujet. — Revirement opéré à Versailles par Beaumarchais. — Comment il devint un négociateur politique et secret. — Comment le chevalier d'Éon fit sa connaissance. —Affaire de Morande et de Mme Dubarry. — D'Éon déclare à Beaumarchais qu'il est femme et qu'il a des papiers d'État de la plus haute importance. — Beaumarchais s'entremet en sa faveur à Versailles et reprend les négociations. — Beaumarchais, Gudin et Morande complétement dupes de d'Éon. — M. de Vergennes propose que d'Éon, étant femme, reprenne les habits de son sexe. — D'Éon s'y refuse d'abord, puis cède aux raisons de Beaumarchais. — Lettres de celui-ci à M. de Vergennes. — Transaction préparatoire par laquelle d'Éon se reconnaît femme. — Sa lettre au comte de Broglie pour lui apprendre que son officier de dragons était une dragonne.................. 213

CHAPITRE XV

Conditions pécuniaires de la transaction. — Comment Beaumarchais les remplit. — Le coffre de fer et l'inventaire. — Les papiers cachés sous le plancher. — Beaumarchais arrive à Versailles avec son coffre. — Il voudrait voir le roi et lui pose des questions. — Curieux autographe de ce dialogue. — Les paris recommencent sur le sexe de d'Éon. — Celui-ci accuse Beaumarchais et Morande d'y prendre part. — Propositions de mariage que Beaumarchais lui aurait faites. — Comédie amoureuse qu'ils jouent tous deux. — Ils se brouillent pour un avis sur les paris. — Correspondance. — Menaces et cajoleries.— Morande se met de la partie et refuse de se battre avec d'Éon, parce qu'il sait qu'elle est femme. — D'Éon lui intente un procès en diffamation.. 251

CHAPITRE XVI

Le chevalier d'Éon demande de nouveau à rentrer en France. — Nouvelles correspondances avec Beaumarchais et M. de Vergennes sur ce sujet. — Il arrive à Versailles et est forcé de prendre les vêtements de fille. — La couturière de la reine lui fait son trousseau. — Sa première apparition en jupes. — Ses succès. — Nouvelle polémique avec Beaumarchais. — Appel de Mlle d'Éon à ses contemporaines. — Il passe huit jours à Saint-Cyr. — Il implore la permission de quitter ses habits de femme pendant la guerre d'Amérique, et l'autorisation de prendre part à cette guerre. — Tout lui est refusé.......... 289

CHAPITRE XVII

La chevalière d'Éon est emprisonnée pour avoir repris ses habits d'homme. — Elle se retire à Tonnerre. — Visite du prince de Prusse. — Beaumarchais marchand de bois. — Ses embarras pécuniaires. — Paix entre la France, les États-Unis et l'Angleterre. — La chevalière d'Éon obtient la permission de se retirer à Londres. — Folie de Georges III. — Assaut d'armes de la chevalière d'Éon et de Saint-Georges. — La chevalière d'Éon offre ses services à la Convention qui les refuse. — Pourquoi d'Éon a conservé ses habits de femme après la chute de la monarchie. — Sa mort. — Inspection de son cadavre. — Moralité de son histoire.. 317

LETTRES INÉDITES DE BEAUMARCHAIS, etc. 333

PIÈCES JUSTIFICATIVES.. 373

ÉPILOGUE.. 427

FIN DE LA TABLE DES MATIÈRES

TYPOGRAPHIE RENOU ET MAULDE, RUE DE RIVOLI, 144   55907

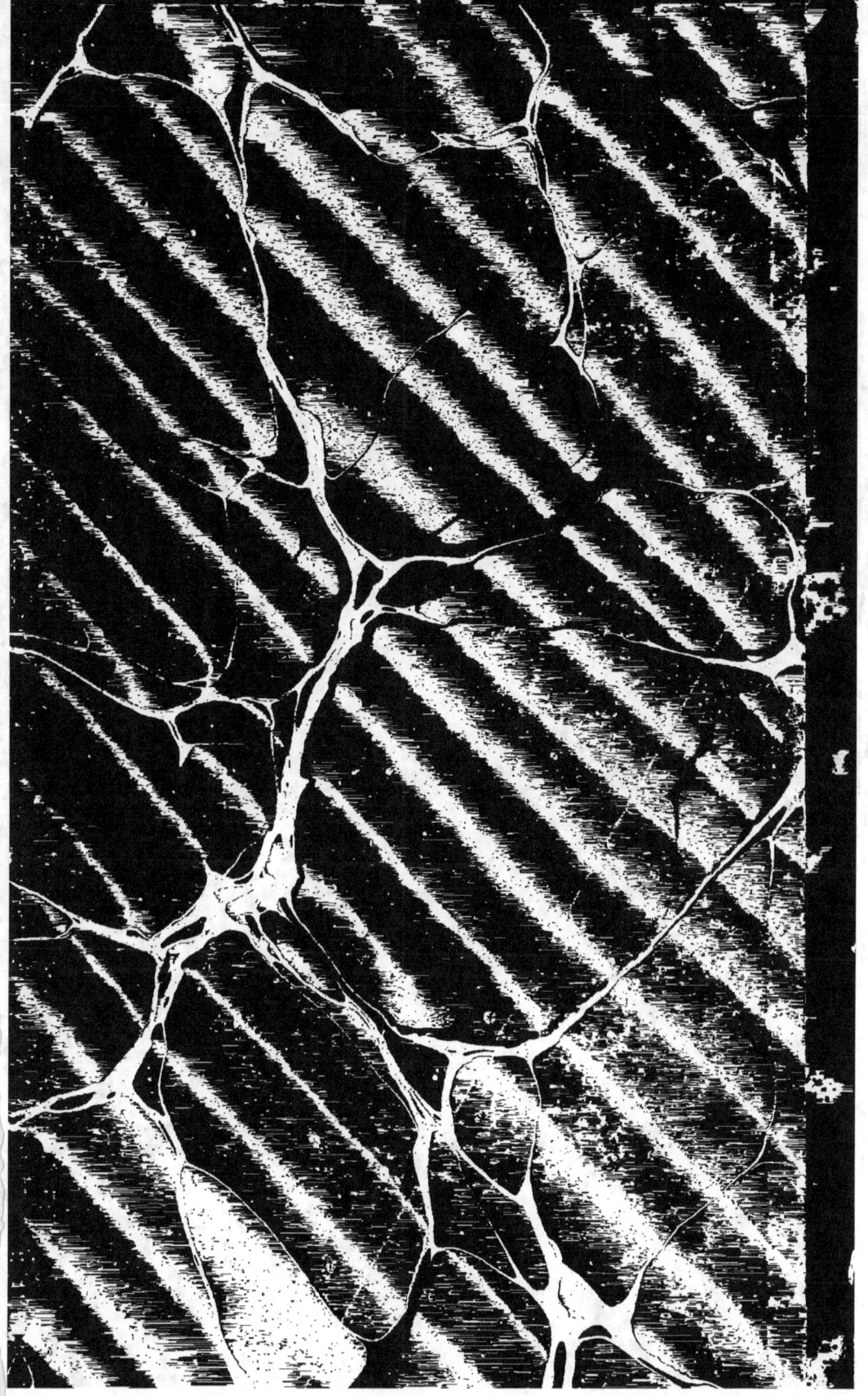

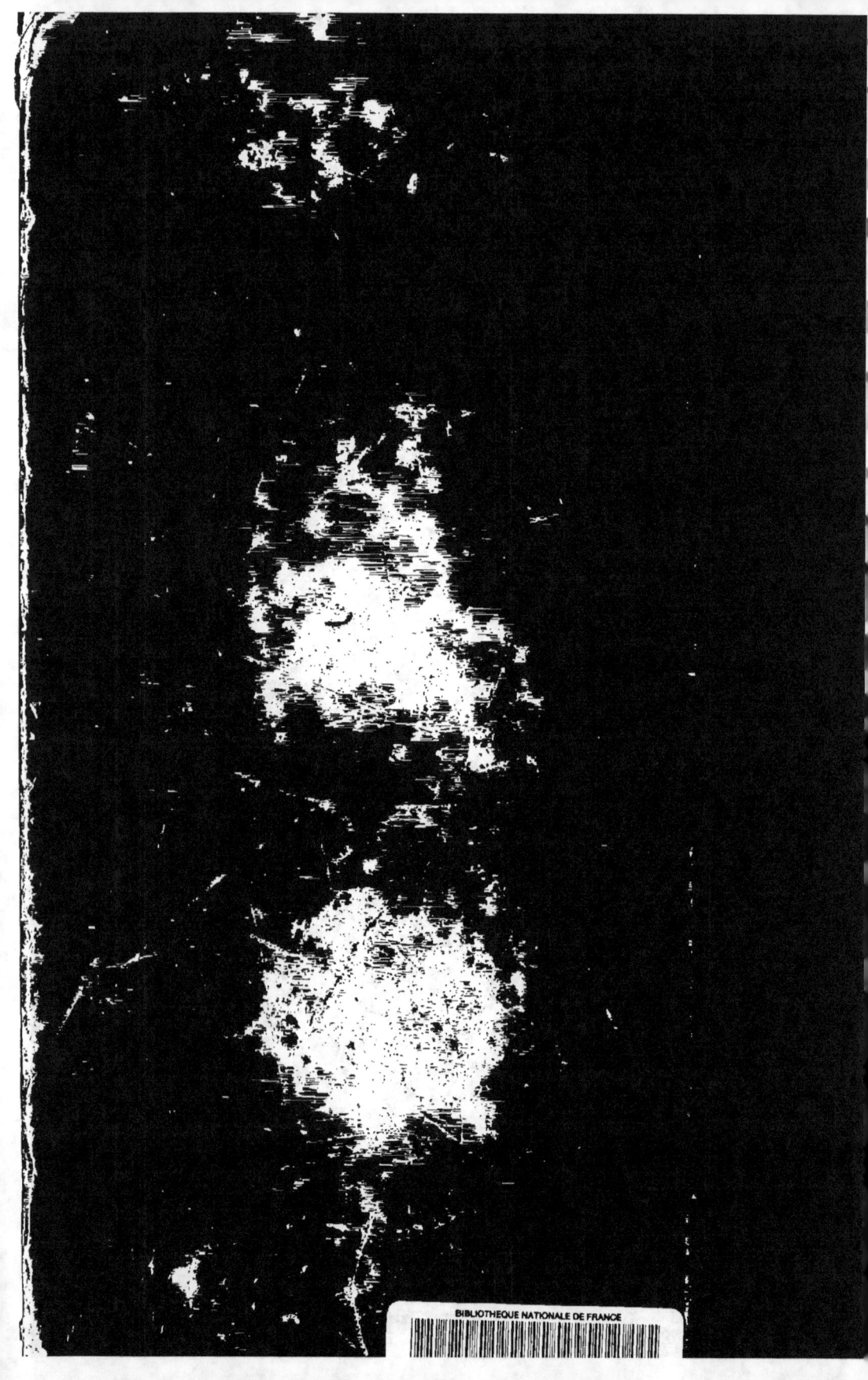

www.ingramcontent.com/pod-product-compliance
Lightning Source LLC
Chambersburg PA
CBHW072109220426
43664CB00013B/2047